机组人员职业能力开发训练（含实训手册）

主　编◎池锐宏　陈振旗
副主编◎黄进委　白文宇　刘　欢

西南交通大学出版社
·成　都·

图书在版编目（CIP）数据

机组人员职业能力开发训练 ：含实训手册. 1，机组人员职业能力开发训练 / 池锐宏，陈振旗主编. -- 成都 ：西南交通大学出版社，2024. 12. -- ISBN 978-7-5774-0261-1

Ⅰ. F560.83

中国国家版本馆 CIP 数据核字第 2024ET3639 号

Jizu Renyuan Zhiye Nengli Kaifa Xunlian（Han Shixun Shouce）

机组人员职业能力开发训练（含实训手册）

主编 池锐宏 陈振旗

策划编辑	李华宇 黄庆斌
责任编辑	赵永铭
封面设计	曹天擎
出版发行	西南交通大学出版社 （四川省成都市金牛区二环路北一段 111 号 西南交通大学创新大厦 21 楼）
营销部电话	028-87600564 028-87600533
邮政编码	610031
网址	https://www.xnjdcbs.com
印刷	四川玖艺呈现印刷有限公司
成品尺寸	185 mm × 260 mm
总印张	21
总字数	522 千
版次	2024 年 12 月第 1 版
印次	2024 年 12 月第 1 次
书号	ISBN 978-7-5774-0261-1
套价（全 2 册）	59.80 元

前言

PREFACE

教材旨在深入贯彻二十大精神，秉承当代民航精神，践行三个敬畏，全面提升准民航人的职业素养、团队协作能力。每一次飞行都是一次团队协作的考验，民航机组人员必须具备高度的团队精神和卓越的职业能力，以确保每一次航班的安全、顺畅和高效。

本教材以游戏训练法为切入口，充分结合民航行业案例，根据民航岗位工作特征，依照能力体系，注重每一种职业能力的游戏项目设计，尤其注重学生游戏学习后多维度的讨论、分享、总结环节的设置。教材理论与实践相结合，内容实用，可操作性强。

本教材在内容选取与编写方式上有以下三个特点：

一是体例创新。本教材为活页式教材，打破了传统教材的编写思路，以理实一体化设计模式下的项目教学为主，书中的理论部分都设置了丰富的学习栏目，活页式教材部分则设置了理论测试、案例解读、游戏提升等栏目，让教学方式、学习方式更加多元化，实现了理实有机结合。

二是内容创新。本教材基于民航岗位工作特征，总结并提炼出一套促进团队合作的能力体系，共有情绪力、抗挫力等 14 种能力，这些内容涵盖了准民航人在校学习、踏上未来工作岗位所应具备的主要能力。每一种能力设置若干个游戏任务，学生通过各种游戏进行各能力的学习提升，增强岗位竞争力。

三是可操作性强。遵循学生的认知规律，本教材设计了多种类的游戏，能极大激发学习者的兴趣，增强其参与感和实践能力；本教材还选取了大量最新的民航一线岗位真实案例，通过案例分析，让学习者在解决问题的过程中锻炼思维，积累经验。

本教材由池锐宏、陈振旗担任主编，黄进委、白文宇、刘欢担任副主编。五位编者均有丰富的课程授课经验，学科背景丰富，既有专业体育院校背景，也有航空安全领域背景，对本课程均有较深的见地。

本教材既可作为高职院校航空服务类专业学生的用书，也可以作为管理类专业学生的选修课教材或航空企事业单位的培训用书。

在本教材编写的过程中，我们参考、借鉴了国内外同行、专家大量的研究成果，在此表示真诚的感谢!由于编者水平有限，书中疏漏和不妥之处在所难免。欢迎读者批评指正。

目录

CONTENTS

导论　机组资源管理

【项目导引】

本项目主要介绍机组资源管理的相关知识，对其发展历程、概念、重要性等有一定的了解。通过学习，学生可以明确机组资源管理对于客舱机组人员的重要意义，能提升机组团队作业水平和安全裕度，为航班良性运行打下坚实基础。

【学习目标】

知识目标：

1. 理解机组资源管理的概念和重要性。
2. 了解机组资源管理的组成要素。
3. 了解人为因素。
4. 理解 SHEL 模型、海因里希法则、墨菲定律、事故链理论。

能力目标：

1. 能实际运用机组资源管理相关知识。
2. 能运用 SHEL 模型、海因里希法则、墨菲定律、事故链理论分析航空事故案例。

素养目标：

1. 能更好地理解工匠精神。
2. 能更好地理解和践行“三个敬畏”（敬畏生命、敬畏规章、敬畏职责）。

【案例导入】

从阿罗哈航空 243 号航班事故看机组资源管理（节选）

1988 年 4 月 28 日 13 时 25 分，阿罗哈航空公司机长罗伯特·舜施泰莫和副驾驶马德林·汤普健斯驾驶 243 号航班（由波音 737-200 飞机执飞）从希洛国际机场起飞，前往檀香山。飞机上载有 89 名旅客和 5 名机组人员，飞机在起飞和爬升时并没有出现任何异常情况。13 时 48 分，飞机爬升到巡航高度 24 000 英尺[1]时，飞机驾驶舱传来一阵呼呼的声音，紧接着就听到一声巨响。副驾驶感觉头向后被人扯了一下，等她再回头，发现驾驶舱的纸质文件乱飞；机长也扭头，发现驾驶舱的门没了，而飞机头等舱的顶棚出现了一个大洞，可以看见蓝天。

原来，由于金属疲劳和飞机老化，在机身严重锈蚀的情况下，固定飞机蒙皮的铆钉不能承受应力，在断裂撕裂后带走了从驾驶舱后方一直到机翼附近的一大块机舱天花板。一名机舱乘务员直接被气流扯进机体的破洞，然后被甩出机舱外。

当班的乘务组表现出了非常优秀的职业水平。飞机快速释压时，一名乘务员正好站在第 15 排和第 16 排中间，并被猛烈地抛向了机舱地板。她一边自己戴好氧气面罩，一边协助旁

1 1 英尺=0.3048 米，由于行业习惯，本书保留非法定计量单位“英尺”。

边的旅客戴好氧气面罩。等飞机在安全高度能自助呼吸后，她又爬起来，并走到机舱前排的位置，协助安抚受惊的旅客。另一名乘务员当时站在机舱前排的位置，遭脱落的残骸击中而受伤，并同样被抛到地板上。在其他旅客的帮助下，她保住了性命。

飞机在当地时间 13 时 58 分安全降落在卡富鲁伊机场 02 跑道上。奇迹的是，只有那名被甩出的乘务员死亡，旅客全部生还。

爆裂性的快速释压发生在 13 时 45 分 43 秒，飞机落地时间为 13 时 58 分 45 秒。在这煎熬的 13 分钟内，阿罗哈航空 243 号航班的两名飞行员力挽狂澜，创造了奇迹。那么，他们在这段时间内都做了什么？

机长发现机体破裂快速释压后，和副驾驶汤普健斯毫不迟疑地先戴上了氧气面罩，并要求副驾驶立即联络毛伊岛机场，请求紧急降落。

机长接替了飞机操作，但飞机开始变得反复左右侧滚，不能受到有效控制。机长知道，最重要的是尽快下降到 10 000 英尺的安全高度，这样旅客才可以不用佩戴氧气面罩安全呼吸。机长迅速下降高度，使用减速板，保持空速 280～290 节，下降率一下增至每分钟 4 100 英尺。

副驾驶开始 MAYDAY 报告。由于飞机破裂，风噪很大，机组根本听不清对方在说什么，无法进行对话，只能用手势来交流意见。副驾驶按照程序，将应答机代码调至 7700（表示遇到紧急情况）。其实，檀香山的管制员根本无法在如此大的噪声下听清楚机组说了什么，但他根据 7700 的应答机知道飞机快速释压并紧急下降了。

根据驾驶舱记录器记录的机组语音和打开开关的动作声音，我们得知了机组在这 13 分钟内的对话和实施的措施。在这 13 分钟内，他们干净利索地完成了一系列动作：从快速释压下降到安全高度，并联系塔台通报紧急情况请求支援；在空中启动发动机，但没有成功，在判断前起落架没有放下后，用襟翼 5 做最好的机动两轮落地；查看了襟翼 5 的机动速度，并要求紧急支援。

虽然事后发现还有个别地方做得不够完美，但机组在这种紧急情况下，能在最短时间内安全落地，体现出的是其沉着、冷静、优秀的心理素质，丰富的飞行经验和高超的飞行技能。更重要的是，机组两人的配合几乎天衣无缝。不得不说，优秀的机组资源管理起到了关键作用。

（来源：中国民航网，2015-05-04）

一、理论探究

（一）机组资源管理（CRM）的发展历程

根据国际上对 CRM 演进过程的研究，其发展历程经过了 6 个“代别”的变化。

第一代：驾驶舱资源管理（1980 年，Cockpit Resource Management，CRM）。第一代 CRM 培训的产生来源于对 1978 年 12 月 28 日，美国联合航空公司 173 号航班事故的调查。由于机长忽视了飞行机械员对燃油量的提醒，导致飞机燃油耗尽坠毁。美国联合航空在美国国家航空航天局（NASA）的协助下，建立了相应的课程，其内容主要提倡机组个人的管理风格，重点关注飞行人员的心理领域，聚焦于心理测验和诸如领导力等一般概念，强调个人行为方式的改变和纠正一些不良的行为。

第二代：机组资源管理（1986 年，Crew Resource Management，CRM）。这一代 CRM 培

训逐渐嵌入飞行培训和飞行操作之中，不再将其作为一个单独的培训。并且，其名字也正式从驾驶舱资源管理改变为机组资源管理。1986 年，NASA（美国航空航天局）设立了 CRM 工作小组，要求 CRM 更注重团体的合作，重点关注驾驶舱的情景意识和压力管理、差错链分析模型、提高机组个人的独立决策能力、增强简令意图等方面。

第三代：拓展资源范围（1993 年）。这一代 CRM 培训开始反映出航空系统的固有特点——机组必须发挥的功能，包括组织文化、领导力、沟通、情景意识等内容，并把重点放在培养飞行员有效发挥其作用的特定技能和行为上。同时 CRM 培训也开始扩展到其他群体，涵盖了乘务员、签派员和维修人员等。

第四代：一体化和程序化（1994 年）。1990 年，FAA（美国联邦航空管理局）开始实施高级训练大纲（AQP），对机组人员的训练和资格进行了重大改革，航空公司必须为所有机组人员提供 CRM 和 LOFT（航线模拟飞行训练），并将 CRM 概念整合到技术性的训练。

第五代：差错管理。这一代 CRM 的基本理念是人为差错无处不在，不可避免。因此，CRM 培训首先引入了威胁与差错管理（TEM）的概念。首先是避免差错，其次是早期发现和捕获差错，最后是纠正差错或缓解这些差错发生的后果。这段时间的 CRM 进一步注重程序化管理和概念落实，通过设计或者减弱差错的危害来管理差错，差错管理成为 CRM 训练的重点内容

第六代：包含 CRM 在内的风险管理（2000 年）。这一代将 CRM 作为一种风险管理的策略，并随着 CRM 框架涵盖内容的持续发展，逐渐将威胁与差错管理（TEM）、风险和资源管理（RRM）、韧性培训（RT）等工具纳入 CRM 的培训中。

（二）机组资源管理的概念

机组资源管理（Crew Resource Management，CRM）是指充分、有效、合理地利用一切可以利用的资源来达到安全有效飞行运行的目的，核心内容是权威、参与、决断、尊重，通过有效培养机组人员的沟通技巧、提倡团队合作精神、合理分派任务、正确做出决策来体现。CRM 的对象包括软件（如文件资料管理等）、硬件（如飞机、设备等）、环境和人等各个方面及其相互关系。涉及的人员除飞行机组外，还包括日常与飞行组一起工作的所有人群，这些人群与决断飞机营运有关。这些人群包括乘务员、空警、安全员、飞行签派员、机务维修人员及空中交通管制员等。

C——Crew（组）：意为飞行组、乘务组及维护组等，扩展到整个公司。

R——Resource（资源）：人力资源、自动化设备等硬件资源，操作手册等软件资源，油料、精力、时间等易耗资源。

M——Management（管理）：协调地运用人—机—环境—任务中可能的一切资源达到目标。

（三）机组资源管理（CRM）的重要性

1. CRM 可以有效解决“人的因素”带来的威胁

随着航空新技术的发展和飞机自动化程度的提高，飞行的理念由传统的以“操纵”为主转变为以“监视—决策—控制”为主。因此，更加强调在复杂系统工作环境中，对人的角色进行优化，从而更加全面地管理“人的因素”所带来的威胁。大量航空不安全事件的研究表

明，大部分发生在机组运行中的事故与征候仍然与“人的因素”相关。其中包括大量不顺畅的沟通、不正确的决策、不适宜的领导力、情景意识的下降和丧失、不能发现和解决差错及威胁、不能管理工作负荷和压力、不能有效利用驾驶舱资源等非“操纵”失误导致的问题。有效的 CRM 培训为解决上述问题提供了方案。

2. CRM 可以有效提高对威胁与差错的管理

虽然潜在威胁始终存在，人的差错不可避免，但可以被管理。只要使机组成员认识和理解影响个人及团队工作表现的因素，提高机组在实际运行中对这些因素的警觉性，并通过有效的管理，就可以将差错控制在安全包线之内。但威胁与差错管理的对策大多建立在 CRM 的基础之上，因此，需要系统地将威胁与差错管理蕴含的基本概念（威胁、差错和非期望的航空器状态）纳入 CRM 培训。威胁与差错管理概念和 CRM 技能相结合，可以为运行环境中的飞行机组从纯运行角度使用机组资源管理技能创造机会。威胁与差错管理培训并非取代 CRM 培训，而是补充和强化 CRM 培训。

3. CRM 是建立核心胜任力的基础

传统的飞行训练重点在于培养驾驶员的技术能力（主要体现为技术知识与操纵技能），偏重个体的技术表现，缺少从整个运行的视角去考虑如何提高机组成员的危机处理能力。而 CRM 是机组成员有效利用所有可用资源（信息、设备及人力资源等）识别、应对威胁，预防、识别、纠正差错，发现、处置非期望的航空状态的过程。从运用上看，它的部分功能可以通过对标准操作程序的改进而被“程序化”（比如标准喊话、标准的非正常处置流程等），也可以通过固化对机组在不同飞行阶段（情景）下的分工来实现，但绝大多数时候，它都是以非技术胜任力的形式出现的。仅从保证飞行安全的角度去看，CRM 既是需要熟悉的知识，也是需要掌握的技能，而在成为习惯后会形成一种对待安全的态度。因此，它是连接知识、技能和态度的纽带，贯穿于整个核心胜任力。

根据 CRM 训练课程大纲，在客舱乘务员初始训练、转机型训练、定期复训中均设置了 CRM 核心训练为主题的课程内容。机组成员的 CRM 训练管理在完成初始 CRM 训练后，应结合应急生存训练开展 1 次 CRM 机组联合演练，在每 24 个日历月进行一次复训，并且每 36 个月完整覆盖一次合格证持有人初始 CRM 训练要求的 CRM 核心训练主题。以“领导力团队合作、信息沟通、解决问题决策、情景意识信息管理、工作负荷管理”为核心胜任力来强化培训效果，在实际运行中不断完善自我，为航班良性运行打下坚实基础。

某航班，乘务组正常开展各项机上工作程序，因航路计划更改，航班预计着陆时间提前了 15 分钟，飞行机组及时将此信息告知乘务组，航班乘务长随即进行工作程序的调整，提前进行下降广播和客舱安全检查，并按规定入座，保障机上乘员安全。可见，CRM 通过合作与交流、情景与决策提高了机组团队作业水平和安全裕度，CRM 机组资源管理对于航班安全运行至关重要。

案例 0-1　民航上海监管局对辖区航企开展机组资源管理联合训练持续监督检查

民航上海监管局飞标处对辖区 121 航空公司开展全面的自查与评估工作。在此基础上，上海监管局飞标处依据自查报告进行监督检查，并结合持续监督检查计划，对辖区航司的执行情况进行全面审查。

飞标处监察员对辖区航司的 CRM 核心理论课程和机组联合演练进行了现场观摩，对培训质量和效果开展了评估。监察员对辖区航司近年来在 CRM 训练方面的重视程度、CRM 种子教员的教学能力以及公司在 CRM 训练体系建设方面做出的努力表示了充分的肯定。针对检查中发现的问题，监察员提出：公司须加大对 CRM 训练的投入，建立长效激励机制，不断更新迭代教学方式，持续优化课程内容，并持续培养提升教员的授课能力。

根据飞标处监察员提出的整改要求与建议，辖区航司表示 CRM 机组资源管理对于航班安全运行至关重要，今后将持续、系统地推进 CRM 训练工作，通过合理调配资源，不断完善训练管理程序，确保训练的高质量和实效性。通过 CRM 训练有效解决“人的因素”带来的威胁，提高机组团队作业水平和安全裕度，为航班良性运行打下坚实基础。

（来源：中国民航网，2024-04-17）

（五）机组资源管理的分类

1. 人力资源

人力资源是存在于人体的经济资源，也称人类资源、劳动资源、劳动力资源。

对人力资源生产、开发、配置、使用等诸环节进行的目标管理称为人力资源管理。机组资源管理以提高机组人员的工作能力和工作绩效为目标，既包括飞行人员的专门飞行技能、术语化技能、个体交流和团体协作技能，也包括乘务员的服务技能，安全员的防暴制暴、紧急处置技能，交通管制员的指挥，机务人员的维修，气象人员的预报，飞机制造厂家的资料及对整个航空公司配置资源的开发利用（见图 0-1）。

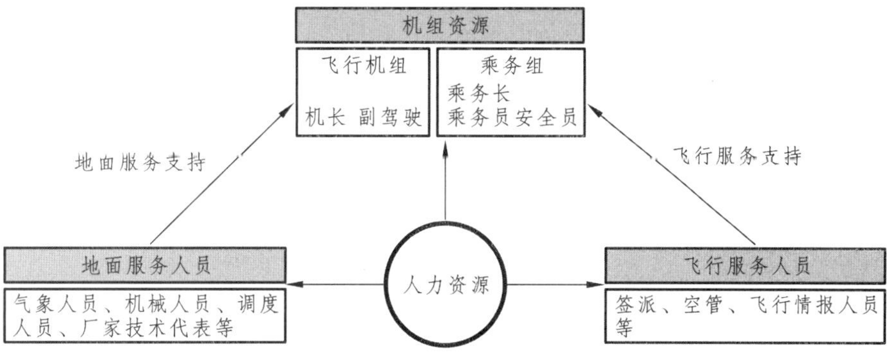

图 0-1　机组人力资源构成

2. 信息资源

信息本意是消息，研究信息的数量及发送、传递和接收的科学称为信息论。认知心理学、社会心理学和管理心理学都研究信息。现代人机系统中，操作者的体力负荷越来越小，而信息加工的要求和心理负荷则越来越大。

飞行机组需要获得信息以建立情景意识。营运信息是飞行员有效进行计划和作出决策所需要的信息来源，包括：飞行手册、检查单、飞机手册、性能手册、飞行员操作手册、民用航空条例、航图、机场细则以及公司营运手册等，所有这些资料都应随机携带以便于机组在必要时查找。营运信息也是航行准备不可缺少的必要组成部分，包括：气象简述、飞行计划、NOTAMS（给飞行员通知）、载运单以及重量和平衡计算数据等。上述这些内容都可以称为软件资源。值得注意的是间断的气象预报、陈旧的航图、过时的进近航图、陈旧的手册以及非权威性的出版物都是一些不可靠的资源。这些不完善的或者说无效的营运信息实际上会增加飞行机组的工作负荷，导致不良的计划和决策，所以对营运信息的要求是：具有代表性、便于使用和具有实用价值。

3. 设备资源

设备资源指人机系统中的飞机与机载设备，也可称为硬件资源。现代飞机大量采用了高新技术及自动化系统，使飞机制造商们大大改善了飞行员的工作环境。现代飞机驾驶舱内大量的自动化装置改变了机组成员在飞行过程中的行为。设备资源是对人力资源的扩充，自动驾驶仪、自动着陆系统等，使飞行更安全、更高效。设备资源包括许多精密的机载设备：

（1）通信设备。

机载通信设备提高了驾驶舱内外的信息传递速度和质量。无线电、驾驶舱电话以及异频雷达发射机使得飞行员与许多可用的资源联结起来。由于这些信息网络的存在，使得飞行机组接受信息、处理信息和传播信息的能力得到进一步提高。

（2）状态指示器。

状态指示器是获得和保持高水平情景意识的基础，它们不但提供了与飞行有关的信息，还有助于提升机组的判断和决策能力。状态指示器包括：气象雷达、导航设备、飞行仪表、系统指示器、指示灯及听觉警告系统等。

（3）趋势预测指示器。

趋势预测指示器有助于飞行机组准确知道未来的飞行需要,并根据需要作出相应的计划。实时状态解释、燃油管理计算机、飞行计划管理计算机、内部导航系统等设备实时地指出了潜在的问题，并使机组有足够时间采取修正策略。另外一些趋势预测指示器的例子还包括：失速警告系统、近地警告系统及风切变探测预警系统等。

（4）劳动保护装置。

劳动保护装置可以降低飞行员的工作负荷，减轻飞行员的生理性和心理性负荷，如自动飞行控制系统等。

4. 易耗品资源

易耗品资源是指在飞行过程中的消耗品，这些资源在每一次的飞行中所配给的数量是有限的。飞机上的易耗品资源中，最重要的三种是燃油、个人精力和时间。航空燃油是给飞行活动带来动力的易消耗品，是有形的资源；而人的精力和时间则属于无形的资源。如同飞机需要燃料一样，人体也需要能量来运转，足够的能量水平使人能够保持觉醒水平并在生理上能够履行他们的职责。当能量水平耗竭时，疲劳就会到来，情景意识也就会受到破坏。个体的能量可通过获得足够的休息、适宜的营养、饮用适当的饮料、使用恰当的放松技术以及保持良好的身体状况来进行储备。

与人的精力一样，时间也是一种资源，常见于离场、进近、等待、机场开放时间以及其他一些时间限制因素。当时间耗竭时，意味着不可恢复。离场延误、等待以及改飞备降机场不仅涉及燃油问题，同时也增加了机组的飞行时间，这种情况下就会引起飞行机组的疲劳。对整个飞行建立现实的目标和时间管理将会帮助飞行员们避免时间的浪费，并能允许他们对其他易耗品资源进行更为有效的管理。

（五）机组资源管理与团队

良好的团队建设及维护团队观念的重要性应当成为每个 CRM 培训计划的一部分。通过 CRM 培训（应当用团队观念来解决问题）不断强化，通过范例展示，并通过在公司或政府必需的检查训练中获得的许可或推荐，团队建设可以得到最好的推动。领导力和团队协作都是必需的，而且都是可以训练和加强的。

1. 团队维护

运行环境一旦产生团队，即将成员联系在一起，确保运行利用与保持团队观念便成为机长的工作。团队观念的维护可以采取多种方式。最初，团队观念通过机长的态度和行为维护。其他机组成员必须熟知团队观念。通过确保所有机组成员都处于运行循环之中，同时通过确保本人及其他机组成员的相关经验都得到分享，也可以维护团队观念。机长必须把飞行航程看作“我们的航程”而非“我的航程”。其他机组成员必须把飞行航程看作“我们的航程”而非“机长的航程”。维护团队观念需要协作互助、相互理解以及全体机组成员的适当参与。

2. 领导

优秀的领导可以带动一个好的团队。为了带动一个好的团队，领导者需要在适当的时候对团队成员委以责任，并且在做决策的时候，需要先听取所有人员的意见，然后进行评判，最后才进行决策。

3. 协作

协作是任何团队运行中的一个重要概念，因为任何团队不但要有领导而且还要有同伴。如果领导者拥有优秀的同伴，那么他的任务会完成得更顺利。良好的团队总是需要良好的同伴。优秀的领导者还具备担当优秀同伴的能力，同时对系统了如指掌。处在动态多变的行业中，身份经常会发生变动，机长可以成为同伴，同伴也可以成为机长。

案例 0-2　厦航机组冷静处置空速不一致警告化解险情

“这是我飞行生涯最长的一分钟。”2019 年 10 月 4 日，厦航 MF8395 青岛—长沙航班刚刚离地起飞，出现空速不一致警告和抖杆警告，持续了 1 分 6 秒。机组冷静分析、快速决断，顺利完成返航，成功化解了险情。机长程帅回想当时的情景说：“唯一的念头就是要稳住，一定要保证人机安全！”

当日的青岛，天气良好。上午 11 时 10 分，程帅、袁刚机组驾驶编号 B-5658 的 737-800 型号飞机起飞离地。前轮刚刚抬起，空速不一致警告突然出现，右侧空速迅速减小至 100 节以下，随后触发抖杆。

众所周知，飞机初始爬升阶段是飞行的关键阶段，刚收轮就出现特情，若处置不当或处理不及时，后果不堪设想。机组立刻执行交叉检查，结合天气情况和飞行经验，一致准确判断右侧仪表显示故障，左侧和备用空速显示正常。随后机长接过操纵，宣布 PANPAN（紧急求援信号），申请返场。飞机状态稳定后，机长申请继续爬升到安全高度，同时完成非正常检查单。在确认落地重量符合标准，并落实完正常程序和检查单后，飞机返场青岛安全落地。

落地检查中，发现飞机右侧空速管吸入昆虫，由于空速管加温被烧焦导致堵塞，成为引发飞机左右空速不一致的“元凶”。

起飞爬升阶段突然出现抖杆，不仅对机组的操纵精度产生影响，更对机组心理造成极大压力。抖杆警告一共持续了1分6秒，看起来短短的1分钟，对机组的反应速度和心理素质都是极大考验。“我当时其实很紧张，虽然在之前的模拟机训练中，我们处理过很多次类似的险情，但真正碰到的感觉还是完全不一样的。这是我飞行生涯最长的一分钟，危急关头，作为机长，我当时唯一的念头就是要稳住，一定要保证人机安全!”

这次特情出现的时间点比较棘手。故障出现在抬前轮后初始爬升阶段，给机组的反应时间比较少，需要在短时间内作出正确的决断。机长程帅说，处理这起特情，也体现了良好飞行习惯和机组资源管理的重要性。如果没有养成良好的习惯，很容易受外界因素的干扰，错过正确的处理时机，导致正常程序没有落实到位；在完成空速不可靠检查单后，机组接通了自动驾驶，释放出更多的精力管理飞机，同时合理利用了驾驶舱、ATC、签派等资源，为航班安全提供了多方面的保障。

可以说，特情处置的关键步骤有的是本能反应，但背后是厦航严格落实民航局“三基”建设的结果。在平时的安全教育宣贯中，厦航一再强调“安全第一”“平时多流汗、战时少流血”“始终把旅客的生命安全放在第一位”的理念，这也坚定机组正确处置、确保飞行安全的信心。

（案例来源：民航资源网，2019-10-10，作者：王丹迎）

（六）人为因素的概念模型

下面是几个航空安全事故事例，从这些事故中可以看到人为因素在其中所起的作用。

❖ 1972年12月，一架L-1011坠毁在佛罗里达州的南部大沼泽地，原因是机组任务分配不合理，机组成员将注意力都放在起落架指示器的灯泡问题上。（NTSB）

❖ 1972年12月，一架B-737坠毁在芝加哥的米德韦机场，原因是机长没有有效地管理其可获得的资源。（NTSB）

❖ 1974年，一架DC-10由于货舱门故障（货舱门开着并漏气）在起飞后坠毁。列举的事故原因包括货舱操作员的关门力度、货舱门的设计问题以及没有严格按照服务通告执行操作等。（ICAO）

❖ 1974年，一架B-727在向华盛顿的杜勒斯国际机场进近时坠毁，死亡92人，原因是缺乏明确和充分的空中交通管制程序和规章，规章管理部门没有及时采取措施解决空中交通术语中存在的问题。（NTSB）

❖ 1977年，两架B-747飞机在西班牙的特纳利夫岛相撞，事故造成583人死亡，损失1.5亿美元，成为航空史上的大灾难，而这起悲剧完全由于人为差错造成，原因是正常通信程序中的问题和对口头信息的误解。（ICAO）

❖ 1982年，一架B-737在结冰条件下起飞后在华盛顿坠毁，原因是发动机推力读数有误（高于实际值），以及起飞过程中副驾驶在交流有关飞机性能问题和看法时缺乏决断。（NTSB）

❖ 2001年，一架肖特360-300飞机飞往美国谢菲尔德机场，夜间飞机开始向28号跑道ILS/DME进近时，飞行员无意中将油门从慢车移到地面慢车，导致飞机着陆拉平时下沉速度过快，严重的重着陆造成飞机中度损坏。

人为因素通常是指与人有关的任何因素。国际上通用的定义是：人为因素是通过系统应用人的科学，在系统工程的框架中优化人与其活动的关系。而人的科学主要研究人的机体和本性、人的能力和极限以及人在单独工作与团队协作时的不同行为。

人为因素的研究目标是将与系统有关的人的能力、限制和特征应用到系统或产品的设计、使用和维护方面，使系统或产品更安全、有效和适用。人为因素在航空领域应用十分广泛，如飞机各类仪表的优化设计，飞机座舱的优化设计等，可以改进视界，降低事故率；飞机客舱的设计使得旅客乘坐更舒适等。其实，几乎所有用于为人服务或供人使用的系统和产品都可以用人为因素的理念来进一步改善。

1. SHEL 模型

SHEL 模型是在航空人为因素研究领域使用最为普遍的模型，最初由爱德华教授提出，1975 年霍金斯提出修改框图。SHEL 模型是典型的系统取向模型，认为航空系统由软件（S-software）、硬件（H-hardware）、环境（E-environment）和人（L-liveware）四个要素组成，各要素的界面必须谨慎匹配，如果不匹配，人为差错就可能出现。其中人（主要指处于飞行操作中心地位的飞行员）处于系统的核心，是四个要素中最为重要、最为敏感，也最为复杂多变和最容易出现差错的因素。SHEL 模型主要研究处于模型中间的人与其他三个界面（硬件、软件、环境）及人与人的关系（见图 0-2）：

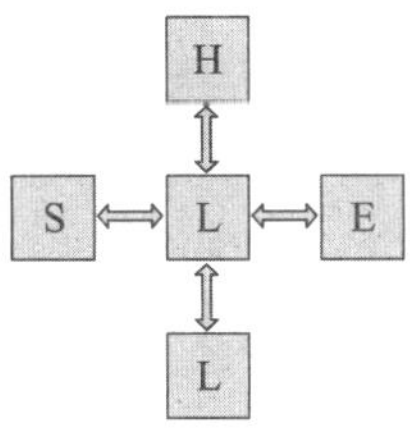

图 0-2　SHEL 模型

（1）人—硬件界面（L-H）：研究航空从业人员与硬件之间的相互关系，硬件要怎样设计才能符合相关人员的特点，相关人员要怎样操纵硬件才能保障飞行安全等，这是人的错误最常见的发源地。如果机载设备的设计和制造不符合人的生理和心理特点，或者缺乏对意外情况的考虑，就容易诱发人为错误。

（2）人—软件界面（L-S）：研究合理的操作程序、飞行手册、检查单及应急程序等，以便简化相关程序，减少工作负荷，防止人员出错。该界面既包括自动系统的计算机软件，又包括飞行员有效地进行计划和做出决策所需要的各种资料，如飞行手册、检查单、航图、机场细则、气象简述以及飞行计划等。

（3）人—环境界面（L-E）：这是航空系统中最早被人们认识到的一个界面，也是诱发机组人员错误的常见来源。环境包括组织环境和工作环境两个方面，组织环境包括系统的安全观点、组织结构的安全性、航空企业的安全文化等；工作环境包括座舱噪音、温度、湿度、震动、高空低气压、迅速的时区变换以及倒班作业等。

（4）人—人界面（L-L）：在所有民用航空活动中，人—人界面是最微妙，也是最重要的一个界面。主要指机组成员之间，机组与 ATC 等与飞行活动相关的人员之间构成的界面。这一界面的缺陷会影响信息交流与团结协作的质量，会诱发人的错误并带来灾难性的后果。

2. 海因里希法则

海因里希法则是美国著名安全工程师海因里希提出的一则关于事故的法则。海因里希经过大量统计分析，得出了在一起事故中，死亡、重伤、轻伤和无伤害事故的比例为 1∶29∶300∶1000 的结论，因此其又称为 1∶29∶300 法则或 300∶29∶1 法则。

海因里希法则揭示了一个重要问题，那就是在每一起严重事故的背后，必然有 29 次轻微事故和 300 起未遂先兆以及更多的事故隐患。根据民航安全事件的划分原则，可以把事故征候进一步细化为：严重失误、一般失误和不安全事件。按照海因里希法则分析，当一件重大事故发生后，我们在处理事故本身的同时，还应该及时对同类问题的“事故征兆”和“事故苗头”进行排查处理，以此防止类似问题的重复发生，及时解决再次发生重大事故的隐患，把问题消除在萌芽状态。海因里希法则同时也说明，无论是多么高超的技术，多么完美的规章，在实际操作层面，人的责任心永远是第一位的。责任心主要体现在预防上，在点滴的细节上。因为，要预防特大飞行事故，必须预防重大飞行事故；预防重大飞行事故，必须预防一般飞行事故；预防一般飞行事故，必须消除日常不安全行为和不安全状态；而能否消除日常不安全行为和不安全状态，必须重视细节。

3. 墨菲定律

“凡是有可能搞错的地方，一定会有人搞错，而且以最坏的方式发生在最不利的时机。”墨菲定律告诫人们容易犯错误是人类与生俱来的弱点，不论科技多发达，事故都会发生；而且我们解决问题的手段越高明，面临的麻烦就越严重。因此，人们对可能搞错的地方不能掉以轻心、存侥幸心理；凡是有可能搞错的地方都要建立有效的防范措施，只有消除了出错的可能性，事故才可以避免。

4. 事故链理论

国际民航组织（ICAO）在防止事故过程中最早提出了事故链理论，认为安全事故的发生并非是单一的原因造成，而是由一连串的失误链构成。即一些大事故极少是由一个原因引起的，而是由许多因素像链一样，把各个环节连接在一起时发生的，所以，要防止事故，就在事故发生之前，将某一失误链打断或者移走。所以，只要切断这个链条上的某一个环节就可以了。

5. Reason 模型

Reason 模型，又称“瑞士奶酪模型”。这一模型的核心在于其系统观的视野，除了对不安全事件行为人的行为进行分析之外，更深层次地剖析了影响行为人的潜在组织因素，如管理者、利益相关者、企业文化的间接影响等。Reason 模型拓展了事故分析的视野，以一个逻辑统一的事故反应链将所有相关因素进行了理论串联。

Reason 模型认为，事故的发生不仅有一个事故本身的反应链，还同时存在一个被穿透的组织缺陷集。根据系统错误诱发因素的层次性特点，任何系统错误的诱发因素都可以根据其自身的属性分成不同层次。由于我们对系统各要素的认识不足及理解不透，因此不论哪一个层面上，都存在着许多缺陷或不足（像是被蛀蚀的孔）。同时，由于系统的动态特性，事物的发展必然会带来许多新问题，这也是系统存在缺陷的原因之一。事故促发因素及组织各层次的缺陷、不足或安全风险是长期存在并不断自行演化的，但是这些事故诱因及组织缺陷并不一定造成不安全事件，只有当多个层次的组织缺陷在一个事故诱发因子作用下同时或依次出现缺陷时，不安全事件才会由于失去多层次的阻断屏障而发生。

二、思享园地

（一）幸福航空空地高效配合 紧急救助机上患病旅客

2022 年 1 月 28 日，幸福航空 JR1502 长沙—西安航班上一名旅客突发意识不清、抽搐的情况，幸福航空空中、地面相关单位第一时间响应，及时寻找医生进行现场救治并做好西安机场医疗单位联系工作，最终帮助旅客缓解不适症状，平安抵达目的地。

28 日凌晨 0 时 15 分，幸福航空由长沙飞往西安的航班正处在下降阶段。此时客舱乘务员注意到 16 排 DEF 侧连续按下呼唤铃 3 次，乘务员察觉到可能出现了紧急情况，因此与当班安全员立刻上前了解情况。乘务员发现客舱 16 排一名旅客面色苍白，并伴有抽搐的状况，多次呼叫该名旅客但旅客意识不清、无法应答。乘务长立即通过机上广播在旅客中寻找医护人员，同时将情况报告给机长。随后，乘务长向机长申请将机上医护人员与该名旅客的邻座旅客进行位置调换，在保证飞行安全的前提下全力配合医护人员对旅客进行救治。而此时，幸福航空 AOC 于地面接到机组甚高频报告突发状况，随即联系西安咸阳国际机场在航班落地后为旅客提供医疗服务，并紧急协调合适的停机位，全力做好救治保障。

0 时 40 分，飞机滑行到指定停机位，比航班计划时间提前抵达西安咸阳机场，此时该名旅客意识已恢复，地面医务人员上前为其进行血压、心率等相关检查，均正常。机组人员及医护人员温馨提示该旅客注意休息并尽早去医院进行相关检查,旅客道谢后离开前往目的地。

机上突发状况时有发生，幸福航空一线工作人员均接受了专业的训练，有能力处置好各类突发状况，为旅客的生命安全保驾护航。幸福航空全体人员始终将践行民航“真情服务”及“三个敬畏”精神牢记在心，用实际行动诠释幸福人的责任与担当。

（案例来源：民航资源网，2022-01-29，供稿：幸福航空有限责任公司）

（二）春运真情瞬间：细微之处显真情，天津航空直属售票处春运服务旅客贴心出行

民航资源网 2023 年 01 月 17 日消息：随着回乡过年、探亲访友、旅游观光等出行需求越来越频繁，春运即将进入客流高峰阶段。天津航空售票处作为面向旅客的一线服务窗口，本着真情服务的民航精神，坚守岗位、用心服务，解决旅客出行的“燃眉之急”，为旅客春运阶段顺利出行保驾护航。

“孩子们已经顺利登机，感谢天航！”

近期，旅客周女士带着两个孩子到呼和售票处寻求帮助，称已为孩子购买天津航空呼和浩特至赤峰 GS6683 航班的无陪儿童客票，因没有家人陪同，第一次申请无陪儿童服务，不知如何办理无陪乘机手续。售票员李玲玲在了解到相关情况后，快速响应旅客需求，全程协

助周女士填写无陪儿童申请单，并与周女士逐一核对相关信息，确保填写无误，协助引导旅客至值机柜台办理无陪手续。待机场工作人员护送无陪儿童顺利登机后，周女士专程返回售票柜台，表达了对售票处李玲玲热情服务的认可："感谢你们这么热情、周到地解决我的难题，两个孩子都已经顺利登机了，感谢天津航空！"

"天航的服务是有温度的服务"

在近期，旅客阿女士来到天津航空呼和售票处求助。当班售票员罗挺了解到阿女士和母亲乘坐呼和浩特至锡林浩特的航班回家过年，因母亲第一次坐飞机出行需申请特殊旅客保障。在签署特殊旅客申请单时，售票员罗挺在沟通中发现老人只能使用蒙语，为避免由于语言不通导致无法顺利乘机，罗挺积极主动为旅客填写特殊旅客服务单、办理相关引领服务，最终阿女士和母亲顺利登机。阿女士激动地称赞道："感谢你们这么尽心尽力地帮助，天航的服务是有温度的服务！"

"特殊旅客通道""便民服务箱"细节之处显真情

为了方便春运期间特殊旅客的诉求得到第一时间的解决，天津航空直属售票处特开通"特殊旅客通道"，为老年、障碍人士等特殊需求的旅客提供便利服务。另外，春运期间天津机场售票柜台设置了"便民服务箱"，准备了花镜、针线盒、酒精湿巾、碘伏棉签、剪刀、透明胶带等旅客，及时响应旅客的紧急需求。天航售票处在"细"字上下功夫，为旅客提供个性化、优质、贴心的服务，秉持真情服务的理念拉近与旅客的距离，保障旅客暖心出行。1 月 7 日起至今，天津航空售票处共计保障 11.6 万人次的出行旅客，保障老年、障碍人士等特殊旅客共计 2000 人次。

2023 年的春运仍在继续。天津航空直属售票处作为春运服务保障一线窗口单位，每一位售票员都坚守岗位、无私奉献，将继续践行"四个有利"企业价值观和民航真情服务理念，急旅客之所急、想旅客之所想，切实响应旅客出行需求，为旅客提供更暖心、贴心的真情服务。

（来源：民航资源网，2023-01-17，作者：尚静、兰欣）

参考文献

术守喜，马文来. 人为因素与机组资源管理[M]. 北京：北京航空航天大学出版社，2015：2.

项目一　沟通力的有效提升

【项目导引】

对客舱机组而言，日常工作直接面对服务对象，有效的沟通交流能让服务对象留下美好的回忆。沟通是双向的，是沟通双方的事情。要想做到有效的沟通交流，不仅要学会自我表达，更要懂得聆听对方的观点。

本项目主要通过介绍沟通力的内涵，帮助学生奠定理论基础，充分认知到沟通力对于有效沟通交流的影响作用。并通过沟通游戏的训练，帮助学生在团队实训中提升自身的沟通力、情绪力水平，从而更好地指导实践。

【学习目标】

知识目标：

1. 熟悉沟通力的内涵。
2. 理解有效沟通的达成要素。

能力目标：

1. 能掌握有效沟通交流的提升方法。
2. 能掌握多种沟通技巧进行沟通。

素养目标：

1. 能更好地理解中华优秀传统文化。
2. 能更好地理解和践行工匠精神。

【案例导入】

51 航班的悲剧

1990 年 1 月 15 日晚 7:40，阿维安卡（Avianca）51 航班飞机正飞行在美国南新泽西海岸上空 3.7 万英尺的高空。机上的油量可以维持近两个小时的飞行，在正常情况下飞机降落至纽约肯尼迪机场仅需不到半小时的时间，可以说油量充足且十分安全。然而，此后发生了一系列的耽搁。

晚上 8:00，肯尼迪机场航空交通管理员通知 51 航班的飞行员，由于严重的交通问题他们必须在机场上空盘旋待命。

8 时 45 分，51 航班的副驾驶员向肯尼迪机场报告他们的“燃料用完了”。管理员收到了这一消息，但在 9:24 之前，飞机仍没有被批准降落。在此之前，阿维安卡机组成员再没有向肯尼迪机场传送任何情况十分危急的信息，但飞机座舱中的机组成员却相互紧张地通知他们的燃料供给出现了危机。

9 时 24 分，51 航班第一次试降失败。由于飞机高度太低以及能见度太差，因而无法保证安全着陆。当肯尼迪机场指示 51 航班进行第二次试降时，机组成员再次提到他们的燃料将要用尽，但飞行员却告诉管理员新分配的飞机跑道“可行”。

9时31分，飞机的两个引擎失灵，1分钟后，另外两个也停止了工作，耗尽了燃料的飞机于9:34分坠落于长岛，机上73名人员全部遇难。

当调查人员考察了飞机座舱中的磁带，并与当班的机场管理员讨论之后，他们发现导致这场悲剧的原因是沟通的障碍。

首先，飞行员一直说他们“油量不足”，机场交通管理员告诉调查员这是飞行员们经常使用的一句话。当被延误时，管理员认为每架飞机都存在燃料问题。但是，如果飞行员发现“燃料危机”的呼声，那么管理员有义务优先为其导航，并尽可能迅速地允许其着陆。遗憾的是，51航班的飞行员从未说过“情况危急”，所以肯尼迪机场的管理员一直未理解到飞行员所面对的真正困境。

其次，51航班飞行员的语调也并未向管理员传递有关燃料紧急的严重信息。许多管理员接受过专门的训练，可以在这种情境下捕捉到飞行员声音中极细微的语调变化。尽管51航班的机组成员表现对燃料问题的极大忧虑，但他们对肯尼迪机场传达信息的语调却是冷静职业化的。

最后，飞行员的文化和传统以及机场的职权也使得51航班的飞行员不愿意声明情况危急。当把紧急情况正式报告之后，飞行员需要写出大量的书面报告。另外，如果最终发现飞行员在计算飞行中需要多少油量方面存在疏忽大意的话，那么联邦飞行管理局就会吊销其驾驶执照。这些消极的强化因素极大地阻碍了飞行员发出紧急呼救。在这种情况下，飞行员的专业技能和荣誉感则变成了赌注。

（案例来源：2005年第9期《中外管理》，作者田耘）

一、理论探究

沟通是人与人之间最重要，也是最频繁的活动。传统的沟通，存在许多问题，比如很少站在对方的角度去考虑问题，不会在乎对方的想法和感受，不会考虑对方的需求。这种传统的沟通模式，必然会导致沟通失败。为了提升沟通能力，促进沟通双方之间的关系，达成沟通目的，我们需要具备一定的沟通交流技巧。

1. 沟通力的内涵

人们对于沟通的理解和认识多种多样，但大都缺乏对沟通含义的完整认识。例如：

观点1：沟通不是太难的事，我们不是每天都在沟通吗?

观点2：我告诉他了，所以我已和他沟通了。

观点3：只有当我想要沟通时，才会有沟通。

这些观点从不同角度反映出对沟通的片面理解。

持观点1的人认为，我们天天都与人打交道，这是家常便饭，难在何处?然而，正是因为把沟通看得过于简单而忽视了其复杂性和难度，在处理沟通问题时容易简单化，不充分准备，因此沟通失败也就在所难免。

持观点2的人认为，只要我告知对方了，就完成了我的沟通任务，至于对方是否理解我的意思、产生怎样的结果都与我无关。正是这种观点导致生活、学习和工作中事与愿违的事情时有发生，与此相关的抱怨随处可闻。殊不知沟通并非是单向的，而是双向的，只有当听众正确理解了信息的含义时，才是真正意义上的沟通。

持观点 3 的人认为，只要我默不作声，就没有在沟通。事实上，沟通除了语言的，还有非语言的。当一位演讲者站在台下时，他并没有想传递“我感到紧张”这一信息，但观众从他的神态中就能够清晰地获得这一信息。

那么，何谓沟通呢？

从一般意义上讲，沟通就是发送者凭借一定渠道（亦称媒介或通道），将信息发送给既定对象（接收者），并寻求反馈以达到相互理解的过程。沟通的目的是让对方达成行动或理解你所传达的信息和情感，即沟通的品质取决于对方的回应。良好的沟通是要说对方想听的，听对方想说的。要想达到这个目的就必须进行有效的编码、解码与反馈。它包含以下几层意思：

（1）沟通首先是信息的传递。

沟通包含着意义的传递，如果信息没有传递到既定对象，那么，也就没有发生沟通。也就是说，如果演讲者没有听众或者写作者没有读者，那么就无法构成沟通。

沟通中的信息包罗万象。在沟通过程中，我们不仅传递信息，而且还表达着赞赏、不快之情，或者提出自己的意见和观点。这样，沟通的信息就可分为：① 语言信息，这包括口头语言和书面语言信息，两者所表达的都是一种事实或个人态度。② 非语言信息，它是指沟通者所表达的情感，包括副语言和身体语言信息等。沟通过程中，发送者首先要把传送的信息“编码”成符号，接收者则进行相反的“解码过程”。接收者要完整地理解传递来的信息，即既要获取事实，又要分析发送者的价值观、个人态度。只有这样才能达到有效的沟通。

（2）信息不仅要被传递到，还要被充分理解。

完美的沟通，如果它存在的话，那么经过传递后，接收者所感知到的信息应与发送者发出的信息完全一致。值得注意的是，信息是一种无形的东西。在沟通过程中，所有传递于沟通者之间的只是一些符号，而不是信息本身。传送者要把传送的信息翻译成符号，接收者则要进行相反的翻译过程。由于每个人的“信息—符号储存”系统各不相同，对同一符号常常存在不同的理解。

（3）有效的沟通并不是沟通双方达成一致意见，而是准确地理解信息的含义。

许多人认为，有效沟通就是使别人接受自己的观点。实际上，你可以明确地理解对方所说的意思但不一定同意对方的看法。沟通双方能否达成一致意见，对方是否接受你的观点，往往并不是沟通有效与否这个因素决定的，它还涉及到双方利益是否一致、价值观念是否相似等其他关键因素。例如，在谈判过程中，如果双方存在着根本利益的冲突，即使沟通过程中不存在任何噪声干扰，谈判双方的沟通技巧也十分纯熟，往往也不能达成一致协议，而在这个过程中双方都已充分了解对方的要求和观点。

（4）沟通是一个双向、互动的反馈和理解过程。

有人认为，既然我们每天都在与别人沟通，那么沟通并不是一件难事。是的，我们每天都在进行沟通，但这并不表明我们是一个成功的沟通者，正如我们每天都在工作并不表明我们每天都能获得工作上的成就一样。沟通不是一个纯粹单向的活动。或许你已经告诉对方你所要表达的信息，但这并不意味着对方已经与你沟通了。沟通的目的不是行为本身，而是在于结果。如果预期结果并未产生，接收者并未对你发出的信息作出反馈，那么也就没有达成沟通。

2. 有效沟通的6C原则

为了更有效地进行沟通，在沟通过程中必须遵循包括清晰、简明、准确、完整、有建设性和礼貌在内的原则，这6个词汇的英文中均以字母C开头，因此可以简称为6C原则。

（1）清晰。

清晰（Clear）是指表达的信息结构完整、顺序清楚，能够被信息受众所理解。在民航服务中，服务人员向旅客表达服务意愿、提供相关服务信息时或回应旅客服务需求时，内容完整、条理清楚、表达明确，对方才有可能准确理解和接受。

（2）简明。

简明（Concise）是指表达同样多的信息要尽可能占用较少的信息载体容量，这样做既可以降低信息保存、传输和管理的成本，也可以提高信息使用者处理和阅读信息的效率。比如在机场内，各个功能区域的指示标识都不会用过多而烦琐的文字描述，通常都是由简洁且辨识度高的图案和关键词组成，让旅客和服务人员都能迅速一目了然。

（3）准确。

准确（Correct）是衡量信息质量的最重要指标，也是决定沟通结果的重要指标。不同的信息往往会导致不同的结论和沟通结果。首先是信息发送者头脑中的信息要准确；其次是信息的表达方式要准确，不能出现重大的歧义。在民航服务中，由于沟通内外有别，如果服务人员使用行业术语或内部习惯用语与旅客进行沟通，特别容易让旅客困惑，旅客能否准确理解所接收到的信息就会是未知数，严重的甚至可能引起误会或冲突。

（4）完整。

完整（Complete）是对信息质量和沟通结果有重要影响的一个因素。“盲人摸象”就是片面的信息导致判断和沟通错误的一个典型例子。在民航服务中，完整是指信息发送者明确、有信息传递的渠道、信息接收者明确、有相应的具体沟通方式等，这样才能保证服务部门之间、服务人员之间、服务人员和旅客之间均可以顺利实现沟通，确保服务的顺利进行。2014年起，中国民航局空管局搭建的空中交通信息平台把分割成数段的民航链条重新整合成一体，实现空管、机场、航空公司全链条的信息共享，同时可以微信、短信等形式向公众发布航班运行限制、大面积航班延误预警、航路拥堵、机场运行状况等信息。以往遭遇大面积航班延误时，各环节信息不能顺利及时共享，服务信息沟通片面、滞后，缺乏即时有效的发布渠道或沟通方式缺乏针对性等情况大大改善，使公众能即时掌握比较全面的航班信息。

（5）有建设性。

有建设性（Constructive）实际上是对沟通的目的性的强调。沟通的目的是促进双方的信息传播，沟通中不仅要考虑所表达的信息要清晰、简明、准确、完整，还要考虑信息接收者的态度和接受程度，力求通过沟通使对方的态度有所改变。例如：某航班延误时有两名旅客情绪激动，不系安全带、不关手机，安全员和乘务员一起耐心地向两名旅客解释，首先将旅客情绪抚平，然后向她们讲明延误的具体原因，介绍航空知识和相关法律知识，讲事实、摆道理，经过耐心的沟通和解释，最终旅客表示理解和支持，并保证不再扰乱客舱秩序。

（6）礼貌。

情绪和感觉是影响人际沟通效果的重要因素，服务沟通亦然。民航服务人员的良好礼貌（Courteous）、得体语言、积极姿态和表情能在服务沟通中给予旅客良好的第一印象甚至可产生移情作用，有利于沟通目标的实现；相反，无礼的语言和举止会妨碍沟通进行，甚至使沟通目的无法达成。

3. 有效沟通的正确态度

人在沟通时都带着一定的态度，不同的沟通态度会有不同的行为表现，如友善、合作、冷漠或傲慢等，当然也会产生不同的沟通效果。

在沟通过程中，根据果敢性和合作性的不同，分为五种不同的态度，分别是：

（1）强迫态度。

这是一种强制性的态度，果敢性非常强，却缺乏合作的精神。采取强迫态度的沟通者通常拥有一定的权力或其他资源优势，常见于上级与下级之间。在民航服务中，如果服务人员随意采用强迫的态度与旅客进行沟通，是非常不容易达成共同协议的，容易引起旅客的反感甚至反抗情绪。但是在一些特殊情形下，适当的强迫有利于事情的解决。例如：航班上情绪激动的旅客谩骂并推打乘务员，扰乱了客舱秩序，安全员在严肃告知其权利和义务后，严词要求该旅客立即停止谩骂及扰乱行为，相比用温和的语气进行劝阻，这时用强迫的态度解决问题的效率明显要更高。

（2）回避态度。

回避态度是一种消极的态度，在沟通中既不果断地下决定，也不主动去合作，持这种态度的人往往被认为没有合作精神。这种态度通常出现在对沟通结果没有把握，或知道沟通结果但对结果还没有应对办法的时候。如果民航服务人员面对的旅客采用回避的沟通态度，不应紧逼旅客，而应给他充分的理解和包容，让他有足够的思考时间，否则一旦产生不满意的结果或旅客后悔所做的决定，就容易责怪服务人员。另一方面，对于服务人员而言，绝不可采取回避态度去应对旅客，应正面回应，积极寻求解决办法，否则容易引起矛盾和冲突。

（3）迁就态度。

迁就就是一方对另一方的过分顺从和包容，具有迁就态度的人虽然果敢性非常弱，但是能与他人合作，同时重视人情大于重视原则。这种情况通常发生在无权力者对有权力者的沟通，当然也可能发生在一个人对另一个人有特别爱恋的时候。在民航服务中，服务人员首先要怀着乐观、宽容的态度与旅客沟通，努力满足旅客的需要，迁就包容旅客的小错误，善于求大同存小异，不斤斤计较，不纠缠于非原则的琐事。但在涉及公共安全、公众利益等原则问题上则要坚定不移，不要一味迁就旅客，否则等同于牺牲其他旅客和企业的集体利益。例如：航班延误时，心情烦躁的旅客不免语气不善、出言不逊，服务人员不妨换位思考迁就理解他们；但如果这些旅客借题发挥，做出围堵跑道、抢占飞机之类的危险行为，服务人员则不要姑息迁就，应该迅速采取有效措施制止该危险行为，避免更大损失。

（4）合作态度。

这是最民主、平等的沟通态度，沟通双方都有果断性和合作性，双方都站在对等的平台上进行沟通，也都能承担责任。这样的沟通更容易达成共同的协议。对于民航服务交往，服务人员和旅客都能采取合作的沟通态度是最理想的，通过积极的沟通解决问题，达到共同的目标，旅客满意，服务人员也有成就感。在服务交往开始的时候，服务人员应首先主动地表达积极友善的服务意愿，旅客受到感染就容易展现合作的沟通态度；当旅客主动表现出合作的态度时，服务人员也应以合作的态度予以积极的回应和肯定，从而形成沟通的良性循环。

（5）折中态度。

折中态度是不主动也不回避，不果断也不推诿。若沟通结果符合需要，双方皆大欢喜；一旦沟通结果不理想，就有不承担责任的理由。这是非常典型的圆滑，是一种不负责任的沟通态度。民航服务人员作为服务的提供方，应以积极主动的服务态度主导服务交往顺利开展，不要得过且过、敷衍了事，特别是当旅客需要服务指引、咨询、求助时，切不可采用折中的态度与旅客沟通，这样的沟通态度特别容易被旅客认为是不负责任、不用心的表现，容易小事化大，使问题扩大化。

每个人在沟通过程中，由于信任程度不同，所采取的态度也不一样。作为民航服务人员，首先要有端正、良好的态度，态度决定一切。根据不同的服务情形和旅客特点，民航服务人员应灵活应变，采取合适的沟通态度，使服务沟通有效、顺利、圆满。

案例 1-1　一个南航小新乘对航空服务的再认识（认知篇：服务当源于心，应于时）

告别芳草依依的大学校园，我怀着飞翔蓝天的梦想来到了中国南方航空公司选择了做一名空乘，入职培训之前，我跟大多数人一样认为“空姐”有着许多耀眼的光环，是让人羡慕的轻松优雅的职业。然而，在经历了入职培训以后，我才真正意识到，要做好一名合格的符合时代发展要求的“空乘”实为不易。特别是近一段时期，围绕空中乘务人员与旅客纠纷的新闻报道屡见不鲜，即将入职的我不禁深思，也许空中乘务并不仅仅是为旅客提供优质的服务那么简单。

认知一：新环境催生新需求。

随着全球经济的不断发展，人们的生活节奏的不断加快，飞机作为快捷便利的交通工具已飞速进入普通民众的生活当中。因此在民航业中，空中乘务员的服务成为了极为重要的部分，空乘人员服务态度和质量的优劣直接影响到所在航空公司的形象和声誉。特别是随着全球经济一体化的快速发展和世界文化交流与合作的快速推进，乘客对符合国际化标准的空中服务要求越来越高，同时随着生活水平的不断提高，不同经济文化层次和不同生活领域文化地域的乘客在选择乘坐客机外出旅行时产生的服务需求也愈加呈现多样化。这要求空乘人员的各项素质和能力要不断提高。旅客究竟需要怎样的服务？空中乘务员针对不同客户需求要做出怎样的提高和改进？这一系列问题很值得深思。

认知二：冷规范当用热心肠。

客舱服务从狭义角度看是按照民航服务的内容、规范和要求，以满足乘客需求为目标，为航班乘客提供相应服务的过程。对空乘服务的这种理解，强调空中服务是一个规范性的服务职业，体现了空乘服务作为服务行业的基本特性。但很明显，狭义的理解无法涵盖空乘服务的全貌与本质，更无法体现空乘服务至高无上的境界。

从广义角度看，客舱服务是以客舱为服务场所，以个人的影响力与展示性为特征，将有形的技术服务与无形的情感传递融为一体的综合性活动。这种理解，既强调了空乘服务的技术性，又强调了空乘服务过程中所不可缺少的情感表达；而对空乘服务人员的个人素质与外在形象的特殊要求，以及在服务过程中所表现的亲和力与个人魅力，也包含在服务的内容之中。规范的目的和本质不是冰冷的操作，而是让空乘人员满怀热心地用真情实意去服务旅客。

（来源：民航资源网，2012-09-21，作者：沈燕、杨天硕、刘莉）

4. 沟通的过程

由于受多种因素的影响，沟通的过程事实上非常复杂，一些专家已经总结出沟通过程的一般模型，并将沟通过程恰当地分解成为沟通过程五大要素。它们分别是：编码、通道、译码、噪声、反馈（见图 1-1）。

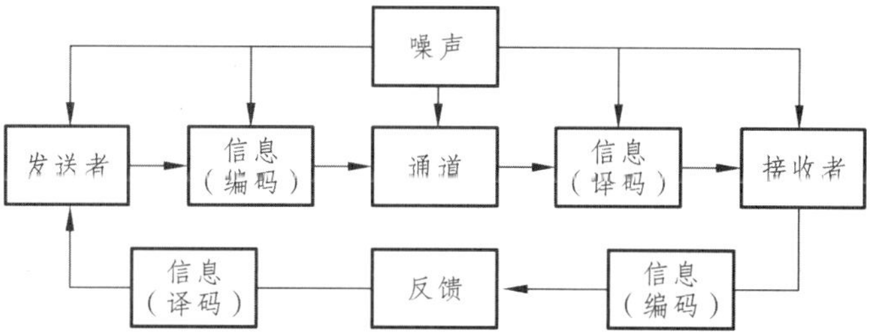

图 1-1　沟通过程图

（1）编码与译码。

编码是发送者将其意义符号化，编成一定的文字等语言形式或其他形式的符号。而译码则是恰恰与之相反，是接收者在接收信息后，将符号化的信息还原为思想，并理解其意义。完美的沟通应该是发送者的信息 1 经过编码与译码两个过程后，形成的信息 2 和信息 1 完全吻合，即编码与译码完全对称。

（2）通道。

通道是由发送者选择的，用来传递信息的媒介物。不同的信息内容要求使用不同的通道。例如：口头交流时一般采用口头语言表达形式；政府工作报告就不宜通过口头形式而应采用正式文件。

（3）反馈。

没有反馈的沟通过程容易出现沟通失败，沟通过程的最后一环是反馈回路。反馈是指接收者把收到并理解了的信息返回给发送者，以便发送者对接收者是否正确理解了信息进行核实。为了检验信息沟通的效果如何，接收者是否正确接受并理解了所需要传达的信息，反馈是必不可少的。在没有得到反馈之前，信息发送者无法确认信息是否已经得到有效的编码、传递和译码。如果反馈显示接收者接收并理解了信息的内容，这种反馈称为正反馈；反之，则称为负反馈。

（4）噪声。

噪声是指干扰信息沟通的任何因素，它存在于沟通过程的各个环节，并有可能造成信息失真。例如：模棱两可的语言、难以辨认的字迹、不同的文化背景、谈话的突然中断等都是噪声。典型的噪声一般会影响信息的发送、信息的传递、信息的接收和理解。

5. 倾听的方式

沟通学研究者认为有以下 4 种不同的倾听方式。

（1）被动倾听。

被动倾听是人们听取他人观点时的一种普遍方式。在这种方式中，倾听者不仅没有呈现非语言的表达方式，还很少提供语言上的反馈。被动倾听者经常会表现出以下的行为：① 与说话者目光接触；② 面部没有明显的表情；③ 偶尔点头；④ 偶尔的口头回应，如“嗯”“哦”，在电话中更为明显。

从这些行为可以看到，倾听者虽然在跟着说话者的思路，但是却给出很少的信息促进谈话继续。说话者通常会希望对方更多地参与，因此与一个被动的倾听者交谈经常会让说话者产生挫败感，会怀疑对方是不是真的乐意听或是否理解了自己表达的信息。

（2）选择倾听。

选择倾听几乎和被动倾听同样普遍。选择倾听通常定义为听话者想听的时候才听。当听到想要听的信息时，听话者就会成为一个非常投入和理解力很强的听众。当他对信息不感兴趣时，就会不理睬说话者或反抗说话者。也就是说，选择倾听者在听的过程中表现出不一致的反应。选择倾听者经常会表现出以下的行为：① 表现出不感兴趣；② 环顾其他的东西；③ 安静地坐着；④ 反抗情绪高涨，如反对或争论某一个论点；⑤ 说话者还没说完就开始插话；⑥ 有时候询问一个自己感兴趣的话题，但打断了说话者目前的信息。

审视选择倾听者的行为，从不理睬说话者到言辞激烈，都是在沟通中制造障碍。这些障碍妨碍了听众听取完整的信息，并给整个工作或生活关系增加了压力和紧张的气氛。

（3）专注倾听。

作为一个专注的听众，会比被动倾听或选择倾听的听众有效率得多。当用这种方式倾听时，听话者通过非语言的或语言的方式更多地参与，更少地判断。专注倾听者经常会表现出以下行为：① 与说话者保持稳定的目光接触；② 表现出感兴趣和诚恳的面部表情；③ 点头表示理解；④ 提供简单的口头信息（“明白了”“好的”“是的”等）来鼓励说话者继续表述信息；⑤ 提出问题来延伸信息；⑥ 提出问题以从信息中获得更多的细节。

说话者的信息包括两个方面：事实（或内容）和情感（或情绪）。它们加在一起构成了说话者所传达信息的真正意思。

作为一个专注的听众，他会获取谈话中说话者想要展示给他的信息。当信息都是事实时，他会有不错的接收效果；但当信息中卷入个人情感时，他就容易忽略它，并直接处理信息，这就是专注倾听的短处，听话者没有捕捉到获取完整意思的全部信息。

（4）积极倾听。

积极倾听是指有响应或回应地听，这是倾听的最有力方式。积极倾听者接受并尊重讲话者的意愿，然后尽力验证自己对说话者信息的理解，这正是说话者所希望的方式和效果。积极倾听者能捕捉到说话者的全部事实和他的情感。这样，说话者不仅能说完要说的信息，还能知道倾听者已经听懂了他的意思。

积极倾听者表现出来的行为不仅包含专注倾听中的积极方面，还包括：① 表现出耐心；② 语言反馈总结自己对信息的理解；③ 联系说话者的情绪来全面理解说话者信息的缘由；④ 当说话者的情绪对于理解整个信息意义重大时，探求这种情绪的出处；⑤ 当某个信息不清楚或者混乱时，高声提出来。

积极倾听当然也要说，但是所说的和所注意的都是说话者的信息，而不是倾听者自己的信息或者他们对于说话者信息的评论。

案例 1-2　一个南航小新乘对航空服务的再认识（实践篇：提升自我，服务暖到旅客心）

经过培训和分析总结近期的事件报道，我深刻体会到空乘人员除了服务水平达标之外，还应具备更多的符合当今经济社会发展需求的素质。

实践一：驾驭情绪。

空乘人员在与旅客沟通时要具有准确认识和表达自身情绪的能力，还要有能够调节和管理情绪的能力。当飞行延误时，只有乘务人员不急不躁，沉稳冷静的心态去面对旅客的问题和不良情绪，才能保证有效且良好的沟通从而得到旅客的谅解，有效地控制客舱的安全。也许每个人的心情不同，对工作的态度就会不同，心情好时，人们会对工作充满热情，会积极上进；相反，当人们受到外界因素的影响，如家庭矛盾、工作中和同事的摩擦等，一旦不能快速调节自己，把不良种情绪带到工作中去，必然会产生消极的影响，矛盾和摩擦也就在所难免。

实践二：用心沟通。

飞行乘务员和飞行员、本班组的其他成员、地面单位、旅客的交流水平都对空中乘务人员的协调能力提出了要求。如果沟通协调不够，一旦遭遇紧急情况，地面无法和机组有效沟通协调，机组无法和乘务组有效沟通协调，乘务组无法和旅客有效沟通协调，可以想象这样一种情况还怎么保证安全。

实践三：清晰表达。

在客舱服务中，乘务人员的语言表达能力也是一个至关重要的因素。表情达意清晰明确，是减少和消除误解的最有效方式。我相信，耐心的表述，温和的解释，以人为本，用心去服务，把对旅客的服务从规范化、程序化服务的基础上升华到人性化服务的境界后，也许往往一个微小的动作、表情、眼神，就能赢得乘客的心。

（来源：民航资源网，2012-09-21，作者：沈燕、杨天硕、刘莉）

6. 提高团队沟通能力

团队成员提高团队沟通能力可以从三个方面入手，并通过掌握团队沟通技巧来不断提高。

第一，倾听。在倾听的过程中能够获取更多的信息，给倾诉者留下一个谦虚的印象。认真倾听能够更准确地理解对方的意图。

第二，表达。在沟通的过程中，要对事不对人，坦诚表达自己的真实感受和立场，客观巧妙地使用语言，让倾听者更容易理解自己的意思。

第三，反馈。倾听、表达过后能否实现有效沟通的最后一个环节就是反馈。针对不同的情况和不同的人员，可以采取正面认知、修正性反馈、负面反馈和没有反馈等方式。

沟通力是团队建设的软实力，它关系到团队成员的亲和力、信任力和凝聚力。提升团队沟通力，可以从以下角度入手。

（1）积极倾听。在团队沟通的过程中，除了要掌握有效倾听的基本技巧外，还要注意顺利转换倾听者与说话者的角色。对于在课堂上听讲的学生来说，比较容易形成一个有效的倾听模式。因为，此时的沟通完全是单向的，教师在讲而学生在听。而在大多数团队活动中，听者与说者的角色在不断地转换。积极的倾听者能够使从说者到听者以及从听者再回到说者的角色转换十分流畅。从倾听的角度而言，这意味着全神贯注于说者所要表达的内容，即使有机会也不去想自己接下来要说的话。

在团队中，言谈是最直接和最重要、最常见的一种沟通途径，有效的言谈沟通很大程度上取决于倾听。有人发现，具有良好倾听技能的人往往可以在工作中轻松自如地与他人沟通。一个团队，成员的倾听能力是保证团队有效沟通和保持团队旺盛生命力的必要条件，一个个体，要想在团队中获得成功，倾听是基本要求。有研究表明，成功的经理人大多是很好的倾听者。

（2）加强语言沟通。既要一个整体良好的团队，又要独立的私人生活，这两种愿望带来的压力便流露在每个成员在讨论时发表的意见中。因此，要消除这种压力，团队成员必须进行对话，即成员们必须交换和适应相互的思维模式，使得所有人都能对所讨论的意见有一个共识。

对话是一种交谈，通过这种交流，人们可以琢磨出他们能够认同的含义。对话经常需要对想法进行重新界定。这就要求在沟通时运用坦诚、负责、肯定以及恰当的语言，创造一种成员之间相互关注、支持交流、降低防卫的氛围。团队沟通要加强以下几点：

① 坦诚。坦诚指的是开放性的沟通，了解自己，关注他人，关注你的需求或明确要他人知道的事情。一个坦诚的陈述通常很直接，但它同时很谦恭有礼，并且顾忌他人的感情。坦诚是为自己的沟通负责，不让其他人来操纵你的反应。坦诚之人既展示自我，希望影响他人，又高度重视他人的权利。坦诚之人知道怎样运用外交手段和沟通技巧。

② 负责。负责的语言为他人改变其观点和观念留有余地。当语言更富假设性而非肯定性时，团队就会有更多的合作、更少的防御。缓和你的语气，接受他人的观点以保持开朗、合作的氛围。

③ 肯定。当别人承认你的想法和感受，真正倾听你并作出回应时，你会有被认可的感觉。当你被肯定时，就容易坦诚，容易出效率，也容易对团队作出贡献。肯定一位团队伙伴将有助于他全力以赴地工作，也有助于团队创造一种合作的氛围。

④ 恰当。恰当是指使用适合团队成员、自己及适用团队情况的语言。能否选择恰当的语言取决于你是否对他敏感，以及你如何判断想要达到的目的。这种选择同时需要用心和用脑。恰当包括你能考虑到知识层面、背景和感受。

（3）注重非语言沟通。非语言沟通是指人们从语言中包含的指示或语言之外的提示中解析出的含义。人们常常没有意识到其眼神、身体、面部表情和声音中存在的非语言信息。人们对你的看法，包括你的能力、可信度、亲和力，与你的非语言沟通有直接的关系。

① 运用肢体语言。不太开放的成员不善于抓住说话的机会，需要有人帮他们一把。要帮助他人参与沟通，根本在于你的关注。你可以通过保持目光接触和用让他人感到舒服的姿势，为他人着想，如用面向说话人、往前靠这样的方式，对成员表示你的反应。

② 表现出强烈的自信心。假如有一个令你兴奋、激动的主意，但你又担心面临质疑。在解释这个想法时，假如你全力以赴，你的脸、身体、嗓音都能表露出积极的情绪，同伴会受这种情绪的感染，就会听取你的建议。因此，当你沟通时需要你的脸、身体、声音、演讲能力的全力支持，使你传递的信息有趣、可信。

二、思享园地

（一）桃李满天飞 匠心铸安全——记深航培训部乘务训练中心教员任毅

任毅是深航首批乘务员，1993 年年少青春的她通过层层选拔加入了深航客舱部。进入公司不到两年，任毅凭借严谨踏实的工作作风、勤奋刻苦的工作态度，成为了一名优秀的乘务长，2006 年又成为深航首批专职教员。通过 3 万多小时的飞行时间及授课课时，她见证了中国民航事业的蓬勃发展。

作为首批乘务员，任毅保障了诸多重要航班，如2007年她参与保障运送中国维和部队赴黎巴嫩换防任务。出发前她年幼的孩子意外被烫伤，特别黏母亲。但由于这次任务太重要，出行的都是公司精心选拔并训练的资深乘务长、乘务教员，为了完成任务，她不得不压下心底对孩子的牵挂，全力保障航班，任务结束时才顾不得休息连夜往家赶。在近三十年的飞行生涯中，任毅始终坚守着初心，积极发挥党员先锋模范作用，在一次又一次急、难、重的飞行任务中，用真情服务获得旅客的肯定与赞许。

2006年，随着公司飞速发展，新招乘务员数量逐年递增，为了提高效率和节省成本，成立深航自己的乘务训练中心迫在眉睫。扎根客舱一线十多年的任毅当时已是中队干部，但出于从小对老师这个职业的向往，她果断报名并顺利通过竞聘考试，成为了深航首批专职安全教员。从客舱走进课堂，一切都要从零开始，没有教材，任毅和团队就自学办公软件、出去报班学习如何制作课件，在飞行的同时带上电脑和相机、利用过站间隙拍摄素材，利用飞行过夜的休息时间在酒店制作课件；没有模拟舱，就地取材，摆凳子练习；她们一共编写了十多门课程的课件，将积淀多年的理论积累化为一个个知识点，为乘务训练中心的发展奠定了坚实的基础。

2021年7月20日，由于特殊原因，乘务训练中心在前一周前往南京参加民航局职业技能鉴定指导中心组织的考评员培训的多名教员不能返岗，教员资源告急。21日，原计划前往北京参训A330乘务员复训执教的两名教员也无法返岗。任毅主动支援临时出差，在结束了一天的课程之后，马不停蹄地前往北京，准备22日的授课。“她就是我们乘务培训的标杆，引领激励着我们深入教学研究，提升业务素质，呈现出最高质量的教学品质。”

（来源：民航资源网，2023-01-16，供稿：深圳航空有限责任公司）

（二）薪火相承传匠心 孜孜不倦促发展——记浦东维修基地的师徒故事

师与徒，既是授业与受教，更是传递与传承。在辽阔的浦东国际机场机坪上，有这样一群人，他们在工作中授业、解惑，言传身教，驾驶舱、客舱、机坪都成了他们的讲台，一对一、手把手地将自己所掌握的技能与经验倾囊相授，培养出了一批又一批“青出于蓝而胜于蓝”的技术骨干。让我们一起走近他们，感受这薪火相传、情感深厚、弥足珍贵的师徒情谊。

谆谆教诲引领踏实维修，矢志不渝稳安全

那年谭晨翔初来乍到，对一切既憧憬又迷茫，他便在这种情况下成为了师父陈波的徒弟，由陈波带领他开始了机务生涯。陈波是单位资深的定检维修机务工作者，有丰富的维修经历，业务能力精湛，性格沉稳，工作踏实，为人和善，广受大家的好评。当谭晨翔知道自己成为他的徒弟时，心中也不由暗暗感到高兴，同时在心里对自己说，一定要跟着师父好好学，争取做一个像师父一样的“技术大拿”。“注意细节，不可以马虎，民航安全事关重大！”在机库维修现场总能听到言辞严厉的谆谆教诲，谭晨翔新手上岗干劲十足、风风火火，陈波师傅在每次工作开始前，都会一一“划重点”告知注意事项、风险隐患，时刻提醒要一丝不苟、严谨细致地进行各项工作步骤，即使是简单、常规的“打保险”也要按照标准施工规范操作。在陈波师傅的谆谆教诲、耳闻目染下，谭晨翔也收获颇丰，改掉了急躁的工作习惯。

谭晨翔说，他非常感谢师傅，感谢其作为榜样给自己努力奋斗的动力！在今后的日子里，

他会更努力学习专业知识和技能，用实际行动跟师傅一起，为民航事业作出自己的贡献！

言传身教引领规范维修，踔厉奋发向未来

在繁忙的停机坪有这样一位师傅，同事们都亲切地称他“小元师傅”，他就是来自浦东维修基地波音航线维修部的放行人员——林子元。新员工乔昕智正是这位“小元师傅”的徒弟。安全是民航业的生命线，更是“小元师傅”的工作准则，因此作为师傅，开工“第一课”便是帮助徒弟树立正确的岗位价值观，时刻谨记“按卡作业、规范维修、细致严谨”的工作信条。林子元经常在工作之余，和徒弟一起学习机务工作的规章制度，总结工作中容易疏忽、产生纰漏的地方，自制“温馨提示”避免忙中出错或无意突破手册规章的维修行为。林子元常说：“遵守一天规章不难，难在长期坚持、习惯坚持”，作为师傅的他坚持以身作则、率先垂范，既是对徒弟的言传身教，也是对自己职业生涯的鞭策。一次一架飞机发现扰流板故障，需要更换扰流板作动器并完成相关测试，为了及时排除故障，保证飞机适航安全运行。林子元师徒二人主动请缨，细致完成作动器安装调节、测试以及液压系统的检查，从手册查询阅读到维修现场的组织协调，特殊工具的检查和使用，师徒二人相互配合默契，高效率、高质量地完成了液压系统的换油和放气工作，完成作动器调节测试，保障航班准点出港。

客舱做讲堂，工卡当黑板，工具为粉笔。“小元师傅”把“传帮带”落实到带教的每一个细节当中，徒弟乔昕智像海绵一样不断吸收着丰富的知识与经验，逐步提升维修技能、稳步成长为一名合格的机务维修人员。

亦师亦友引领高效赋能，齐心协力强保障

工装设备保障是机务维修的关键环节，更是民航安全的基础，在浦东维修基地生产支援部工装设备保障中心有这样一对党员师徒，他们从“亦师亦友”到“先师后友”到“良师益友”，师傅苏敏思想成熟、性格稳重、具有较强的业务能力和责任感，徒弟赵逸波谦虚好学、积极上进，主动请教专业基础知识，在入职三个月后便成为工装中心的中坚力量。在今年三月上海本土疫情驻厂保障期间，面对压力与挑战，他们相互帮助、彼此鼓励，慎终如始地做好机务背后的“保障者”，全力当好生产保障的“排头兵”。同时还主动承担起了部门内的防疫联络员，用自己的实际行动全力以赴做好战“疫”的后勤保障。他们坚定地说道：疫情是一次考验，需要携手面对，更是一场硬仗，需要并肩作战，只要凝心聚力、奋勇向前，必能拨开云雾终见阳光。

学贵得师，亦贵得友。苏敏、赵逸波师徒二人将生活热情、专业知识和工作技能融入到实际生产中，始终坚持以笃行不怠、奋勇争先的工作态度立足岗位，以“高标准、高质量、高效率”为常态，努力打造最强工装设备保障系统。

相互尊重、共同进步，师徒间的情感真挚而纯粹。我肩负着言传身教的使命，你在我的指导下进步成长；我在你身上看到了我，我希望你终有一天变成我……在一对对师徒的传承下，航空人秉持航空报国精神、秉承“人民航空为人民”的理念，始终牢记初心使命，不断增强“四个意识”、坚定“四个自信”、做到“两个维护”，以永不懈怠的精神状态和一往无前的奋斗姿态，大力弘扬和践行当代民航精神，不断提升飞机技术状态和运行品质，全力以赴确保“两个绝对安全”，为东航成为“世界一流”MRO 企业持续奋斗，为建设民航强国贡献力量。

（来源：民航资源网，2022-12-22，作者：周敏豪）

参考文献

[1] 武光路，韩继莹. 爱上美丽心世界　大学生心理导航[M]. 北京：兵器工业出版社，2007：87.
[2] 胡君辰，潘晓云. 心智管理导论[M]. 上海：复旦大学出版社，2008：121。
[3] 陈红英，舒刚. 大学生心理健康教程[M]. 武汉：武汉大学出版社，2012：121.

项目二　情绪力的有效提升

【项目导引】

调节情绪对人们的日常生活、学习和工作都有着至关重要的影响，民航行业的人员也不例外。本项目主要介绍了情绪、情绪力的内涵以及情绪调节的方式方法。通过本项目的学习，可以提升对情绪的调节能力。

乐观积极的人总是我们学习的榜样，而且现实生活中他们也表现得更加沉着、稳重、阳光、快乐。学会把控自身的情绪，提升自我的情绪力更有利于我们在工作中展现更优秀的自己。

【学习目标】

知识目标：

1. 熟悉情绪、情绪力的概念、特点、深层机制以及对我们的影响和作用。
2. 理解情绪力的提升与自身素养之间的关系。

能力目标：

1. 能够掌握有效的调控自我情绪的方式方法。
2. 能够培养自身的情绪调节能力，并在实践中反思提升。

素养目标：

1. 能更好地领悟和传承中华优秀传统文化。
2. 能更好地理解和践行当代民航精神。

【案例导入】

当好怨怒旅客的情绪调节员

一次，我执行航班从海口飞往广州，一位旅客按呼唤铃，要求我给他找一份《海南日报》。可《海南日报》已经全发完了，于是我为他拿来了一份《广州日报》，带着抱歉的语气向他做了解释，谁知他很生气地接过报纸，翻了两下就放到座椅前的口袋里了。看着他一脸不悦的神情，我心里非常难受。

飞机起飞了，我一直注视着刚才那位旅客，我发现他好像很不舒服，一会儿伸手转转上面的通风口，又转转旁边座位上方的通风口，最后抱着膀子坐在座位上。一定是他感到空调太凉了，于是我赶紧走到他面前，亲切地问：“先生，您是不是感觉空调有点凉啊？我给您拿条毛毯吧！”他看到我，愣了一下，点点头。我立即取来毛毯递给他，他轻声地说：“谢谢！”我心里舒坦了好多，虽然他怒气消了一点，但我的目光仍然始终不自觉地落在他身上。送饮料时，看他喝得很急，我断定他一定很渴，于是我又主动倒了一杯给他送上去：“先生，您一定很口渴吧，我又给您倒了一杯，您慢用，如果不够的话请随时按呼唤铃呼叫我，我再给您倒。”我边送水边说道，他有点惊讶地看着我，接过那杯水，并连说：“谢谢，谢谢，我的确很渴！”我连忙说：“不客气，这是应该的。”那位旅客简单的“谢谢”两个字温暖了我整个人。当我得知他想喝杯黑咖啡时，我又立即为他冲调好一杯香浓的黑咖啡，他诚恳地对我说：“对不起，一开始我向你要报纸的态度不好，请不要在意。我以为你们只会偷懒，还找许多借口来糊弄旅客，但是我现在断定，你不是。小姑娘，希望你能继续这样坚持工作下去，继续用你的诚心、细心、热心和亲切的态度为其他旅客服务，好吗？”

（来源：中国民航报，作者：黄莹）

一、理论探究

情绪与我们日常的行为、身心的健康、思考的决策等等有着千丝万缕的联系，可以说怎么去关注和理解它都不为过。随着科学家们的不断研究与探索，情绪智力的概念脱颖而出，使人们之于情绪的研究进一步发展和深化。情绪智力在人们的日常生活中、工作绩效上以及心理健康层面都有非常重要的作用和意义。因此，积极关注自身情绪，努力提高自己的情绪智力，有助于获得更成功的人生、更高的生活幸福感。

（一）什么是情绪

1. 情绪的概念

1884 年，美国著名心理学家威廉·詹姆斯就“什么是情绪”作了最早的阐述。从此，人们就“情绪”这一概念展开了充分而深刻的研究。到底什么是情绪呢？

情绪是推测出的对刺激的复杂反应序列，这些刺激包括认知评价、主观改变、自主神经和神经兴奋、行为冲动和对启动复杂序列的刺激有影响的行为（Plutchik，1982）。Keltner 和 Shiota（2003）认为情绪是一种对外部刺激事件产生的普遍性和功能性反应，临时整合生理、认知、现象学和行为的通道，以便于在当前情境中采取强适应性和环境塑造性的反应。而我国学者孟昭兰（2005）认为情绪是多成分组成、多维量结构、多水平整合并为有机体生存适应和人际交往而同认知交互作用的心理活动过程和心理动机力量。傅小兰（2015）认为情绪是往往伴随着生理唤醒和外部表现的主观体验。也有学者认为：情绪是客观事物是否满足人们需要或愿望所持态度的身心体验。也即是说，自身的需要得到满足就会感到开心、快乐、幸福；反之，就会感到痛苦、伤心、难过。本书将以此概念为基准展开探讨。

2. 情绪的分类

在情绪类型的划分上，有很多种方式。目前较为常用的是按照“效价-唤醒度”的方式进行划分：依据效价将情绪分为正、负两极，分别对应积极情绪和消极情绪，是指与某种需要的满足相联系，通常伴有快乐的主观体验，并能提高人的积极性和活动能力；后者与之相反。

生活中常见的积极情绪与消极情绪主要有：① 积极情绪主要包括欲望的情绪、信心的情绪、爱的情绪、性的情绪、热情的情绪、依恋的情绪以及希望的情绪等，如高兴、开心、兴奋、希望、幸福、激动、喜悦、惊喜等；② 消极情绪主要包括恐惧的情绪、嫉妒的情绪、怨恨的情绪、报复的情绪、贪婪的情绪、迷信的情绪、愤怒的情绪等，焦虑、怨恨、愤怒、忧郁、伤心、难过、恐惧、害怕、害羞、羞耻、惭愧、后悔、内疚等。积极情绪与消极情绪不可能同时占据你的意识，但它们之中必有一个起着主导作用。日常生活中，我们要学会并尽力调节消极情绪，努力争取让积极情绪支配自己的心理。

3. 情绪的功能

我们知道人类的情绪主要是两大类:积极情绪和消极情绪。积极情绪可以使人精力旺盛、体力充沛、思维敏锐，有利于精确地认知事物、分析和解决问题，从而维持正常的学习、生活和工作；而消极情绪则使人们在以上那些方面能力的表现普遍降低。同时，积极情绪可使人的身体生理指标维持在平衡状态，免疫力增强，促进身心健康；而消极情绪会打乱人的身体系统的平衡，导致疾病的产生。

以上的这些功能在日常生活中有哪些具体体现呢？

（1）信号功能。

情绪在人际间具有信息传递、感情交流、思想互换以及态度表达的功能，这种功能的呈现主要是以非言语的方式来实现。如点头、微笑、轻抚肩膀表示赞同；摇头、摆手、皱眉表示否定等。

心理学研究发现，在人际交往中，7%的信息是靠言语传递的，38%的信息是靠言语表情传递的，而靠非言语表情传递的信息占到 55%。这说明情绪的信号功能在交际间的重要作用。

（2）组织功能。

情绪对人的注意、记忆和决策等心理活动具有组织的作用。这种作用或功能主要表现在积极情绪的协作调动作用和消极情绪的阻断、摧毁、消解作用。如当人处在愉悦、欣喜等积极的情绪状态时，更多地关注事物美的一面，乐于接受外界的变化或刺激；反之容易失落、悲观、绝望，甚至产生攻击性行为。如当一个人失恋时，有的会因此而过度悲伤、痛苦、难过，无法自拔，甚至出现他伤或报复的极端行为。

（3）动机功能。

情绪的动机功能，又称为情绪的调节功能，指情绪能激发、促进和维持个体的行为，并影响行为的效率。如一个人心中满怀感激、感恩，他/她就会常常帮助别人，做好事、做善事，容易形成助人为乐、乐于奉献的优秀道德品质。

现代科学研究表明，情绪反应会有生理上的唤醒，当一个人体验到焦虑或紧张时，会心跳加速、呼吸加快、血压升高、肾上腺素分泌增加等。这有助于个体集中注意力，激发自身所有的能源来对付需要解决的问题或困境，提高个体的活动效率，进而有效地推进人们完成自己的任务。

（4）适应功能。

人们通过对自身情绪的调节来适应赖以生存的外界环境与现实社会。情绪调控能力的优劣直接影响到自我的身心健康。一项长达 30 年的关于情绪与健康关系的追踪研究发现，年轻时性情压抑、焦虑和愤怒的人患结核病、心脏病和癌症的比例是性情沉稳的人的 4 倍。一些临床医学研究也证明，长期受不良情绪困扰，会导致各种身心疾病。

美国加州大学心理学家艾克曼曾做过实验，要受试者装出惊讶、厌恶、忧伤、愤怒、恐惧和快乐等表情，结果发现他们的身心跟着起了变化。当受试者装出害怕时，他们的心跳加速，皮肤温度降低了，表现其他五种情绪时，也有不同的变化。总之，我们怎么装，心情就怎么改变。

（二）什么是情绪力

1. 情绪力的概念

20 世纪 80 年代，美国著名心理学家加德纳提出了多元智力的理论，进一步扩大了人们关于智力的认知。1990 年耶鲁大学梅耶（John Mayer）和新罕布什尔大学的萨洛维（Peter Salovey）基于情绪和智力研究领域的科研成果，提出了“情绪智力”的概念。在这里我们称其为“情绪力”。他们认为情绪智力是指个体觉察自己和他人的情绪和情感，并鉴别和评估这些信息来调控自己的思维和行为的能力（竺培梁，2006）。主要包括情绪认知能力、情绪思维能力、情绪的理解和分析以及应用的能力、情绪的成熟监察能力。

此后，高曼（Goleman）在他出版的《情绪智力》（1995）一书中，进一步阐述了情绪智力在人们成长过程中的重要性。他认为，人类的自我意识、自我约束、毅力和倾心投入等能力对一个人一生的影响在大多数时间内都要比智商更为重要，而且儿童从小就应该接受情绪智力的教育。他认为情绪智力是指了解和把控自身状态，管理愤怒和冲动，理性地解决问题，面对困难和挫折时保持积极乐观和沉着冷静心态的能力。2000 年，Bar-on 提出了他对情绪智力的理解，他认为情绪智力是指影响个体有效应对环境要求的一系列情绪的、社会的知识和能力。

2. 情绪力的类别

本书只简要介绍高曼的情绪智力的类别。高曼（Goleman）把哈佛大学的心理学家霍华德・加德纳（Howard Gardner）提出的多元智能理论与耶鲁大学的心理学家彼得・萨洛威（Peter Salovey）提出的情商思想进行了科学的加工与融合，发展出了他自己对情绪智力的新理解。高曼提出的情绪智力理论主要包括五个方面的内容：

（1）认识自身情绪的能力：时刻关注自身的情绪状态、感受、情感变化、欲望以及自身与所处环境的关系等，并以此作为解决问题或行动的基础。

（2）妥善管理自身情绪的能力：指对自身的喜悦、欣喜、恼怒、急躁、难过、痛苦、焦虑等情绪情感变化可自我认知、自我调控，保障自我身心状态的平衡、稳定。比如因人际交往而产生了焦虑或困扰，能够及时认识到此问题及自身情绪的变化，积极地查找到问题的根源并能采取一些有效的策略引导自身情绪进行转化等。

（3）自我激励：对自己树立的目标，设定的方向或浇灌的理想，能随时进行自我警示、自我说服、自我鼓励以及自我鞭策，始终保持专注、热情和毅力，以高效率地实现自己的梦想。

（4）认识他人的情绪：能迅速地对他人的情绪情感变化做出准确判断，并能设身处地地站到对方的立场或角度去感受。在人际交往中，常从对方的语言及语调的变化、语气和表情的变化、手势和姿势的改变等来评估和知晓对方所透露出来的情绪情感的关键信息。

（5）人际关系的管理：指管控他人情绪情感的艺术或策略。一个人的交际圈、人际亲密度以及人际和谐度等都和这项能力有关。如有的人能认识人且善解人意，能从他人的表情、姿势或行为来判读其内心感受，体察其动机想法，就更容易达成和谐友好、坦诚相待的人际关系。

3. 情绪力的正确认知

情绪智力（Emotional Intelligence，简称“EI”），又可称为情绪智能、情感智慧或情商等，本书暂将其称为“情绪力”。

情绪力的高低很大程度上会影响或左右一个人的情感经历、人际交往、学业或工作业绩等的成效或成败。但拥有较高的情绪力并不决定着你时时刻刻都要委屈自己做个“老好人”，个体有时候还得把自己装扮成“反面”的角色。如当我们心情烦恼或郁闷的时候，有时要表现得若无其事或镇定自如，但有时还是需要进行合理的宣泄和调节。也即是说情绪力高并不是说你可以肆无忌惮地发泄自己的“情感”，而是要选择恰当的方式或策略进行表述自我的“情感”，使之能有效地促进自己的学习、生活或工作。

心理学研究发现，男性与女性在情绪力上并无显著差异，但有一定的不同点。如男性更加积极乐观、坚毅自信，更能应付外界复杂的突变以及有效地融入一定的环境；而女性一般更加细腻、敏感，常能清晰地察觉自身的情绪，更能理解、体谅、宽容他人，容易形成较理想的人际关系。以上的这些不同点有时也应区别对待，如有的能察觉自己情绪情感的变化或改变，但对他人的情绪感受却毫无反应或无动于衷；而有的人能理解包容他人，却对自己苛刻，无法摆脱情绪困扰。

智力与情绪力是有所不同的，智力主要反映人的认知、思维、语言、观察、计算、律动等能力的特性，也就是说，它主要表现人的理性能力。一个人智力的发展一般 25 岁左右就趋于稳定，而情绪力的发展是有持续性的，而且随着年龄的增长、生活阅历的丰富以及在相关领域的理论与实践的增加，情绪力的发展会越来越好，越来越完善。也就是说情绪力主要反映一个人感受、理解、运用、表达、控制和调节自己情感的能力，以及处理自己与他人之间的情感关系的能力。换句话说，生物遗传只是情绪力发展的生理基础，后天的学习和经验发挥着更大的效用。有一项对人的情绪力水平进行的追踪研究显示：随着个体越来越善于调控自己的情绪和冲动，更善于激励自己以及共情能力的增强和社交技巧的不断提高，人们在情绪力上的能力表现也不断地得到提高。也即是人们常常说的“越来越老练”。

4. 情绪力的调控

随着社会的飞速发展，人们生活的节奏也在加快。没有较高的情绪力很难适应高负荷的工作，应对复杂的人际网络，更难以获得更多的帮助、支持和鼓励，甚至成功。心理专家说，学会做人比做学问更重要，只重视智力的提高而忽略情绪力的训练，往往会导致低情绪力的大学生越来越多。

有统计表明，一半的疾病都是情绪性疾病，它的症状千变万化，如常见的“脖子痛”“胀气”到复杂的“肾硬化”“胃及十二指肠溃疡”等。因此，了解和掌握情绪力调控的方法和策略将大大促进我们的身心健康。

（1）体味知足常乐。

知足常乐，出自春秋时期道家经典《老子》：“祸莫大于不知足，咎莫大于欲得，故知足之足，常足矣。”（第四十六章）顾名思义就是知道满足，就总是快乐。也即是说，在日常生活中，我们要懂得满足，不可让自己的欲望无休无止，更不可强求，否则就很难获得快乐，使自己变得焦虑、抑郁、恐惧等。同时，对于不能得到的事物不可以强求，“强扭的瓜不甜”讲的就是这个理。谨慎把握这些基本态度，会让你的生活更轻松、更开心、更幸福。

（2）活在当下。

活在当下就是指要着眼于眼前，把握住现在，活在眼前；因为我们拥有的就只有现在，此时此刻。森林中有个人被饿虎追赶，他拼命奔跑，一不小心掉入悬崖，他眼疾手快抓住了一根藤条，身体悬在了空中。他往下看，是万丈深渊；他抬头向上看，“虎”视眈眈；他往中间看，突然发现藤条旁有一棵熟透了的草莓。你说他应该选哪个？

有些人之所以烦恼，是因为他们永远活在自己美好的期待中或完美的计划里。这里不是讲不要对生活充满期待，不要对自己的未来做规划，而是当我们期待自己的生活或规划自己未来的时候，要学会攥住当下珍贵的时光和美妙的时刻，实实在在、轻轻松松、快快乐乐地享受当下的生活。

（3）乐观面对生活。

乐观是指对世上的人、事、物都保有一种欣喜感而自足的持久性心境。乐观不是无所谓的另一种表现形式，更不是对自己人生的不负责任，而是一种积极向上的人生态度，一种坚定向前的策略与挑战。

达尔文曾说：“乐观是希望的明灯，它指引着你从危险峡谷中步向坦途，使你得到新的生命、新的希望，支持着你的理想永不泯灭。”威尔科克斯也曾说过：“当生活像一首歌那样轻快流畅时，笑颜常开乃易事；而在一切事都不妙时仍能微笑的人，是真正的乐观。”

这些深邃的哲理告诉我们：生活中的不易是常有的，不可避免的，作为一名新时代、新世纪的大学生要学会勇于面对自己的生活、自己的人生，而后采取积极的措施或方法跨过所谓的困难和挫折，朝着既定的目标或方向迈出坚实的步伐。正如爱因斯坦所言：“真正的快乐，是对生活的乐观，对工作的愉快，对事业的热心。”

（4）欣赏他人，成就自己。

俗话说，“金无足赤，人无完人”；“人外有人天，外有天”。这表明一个通俗而又深刻的道理：每个人都是不完美的，而且每个人身上都是有优点和缺点的。欣赏他人指的是要学会学习和理解他人身上的特点，尤其是优点，取长补短，为我服务，为我所用。有位哲学家曾说过：“渴望得到别人的认可和赞赏，是人类埋藏最深的本性。”

其实，当我们在赞扬、理解、支持、帮助他人的同时，也把激励、精神和力量给了自己。因为在欣赏他人的过程中，自己往往也能以人为镜，看出不足，找出差距，从而不断提高自身的素质能力和修养水平。

案例 2-1　以心换心为旅客服务

陈亚萍，一个爽朗又耿直的武汉女性。她以娴熟的业务技能、细心的服务态度、以一颗宽容热诚的心，在值机岗位上辛勤地工作了 10 个春秋，连续三年，她被评为东航武汉公司的“先进个人”。现在的她是值机室的主任，是值机工作的排头兵、是 4 岁孩子的妈妈、是同事们的大姐，然而岁月并没有在她身上留下过多的痕迹，她笑起来的时候，依然那么温柔和秀美。

在陈亚萍身上发生过这样的一件故事：那是某一年办理青岛——大连的乘机手续。登机的时间到了，但她突然接到通知，飞行因故障延误，不能准点起飞。她明白，这种消息是旅客最不愿意听到的，“不管发生什么事情，先通知旅客，尽量去解释，安抚旅客。”她已经做好了心理准备。这时的值机柜台已经挤满了迟迟未能登机的旅客，当听说航班延误的消息后，抱怨和责骂声开始爆发了。“请大家听我解释，请大家不要激动，不能准时登机是因为飞机出现故障，我们会及时联系，争取大家的时间，现在我们安排大家去休息，大家有什么要求，可以提出来，我们尽量给大家解决。”陈亚萍耐心地给吵嚷不停的旅客们做解释，“你们什么意思？我买了机票就是要准点登机的，你们总是欺骗旅客，做什么解释，我哪也不去，现在就要上飞机。”一名男乘客大声地训斥起来，看到这种情形，陈亚萍快步走过去，对他说：“先生，您别着急，航班虽然延误了，但我们的服务不会停止，请您相信我们，理解我们，可以吗？”她诚恳地微笑着，耐心地劝说着，说过这些话以后，旅客们似乎平静了很多。最后，旅客们随着工作人员的安排休息下来，等候再次登机的时刻……

（来源：东航武汉公司，通讯作者：王茹）

（5）培育自己的兴趣爱好。

兴趣爱好是我们人类存在感的另一种表现形式，它是我们对新鲜事物的渴望及对创造力追求的基本需求。同时，它也是我们在社会上更丰富、更多姿多彩、更快乐地生活的精神和力量源泉。

不同的兴趣爱好所表达出来的感受或体验是相似的，但也有所不同，有的平静，有的剧烈，有的优雅等。如艺术类的绘画、音乐欣赏、弹琴、下棋等，球类运动的篮球、足球、网球、羽毛球等；当然还有看书、唱歌、游泳、跑步、学习、瑜伽、SPA 等等。每个人都应根据自己的身体状况和经济条件等选择适合自己的兴趣爱好，暂时转移我们因学习、生活或工作而产生的不良情绪，补充新的能量。

如果生活中缺少了这些“甜点”的点缀，闲暇时间就会变得单调、无聊、焦虑、抑郁等，就很容易想东想西，胡思乱想，难免会出现麻烦或烦恼纠缠我们，让我们的生活变得混乱、烦闷。因此，努力培育自己的兴趣爱好，让自己的生活变得立体化、丰富化、多样化、幸福化，才是生存之道。

5. 团体辅导/拓展训练对情绪力的影响与作用

学术界有关情绪力的研究和探讨非常丰富，形成了各种不同的理论和观点，为情绪力的提升、管理或调控奠定了理论基础和基本前提，进而指导着人们的日常学习、生活与工作。团体辅导、团体心理咨询、团体心理训练或素质拓展训练就是其中一种非常独特而又有效的方式，对情绪力的提升有着重要的影响与作用。

有诸多的研究表明，团体辅导可以有效降低大学生的抑郁水平，而且还可使其在认知、情感、行为上得到更为直接的帮助，较个体辅导有更安全的氛围。也就是说可以降低大学生消极情绪的水平，提升其积极情绪的能力，还有利于大学生的情绪控制和人际协助能力的提高。情绪管理的团体辅导不仅可在一定程度上改善大学生的情绪状态，而且可以提高其情绪调控能力、情绪表现能力、情绪管理能力和情感平衡以及改善负性情感等。

以往相近的研究中发现，通过团体心理咨询能够有效地提高大学生的情绪稳定性，减轻其心理压力和紧张程度，甚至还能在短期内有效改善和缓解被试者的抑郁情绪。如音乐活动干预可促进大学生情绪管理、压力与痛苦的减轻、情感的表达和创新能力、合作能力以及交往能力的发展。接受正念取向的团体辅导的大学生，其积极情绪总分显著提高、消极情绪总分显著降低，且对其自身状态的接纳程度、情绪反应的观察、觉知能力显著提升。

有研究还发现大学生通过个人挑战类项目的体验能克服自己的恐惧以及逃避的心态，产生成就感，形成高峰体验，突破自我极限，建立充分的自信；双人协作项目能改善心境，培养大学生的相互信任、相互支持和鼓励的品质；团队的形成是一个过程，成员在面对问题时要调节自己的情绪，学会与人合作，正确认识自己的价值。总之，团体辅导对情绪力的变化有着积极的影响和作用。

二、思享园地

（一）湖南航空 AOC 值班经理杨波：“风雨兼程”战暑运，迎难而上保运行

八月艳阳天，暑运正当时。随着全国客流量的增长，整个民航业的航班量也稳步提升。进入暑运以来，民航业踊跃出大量恪尽职守、爱岗敬业的骨干先锋，他们敢为人先、追求卓越，秉持着“时时放心不下”的责任感，立足本职岗位，紧抓责任落实，为航班的安全运行保驾护航。

湖南航空运行指挥部的杨波就是这样一位有责任、有担当、有能力的模范员工。身为一名 AOC 值班经理，他以“三个敬畏”为内核，统筹协调当日航班生产运行，是处置不正常航班的指挥者和决策者。

暑运期间，随着公司航班量的逐步恢复，对 AOC 值班经理的工作也带来了更多更复杂的挑战。他坚持不怕苦、不怕难，为确保安全，一定要做出最优方案和解决方法的工作态度；对待突发情况抓住重点、考虑周全，坚持多一道关卡、多打一个电话确认的原则，全力确保航班安全准点运行。

就在 2022 年 7 月 17 日晚 20:09，长沙机场发布雷电黄色预警，预计 20:30 到 21:30 期间本场将出现中等以上雷雨天气。考虑到该时间段内公司长沙机场进出港航班较多，杨波迅速组织 AOC 各席位召开临时会议，商量备降保障预案，同时叮嘱放行签派关注机上剩油并和机组保持联系。

最终，因长沙机场雷雨持续时间长，出于对运行安全等因素的考量，AOC 和机组共同决策航班备降。航班备降后，他又临时组建备降航班保障群聊，询问机上旅客的情况，并通知地面服务部给备降航班机组和乘客提供简餐；考虑到机上旅客可能不愿意长时间在机上密闭狭小空间内等待天气好转，他向乘务长建议统计自愿放弃行程的旅客名单，交由地面服务部协助处理。其间，他多次与签派带班主任评估长沙机场天气变化及趋势，精细制作飞行计划，确保航班运行安全。当把航班运行涉及到的每一个环节都再三检查并确定落实后，已接近凌晨 3 点。

（来源：民航资源网，2022-08-09，作者：李雯晴）

（二）提升客舱服务质量，做好业务“传帮带”，祥鹏航空乘务带飞教员的匠心传承

“想要确保每一次飞行的服务品质，就需要在夯实自身业务技能的基础上，将每一次飞行都当成第一次飞行去认真对待。”祥鹏航空客舱管理部带飞教员来佳说道。

十七年的飞行生涯里，她不仅是一名忠于职守、爱岗敬业的蓝天摆渡人，更是一名诲人不倦、亦师亦友的带飞教员。作为一名优秀的带飞教员，当团队伙伴遇到航班上的问题时，来佳积极利用教员优势，针对组员特性提出独具特色的调整方案，帮助学员夯实服务技能、提升业务能力。她始终秉承着“多为学员着想”的理念，手把手地指导、心连心地辅助，使团队成员在一线工作上得心应手。

成为一名教员以来，来佳充分发挥教员作用，引领学员细致入微，根据不同学员的不同特点，提出个性化学习方案，因材施教，从不吝啬地把实践中的知识传授和分享给每一位学员。善教者使人继其志，曾有一位学员，在掌握灭火程序上总是不得要领，来佳便在课堂上经常鼓励他，找机会让他多练习，之后学员信心倍增，逐步掌握了灭火器的使用程序。

教诲如春风，是良师更是益友。王胤婷就是来佳众多优秀徒弟中的一员，“来佳老师就像一座灯塔，不仅在工作上指引我，而且更像是我的好朋友，一直陪伴我、鼓励我。”来佳时常教导王胤婷，从一座城市飞向另外一座城市执行飞行任务时，要做好周密的计划和充分的准备，以最饱满的状态投入到服务保障工作中，力求以高度的责任心与热情的服务保障旅客顺畅出行、舒心而归。

薪火相传，诲人不倦。如今，王胤婷也成为了祥鹏航空客舱管理部优秀的带飞教员，她将这些来自来佳老师的“大道理”，一遍又一遍地告诉新一代的学员。“我以来佳老师为榜样，将继续发扬她优秀的教学理念，像她当初教导我那般，为新一代的乘务员们传道授业解惑。”

做好业务“传帮带”，当好职业“领路人”。截至 2022 年 8 月，祥鹏航空累计培训、输送合格乘务员 2000 余人，开展资质提升培训 1200 余期，受训乘务员达 22000 余人。

培养一名合格、优秀的乘务员，期间必然需要付出很多心血，而一批又一批的祥鹏教员从未畏难退缩。她们在工作中传道授业，树立榜样精神；在课堂上言传身教，为学员答疑解难；在客舱里以身作则，提升服务质量，充分发挥带飞教员作用，践行民航精神，激励了许许多多的新学员积极加入到民航服务建设的队伍中来，共同守护客舱安全。

（来源：民航资源网，2022-09-09，作者：焦娇）

参考文献

[1]（美）施塔、（美）卡拉特. 情绪心理学[M]. 周仁来，等译. 北京：中国轻工业出版社，2015.

[2] 傅小兰. 情绪心理学[M]. 上海：华东师范大学出版社，2015.

[3] 孟昭兰. 人类情绪[M]. 上海：上海人民出版社，1989，23-42.

[4] 傅小兰. 情绪心理学[M]. 上海：华东师范大学出版社，2015.

[5] 桑园. 大学生情绪智力、人格、领悟社会支持与感戴的关系研究[D]. 上海：上海师范大学硕士学位论文，2011.

[6] 邹路琦，尹迪. 团体辅导改善大学生抑郁情绪的效果观察[J]. 护理研究，2015，29（7）.

[7] 鲍爱华，蔡翥，陈遵一. 团体辅导培养大学生积极情绪的实证研究[J]. 开封教育学院学报，2015，35（3）.

[8] 潘赛. 团体辅导对大学生情绪管理影响的实证研究[J]. 今日南国，2010，163.

[9] 杨晓岚，宋娜. 团体辅导改善大学生情绪管理能力的干预研究[J]. 湖南工业职业技术学院学报，2014，14（4）.

[10] 沈士梅. 团体心理训练对提高大学生心理健康水平的实验研究[J]. 山东社会科学，2007，21（5）：159-160.

[11] 许丽伟，王丽莉. 运用团体咨询的方法改善大学生抑郁情绪的研究[J]. 教育探索，2009，29（11）：141-142.

[12] 冯妍、胡盛，音乐团体活动对大学生情绪释放的干预效果[J]. 教育纵横，2016.
[13] 谢进. 心理拓展训练培养大学生情绪调控能力初探[J]. 无锡商业职业技术学院学报，2010，10（3）.
[14] 程玮，邓惠，刘树晓. 大学生团体心理素质训练[M]. 武汉：武汉大学生出版社，2015.
[15] 黄群瑛. 大学生心理素质训练[M]. 长沙：湖南师范大学出版社，2011.
[16] 叶紫. 大学生心理素质教育与训练[M]. 武汉：武汉大学出版社，2014.

项目三　抗挫力的有效提升

【项目导引】

本项目主要介绍挫折、抗挫力的概念与影响因素，也详尽整理了抗挫力的提升方式方法。挫折是我们成长过程中的一个必修课题，应对挫折能力的强弱直接决定着人们生活品质的好坏以及工作效率的高低。而抗挫力就是对挫折的一种最重要的直接体现或衡量指标。

正如美国宾夕法尼亚大学经过三十年的研究发现的一样，在人生的挫折与困难面前决定一个人成功与失败的关键在于一个人抗挫力的强弱；抗挫力犹如一套个人的心理自我免疫系统，不仅保护自己免受困难与挫折的侵蚀，还能提高生命的动力，以勇气与智慧去探索未知的世界。

【学习目标】

知识目标：

1. 熟悉抗挫力的概念、特点、内在机制以及其在现实生活中的表现。
2. 理解掌握提升抗挫力的技能与方法的意义和价值。

能力目标：

1. 能够掌握有效提升抗挫力的具体方法。
2. 能够具备抗挫力提升能力，并在实践中反思提升。

素养目标：

1. 能更好地领悟和传承中华优秀传统文化。
2. 能更好地理解和践行当代民航精神。

【案例导入】

同样的错误

1972年，麦道公司的DC-10客机上市，这款飞机是最新型的喷气式客机，由麦道公司耗费十亿多美元研发，造型和尺寸都异于当时的其他客机。

同年6月12日，美国航空96号航班——一架麦道DC-10客机从底特律飞往水牛城，这是麦道公司交付的第5架DC-10。

飞机起飞进入平飞状态后不久，尾部突然发生爆炸，在高空失去压力，濒临失控。机长果断操纵严重受损的飞机返回底特律机场，并成功迫降，飞机上的乘客安全脱险。

调查发现，飞机的尾部在飞机起飞后不久出现了一个大洞，然而并没有任何物体撞击飞机。调查人员分析认为，是飞机的货舱门在起飞后不久爆炸脱落。

这次意外，暴露了DC-10飞机在舱门上的设计失误：它的货舱门是向外打开的，无法从外面确认是否锁紧，而位于驾驶舱的舱门显示器也不能准确提醒未能锁紧的货舱门。当飞机爬升到高空，由于内外压力差，货舱门就会发生爆炸。事故之后，美国国家运输安全委员会（NTSB）要求麦道公司修改货舱门的设计，让地勤人员能够通过小窗确认舱门锁紧。

然而令人痛心的是，在此次意外两年后，土耳其航空一架 DC-10 客机在执行巴黎至伦敦航线时也出现了类似的情况，但却未能平安降落。1974 年 3 月 3 日 12 时 30 分，土耳其航空 981 号航班从奥利机场东面起飞前往希斯罗机场。当 981 号班机飞过莫特丰丹镇时，航空管制员从该航班收到一段不清楚的通话；与此同时，飞机亦发生失压，机上以土耳其文播出飞机超速警告，并记录了包括副机长的通话："机身爆开了！" 981 号班机随即消失于航管员的雷达屏幕内，稍后 981 号班机的残骸于埃默农维尔一处森林内被发现。

法国调查人员断定，货舱门于半空发生爆炸减压，造成了这次空难。原来，尽管 NTSB 在美国航空 96 号航班事故后，立即指示麦道公司更改货舱门的设计，并需通过安全测试。不过，该机构的指示没有任何约束力，导致之后麦道依然对有关设计不作任何修改，并再在生产线上继续生产了两架 DC-10，其中的一架，就是土耳其航空肇事的飞机。麦道公司事后才亡羊补牢，改良有关舱门设计。经过麦道公司改良后的舱门，令 DC-10 再没有发生过类似空难。

（来源：伯通、刘十九，大飞机报，2015-8-4.）

一、理论探究

在现实生活中，挫折是不可避免的，是普遍存在的。就像古语有云："人有悲欢离合，月有阴晴圆缺，此事古难全。" 这句话告诉我们每个人在成长的过程中，总会碰到这样或那样的困难、阻力、苦难或打击，不可能总是春风得意，一帆风顺。既然挫折无处不在，又不可避免，那我们是不是就要听之任之、任其为所欲为呢？当然不是！因此，我们必须要振作精神，鼓足勇气，迎难而上，战胜它、克服它。要想永远立于不败之地，还需要培养坚毅的抗挫力。

（一）什么是挫折

1. 挫折的定义

从心理学角度看，挫折是指个体在某种动机的推动下，在实现目标的过程中遇到了无法克服或自以为无法克服的障碍或干扰，使其动机不能实现、需要不能满足时所产生的焦虑不安和消极的情绪反应。如因竞选干部失败后产生的尴尬、焦虑、懊悔、抑郁情绪等反应。

挫折通常由三个成分构成：一是挫折情境，即指对人们有动机、目的的活动造成的内外障碍或干扰的情境状态或条件，可能是人或物，也可能是各种自然、社会环境；二是挫折认知，即指对挫折情境的知觉、认识和评价；三是挫折反应，即指个体在挫折情境下所产生的烦恼、困惑、焦虑、愤怒等负面情绪交织而成的心理感受，即挫折感。其中，挫折认知是核心因素，挫折反应的性质及程度，主要取决于挫折认知。如就求爱被拒绝来讲，若个体把此事看得非常重要，比如说"如果失败我将一无所有""今生再无人可爱"等等，那么个体就会非常痛苦、焦虑不安，甚至产生极端想法，导致极端行为；若个体用一种正常的、理性的态度来对待此事，如"被拒绝说明我们不合适""发现了应该爱什么样的人"等等，那么个体可能就没有那么痛苦、悲观。

2. 挫折的分类

日常生活中的挫折有很多种，从不同的角度有不同的分类。如从挫折的原因可分为内部挫折和外部挫折；从挫折的现实性可分为实质性挫折和想象性挫折；从挫折的持续时间可分为短暂性挫折和持续性挫折等等。但不管是哪一种挫折，其实都表现为个体遭受缺乏、失去或阻碍等，从这个角度讲，可将挫折分为缺乏性挫折、损失性挫折、阻碍性挫折。

（1）缺乏性挫折。

缺乏性挫折主要是指我们无法拥有自己想要的东西时，所产生的一种消极情绪体验。主要有物质缺乏、情感缺乏、能力缺乏、经验缺乏以及生理缺乏等。如大学生中因家庭贫困而产生的自卑、焦虑、紧张不安等。

（2）损失性挫折。

损失性挫折主要是指失去了原来拥有的东西时所产生的一种消极情绪体验。如父母离异、亲人离世、失恋等。

（3）阻碍性挫折。

阻碍性挫折主要是指在我们的需求和目标之间出现的阻碍或障碍所导致的挫折感。这种阻碍可能是物质性的，也可能是观念性的、社会性的。如前进道路上遇到拦路虎，学习上遇到难题等。

除了以上这些挫折，大学生在追求进步和自我成长的过程中，难免会遇到困难、阻力、痛苦、困惑等，他们时常碰到的挫折还有学习性挫折、生活性挫折、情感性挫折、发展性挫折、人际性挫折等。

（二）什么是抗挫力

1. 什么是抗挫力

1941 年，美国心理测验专家罗森茨威格（Rosenzweig）提出了“挫折承受力”的概念，他将其定义为：“对抗挫折而无不良反应的能力，即个体在挫折情境中能适应挫折、抵御和应付挫折的能力”。Weibe（1991）则提出了抵抗挫折的另一个概念——“挫折容忍力”，他认为：“挫折容忍力是遭遇挫折时愿意继续坚持下去的一种倾向。”

抗挫力顾名思义就是对抗挫折的能力，是指个体遭受困境或失败时能经受住精神上的打击，控制自己的心理和行为避免失常，在忍受挫折时敢于积极进取从而摆脱困境、克服挫折、取得成功的能力。简而言之，抗挫力就是说个体在遭遇挫折或失败时能抵抗、应对、适应并战胜它的能力。

抗挫力由挫折耐受力和挫折排解力两方面构成。前者是指人们遭遇到挫折时能经受打击和压力，保持心理和行为正常的能力；后者是指人们遭遇到挫折后，对自我进行及时的调控和转变，积极改善挫折情境，解除挫折状态的能力。从挫折耐受力和挫折排解力的内涵即可看出，挫折耐受力对挫折是消极被动地适应，减缓挫折反应的程度，表现为对挫折的负荷能力，为挫折排解力奠定了基础；而挫折排解力则是积极主动抵御、对抗、克服挫折，表现为对挫折的改造能力，也是对挫折耐受力的进一步发展。抗挫力的这两个方面就是对抗挫折的两个阶段，它们相辅相成，既相互影响又相互促进。

抗挫力是一个人心理素质水平高低的重要指标。它通常与个体的生理条件、个性特点、心理状态、自我意识、经济状况和社会经验等因素有关。

2. 抗挫力的影响因素

人们的抗挫力有着鲜明的个性色彩，不同人的抗挫力是不一样的。抗挫力强的人，不易产生较大的挫折反应，挫折困扰持续时间短，消极影响较小，即使遭遇强烈的困难或挫折，也能镇定自若、从容面对；反之，则容易出现心理和行为的异常，有的甚至导致身心疾病。抗挫力受到诸多因素的影响与制约，主要包括生理、心理、社会等方面。

（1）生理因素。

俗话说："身体是革命的本钱。"身体是克服困难、摆脱困境，努力生存下来的物质基础。有研究表明，合理的体育锻炼对大学生抗挫折能力具有积极作用（张媛，2012）。一般来讲，一个拥有强健体魄的人，要比一个体弱多病者的抗挫力更强，能够抵抗更多的挫折，承受更大的困难。

（2）心理因素。

影响一个人抗挫力的心理因素主要包括个性特点、认知水平、心理期待三个方面。也就是说一个个性顽强、意志坚定，挫折认知水平高，自我心理期待合理的人，在困境和挫折面前容易形成更强大的心理承受力，抗挫力也就更强。

案例 3-1　她曾悄悄躲在洗手间里哭过

某年 3 月中旬某日，航空公司一架飞机在北京发生机械故障，导致本应 17:10 由南京起飞的 MU2809 后续航班也随之延误了。

当候机大厅内响起航班延误的广播后，旅客们的反应很大，"呼啦"一下就将值机员王丽围住了，并且你一言我一语地开始了质询。单薄的王丽简直有点招架不住了，但她还是一直在耐心细致地向旅客解释航班延误的原因，并告诉旅客们航班预计将于 18:40 起飞，航空公司已经为旅客准备好了晚餐，马上就可以用餐了等等。

乘客们刚开始对此安排还能理解，也表示基本愿意接受。但当旅客们用过餐之后，眼看着 18:40 已经临近，飞机却还将继续延误时，质询、责难和索赔便再次把王丽包围，个别旅客甚至还当面骂出了"像呆子一样""什么东西"等很多难听的话。

王丽从未这样被人辱骂过，所以委屈得眼泪不停地在眼眶里面打转。但为了不让旅客觉得自己懦弱，王丽愣是以最大的毅力没让眼泪流下来，一直默默地承受着无端的羞辱和人身攻击。直到航班恢复正常，王丽把最后一位旅客送上飞机后，才悄悄躲进洗手间痛痛快快地哭了一场。

（来源：中国东方航空江苏有限公司，作者：青志信、杨鹏）

（3）社会因素。

在这里，社会因素包括社会阅历和社会支持。一个人的社会阅历越丰富，经过的历练越多，他的心理资本就越丰厚，越能对抗外界的刺激和压力。同样，获得较多社会资源、社会支持系统越完善的人，挫折的心理承受力或心理弹性也就越大，抗挫力也就越强。

（4）思想因素。

思想准备和思想境界是思想因素的两个重要层面。前者是指一个人做事前考虑得比较充分、全面、周到，也就是说有完善的应急措施，即使做事过程中遭遇到了挫折，也能冷静地、理智地去应对和处理。后者是指具有崇高的理想、远大的人生目标、积极乐观的态度以及科学的价值观，换句话说就是心胸开阔、胸怀坦荡、意志坚定、自信乐观，面对挫折时能保持充沛的精力和开拓进取的精神。如有的学生立志要学习自己理想的专业，虽然一次考试成绩不理想，但并不气馁，而是撸起袖子、卷起裤子，继续向前。

3. 抗挫力的正确认知

抗挫力是人格结构中的重要元素，是指个体对挫折可容忍、可适应程度的大小，即人们防御挫折、对抗和应对挫折的能力，也叫挫折承受力或耐挫力。有研究表明，抗挫力强的人，能够承受重大困境或挫折，并能够以理性的态度和合理的方式正视挫折，在挫折面前能够保持健康且正常的心理和行为能力。反之，抗挫力弱的人遇到些许或轻微的困扰或挫折就不知所措、无所适从、手忙脚乱，容易以一种混乱的态度和错误的方法来处理，则使其陷入不良情绪中，进而导致心理和行为失常，引发心理健康问题或疾病的发生。

抗挫力在人们的成长和成才过程中起着至关重要的作用，抗挫力的大小不仅关系到人们自身的全面发展，也关系到国家强盛、民族兴旺、社会和谐。由于我们过去较偏重人的智力要素的培养，而忽视了其心理、意志等非智力要素的引导和训练，导致人们综合素质能力相对较低，尤其是抗挫力极不达标。这就警示我们要改变对人们抗挫力的认识、教育与培养。

大学生抗挫折能力普遍较弱的现状对当今社会的发展、和谐社会的构建及其大学生自身的社会化和全面发展极为不利。因此，要努力构建以社会教育为依托、学校教育为主阵地、家庭教育为基础、自我教育为出发点的四位一体的提升大学生抗挫力的系统或体系，营造和优化大学生抗挫力培养的文化环境氛围。

4. 抗挫力的提升

俗话说："人生不如意之事十有八九。"美国教育家戴尔·卡耐基在《吸收挫折》中也提到："没有人能有足够的情感和经历，既抗拒不可避免的事实，又创造一种新的生活。"人生是不可能一帆风顺的，要想成功，就必须学会从逆境中爬出来。正如巴尔扎克所言："世界上的事情，永远不是绝对的，结果完全因人而异。苦难对于天才来说是一块垫脚石，对于能干的人来说是一笔财富，而对于弱者却是一个万丈深渊。"

承载国家未来和希望的大学生，怀揣着远大的抱负和理想，但由于社会的迅猛发展及竞争的日趋激烈，他们在拼搏、奋斗的过程中难免会遇到诸如学习压力、就业压力、人际交往、情感困扰等的困难、障碍和挫折，这势必会导致其产生沮丧、压抑、愤怒、偏执等不良情绪，以及冷漠、幻想、攻击、退缩、逃避等消极行为，甚至自残或伤害他人。因此，当代大学生中存在的挫折心理不容忽视，提高大学生抗挫力，培养其坚强的意志品质势在必行。

案例 3-2　三万英尺高空传播奥运　四川空姐当选火炬手

在双流机场国航西南公司飞行部田径场上，时常可以看到一个女孩子独自跑步。她叫巫江，身材高挑、长相甜美。这个不满 26 岁的漂亮女孩喜欢运动，穿上制服后，她是国航西南分公司的空乘。

巫江从中国民航飞行学院空中乘务及旅游管理专业毕业后，正式成为国航西南分公司的一名空中乘务员。因业务工作出色，巫江被选拔进入全国青年文明号"蓝色旅途"乘务组，这是国航西南分公司的"招牌"乘务组之一。

在成都—北京的一趟航班中，飞机刚起飞没多久，一名老婆婆就开始出现呕吐、发冷汗、脸色发紫的现象。因为第一次单独坐飞机，老人感到非常害怕，强烈要求下飞机。这使得当班机长和乘务长非常为难。按运行规定，这样的情况不能备降，而老人又不断地要求下飞机，情绪很不稳定。这时，巫江主动向乘务长提出，愿意放弃休息时间，在老人身边一直照顾她。

整个飞行过程中，巫江帮老人换清洁袋，为她清洗衣服上的呕吐物，陪老人聊天。老人的脸色逐渐恢复正常，情绪逐渐稳定，忘记了恐惧。最终，航班没有因为这位特殊的乘客而备降。到达目的地，老人万分感谢巫江的照顾，要给她礼物作为报答。

当国航开始选拔奥运火炬手时，向来喜欢运动的巫江报了名，并写下了她的奥运感言：“我愿意在三万英尺的高空，以自己的方式向穿梭于城市之间的旅客传播奥运理念。只要心中有奥运，每个人都是手握‘祥云’的火炬手，在不同的道路上点燃同样的激情。”经过层层选拔，巫江最终脱颖而出，成功入选国航20名火炬手之一。说到入选的原因，巫江说：“可能是因为我身体健康、心态积极，而且自信!”巫江身高1.73米，高中时代就是长跑和跳高能手，工作后，也坚持进行长跑、羽毛球、篮球等体育锻炼。当选火炬手，让她更加关注奥运。

（来源：四川在线，作者：易世忠）

（1）激发大学生自身的主体意识。

心理学研究表明，个体抗挫力的强弱主要取决于其处理挫折和困境的阅历的丰富程度，而这些阅历又不是与生俱来的，而是在具体的实践活动中磨炼和培养的。个体的挫折认知、归因方式、意志品质等会对其抗挫力的提高产生作用和影响。

① 增强挫折认知水平。

心理学研究表明，一个人越是能够获得与挫折事件相关的信息，就越能够有效地应对它；越是能够积极地参与到挫折情境中去，就越能够有效地对付这种挫折情境。也即是说，挫折反应的程度更多地取决于个体采取什么样的态度去对待它。既然挫折是人生的重要组成部分，又不可避免。那么我们就应该勇敢地面对它、正视它、对抗它、战胜它。

同时，也应该看到挫折的两面性，即消极方面和积极方面。挫折的消极面会让我们感到痛苦、难受，甚至痛不欲生，这正是我们要努力克服的部分；然而从中我们要善于发现挫折的积极面，经历一次挫折，可能会使我们变得更加强大，从而为我们有勇气、有信心战胜未来的困难和挫折打下坚实的基础。就像老子所说：“祸兮，福之所倚；福兮，祸之所伏。”

② 善于调节自我抱负水平。

自我抱负水平是指个体对未来可能达到的成功标准的心理需求，是指人们在从事某种实际活动之前，对自己所要达到目标规定的标准。如果对自己规定的标准高，那抱负水平就高；反之则相反。其实，现实生活中的很多挫折就是因为自我抱负水平的确立不当造成的。因此，我们应该结合自身的实际状况、能力和水平来制定自我的抱负水平（期望值），脚踏实地，努力拼搏，才可能实现自己的目标和梦想。

③ 建立合理的自我归因。

生活中，我们总会为自己的成功或失败找一个说服自己的理由或原因，内心才会感受到和谐或平衡，也即是我们所说的归因。大学生对挫折的归因正确与否对他们的抗挫能力有很大影响。

正确归因，就是对导致挫折的原因进行实事求是的认识和分析，弄清楚挫折的原因到底是外部的还是内部的，或是内外两种因素共同作用的，这样才能避免因归因的片面性及自责过多产生的挫折感。心理学研究表明，倾向于外归因的人认为外部复杂的、多变的、难以预料的环境是影响事物发展和他们行为结果的主要原因。这种人虽然能够暂时维持内心的平衡，但是他们无法从挫折中汲取经验和教训；倾向于内归因的人认为自身的能力是影响事物发展和他们行为结果的主要原因，他们对自己的行为应负有更多的责任。容易造成他们自我埋怨、自我责备，从而丧失自信心。这就需要大学生学会对挫折进行正确归因（詹丽峰，2003）。

④ 学会自我心理调适。

大学生即使不幸遭遇挫折，也要意识到事出必有因，任何的烦恼和悔恨都无济于事，与其郁郁寡欢，不如努力调适自己，化挫折为动力，努力向前奋进。自我调适的方法有很多，如音乐调节法、书画陶冶法、倾诉法、转移法、冥想放松法、各种放松训练法等等。

（2）发挥家庭的助推作用。

德国著名教育家福禄贝尔曾说过："国家的命运与其说是操纵在掌权者手中，不如说掌握在各个母亲手中。"这句话充分地告诉了我们家庭的重要性，它不仅关系到每个学生的成长、成才，也关系到国家的未来和社会的和谐发展。因此，要提升大学生的抗挫力，首先家庭中的父母要改变教育子女的观念。不要溺爱孩子，在学习、生活上都注重积极心理品质的引导和培养。其次，做好模范带头作用。在碰到困难和挫折时，保持一颗平和的心态，用一种积极乐观的态度去对待，同时想方设法对抗挫折，战胜挫折。最后，适当地创设挫折情境，让其进行挫折训练，磨砺其意志，唤起其斗志，激发其进取精神。

（3）发挥学校的主导作用。

学校是有目的、有计划地教授个体知识、技能等的专门机构，是个体获取知识、技能、经验的重要场所。在提升大学生抗挫力的培育方面发挥着至关重要的作用。

首先要不断丰富提升大学生抗挫力的教育内容，开展理想信念教育、责任意识教育和心理健康教育，增设抗挫力提升的课程环节，树立和宣传身边的典型力量，引导大学生依据社会主义核心价值观树立正确的世界观、人生观和价值观，保持积极向上、奋发有为的精神状态，"乐观的孩子不是没有痛苦，而是能很快从痛苦中解脱出来，在黑暗中看到光明和希望"。

其次，要勇于创新提升大学生抗挫折能力的教育形式，组织大学生开展社会实践、生活技能训练、素质拓展训练、校内外顶岗实习等实践活动，引导学生深入了解社会，在实践中铸就品格、磨炼意志、提升能力。

最后，要努力优化提升大学生抗挫折能力的校园环境氛围，加大学校校训、办学理念和学校精神的宣传力度，传承学校特色、积淀校园文化，将其内化为教师工作和学生学习的动力，全方位渗透于教育教学活动之中，做到"润物细无声"；创建公平正义的竞争环境，树立积极向上的风气，为大学生抗挫力提升创造良好的心理环境氛围。

（4）重视社会的积极导向作用。

随着社会的迅猛发展，大学生社会化程度在逐渐提高，社会环境对其影响也越来越大。因此要重视社会环境对大学生健康成长的积极导向作用，努力挖掘良性的社会资源，积极营造有利于大学生抗挫折力提升的社会氛围。

首先，充分利用书籍、报刊、杂志、广播、网络、影视作品等各种传播媒介进行宣传，如观看各种经典励志作品，让大学生直观感受英雄模范人物的高尚品质和不轻言放弃的顽强拼搏精神，从而培养自己积极主动、勇敢顽强、刚毅进取等健康的个性品质，这将大大有助于大学生抗挫力的提高。

其次，鼓励大学生积极参加社会实践和各种公益活动。使其在实践中切身体会自己的困境与挫折以及他人的不幸遭遇，才能提高其自身的意志力和抗挫力。实践证明，有着丰富社会阅历和社会实践的人往往更能经得起挫折，抗挫能力更强。"马厩里练不出千里马，花盆里栽不出万年松"描述的就是这个道理。

4. 团体辅导对抗挫力的影响与作用

1956 年，第一次国际大学生心理卫生会议中指出要开展各种形式的关于挫折教育的团体训练，如敏感训练法，心理剧治疗法和户外训练法等，并取得良好的效果。心理学研究也表明，群体成员一起面对压力和挫折时，可以有效降低群体成员的消极情绪体验。

美国著名心理学家弗洛姆曾说过："现实生活中的每个人实际上都需要他人的支持和帮助，需要依赖别人。"大学生群体成员之间互相帮扶、互相激励、互相依靠、互相支持的氛围或方式，会给大学生营造出一种思想相容、心灵相通的心理境界，进而达到共享集体生活、共同成长和进步的幸福空间，而不是游离于集体生活之外，成为集体生活的局外人。

贡兴满（2013）采用既定的拓展训练项目，进行为期 16 周的教学实验，结果表明在高校中开展拓展训练培训项目，对促进与完善大学生心理健康水平（人际关系、心理承受能力、自我意识和情绪状态）具有明显的作用，从而提高大学生的抗挫力水平。这说明拓展训练项目课的教学模式，在促进大学生心理健康，提高学生心理素质方面优于常规的体育教学模式。

有研究发现，通过团体心理辅导活动，一方面能够让学生发现自己身上的很多优点，增强其自信心；另一方面，团体心理辅导活动能够为学生提供更多释放压力和调节不良情绪的方法，给予适当的引导，使学生能够更加轻松地面对挫折，战胜挫折，解决问题，从而提高情感抗挫能力。

团体辅导之所以能够提高团体成员的抗挫力，主要是因为团体辅导可以帮助团体成员客观地认识和评价自己、他人，树立正确的挫折观，学会有效应对挫折的方法和策略，掌握调控不良情绪的知识技能，提高挫折耐受力，使心理压力得以缓解，心理素质得以提升，心理承受力得以增强。

二、思享园地

（一）幸福航空开辟绿色通道，顺利保障眼角膜运输

2021 年 8 月 25 日，幸福航空接到合肥机场通知，一名旅客将携带眼角膜乘坐 JR1518 合肥—哈尔滨航班。为了确保眼角膜顺利、及时到达哈尔滨帮助患者重见光明，这次特别的运输任务不容半点差池。

接到通知后，幸福航空各部门高度重视，立即召开专题会议部署各项工作。幸福航空 AOC 对接合肥机场核实旅客相关文件和手续及眼角膜运输包装符合公司承运标准后，第一时间联系合肥、哈尔滨两地机场空管、地面保障等单位，协调该航班靠廊桥、优先放行。当天航班的乘务长也在旅客登机前提前做好了组员工作分配。旅客登机后，客舱乘务员引导旅客入座并协助安放好装有眼角膜的箱子。起飞前协助旅客用干净的餐巾布包裹箱子防止碰撞，飞行期间及时告知旅客可预知的颠簸，协助其固定好保温箱，飞机下降前告知旅客地面温度与时间，并安排该旅客优先下机。

最终，JR1518 航班于 21:25 顺利抵达哈尔滨太平国际机场，比计划到达时间提前了 10 分钟，幸福航空圆满完成本次眼角膜运输保障任务。

幸福航空始终践行民航"真情服务"，深入推进"我为群众办实事"，积极履行国企社会责任。幸福航空将坚持提高政治站位，落实疫情防控、安全运行、服务提升、重大紧急运输

保障等中心工作，严守“三个敬畏”、强化“三基建设”，在推动民航高质量发展上发挥新作为、展现新形象，进一步提高广大旅客航空出行的安全感、幸福感、获得感，切实助力民航强国建设。

（来源：民航资源网，2021-08-26，作者：陈康）

（二）航站楼里的“急行军”

春运期间的首都机场安检口，总是会见到类似的场景：“有没有国航去十堰的旅客？”“有没有 CA1923 航班的旅客？”循着声音望去，是一位穿着红色制服的国航员工，顺着安检口一个一个找过来，边搜寻边呼喊。只见一位旅客急忙背起刚从安检机器里送出来的包朝她挥手。员工赶上前，核对了旅客的登机牌，带着他向登机口跑去。与登机口正在清点旅客的工作人员交接后，她稍稍松了口气。“春运期间航班都很满，如果旅客赶不上这趟航班，不知道要等多久才能成行。”员工正说着，旁边登机口又响起了广播，“CA1421 前往成都的航班即将停止登机……”找客是国航地面服务部中转登机岗位工作人员的重要工作之一。工作人员在扫描登机牌、引导旅客登机后若发现人数不符，会通过系统查询未登机旅客信息。正常情况下，旅客从安检口到达登机口最多需要十几分钟的时间，因此如果系统显示该旅客已通过安检，工作人员便会启动登机口广播寻找。“登机口间距很小，同一时间又有很多航班在登机，不可能全航站楼公放，单一登机口广播的声音和范围又有限。运行经理就在系统中调配有工作间隙的工作人员，大家沿路寻找，包括休息室、商店、安检口等，目的就是最大程度地避免旅客误机。”特别是春运期间，航班几乎是班班满员，改签难度大、等待时间长。他们能深深体会旅客的心情，因此，就算每天要在偌大的首都机场航站楼里奔跑几万步，他们也总是竭尽全力，助旅客顺利成行。

中转登机岗位是旅客登机前的“最后一环”，除了上述的查验登机牌、找客外，他们还要帮助特殊旅客，解答各种疑问，与机组交接旅客人数、行李，应对各种突发情况等。春运期间航班密集，登机口变更是中转登机岗位工作人员经常遇到、却也是旅客不愿意遇到的情况。工作人员细心总结经验，汇总、梳理每一次登机口变更时的状态，在长时间的工作中形成了独特有效的工作方法。“姐，CA1319 航班改口信息先不要发，稍微等一下。”当日运行经理接到登机口工作人员报告，得知 CA1319 原定登机口停留着其他航班，且系统显示该航班延误，极有可能会被调整登机口。但考虑到现停留航班即将起飞，CA1319 也有可能在该航班起飞后落地，运行经理便电话联系航班生产调度工作人员，想要先保留登机口。她一边观察着现场状况，一边刷新着手机系统，确认航班进度。时间一分一秒地过去，临近登机口发布时限，“撤轮档了，CA1319 也进入北京了。”运行经理兴奋地喃喃自语，又拨通了资源调配的电话，在合理合规的情况下保留了原登机口。“我们要时刻想旅客之所想，试想下，如果来回变更登机口，一个航班上百名旅客，有老人有小孩，根本无法逐个通知，再加上春运期间南方航线旅客大都已经将厚衣服托运，停到远机位会让他们挨冻。所以我们和资源调配的同事多次协商，就有了现在的办法--依据现场情况随时研判，最大程度降低旅客不便。”运行经理解释道。

同时，中转登机岗位也是旅客抵达北京后的“第一环”。航班落地后，工作人员需要引导旅客出站、为特殊旅客准备轮椅等。遇到远机位航班，工作人员要提前 15 分钟抵达指定机位待命，手举引导牌等待旅客全部登上场内摆渡车。春运期间，几乎每趟航班都有上百名旅客，引导服务却需要一个人独立完成，这对工作人员的专业能力和应变能力都是极大的考验。地面服务部中转服务中心注重对工作人员的全面培养，经常性开展专业、心理等培训，帮助工作人员更好地完成各项保障任务。“这种一名工作人员引导上百名旅客的情况还有很多，比如中转时间紧张的时候。”中转登机综合服务经理蒙琳说道。首都机场日常接待中转航班旅客数量多，春运期间更是突出。服务中转旅客，就像是把“第一环”和“最后一环”接起来。蒙琳曾经在春运时保障了一班国际航班，航班中有 100 多名旅客需要在北京中转至温州。正常情况下，工作人员只要为旅客引导中转路径即可。但当时航班国际段出现延误，蒙琳预判中转时间不够，立即启动预案。一方面在各个关键节点调配工作人员，另一方面蒙琳领跑，将 100 多名旅客直送至登机口。“前面一个人领着跑，中间一个人盯着跑，队尾一个人收队跑，这种场面，我们都习惯了。”蒙琳笑笑说。在她的笑容中，记者很容易感受到她和同事们对工作的热情。让旅客享受更精细化的服务，让旅客顺利平安抵离，这些都是中转登机岗位员工的目标，也是他们在春运繁忙的航站楼里奔波的源源不断的动力。

（来源：民航资源网，2024-02-21，供稿：中国国际航空股份有限公司宣传部）

参考文献

[1] 梁瑞琼、邱鸿钟. 大学生心理健康教育与训练[M]. 北京：教育科学出版社，2010.

[2] 郑晖，杨卫东. 大学生心健康教育[M]. 长沙：湖南师范大学出版社，2011.

[3] 陈炯波. 大学生抗挫折能力现状及培养途径研究[D]. 重庆：西南政法大学，2014.

[4] 李志. 当代大学生挫折承受能力及培养模式[J]. 黑龙江高教研究，2004，1.

[5] 肖少北. 大学生心理健康教育[M]. 广州：暨南大学出版社，2010：103.

[6] 邓明珍，王瑞忠. 大学生心理素质教育[M]. 北京：化学工业出版社，2011.

[7] 李志. 当代大学生挫折承受能力及培养模式[J]. 黑龙江高教研究，2004，117（1）：92-93.

[8] 张东旭、车文博. 挫折应对与大学生心理健康[M]. 北京：科学出版社，2005. 217-218.

[9] 刘露萍，田芳硕. 大学生挫折教育反馈调查[J]. 卫生职业教育，2009（12）：103-105.

[10] 任福全、王乐. 当代大学生抗挫折能力培养问题及其对策研究[J]. 清远职业技术学院学报，2014，7（4）.

[11] 巴尔扎克. 人间喜剧[M]. 北京：人民文学出版社，1994：321.

[12] 孙慧敏，等. 关于大学生挫折教育的几点思考[J]. 内蒙古农业大学学报（社会科学版），2011（6）：171.

[13] 詹丽峰. 消除挫折感困扰与青少年偏差行为预防[J]. 广州市公安管理干部学院学报，2003. 02.

[14] 陈欢. 对农村传统家庭教育变迁的思考[J]. 教育发展研究，2007：89-92.

[15] 包兴敏. 大学生挫折教育存在的问题及其对策探究[J]. 教育探索，2012，（12）：136.

[16] 常友善. 提升大学生抗挫折能力的实践探索[J]. 淮阴师范学院学报（自然科学版），2016，15（1）.

[17] 赵万祥. 大学生“抗挫意识”建构条件的再识[J]. 山东青年政治学院学报，2011，149（27）.

[18] 吴洪梅. 心理干预对高职生抗挫折能力的影响研究[J]. 卫生职业教育(调查报告),2012,(13).

[19] 贡兴满. 高校拓展训练课程对培养大学生抗挫力的实验研究. 韶关学院学报（自然科学版），2013，34（4）.

[20] 龚娴. 团体心理辅导提高职校生情感抗挫能力的实践研究[J]. 新课程研究，2015，2.

[21] 程玮，邓惠，刘树晓. 大学生团体心理素质训练[M]. 武汉：武汉大学出版社，2015.

[22] 张付山，陈燕，班级体验式心理拓展活动 100 例[M]. 济南：山东文艺出版社，2014.

[23] 禹玉兰，李鹤展，万崇华. 大学生积极心理健康教育及心理素质训练[M]. 天津：南开大学出版社，2016：215-217.

项目四　自信力的有效提升

【项目导引】

本项目主要介绍自信与自信力的概念与内涵，同时也着重阐述了自信力提升的相关方式方法。

自信是对自我进行评价的一种积极态度和力量。只有自己相信自己，才有可能最大限度地把自身的能力或能量发挥出来。在实际的学习、生活和工作中，这种体验和感受是必不可缺的、至关重要的。

【学习目标】

知识目标：

1. 熟悉自信的概念、特点、影响因素等。
2. 理解和掌握自信之于个人的实际效用。

能力目标：

1. 能够掌握有效提升自信力的具体方法。
2. 能够具备自信力提升能力，并在实践中反思提升，并影响别人。

素养目标：

1. 能更好地领悟和传承中华优秀传统文化。
2. 能更好地理解和践行当代民航精神。

【案例导入】

自信快乐，感受带班飞行

时间过得真快，五年前我还是一个刚刚大学毕业，怀揣飞行梦想，经历重重严格筛选，经过系统培训，走上乘务岗位的小新乘，而五年后的今天，我和我的25名同事一起顺利晋升到了乘务长的行列。当我手握乘务长聘书的时候，觉得这小小的聘书不仅仅是对我这五年多来工作的肯定，更是赋予了我一种光荣的使命和责任感，我知道今后的担子更重了，自己需要付出更多的努力。

这么多年来，不停地重复着同样的程序、同样的话语、同样的动作，有的人可能会觉得很烦很枯燥，可我却觉得这个小小的客舱就像一个缩小版的社会，当你看到你是在为不同年龄、不同性别、不同国籍、不同性格的旅客服务时，当你想到也许这位旅客一生只坐一次你服务的航班时，当每天把不同的旅客送达同一目的地，而他们是去完成他们觉得最重要的事情时，我觉得我的收获很大。客舱中每天都在上演不同的人生剧情，今天可能是爱情剧，明天可能是亲情剧，而后天可能是友情剧，只要我们用心感悟，动情工作，便能融入其中，享受其中的乐趣。

乘务长这个角色在航班服务中起着至关重要的作用，可以说是整个客舱的核心。从带班的第一天开始，我就在想，如何让组员愉快地飞行，使他们发挥出最大的潜力。我也是从乘务学员、乘务员一路走来的。我深知，从乘务员的角度出发，尤其是从乘务学员的角度去想，第二天和谁飞，比飞哪里更重要。至少我做学员的时候，我会更在意明天的乘务长是谁，而不是飞什么航班。航班不管多么辛苦，只要飞得开心，累一点没什么大不了。所以我觉得心态很重要，特别是作为乘务长的我。能从事这项工作的人都是几经努力，通过层层筛选才如愿以偿的，所以我们应该珍惜这来之不易的工作，既然选择了它，就应该努力干好它。整天唉声叹气，怨天尤人，非但自己干不好，还会影响其他组员的心情。经常听到一些乘务员这样抱怨："今天的旅客烦死了，事那么多！"每当这个时候我总会开导我的组员，我们所做是服务行业，没有权利去选择旅客，不可能只为好说话的旅客服务。况且，如果都是这样的旅客，我们的沟通能力怎么获得提高，我们又怎么能变得成熟起来呢？任何工作都有顺利与不顺利的时候，乘务工作更是这样，乐观的心态能使我们保持对事业的热情，同时感染身边的每一个人，让工作气氛轻松愉快，把工作当成是件有趣的事情。用积极的心态来对待生活，对待工作，能够让看似平淡的一切变的色彩缤纷。永远积极向上的精神不是与生俱来的，需要不断地调节平衡，才能让它在乘务工作中得到升华。让工作融入我们的生命，我是在为自己工作，在享受工作的过程，享受送人鲜花、手有余香的体验，在完成的出色航班中感受到了与众不同的价值，并从中找到了幸福的满足感。

我总认为在执行航班中安全方面更重于服务要求。一般在准备会上，我会特别强调安全方面的具体要求，所有的工作都必须在不违反安全规定的基础上开展。而在服务上，我喜欢让组员相互做自我介绍，最好能说一下他们在航班中擅长于内场还是外场，都有过什么服务或安全方面的特殊案例，让他们自己选择今天航班中想担任的号位。我的主动沟通会换来她们在之后工作中的热情态度，每个人都有一个潜能的小宇宙，作为管理者，我希望能够激励我的组员，让我的组员拥有适度的自主权，这也是给她们发展空间和挖掘她们能力的好机会。每个人都可以放手大胆地去工作，只要不违反规定，你的背后是整个团队对你的支持和信任。我希望我的组员每个航班中都能有所收获和感悟，真正做到轻松快乐安全地完成好每一个航班的服务。

带班才刚刚一个月，我需要学习揣摩的方面还太多太多，我还没有十足的把握能够完美地处理好航班中各种突如其来的棘手问题，但我已经准备好在乘务长这个岗位上付出更多努力，用严谨的工作作风，熟练的业务技能，带领我的组员活力，自信，从容飞行，为旅客不断创造精彩的旅行体验。

（案例来源：民航资源网，作者：汤丽莎）

一、理论探究

自信就是笃信自己拥有处理很多事情的潜质和能力。自信使人做事时更加决断、果断，决不犹豫不决、瞻前顾后、畏首畏尾，而且对未来充满着期待和希望，并有坚定的决心和意志把事情做得最好；同时积极地创造条件、创设情境去解决问题，勇敢地设想自己的未来，不断挑战自我、努力向前，采取有效的措施和行动，取得成功，获得胜利，给自己和他人都能带来积极的影响和作用。

（一）什么是自信

1. 自信的概念

自信是指自己相信自己，是人对自己的个性心理与社会角色进行的一种积极评价的结果，是一种有能力或采用某种有效方式完成某项任务、解决某个问题的信念。孔子曾说过："吾心信其成，则无坚不摧，吾心信其不成，则反掌折枝之易亦不能"，这一精辟论述，明确指出了自信心的强大作用。

美国著名人本主义心理学家马斯洛认为，自信是自尊需要获得满足时产生的一种情感体验，并指出尊重需要缺乏满足则导致沮丧和自卑感。车文博认为自信是个体相信自己的能力和精力的一种自我意向。黄希庭认为自信是个体过去获得很多成功经验的结晶。总而言之，自信是一个多维度的概念，是自我意识的重要组成部分。心理学意义上的自信是指对个体所拥有的积极乐观的人生态度的代表，是对个体微观的心理活动的在宏观上的一种表达方式，是个体内在品质中最基本的一种。

2. 自信的作用

（1）自我肯定作用。

自信是指自己相信自己，这本身就是一种自我肯定的表现。自信的人能够较全面而准确地认知、评价自我，能够在学习、工作和生活中充分发挥自身的优势和长处，从而取得进步并获得成功。反之，一个人处处怀疑自己、否定自己，那结果一定是被动的、消极的。

（2）保持心理平衡的作用。

自信对个体的心理健康具有一定的调节作用。如一个处于复杂环境中的人，他的心理状态会很自然出现一些波动或起伏，这时就需要个体的自信心来对其进行一定时间上的缓冲，这样就能够缓解个体心理上的不适，从而提高其适应环境和解决问题的能力。另外，个体对自我的肯定越充分关注越多，也会在一定程度上提升其个体的主观幸福感。

案例 4-1　浓眉大眼，沉稳自信

"浓眉大眼，沉稳自信"——这就是钱璟留给大家的第一印象，作为一个从事机务外场维护工作二十余年的机械师，钱璟的脸上充满着对事业的理解和对工作的自信。钱璟，现任中国东方航空股份有限公司（简称"东航"）工程技术公司浦东基地波音航线一车间的资深整机放行人员，优秀的中国共产党党员。他拥有波音 737、波音 767 等飞机的整机放行权。钱璟凭借其优异的维护作风、精湛的业务技能、突出的工作成绩，完美的放行记录，荣膺东航工程技术公司"优秀放行人员"称号。今天，让我们走近这样一位平凡而普通的机务整机放行人员——钱璟。

钱璟有着高度的工作责任感和使命感，他深感飞机安全无小事。作为一名飞机维修人员，严格执行公司各项规章制度，工作中严格贯彻"九字方针""三守则两防制度"，他对待工作一丝不苟，不容半点马虎。工作中他多次亲自参与排故工作，不怕苦，不怕脏，积极的工作态度体现了优秀共产党员任劳任怨的鲜明特点。近期的一个晚班，钱璟带领维修人员钟文琦在做 B-5143 飞机周检时，发现右发磁性塞漏油，拆下后检查该磁性塞封圈断掉，钱璟及时更换了该封圈，避免了一起涉及发动机漏滑油的安全隐患。同时钱璟检查仔细，又发现右发滑油供油滤压差指示销保护盖的安装座螺纹损坏，及时上报技术工程师开出了 NRC 纳入控制，使飞机顺利签署放行。

钱师傅除了对波音 737 机型精通以外，对波音其余机型的飞机也十分在行，车间里的许多同志都是由钱璟一手带起，现在都已成为了车间的骨干。一次 B-2570 飞机航后，飞机出现了火警环路状态集信息，钱璟同志根据他多年的经验，打开了包皮，发现火警环路接线断开。随后他带领维修人员压接后，飞机恢复正常，既排除了故障，又节省了时间。他判断故障的能力正是由他多年的经验所累积的。

飞机安全工作责任重于泰山，对待安全要做到举轻若重、“谨小慎微”，确保安全工作严谨细致、滴水不漏。相信钱璟同志将带着他对安全的重视继续踏着他的机务足迹，展现又一闪光的一面。

（来源：民航资源网，作者：吴迪凯）

（3）对个体行为选择的作用。

自信的人能够对自身的能力、价值做出较准确的评价，同时也就积极地促进其选择自己有把握实现的任务或工作来完成，从而给自己一个积极正面的反馈，强化个体的自信心。如果个体意识到一些潜在的压力或威胁的时候，自信水平高的个体会积极调动自身能量和潜力游刃有余地扫除威胁、排遣压力。

自信是日常生活中经验或成果的一种累积，与个体的思维风格具有相互性，因此个体自信水平的不同直接影响着其自身行为的选择性。

（二）什么是自信力

1. 自信力的概念

自信力从字面意思可简单理解为“自信的力量”，这更多地倾向于自信水平或自信心水平的解释。本书把自信力的概念暂定为个体对自身的积极关注，对自我的认可、接纳、支持的情感、认知、评价和态度的能力和水平。

2. 自信力的正确认知

自信对个体的自我价值肯定、维护心理平衡以及个体行为选择等有着重要作用，那么自信力就决定着这些作用的高低或大小。如张娟（2009）的关于大学生自信与健康人格的关系研究表明增强个体自信力有利于提高其健康人格水平；程曦（2009）的大学生自信与恋爱幸福感的相关研究表明自信不仅可以直接影响主观幸福感，而且可以通过影响恋爱关系质量来影响主观幸福感等等。

马珺等关于大学生完美主义与成就动机和自信的关系研究表明完美主义的“个人标准”和“条理性”可加强个体对成功的追求并增强个体自信水平，“担心错误”、“行动疑虑”及“父母期望”则会强化个体害怕失败的动机，降低自信水平。类似的研究还有很多，总而言之，个体的自信力对个体的价值观、思维方式、人格、健康水平等都有着关键的影响。

案例 4-2　自信而美丽

初次认识赵朝阳是在航班登机迎客阶段，镜头中的她正带着组员在机舱门口热情迎接每一位旅客的到来，“您好，欢迎登机”，就像迎接远方的亲朋好友到自家做客一样，赵朝阳甜美微笑背后所流露的那份清新温婉，让旅客如沐春风。此次航班对于赵朝阳而言意义非凡，今天是他作为新晋乘务长首次独立带班飞行。8 年的蜕变，让这样一个自信开朗的姑娘变得更加成熟稳重，正如她的名字寓意一样，日出东方，温暖四方。

敢想敢拼 严于律己

21 岁那年的春天，赵朝阳作为空乘专业大一新生就已和同学们参加过国内多家航空公司乘务员招聘，虽是屡战屡败，但更磨砺了她坚韧不服输的品格。空中乘务员的那份优雅、端庄、光鲜，从小就深深地吸引着爱做梦的女孩，“最主要的是乘务员能更好地帮助到别人”，赵朝阳不假思索地道出了她对空乘职业的感悟。令旁人不理解的是，学习空乘专业还不到一年，就敢独闯各大航空公司空乘招聘会，赵朝阳算是初生牛犊不怕虎。幸运的是那一年，赵朝阳以其青春靓丽自信的展示获得了航空公司录取通知书，她也是所在学校唯一的一名被录取的幸运儿。原本以为成为一名空姐并顺利拿下大学文凭就是人生最大的圆满，赵朝阳走过了最初的那段现在看来自我感觉特别“踏实”的日子，特别是进入国航从事飞行工作后，赵朝阳更加严厉要求自己，带头遵守规章制度，勤奋学习自我加压，主动参与客舱服务管理意见征集。

对自我的职业设计和人生定位的重新规划，激励着赵朝阳迎头赶上。航后讲评空中评价名列前茅，多次荣获客舱服务部客舱服务明星。为确保第一次独立带班的国际航线飞行顺利，赵朝阳认真准备，提前一天到分公司整理乘务长包内资料，核对单据，认真复习各项服务流程，对于没有把握的细节，主动向老乘务长请教。

真诚服务 屡获表扬

“以诚相待者，人故诚而硬”是赵朝阳最喜欢的一句话，这也是她多年服务工作的真切体会。航前准备时，她也时常告知组员，要以诚待人，真诚服务好每位旅客，特别是首次乘坐飞机出行的旅客及特殊旅客，帮助他们就是提升自己。今年上半年以来，赵朝阳共获得旅客表扬信 38 封，其中白金卡旅客表扬信 3 封；第二季度带班以来共获表扬信 17 封，其中白金卡旅客表扬信 2 封。

某年 4 月 9 日，赵朝阳执行 CA8227（武汉—厦门）航班，舱门即将关闭时，金卡旅客邱先生来到前舱告知她，提出要下飞机去取自己遗忘在头等舱休息室的西服。此刻，塔台已经给出了明确的起飞时间，如果此时不关闭舱门，就会导致航班将在地面等待两个小时以上。赵朝阳一边做好安抚，一边告知他一定会帮助他，同时也拒绝了邱先生下机拿取外套的请求。舱门顺利关闭，航班正常起飞，赵朝阳对于旅客的质疑，从飞机运行安全方面做好深入沟通并最终赢得了旅客理解。在返程航班落地武汉后，赵朝阳独自驾车赶往机场贵宾室，终于在凌晨 2 点 30 分替邱先生找到了遗失的西服。第二天，赵朝阳按照旅客名片上的地址将西服快递过去，并拒绝了邱先生的表扬。“愿每一个航班平安起落，每位乘坐国航航班的旅客满意而归是乘务员的职责所在”，在航班飞行中，赵朝阳用实际行动和个人努力，做到了言出必行，哪怕是牺牲自己的个人休息时间。

以身作则 管理有方

客舱服务部乘务一分部党支部书记吴边这样评价赵朝阳，赵朝阳是个自信乐观的女孩，乐于助人，工作能力强，群众基础好。自晋升乘务长以来，能够很快地适应新的工作岗位，根据工作需要及时调整工作方法，有效地改进工作方式，取得了良好的效果。谈及乘务长管理感受，赵朝阳说："火车跑得快，全靠车头带！乘务长首先要严格要求自己，才能在团队中树立威信！"她讲到"管理不意味着'指挥'，更不意味着让别人一味地'服从'，乘务长首先是一个执行者，一个服务者，应该团结和凝聚身边的人，和他们并肩作战，一起完成组织交给的任务。让他们感受到我的存在，我的真诚！"她用自己的实际行动去影响和带动身边的同事，从不将自己立于公司的规章制度之外。对于新老乘务员的管理，赵朝阳也有自己的方式，"对待老乘务员，要善于和他们沟通，甚至多向她们请教，有问题不当面指出，给他们留足尊严和面子，动之以情，晓之以理。对待新乘务员，时常给予鼓励和引导，帮助她们正确分析工作思路，并积极传授服务经验和技巧。"

某日，北京雷雨航班大面积延误，赵朝阳所执飞的航班没有起飞时间，旅客的不理解纷纷指向乘务员，赵朝阳带领组员来到旅客中间做好解释工作，面对情绪开始失控的旅客，她临危不惧，亲切地和他们沟通，几次拿起广播器，用最通俗的形式为旅客解释，取得了大部分旅客的理解。最终飞机在地面等待3个多小时后航班取消，作为乘务长，赵朝阳再次拿起广播器，面对客舱为所有旅客鞠躬致歉。在航班上目睹了全过程的白金卡李先生在表扬信中，不仅对乘务组提出表扬，更对赵朝阳在航班延误中的管理能力大加赞赏。次日，航班顺利抵达京后，赵朝阳为每一位国际急转客人联系后续航班事宜，并亲自带着旅客去中转柜台办理手续，为旅客耐心讲解过站须知。

（来源：民航资源网，作者：徐志祥）

（三）自信力的提升

1. 多与自信力强的人做朋友

俗话说："近朱者赤，近墨者黑。"你若常和悲观消极的人在一起，就会被传染到这种情绪，进而使你萎靡不振、悲观失望；若你经常与胸怀宽广、自信心强的人交往，你也一定会成为这样的人。

2. 学会自我心理暗示

日常生活中，积极关注自身的优势与长处，不断对自己进行正面心理强化，促进自我自信思维习惯的养成。一旦碰到困难或挫折时，学会勇敢地面对，一定不要随意放弃并坚持对自己说："我能行！""我能做得更好！"等。重复这些有信心的词语，是一种很重要的自我肯定心理暗示，有利于不断提升自己的自信心，这已为心理学的研究所证实。

3. 懂得扬长避短

在学习、生活、工作中，要经常寻求机会并努力展现自己的优势和特长，同时积极减少自身的劣势和不足，不断求得进步。长此以往，你就会提高成功率，增强自信心。

4. 做好充分准备

不管从事什么活动或项目，在真正行动之前，务必做好充分的准备和筹划，随后在从事这项活动或项目时，就能做到有的放矢、得心应手，必然较为自信，进而有利于顺利完成这项活动。如果这项活动或项目完成得比较好或做得很成功，必然会反过来增强整体自信心。

5. 制定恰当的目标

当我们规划自己的任务或活动时，要给自己制定恰当的目标，目标太低或太高都不利于提高自信心。恰当目标的设定原则是：用力跳起来刚好能触碰到。

（四）团体辅导对自信力的影响与作用

自信力的提升方式或措施多种多样，但通过大量的研究证明团体辅导也是一种非常有效的途径。

孙时进等人（2000）的研究表明团体心理咨询可以有效地减轻大学生的社交回避、退缩与苦恼，大大降低自卑感，提高其个体对自身的积极评价，从而有效地提高其自信心。刘敏岚通过理论讲座、团体辅导、情景演练等形式对赣南师范学院 10 名自信心中度及中度以下的学生进行了为期 4 个月的自信心强化训练，实践结果表明这 10 名同学的自信总体水平有显著提高。

王瑶、李永鑫（2003）运用小组辅导形式对一部分大学生进行了自信心训练，结果也表明小组辅导后个体的人际关系有明显改善，自信心也得到一定提高。胡梦第（2014）通过海报宣传招募、面谈、筛选，采用设计的积极心理学团体辅导方案，对 13 名大学生（实验组）进行为期 7 周的团体心理训练，结果表明在团体心理辅导中不仅可以帮助成员形成积极的心态，乐观地看待自己，悦纳自我，也在一定程度上提升其自信水平。

除了以上提升个体自信心的实践研究外，体验式学习干预和结构式团体辅导也可以有效增强大学生的自信和自我效能感，且具有时间延续性。从以上研究的结果可以看出，团体辅导在提升人们自信力方面有着关键的作用与影响。

二、思享园地

（一）华北空管保障病人航班提前落地，争取宝贵救治时间

2021 年 6 月 21 日 14 时 20 分，大连区域管制中心向华北空管局北京区域管制中心一室报告，川航 8816 执行哈尔滨去往天津的飞行任务，机上有一位准备去天津某家医院就医的病人，在飞行途中病情突然发生了恶化，目前采取吸氧措施，机组向管制部门提出直飞申请。

收到报告后，空管中心区管一室立即采取有效措施，管制员一方面同意申请并立即报告主管，一方面向空军申请直飞空域，为航班做好特殊保障。14 时 36 分，该航班经过管制交接点，进入华北空域，管制员根据之前做好的管制预案，指挥该航班直飞北京终端管制区的交接点，由于管制员的积极调配以及各方协调，川航 8816 节省了 60.2 千米的飞行距离，为病人争取了近 6 分钟的黄金抢救时间。

值班管制员们表示：“作为一名管制员我们要时刻将‘三个敬畏’和‘六个起来’贯穿于日常工作中，当航空器发生特殊情况时，我们的要尽全力配合机组，为航班提供便利，在条件允许的情况下，尽可能地满足机组的需求，在面对乘客或机组的生命安全问题上，我们应当秉承生命至上的原则，刻不容缓，义不容辞。”

（来源：民航资源网，2021-06-22，作者：刘宁）

（二）用“底线思维”谋安全发展

不安全是常态，所以风险对于企业是常态。没有发现风险或发现不了风险就是最大的风险。讲风险，并不是只要安全，不要生产，没有生产效益的安全是无用的

学习领会习近平总书记系列重要讲话精神，深感“底线思维”对于引领民航安全发展，具有重大而深远的指导意义。

“安全是根、服务是魂。”安全是民航的根本，前段时间发生的马航事件再次警醒我们，对于民航企业来说，有安全不等于有一切，没有安全肯定就没有一切。东航作为旅客运输量排名世界前五的航空公司，每天要执行国内外1800多个航班、运送20多万旅客，这就等于每天要移动一座城市。可以说，安全压力非常大。

这种安全压力，要求我们“凡事从最坏处准备”。很多人认为“安全是常态，不安全是偶然的”，我不这么认为，我认为不安全是常态，所以风险对于企业是常态。没有发现风险或发现不了风险就是最大的风险。我们要“在最坏的可能性上建立我们的政策”，“把工作放在最坏的基础上来设想”。

有人讲过，“安全上送人情，就是送人命”。树立“不安全才是常态”的观念，就要学会“无事生非”，这个“非”就是问题隐患，要预测可能会出现什么问题，我们要去找，要去分析，时刻想到没有发生问题不等于没问题，今天没有发生不等于明天不会发生。就是要坚持“小题大做”，出了问题，不仅要从问题的本身找问题、就事论事，更要从系统上去找问题，从多方位去思考、从不同角度找漏洞。就要善于“追根溯源”，弄清楚为什么发生，搞明白问题的深层原因。最后就要做到“举一反三”，不断针对这种新的情况，去研究新的问题、采取新的措施，以避免在其他方面可能发生新的风险。

当然，我们讲“凡事从最坏处准备”，最终是为了“努力争取最好的结果”。我们讲风险，并不是只要安全，不要生产。没有生产效益的安全是无用的，如果消极地思考面对，那么飞机停在地面上是最安全的。所以，我们不能就安全谈安全，而应该看到，安全的价值在于安全本身的价值和它能够创造出的价值。如果有风险绕着走，不敢承担责任，不敢得罪人，风险肯定会无限扩大，更谈不上创造什么价值了。

这里面还有一个辩证法，保证安全的时间越长，就能越长时间地保证安全。为什么这样讲？过去有人说，保证安全时间越长，就会离事故越近，说这是一个概率问题。我不同意这个观点，概率是存在的，当概率无限小的时候，就没有概率了。因为，保证飞行安全的时间越长，经验积累就越多、飞机设备改进就越先进、机场保障能力就越强，就越能长时间地保证飞行安全。

用“底线思维”实现安全发展，选人用人很关键。各级管理人员要大胆管理，严格要求，让员工在包括安全管理在内的各项工作中能够说实话、讲真话。管理人员不要听假话、听大话，只有听实话、听真话，才能知实情、办实事。用“好干部”的标准选人，以“三严三实”的作风干事，就能形成安全工作新的凝聚力，迎接安全工作的新挑战，实现长期可持续发展。

（来源：共产党员网，2014-05-26，作者：中国东方航空集团公司总经理、东航股份公司董事长刘绍勇）

参考文献

[1] 张娟. 大学生自信水平、时间管理倾向与学习成绩的关系研究[D]. 保定:河北大学,2011.
[2] 王志峰. 大学生自信心的培养与塑造[J]. 思想教育研究, 2005 (3).
[3] 汪品淳, 姚琼. 大学自信和自我效能感提示的实验研究[J]. 洛阳师范学院学报, 2016, 35 (11).
[4] 张付山, 陈燕. 班级体验式心理拓展活动 100 例[M]. 济南: 山东文艺出版社, 2014.
[5] 罗家永. 心理拓展游戏 270 例[M]. 福州: 福建教育出版社, 2014.

项目五 思维力的有效提升

【项目导引】

本项目主要介绍思维与思维力的概念、内涵，以及思维力提升的关键方式与方法。

思维是通过其他媒介作用认识及借助于已有的知识、经验、已知的条件等推测未知的事物，是对事物的间接反映。它探索与发现事物的内部本质联系和规律性，是认识过程的高级阶段。作为民航服务的准职业人，具备良好的思维力可迅速把握事物的本质属性，灵活机智地应对现实事件，有利于事物的发展与运行。

【学习目标】

知识目标：

1. 熟悉思维的概念、特点及分类等基本内容。
2. 理解思维力培训或提升的方式方法。

能力目标：

1. 能够掌握有效提升思维力的具体方法。
2. 能够分析自身特点，找到自我思维的特征并有针对性地提升，并在实践中反思提升。

素养目标：

1. 能更好地领悟和传承中华优秀传统文化。
2. 能更好地理解和践行当代民航精神。

【案例导入】

“她时代”的感性航空设计（节选）

变化的社会角色

尼尔森公司的一个调研发现：全球各地的女性都认为她们的角色正在发生改变，而且不断提升。

仔细审视我和我的朋友，从女儿、学生、工作者、妻子到母亲，女性的一生都在改变角色。在急速变化的社会，女性身份角色的转换引致了产品设计的更新换代。如以往家庭装修往往由男性动手，而如今不少女性也能拿起电动工具。美国的 Little Pink Tools 就主打女性市场，推出一系列的粉红电钻工具。一是增加电钻工具的美观性，二是支持女性群体抗击乳房癌症，在每售出一套电钻工具就捐出 10%给乳房癌症研究中心。这种打破传统观念并集合公益于一体的设计产品，在推出之际就受到格外的关注与欢迎。

女性乘客专用

20 世纪中期，中国妇女得到空前的解放，获得更多教育机会，并且承担起越来越多的社会责任。各种男女平等的呼声，甚至是女权运动频频而起。女性的地位不仅在中国，在全球都在发生变化。当下，职业女性和家庭主妇都成为了乘客主力之一。日本旅客列车上的“妇女专厢”已是普遍做法。而日本一家航空公司在对乘客的调查中发现，很多女性表示在飞机上如果与她们邻座的是女乘客的话，她们在旅途中会感到更加放松。因此为那些对与男乘客坐在一起感到不自在的女乘客提供了10个“妇女专座”。

这样的妇女专座可能在中国未必是必要的，但是我们却可以针对女性爱美和洁癖的习惯来进行产品创新。不少女性乘客在飞机下降前会更衣和补妆，造成洗手间拥挤、不洁。Diehl Aircabin在洗手间旁设计了单独的更衣室，有效地在小空间中更衣和补妆。同样地，我乘坐文莱皇家航空时留意到其座椅背面设置了化妆镜，这一设计不占地方，却有效减少了餐后和下飞机前排队上洗手间的人数。

在我们的研究中，飞机洗手间往往被女性乘客所诟病。德国设计师曾对此作出女性专用的洗手间设计，对不同的洗漱用品和垃圾都有专门的分区，从多个角度减少心理上的不洁感。

差异的语言设计

用户的性别差异常常导致产品的设计语言的不同。回顾与国内某家电品牌合作的第一年，YANG DESIGN设计的产品风格大多都是极简、硬朗。客户虽然非常满意，但是却没有被采纳生产成成品，究其原因是他们觉得这不符合中国主流消费者，特别是女性消费者的需求。随后，我们对设计进行改动，最后的设计结果是：产品本身并不是特别有设计感，视觉上柔和、明亮、干净、一体化，功能上不能出现特别复杂、需要琢磨半天才能使用的东西。最终产品在销售的层面上来说是成功的。

在色彩语义学中，粉红色往往象征着温柔和稚嫩，长荣航空的粉色Hello Kitty主题航班就是例子之一。但是要讨好女性乘客，粉红色并不是唯一选择。日本的乐桃航空选用了桃红、浅紫作为品牌专属色。有趣的是，桃红色往往是商界女强人们喜欢使用的色彩，为航空业增加了时髦与活力。紫色的使用则考虑到耐用层面的需求，同时为内舱设计增添了雅致的气息。

设计感性消费体验

女性消费已经成为世界经济增长动力。据预测，至2014年，全球妇女每年消费额将可攀升至28万亿美元；女性在消费过程中拥有80%的决策权或影响力；而随着女性的收入不断增长，她们的购买力也逐步提高。早在2008年的调查表明（2008），在购买大额商品时，如房子、汽车或多种奢侈品，越来越多的中国女性表示她们能做出独立购买决定，而年龄在20～30岁（80、90后）之间的知识女性是未来营销中最有价值顾客群体之一。

针对这群最具购买力的消费者，天津的某购物商城甚至为女性专门设计了停车场，它的车位更宽，以弥补我们的车技软肋；粉红色的停车区最靠近入口，购物前后都无须为找车位而烦恼。

与此相似的是，大韩航空曾非常直接地把飞机入口的酒吧变成了琳琅满目的精品店，在漫长的飞行中，为女性乘客打造了一个可以流连的机内公共空间。

除了软硬件设备，机供品也存在创新的可能。不少产品正是洞察了女性的生理和精神需求，创造了新的商业机会。碍于面子，女性在购买必用品时总有点尴尬。对此，Le Parcel公司细心地为经历“每月那几天”的女性们送出一份贴心的礼物。顾客可决定什么时候接收这份伴有甜蜜巧克力、化妆品的神秘包裹。这样的礼品既符合个性定制的趋势，也充满人文关怀和幽默感。

（来源：民航资源网，作者：黄晓靖）

一、理论探究

柏拉图说过："思维是灵魂的自我谈话。"恩格斯曾在《自然辩证法》中把"思维着的精神"誉为"地球上的最美的花朵"。这些哲学家、思想家的概括，从一个侧面充分说明了思维的重要性和意义。世界上的每一个人都有思维，但彼此的思维力或思维水平则有很大的差异。一个人思维力的强弱、高低直接决定其发现问题、分析问题、解决问题能力的素质和水平的大小。

处在青年时期的大学生需要正视自己的现状，认清自身的处境，把握住成长的关键时期，积极锻炼自己的思维，提升自己的思维力。

（一）什么是思维

1. 思维的概念

关于思维的内涵，不同领域的学者对其内涵的描述是不同的。主要有两个方向：一是依据思维结果的性质来界定；一是依据思维的过程来界定。

从思维结果的性质来讲，思维是人脑对客观事物的间接的和概括的反映（黄希庭，1991）。它反映的是客观事物的共同本质特征和事物间的内在联系。从思维的过程来看，思维是一个运用代表事物的符号表征而进行的内在的、复杂的、多侧面的加工过程，它的作用是产生和控制外显行为（Bourne，1971）。本书依照思维结果的性质界定的概念进行展开。

思维的间接性是指人类通过一定的媒介、知识经验以及已知的前提条件推测或认识客观事物。如人们发现天空突然乌云密布，便可推测出可能马上要下雨了。思维的概括性是指对客观事物及其彼此之间本质属性或规律的反映。如在观察了平面四边形以后，通过思维总结出四边形都是由四条线段围成的封闭图形。由此可见，人们普遍通过思维间接性与概括性的两大特性来认识客观事物及其内在的本质规律与相互联系。

2. 思维的基本过程

（1）分析与综合。

分析与综合是最基本的思维活动。分析是指在头脑中把事物的整体分解为各个组成部分的过程，或者把整体中的个别特性、个别方面分解出来的过程；综合是指在头脑中把对象的各个组成部分联系起来，或把事物的个别特性、个别方面结合成整体的过程。分析和综合是相反而又紧密联系的同一思维过程不可分割的两个方面。没有分析，人们则不能清楚地认识客观事物，各种对象就会变得笼统模糊；离开综合，人们则对客观事物的各个部分、个别特征等有机成分产生片面认识，无法从对象的有机组成因素中完整地认识事物。

（2）比较与分类。

比较是在头脑中确定对象之间差异点和共同点的思维过程。分类是根据对象的共同点和差异点，把它们区分为不同类别的思维方式。比较是分类的基础。只有通过比较才能确认事物的主要和次要特征，共同点和不同点，进而把事物分门别类，揭示出事物之间的从属关系，使知识系统化。

（3）抽象和概括。

抽象是在分析、综合、比较的基础上，抽取同类事物共同的、本质的特征而舍弃非本质特征的思维过程。概括是把事物的共同点、本质特征综合起来的思维过程。抽象是形成概念的必要过程和前提。

（二）什么是思维力

1. 思维力的概念

智力是指认识客观事物并作出适当反应，保证活动顺利进行的一种心理能力，它的构成因素主要有观察力、注意力、记忆力、想象力、表达力、思维力以及其他一些特殊的心理能力，其中思维力是核心。

思维力是指人们对客观事物的本质属性和内在规律及其相互间关系间接的概括反应能力，就是人们进行思维的能力。思维力与思维之间既有区别又有联系，思维力是人们在思考活动过程中所表现出来的一种相对稳定的思维能力，思维力的变化直接影响着思维活动效率的升高或降低，而且思维力是人类社会中普遍具有的一种特殊能力，是人类区别于动物的一个重要标志。

2. 思维力的特点

生活中的每一个人都会有思维，而且基本上每时每刻都在进行着思维活动，但一个人思维力的高低、大小还是有差异的，如有的思维迅速但不够深刻，有的思维创造性强但逻辑性较差等。良好的思维力应具有以下特点：广阔性、目的性、条理性、深刻性、创造性、批判性、灵活性和敏捷性等。

（1）广阔性：是指有丰富的科学知识技能和大量的经历经验，能促使思维触类旁通、融会贯通的特性。如教师在上课的过程中，针对某一知识点并不仅仅依靠书本内容，而是以此为基点延伸开来。

（2）目的性：是指把广阔的知识经验经过一定的甄选和提炼，采取科学系统的方法进行思考或探索，发现事物的本质属性与内在联系的规律，以实现解决问题、形成科学正确的立场、观点或价值观的特性。如果一个人整天漫无边际地思索，毫无目的性，那么就会迷失学习、生活或工作的方向或目标。

（3）条理性：是指在思维过程中依靠语言和文字的工具，清晰、精炼、准确、形象，且层次分明、思路清楚、逻辑严密、重点突出地描述事物或问题。

（4）深刻性：是指将对事物或问题的某个或某些外在特性的认知经由分析、综合、归纳、演绎、类比等思维方式，进而揭示出事物或问题的本质以及内在联系的变化和规律的特性。也即是从对事物的感性认识上升到理性认识的过程。

（5）批判性：是指对任何事物都持有一种怀疑态度，都要问一个为什么，善于独立思考，明辨是非，从不轻信任何言论、观点、立场，总要权衡一番，接受正确，否认错误，存有疑问。以科学批判为根据的怀疑精神，是科学发展的必要条件，也是创造性智力培养的发展前提。

（6）创造性：是指以解决科学、艺术研究及生产经营中所提出的疑难为前提，用独特新颖的思维方法、创造出有价值的新思想、新理论、新知识、新方法等，使人在实践过程中产生新的思维成果的思维特性。创造性思维是主动积极思维在更高水平上的发展，是人类智慧最有意义、最集中的表现。

（7）灵活性：是思维的深刻性和广阔性的体现，是在精湛的理论知识和丰富的实践经验的基础上，对实际问题采取变通处理模式，既有一定的原则，又有一定的机动性。

（8）敏捷性：是指把“留心意外事件”当作座右铭，在注意预期事物的同时，对意外事件十分敏锐，善于抓住疑点，捕捉有希望的线索，在别人不注意的地方发现新问题，发现机遇，以至创造机遇，把握机遇，抢占制高点。

3. 思维力的正确认知

有人曾形象地比喻：“观察是采来的花，而思维才能将花粉酿成甘甜的蜜汁。”这充分说明了思维力在观察事物中不可或缺的重要作用。思维力是人们在成长过程中应着重培养与训练的内在素质。思维力的发展与提高，有利于外界的新思想、新观点、新知识、新技能等的内化，提升自我内在素质，同时也有助于内在素质外化为新作品、新服务、新能力等成果，促进人类的发展与进步。深邃的思维力能使人透过现象看到事物的本质和规律，从现存的事物中去探究过去，预见未来。

（1）思维力是人们认识世界的工具。

人们认识世界的过程其实就是一个思维的过程，一个发现问题、分析问题、解决问题的过程。首先，客观世界存在着许许多多的事物，人们要通过不断观察、研究、探索等思维方式发现其中的本质和内在规律，从而认识客观世界。其次，主观世界的思想、观念、想法等也需要不断思索和求是，才能使其更加恰当、合理、理智地再现、外化。最后，一个人的主观世界与客观世界是有机联系、密不可分、相辅相成的。客观世界事物的属性、特征的内化可丰富主观世界的内涵，而主观世界反过来亦可以更加理性、有效地指导个体去认识、感受和体验客观世界，但思维力在这一过程中起着不可替代的作用。

（2）思维力调控着人们其他能力的发展。

人的能力可以分为两大类：一类是智力技能系统，包括记忆力、观察力、想象力、思维力等；一类是操作技能系统，如书写技能、绘画技能、演讲技能、驾驶技能等。思维力在智力技能系统中处于核心地位，对其他能力的发展起着关键的调控作用。

第一，支配作用。思维力是人们理性认识客观世界的必备能力，它必然对感性认识中的信息提取有一定的调控作用。由于人们思维力的不同，因此对外界客观事物认识和解读的程度与深度亦有所不同。如在科学研究、文学艺术创作时，思维力会充分调动记忆力、观察力、想象力等智能角色为它提供基本素材。但如果这些角色离开了思维力的调控，会引起个体的观察、记忆、想象变得毫无目的、支离破碎、漫无边际，甚至混乱不堪，那么个体的状态也将是混沌的、毫无意义的。

第二，调节作用。在日常生活中，个体很难觉察自身观察力、记忆力、想象力的不和谐，但在进行思维活动时，比较容易发现这种暂时的不和谐，从而进行自觉调控。通过这种日积月累的调控和平衡，进而促进智力的发展，从而实现各能力由不和谐—和谐—不和谐的循环往复、螺旋式上升的内在变化，使人的智力系统得以整体提高。同时，随着个体智力的不断提高，也会不断促进其他操作性技能的形成和发展。

案例 5-1　汉莎航空公司的快捷服务

德国汉莎航空公司推出快捷化服务新举措，包括：机场外缘行李过磅、电子票务、优先过关检查、简易登机办法等。汉莎航空公司认为：“我们一系列的革新服务及安排，反映了现令顾客的需求，他们需要更快捷的地勤服务。”此外，汉莎航空公司还率先推出所谓“无票飞行”，程序十分简单：旅客可选择以其信用卡或 Miles & More 里数优惠积分会员卡来预订机位，“机票”便立即自动储存于汉莎航空公司的电脑系统中。“无票飞行”这种电子票务的优点很多，如无须使用传统的纸质机票以免除失票之虞，允许旅客选择机位等。

（来源：国际商报，作者：郭鸿）

总而言之，一个思维力强的人，想事广阔深刻，叙事清晰精炼，办事敏捷高效。这种人在学习中，能掌握渊博的知识与高超的技术；在工作中，能以非凡的效率，获得斐然的业绩；在生活中，能细致周到，待人接物都恰到好处；在竞争中，能游刃有余，立于不败之地。可见，要想成为这种卓尔不群的人，就必须注重思维力的培养和锻炼。

案例 5-2　从“顾客第一”到“员工第一”

乘坐过美国西南航空公司班机的人都有过这种经验：空姐正从坐席上方的行李柜里探出脑袋来为客人送饮料；伴随着飞机起飞的隆隆引擎声，广播里传出播音员诙谐、幽默的提醒：“现在我们马上就要冲出海面了，请您抓紧救生圈，蛙泳也好，自由泳也好，悉听尊便。”

所有这一切，都会在机舱里引起阵阵笑声。西南航空公司员工“行为出格”的风气，来自这家公司“员工第一，顾客第二”的服务理念。该公司认为，员工自己高兴了，也一定能给顾客带来欢乐。因而，该公司以员工为重，重视激发员工自主创造的积极性。西南航空公司“员工第一，顾客第二”的服务理念，是一种与内部营销有关的角色定位策略：要让顾客欢乐，先要让员工欢乐，也就是说，要让顾客第一，先要让员工第一。这正是内部营销的思路。由此在严峻的行业环境中，西南航空公司后来居上，客运人数已居全美第 5 位。

（来源：文汇报，作者：本海清）

（三）思维力的提升

马克思曾经在《德意志意识形态》中说过，“工人们在自己的共产主义的宣传中说，任何人的职责、使命、任务就是全面地发展自己的一切能力，其中也包括思维的能力。”思维力是可以通过后天的培养与训练提高的，但要注意思维理论知识与实际的思维训练实践相结合。

1. 积淀深厚的知识技能经验

解决问题的过程，一定程度上来讲，就是一个不断的、反复的思维过程。问题的解决一般分为四个步骤：发现问题、分析问题、提出假设、验证假设。这里的每一步都需要有丰富的知识技能储备以及经验的累积，否则将是举步维艰。因此，要想具备较强的思维力，必须要注重日常知识技能经验的积累和储备。

2. 提升自身的语言素养

语言是思维的工具。离开语言，思维是无法进行和表达的。语言素养包括掌握语言与运用语言两个方面。若要提高语言素养，首先就需要认真准确地学习语言，如阅读书籍、报刊、杂志、聆听各种声音媒体、观看各种视频资料等；其次，要注重口头语言和书面语言的表达和使用。总之，积极掌握语言的同时，又能语词清楚、层次分明、条理清晰地用语言表达自己的思想、观点和情感，久而久之，思维力就会渐渐得到提高。

3. 养成灵活的思维方式

思维方式是以一定的社会文化背景、知识结构和传统风俗习惯等因素所构成的人们思考问题的思维模式、方法、流程的有机统一。随着社会的发展、时代的进步，人们的思维方式由先前的封闭性、单一性、经验性的静态思维方式逐渐转化为如今的开放性、多向性、科学性、系统性、创造性的动态思维方式。动态的思维方式有利于我们解放思想、开阔视野、增加思路，从而促进思维力的提高。

案例 5-3　时差这个怪兽，飞行员怎么打败它？

“当我登上飞机时，黎明时分的伦敦天空是橙色的。6 个小时后，当我降落在加拿大蒙特利尔时，天空依然是橙色的。”我的身体一点都不喜欢这种状态。所有人都有一套自己的生理节律，由光线来决定究竟是该精神百倍还是昏昏欲睡。经常穿梭于不同时区的人对生物钟彻底紊乱后的这种消沉感受肯定不会陌生，每当此时，总是很难适应明暗周期的快速变化。结果便造成了时差反应，这是因为生理节律被打乱而产生的一种现象——对多数人而言，最直观的感受就是整个人像僵尸一样无精打采、昏昏欲睡、情绪不佳，并且容易烦躁。“我们的生物钟并不是按照 24 小时设置的。不幸的是，在错误的时间暴露在光线中会导致你的社会睡眠时刻表与生物钟脱节。”美国国家航空航天局（NASA）疲劳对策小组成员艾琳 · E. 弗林-伊万斯说。

但有的人每天都会经历这种巨大的身体冲击，例如飞行员和空勤人员等机组成员。那么，他们是如何解决时差反应（Jet leg）的呢？他们是否已经对这种问题具备了免疫能力？

“飞行员的感受与我们相同，但他们通常会接受专门的培训，学习如何抓住各种机会进行适当的休息。”弗林-伊万斯说。多数航空公司都设有疲劳风险管理项目，帮助飞行员应对时差反应——而飞行员甚至可以在感觉时差反应过强而无法安全地执行飞行任务时“请疲劳假”。这种培训可以帮助飞行员找到最适合自己的方法——并通过持之以恒的训练将其变成例行公事。

弗林-伊万斯专门为宇航员提供应对时差效应的方法——这些建议也适用于普通旅客。首先，应该时刻思考你的旅行方向，因为这决定了你小睡片刻的时机，以及应该在什么时候考虑摄入合成褪黑素等补充剂。褪黑素是一种激素，可以帮助人体保持睡眠周期。人工褪黑素是一种颇受欢迎的安眠药替代品（尽管它是否真的有助于缓解时差效应仍然存在争论）。

多数人发现，由东向西飞比由西向东飞更容易适应时区变化。当神经学家劳伦斯 · 雷希特（Lawrence D. Reht）研究了 1991—1993 赛季 19 场美国职棒大联盟球队的比赛记录后，他发现当球队前往东部比赛时，往往会比常规状态下多失一分。

所以，弗林-伊万斯表示，如果你的航班是自西向东的，那最好提前几天就开始早起，并打开明亮的电灯。旅行当天应该尽量避开光线——戴一副太阳镜可以起到帮助——以便拨快你的生物钟。当你到达目的地后，最初几天应该打开窗帘睡觉，以便获得充足的光线。

不过，如果你是自东向西追着太阳飞行，那就应该在出发前多熬夜，晚上也应该把自己暴露在光线中，从而调慢生物钟。飞机上无须佩戴太阳镜——尽量多吸收光线。“这些光效应与你的生物钟都是相对的，所以如果你从洛杉矶到纽约，就应该把手表保持在洛杉矶时间，确保你在纽约的早晨可以暴露在明亮的光线中，但不要早于洛杉矶时间的凌晨 3 点。这是一项小技巧，因为你调节生物钟时的依据应该是所离开的时区，而不是你所到达的时区。”

长途飞行员兼英国民航飞行员协会（BALPA）飞行安全专家史蒂芬 · 蓝戴尔斯（Stephen

Landells）建议在飞机上多喝水，吃些清淡的饮食，但必须选择恰当的时机，而且尽量不要摄入咖啡因或其他刺激物。

万霍耐克表示，就他个人而言，一旦到达目的地，“11 点规则”便可起到最好的效果。“如果我能在上午 11 点到达酒店房间或者回到家中，那就可以小睡一两个小时。随后我会一直坚持到正常的睡觉时间。但无论我在路上有没有睡觉，只要感觉午后很疲惫，小睡一会儿都能起到帮助——只需短短的 20 分钟就能达到很好的效果。千万别忘了定闹钟。”

锻炼也是个好办法，他补充道——这可以帮你消除疲劳，而当你最终躺倒床上时，还可以提升睡眠质量。他会在到达的第一天找到一个绿意盎然的地方，就算是附近居民区的公园也可以。“我相信，即便是多走几步也很有帮助——正因如此，我通常都不会使用机场的自动人行道，尤其是在下飞机之后。”

但并非所有飞行员都会采用他的方法。有些飞行员更愿意在离开自己的时区后继续遵守原先的作息时间——但这种方法或许并不适合多数商务旅行者，因为他们必须要与目的地的作息时间保持一致。

NASA 疲劳管理团队的专家表示，平均而言，旅行者每经过一个时区大约都需要一天时间才能适应。但采用一些技巧后，万霍耐克能够将每个时区的适应时间缩短到每天 2 小时左右。所以，他只需要 3 天时间便可适应 6 个小时的时区变化。

有的时候，我们知道自己应该睡觉，但却怎么也睡不着。万霍耐克表示，在这种情况下，完全可以借此机会把握这个不同寻常的时机来体验一座城市的别样风貌。他自己就曾经有过这样难忘的经历：为了享用早餐，他曾经在早晨 5 点跑到洛杉矶宁静的海滩上等候一家咖啡厅开门。而每当想起香港，他的脑海里总是浮现出夜深人静后的景象。

（来源：BBC 英伦网，作者：卡地亚·莫斯科维奇）

4. 提高独立思考的能力

思维的独立性表现在依据客观事实，独自完成思维的任务，不依存于他人的观点和想法，不受他人干扰和约束，独立地发现事物的本质规律和解决问题。正如爱因斯坦所言：“我没有什么特别的才能，只不过喜欢穷根究底地追究问题罢了。”因此，要提升自己的思维力，就要学会独立地思考问题、解决问题，而不是人云亦云，随波逐流。

5. 构建科学合理的能力结构

思维的基本过程包括分析、综合、比较、分类、抽象、概括等六个方面。思维力的提升有赖于思维过程所包含的六种能力的优化与组合。因此良好的思维力，一定是分析能力、综合能力、比较能力、分类能力、抽象能力以及概括能力的全面均衡发展和高效有机融合。

6. 坚持长久的思维训练

思维力的提升除了思维意识和方式的改变外，还应注重思维的实践性，也就是在具体的实践活动中提升自身的思维力，可从学习、生活、娱乐以及专门的智力训练、思维训练等几个方面来进行考虑。如学习中的奇思妙解、一题多解，娱乐中的各种电子游戏、打球、下棋等，智力解题等等，这些方面都有利于我们思维力的提升，但要注意根据自身情况适当选择，理性对待。

（四）团体辅导对思维力的影响与作用

1. 提升思维力的广度和深度

团体成员（大学生）在性别特点、成长环境、受教育经历、个人性格特征等方面都会存在一定的差异，这些差异会导致到其对某一事物或问题的看法也会有所不同。这些不同汇集到一起，就会形成更多的观点，还有可能碰撞出更多新的思想或内容，这在扩大思维力广度的同时，也大大提升了对某一事物或问题的深度。俗话说："团结就是力量。"

2. 激发思维热情

当团体真正建立起来以后，可给团体成员带来自由、放松、温馨、安全的心理感受和心理体验，这种愉悦感、快乐感将促使团体成员充分发挥自己的想象力，任意遨游在思维的海洋里，进而燃起对思维的极大热情。从原来的强迫思考、被动思考中逐渐走出来，转变为愿意对目前的事物或问题进行探索。随着时间的流逝，这种状态很可能会随之退去。

3. 提升思维意识

针对思维力的团体辅导一定程度上激发了团体成员的思维热情，但要想这种热度保持下去，需要培育团体成员的思维意识。随着团体辅导的持续进行，可使团体成员思维热情得以一定的保持，久而久之，有利于其思维意识的形成。也即是说，使团体成员养成碰到"什么"都会问一个"为什么"，从原来的被动思考、强迫思考转变为主动而积极地思考或探索。

二、思享园地

（一）有一种"年味"叫坚守——襄阳机场民航人的别样春运（节选）

随着除夕脚步的临近，当人们踏上归乡之路时，有这样一群人舍小家为大家，他们将民航精神体现在平凡的工作岗位上，坚守成为他们别样的："年味"记忆，演绎着不平凡的故事。

不忘初心的安检人

马博瑞，作为一名有着 5 年工龄的安检员，他时刻牢记这份职业不单单是一份工作，而是包含着崇高的职业精神，每当身着安检制服、穿上战靴的那一刻，他都感到无比的神圣和自豪。

将安全责任意识刻在心中，用精湛的业务知识和技能将安全检查工作做到精细、极致，用匠心精神将平凡的工作做出不平凡。马博瑞时时刻刻保持风险意识和底线思维，在确保安全的前提下，正确处理各种疑难问题。在开机岗位一次常规检查中发现图形有所异常，他单独取出行李箱中物品并反复通过 X 光机检查后发现违禁物品，及时对旅客告知道："您好，把打火机放在水杯里属于夹带违禁品的行为，我们需要上报给公安处理，请您配合。"随后对该旅客进行了严格检查并将其移交机场公安处理。

马博瑞深知肩上承担的安全责任有多么重大，每一幅图像的甄别，每一件物品的辨认，都是对空防安全最基础的保障。身为培训组的一员，他将此次事件作为典型案例教学，进行详细解读、深入分析，组织组员集中学习，要求大家在岗位上严格按照岗位 sop 手册操作。他时常在每日讲评会上用自己的经历跟班内的同事分享，多次强调涉及安全的时候不能靠经验去判断，要严格落实安全标准，严格执行检查程序，对待安全隐患必须零容忍的态度。

因为责任在肩，默默坚守在自己的工作岗位上，不能与家人吃上一顿和和美美的团年饭他并不觉得遗憾。马博瑞脸上露出笑容说道："新的一年在工作中开启，也许对旅客们来说，自己只是归途的一个过客，但在这个特殊的日子我都能立足岗位，守护旅客温暖回家路，这就是我的职责所在。"以奉献践行初心使命，用行动诠释责任担当，他就是 90 后新青年的代表，争做平安春运的"护航人"。

严谨细致的机务人

任国庆，是一名机务工程师。机务工作的开展，主要围绕"安全"两个字，对航空器每一个部件和环节的检查，都必须依据相关工卡和手册的标准执行，绝不允许出现丝毫的偏差。

"竖起大拇指"这是我们常见的手势，它通常的含义是赞美，然而在任国庆手里，这个手势的含义有所不同。对于他而言这个手势，意思是"确认一切安全"，意味着责任、担当和承诺。

飞机滑行灯和着陆灯测试一个简单而"危险"的动作。着陆灯和滑行灯功率非常大，如果直视的话，会对人的眼睛造成伤害。飞机落地后，航油货运消防人员会在飞机下面聚集，测试时瞬间变亮。于是在机下绕行一周通知所有人员，是任国庆在执行此工作时的必备动作，认真负责，对自己负责也对别人负责。

严谨、专业、诚信，是机务人丰富生动的作风内涵，也正是由于他的这种态度和作风，任何蛛丝马迹也逃不过他的眼睛。一次在执行 A320 过站检查时，发现缝翼和前缘结构间有一根羽毛。任国庆作为一名老机务，立刻警觉起来，联系机组放襟缝翼，按照工卡详细检查飞机，避免飞机带隐患起飞。

他是一名襄阳女婿，来襄阳机场四年，也四年没有和家人一起团圆共度除夕。但是每每看到走下飞机的人，脸上洋溢着幸福的笑容他都觉得坚守是有意义的。"除夕，我坚守在这里，为了让更多的旅客能安全回家。"这是任国庆作为机务人最真挚的告白。

坚守是民航人的使命，春运是机场人难忘的忙碌节，他们坚守岗位，成为了春运最美的景象。

（来源：民航资源网，2022-01-30，作者：赵佳艺、陈梅雪）

（二）三十八载一路芳华，守护蓝天初心隽永——记东航北京分公司客舱经理张利萍

"亲爱的旅客朋友们，今天，是我们的客舱经理张利萍最后一次在航班上与大家共度时光。过去的日子里，不论是黎明还是黄昏，不论是严寒还是酷暑，她都坚守在岗位上用微笑和热情，温暖守护着每一位旅客的出行。谢谢您！"

1 月 19 日，随着一段真挚的广播在客舱中响起，航班上的旅客纷纷鼓掌向张利萍祝福致敬。此刻的张利萍双眼早已噙满泪水。时光荏苒，白驹过隙，往事的点点滴滴，在她的记忆中一一浮现。

逐梦蓝天，矢志不渝

1986 年 1 月，18 岁的张利萍通过考核，成为了一名民航乘务员，从最初的伊尔-14、安 24、图 154、bae-146，到空客 319、320、321、310、330、359，再到波音 777，她的飞行轨

迹遍布世界各地，也亲身见证了中国民航业日新月异的变化和东航的蓬勃发展。

职业生涯中，她坚持把安全放在首位，把责任扛在肩上。从旅客登机的一声声问候，到航班落地的挥手告别，她始终以实际行动深入践行“人民航空为人民”宗旨，坚决确保“两个绝对安全”，保持着“零差错”的工作成绩，先后担任东航北京分公司客舱服务部乘务长、客舱经理、教员、督导员，荣获了东航股份服务工作优秀员工，东航北京分公司优秀共产党员、先进个人、服务明星等诸多荣誉称号。

真情服务，起落安妥

张利萍常说：“好的服务就是给旅客上了飞机就像回到家里一样的感受。”没有人比她更懂得这份看似光鲜亮丽的岗位背后的艰辛，但她从未有过丝毫懈怠，三十八年如一日地用最佳状态做好服务工作，一次次圆满解决各类问题和突发情况，真正把“四精”服务落到实处。

“保持平和的服务心态，你就能理解旅客，旅客也能理解你，只要你有一颗真诚的心，你将与旅客共同收获一段美好的回忆。”

还记得在一次执行国际航班时，机上一名旅客突发疾病，情况危急，张利萍第一时间赶到旅客身边，严格按照应急程序进行处置，向旅客了解情况并广播寻找医生。经过有效救治，旅客的情况趋于稳定。经过相关评估之后，按照该旅客意愿继续飞往目的地。一路上，张利萍密切关注该旅客情况，提供无微不至的帮助，提前联系对方场站，确保航班落地后第一时间交接给机场救护人员。类似的机上急救她已记不清经历过多少次，始终不变的是她对生命的敬畏和对旅客的守护。

敢于担当，传递温暖

正如张利萍所言：“胸前的党徽、身上的制服，都让我深刻感受到肩负的责任和使命。”每遇保障重大运输任务，她总是以身作则，冲在最先、干在最前。

2008 年汶川地震发生后，张利萍立即投身到保障救援人员的航班任务中，这段经历让她感触颇深，也更加坚定了她做一名“积极温暖的客舱人”的理念：“我们必须竭尽全力，贡献出东航爱的力量。”

服务保障中有紧急时刻，也有感人瞬间。有一次，张利萍在执行保障某医疗队驰援日喀则的飞行任务时，恰逢机上一名医疗队员的生日，她细心关注到这个情况，在飞机平飞后送上生日蛋糕和祝福。队员十分惊喜感动，向她连连道谢，张利萍笑着说：“我们只是用温暖传递温暖。”

言传身教，桃李芬芳

作为一名业务骨干和教员督导，张利萍大力弘扬劳模精神、劳动精神、工匠精神，积极发挥“传帮带”作用，致力于客舱队伍建设和业务提升，做好每一次航班的管理与指导、带飞工作，将自己从业以来积累的经验技能毫无保留地分享给同事们。随着东航在北京的国际航线不断增加，她制作国际航线业务培训课件，开展国际航线业务培训。至今，张利萍带过的徒弟已经超过百人，其中已有多人成为资深的客舱经理、乘务长，更是涌现出“全国民航五一劳动奖章获得者”田媛、“中国东航优秀共产党员”尚玲玲、“东航股份优秀服务管理者”杨艳、“东航股份服务工作先进个人”郭菲等先进榜样。

工作中，张利萍坚持高标准、严要求、细管理，她通过组织召开“三长”人员研讨会、乘务员结对互助、组建“卓越提升群”，开展业务培训和实操演练等工作，扎实推动团队作风与能力建设，不断增强团队凝聚力。生活上，她又是员工们的“知心姐姐”，经常与同事们进行谈心谈话，及时了解大家的急难愁盼，积极协助解决大家关心关注的各类问题，引导大家牢树正确的世界观、人生观和价值观。

“每次跟利萍姐飞，都能学到特别多的东西。”

“利萍姐是良师益友，她对飞行工作的热爱、执着、努力始终是我们的榜样。”

“我的师父像太阳一样温暖着身边的每一个人，也引领着我像她一样争做‘积极温暖的客舱人’。”

一路走来，不负蓝天，不负热爱。当飞机缓缓滑入停机位，张利萍 38 年的飞行生涯也即将圆满落幕。舱门打开，她的泪水早已划过脸颊，在与旅客一一道别后，她挥挥手告别了这片曾翱翔过的天空，而她的故事，将永远镌刻在蓝天之上，被她温暖过的每一个人所感恩、所铭记……

（来源：民航资源网，2024-01-22）

参考文献

[1] 张庆林，邱江. 思维心理学[M]. 重庆：西南师范大学出版社，2007.

[2] 谷婷婷. 论思维力在人才成长中的作用[J]. 重庆文理学院学报（社会科学版），2009，28（6）.

[3] 刘颖，苏巧玲. 医学心理学[M]. 北京：中国华侨出版社，1997：28.

[4] 何安荣，马育. 论科学思维力的培养[J]. 重庆师范学院学报（自然科学版）增刊，1996，（13）.

[5] 谷婷婷. 论思维力在人才成长中的作用[J]. 重庆文理学院学报（社会科学版），2009，28（6）

[6] 王斌. 论人才在成长过程中思维力的作用与培养[J]. 交通高教研究，2003.

[7] 罗洪铁. 人才学基础理论研究[M]. 成都：四川人民出版社，2003.

[8] 梁建美. 浅谈思维力在成才中的作用与培养[J]. 和田师范专科学校学报（汉文综合版），2006，42（4）.

[9] 王斌. 论人才在成长过程中思维力的作用与培养[J]. 交通高教研究，2003.

[10] 陈树发. 如何提高青少年的思维力[J]. 景德镇高专学报，2008，23（3）.

[11] 陈龙海，韩庭卫. 思维创新游戏[M]. 深圳：海天出版社，2007.

[12] 张付山，陈燕，班级体验式心理拓展活动 100 例[M]. 济南：山东文艺出版社，2014.

[13] 李艳华，吴卫锋，陈曦. 民航职业素质教程[M]. 北京：中国民航出版社，2011.

[14] 郭瑞增. 经典心理测试[M]. 天津：天津科学技术出版社，2008：140-146.

项目六　凝聚力的有效提升

【项目导引】

本项目主要介绍凝聚力的内涵、形式、作用以及团队凝聚力的形成等内容，通过学习本项目，学生可以对凝聚力有一个全面的了解。通过本项目的训练，学生可以更好地提升团队凝聚力，丰富自身的能力体系，从而更好地运用到工作实践中。

【学习目标】

知识目标：

1. 熟悉凝聚力的内涵。
2. 理解凝聚力的提升与学习者的关系。

能力目标：

1. 能够掌握有效提升凝聚力的具体方法。
2. 能够具备凝聚力提升能力，并在实践中反思提升。

素养目标：

1. 能更好地理解团队精神。
2. 能更好地理解和践行民航精神。
3. 能更好地理解中华优秀传统文化。

【案例导入】

这里是CZ6997，请求大速度优先着陆！（节选）

2016年9月10日，南航新疆分公司接到一封来自上海的2 000多字表扬信，写道：尽管已过去一个多月，但随着身体的恢复，那天的场景总浮现在我眼前，让我忍不住要写下这封信。在南航新疆分公司的航班上，我看到了一个有爱的社会、一个有责任的企业、一个高效处理问题的团队，尤其是那天航班上的乘务长肖清，在她身上所展现出的专业素养……

到底是什么事情让这位旅客念念不忘？时间的指针要拨回到7月23日，地点在南航从乌鲁木齐飞往上海的CZ6997航班上。

乘务长及时发现异常

当乘务员广播完预订的信息后，乘务长肖清按惯例进入到客舱巡视，收集旅客对航班服务的反馈，发现一位在卫生间门口等候的女性旅客脸色有些苍白，眉头紧蹙，显出很不舒服的样子，多年从事乘务工作的职业敏感性让肖清没有放过这丝异常，赶紧上前询问，得知这位旅客在上飞机前，就已经因肠胃不适而多次呕吐，但自认为上机后休息一下，睡一觉就应该没什么问题了。

乘务组配合默契及时救治

可谁知病来如山倒，这一刻旅客的情况看似已平稳了，但就在离落地还有20分钟时，可能在下降过程中旅客受气压变化的影响，再加上自身血糖过低，旅客竟然逐渐丧失有效意识，好在肖清乘务长已提前将该旅客的座位调到较为宽敞的便于观察与照顾的座位，所以当旅客病情变化时，乘务组已第一时间发现异常。

肖清迅速部署：立即报告机长，广播寻找医生，拿来氧气瓶给旅客吸氧，专人用毛巾擦拭身体，帮旅客降温，同时留有乘务员关注客舱秩序，确保客舱安全。幸运的是在客舱里找到一位医生，经医生初步诊断首先肯定了乘务组之前的医疗救助措施得当，但鉴于旅客目前的身体状况需要做进一步专业检查，采取进一步的急救。

事后肖清回想起落地前的情景还是心有余悸，尽管已将医生调至该名旅客身旁，但由于机上的医疗设备有限，故旅客的病情还在发展着。

还有十分钟、八分钟、五分钟……那种煎熬，肖清说终生难忘，那一刻似乎比她曾经飞过的24年历程还长，那一刻她体验着为他人生命担忧的焦灼，但同时还要表现出职业所要求的镇静……

机组联络及时 空地对接成功救助

20点30分许，CZ6997航班驾驶舱中，机长教员陈凯和副驾驶周爱忠正在做飞机下降前的准备。忽然机组接到乘务长报告：一名旅客身体虚脱，意识模糊，急需医疗救护，请联系救护车。此时已进入飞机降落的关键阶段，陈机长毫不犹豫拿起话筒向上海管制员急切报告：这里是南方航空CZ6997，一名旅客患病意识模糊，请求大速度优先着陆，落地需要救护车。"收到，CZ6997优先降落！"塔台接到报告后，立刻展开指挥，开通了绿色紧急通道，允许飞机"抄近路"降落虹桥机场，同时为了节省急救时间，将航班的停机位重新安排，调整到最靠近跑道的位置。

20点50分，飞机顺利降落在虹桥机场。早已等待在位的救护人员迅速登上飞机，与乘务组做好交接，将患病旅客抬入救护车，并在南航地服人员的陪同下，将旅客送往医院进行救治。而乘务长肖清并没有因航班结束就放下一切，还进行了后续跟踪，直到得知旅客一切安好的消息后，才露出轻松的笑容。

从救助到转危为安，机舱内经历了怎样一番惊险的生死时速，空地间又进行了怎样一场生命接力，旅客吴女士醒过来后并不是很清楚，但她知道从此后她已与南航结下深深的情缘。她在信中说道：由于当时意识实在太过模糊，未能全部记下各位帮助者的名字，实属抱歉；而身体恢复后想当面酬谢肖清女士及CZ6997团队，又被婉拒。不知该如何致上心中最诚挚谢意，唯有修书一封，述清内心所感。最后她表示南航将成为她今后出行的首选！

（来源：民航资源网，2016-09-12，作者：张方芳）

一、理论探究

凝聚力是指群体成员之间为实现群体活动目标而实施团结协作的程度。

（一）凝聚力的内涵

1. 群体凝聚力

人是有自由意志的。人的自由意志表现为两种倾向：一是个体对群体的离心倾向，一是个体对个体的独立倾向。要使一个个具有自由意志的个体结成一个具有统一意志的群体，就必须有一种力量抗衡他们的离心倾向与独立倾向，将他们紧密联系在一起。这种力量就是群体凝聚力。在组织行为学中，群体凝聚力是指群体对成员的吸引程度和群体成员之间关系的紧密程度。群体凝聚力与我们平常所说的群体“团结”不尽相同。第一，团结主要是指群体成员之间横向关系的紧密程度，而凝聚力不仅指群体成员之间横向关系的紧密程度，还包括群体对成员的纵向的吸引程度。第二，团结一般是从积极的方面去描述群体成员之间的关系，而凝聚力则是一个中性的概念，是对群体成员关系的客观表达。

2. 群体凝聚力的种类

（1）自然凝聚力。

人有社会属性，不能脱离群体而单独生活，每个人都需要别人，这就是团结的自然凝聚力。

（2）工作凝聚力。

人需要依赖工作而生存。每个人都有获得良好工作的愿望，都希望在工作中发挥自己的特长。同时，在现阶段，劳动还作为人们谋生的一种手段，人们必须依赖工作而求得生存、发展。因此，群体所承担的任务和通过工作所要达到的目标，对群体成员都会产生强烈的吸引力。

（3）领导凝聚力。

一个民主型的领导者，使群体内部的意见得到良好的沟通，群体人际关系和谐，成员心情舒畅，凝聚力就强。一个专制型的领导，群体内部就不易沟通，群体成员就会感到压抑，对工作也会感到乏味和无聊，因而群体凝聚力也差。一个放任型的领导，对群体成员无所约束，群体凝聚力也差。一个仁慈而专断型的领导，事无巨细、事必躬亲，结果将是领导在时凝聚力强，领导一旦离开这个群体，群体就会陷入瘫痪，凝聚力大大减弱。因此，领导是形成群体凝聚力的一个重要因素。

（4）情感凝聚力。

如果人们在工作中心情舒畅，就会同心协力以达到组织目标。相反，人际关系不好，人与人之间关系紧张，相互猜忌，彼此戒备，内部必然会矛盾多，影响团队工作任务的完成，增加内耗。

3. 影响群体凝聚力的因素

影响群体凝聚力强弱的因素是非常多的，除群体外部因素以外，大体来自群体与成员两方面。其中群体方面的因素主要有：

（1）群体目标的设置。群体目标设置公平、合理，能够兼容群体成员的共同利益与需要，则容易形成较强的群体凝聚力。如果部分群体成员的利益和需要在群体目标中得不到合理的反映，则群体凝聚力通常较弱。

（2）群体任务的性质。如果群体任务程序性较强，必须依赖群体成员的互助合作才能完成，则容易形成较强群体凝聚力。群体任务比较多变，对群体成员的创造性和个人能力要求较高，则群体凝聚力通常较弱。

（3）群体的规模。一般来说，群体规模越小，成员越集中，相互之间也就越容易包容、沟通与合作，因而群体凝聚力也越强。群体规模越大，成员越分散，相互之间的包容、沟通与合作就越网难，内耗就会增加，因而群体凝聚力也越弱。

（4）群体的环境。群体面临的外部环境越是复杂多变，压力、威胁、不确定性越是大，群体凝聚力就越强。群体面临的外部环境越是单纯、稳定、安全，群体凝聚力就越弱。

（5）群体的人际关系与沟通。群体成员的人际关系越融洽，沟通状况越好，群体凝聚力越强。群体成员的人际关系越紧张，沟通越差，群体凝聚力也越弱。

（6）群体的管理方式。管理者提倡团结，鼓励合作，奖惩公平，分工合理，注重沟通，强调纪律等，则群体凝聚力通常较强。管理者鼓励竞争，提倡创造，尊重个性，偏听偏信，有亲有疏，厚此薄彼，赏罚不明，分工不当，轻视沟通等，则群体凝聚力通常较弱。

（7）加入群体的难度。加入群体越是困难、庄重，则离开群体也越是慎重。加入群体越是容易、简便，则离开群体也越是随意。

4. 影响群体凝聚力的个体因素

（1）成员的个性与品质。群体成员的个性开朗随和，品质高尚，宽容大度，兴趣相投，则群体对其越有凝聚力。群体成员如果个性偏执，心胸狭隘，嫉妒猜疑，缺乏共同兴趣，则群体对其的凝聚力越弱。

（2）成员在群体中的地位。越是处于群体的核心位置，被其他成员接纳程度越高的群体成员，则群体对其凝聚力越强。越是处于群体边缘的群体成员，群体对其凝聚力越差。

（3）成员对群体的依赖性。群体对那些依赖性较强的个体有较强凝聚力，而对那些独立性与自主意识较强的个体则凝聚力较弱。

由上可知，影响群体凝聚力的因素是非常复杂的，所以一旦出现了群体凝聚力方面的问题，也绝不是谈谈心、做做思想工作、风格高一点、姿态高一点、格局大一点等等就能解决所有问题的，必须具备复杂一点的头脑，具体情况具体分析。

（二）凝聚力的作用

群体的凝聚力具有重要的意义，它不仅是增强群体效能、实现群体目标的重要条件，而且是群体能否存在的必要条件。如果一个群体丧失了凝聚力，不再能吸引它的成员，那么它本身就失去了存在的意义。因此，群体凝聚力的作用非常大。

1. 群体凝聚力与满足感

有较高凝聚力的成员在群体中更能实现自身价值，同时有较高凝聚力的群体能够分享的资源也比低凝聚力的群体多，所以在高凝聚力群体的成员比在低凝聚力群体的成员能够获得更多的满足感，对于群体也会有更高的评价，更愿意参与群体活动，并忠诚于群体。

2. 群体凝聚力与沟通

高凝聚力的群体成员间往往会有和谐的人际关系，因此高凝聚力群体的成员往往要比低凝聚力群体中的成员有更多的沟通机会。同时高凝聚力群体成员间往往具有共同的价值观和目标，相互之间愿意交流学习，这样的沟通又反过来加深了相互的关系和了解，进一步增强群体凝聚力。

3. 群体凝聚力与生产效率

研究影响群体凝聚力的主要因素，目的在于运用和创造这些因素，增强群体凝聚力，提高工作效率。凝聚力与生产率的关系较为复杂，因此不能片面地认为凝聚力越强，生产率就越高。凝聚力受到群体目标与组织目标一致性的影响。若群体与组织目标的一致性较高，且群体凝聚力也高，则容易产生较高的生产率；当群体与组织的目标不一致时，群体的态度可能不会支持组织的目标，如果这时候群体凝聚力高，将会大大破坏生产，生产率就低。

4. 群体凝聚力与群体意识

高凝聚力群体容易形成群体意识。对于凝聚力很强的群体而言，意见一致的价值是高于高绩效的，因此在这样的群体中是不能容忍异议的。同时群体意识的另一种表现为一致对外，凝聚力使得群体成员容易产生优越感，这样的优越感会使成员们产生对外界的排斥和敌对。

（三）团队协作力

所谓团队协作力，是指建立在团队的基础之上，发挥团队精神，互补互助以达到团队最大工作效率的能力。对于团队的成员来说，不仅要有个人能力，更需要有在不同的位置上各尽所能与其他成员协调合作的能力。

案例 6-1　某航班空难发生时体现的团队协作

某航班旧金山空难发生时，所飞机型有 8 个门，两边机身每边均匀分布 4 个，当时由于故障，只有前面的左一左二和右一右二四个门能被开启。但是在开启舱门后，意外发生了，右一右二的门滑梯向客舱内翻转充气，正常滑梯是向外翻转充气的。滑梯挡住了旅客的撤离路线，还将右二门的乘务员压在了下面。这时候，乘务长发现此情形，迅速安排旅客从左一左二门撤离，一部分乘务员负责旅客撤离工作，有的乘务员在门口指挥，有的封存不能使用的舱门，组织旅客从前门撤离，有的协助弱小旅客；一部分乘务员处理客舱内的滑梯，将被压在滑梯下的乘务员救出来,同时使用尖锐物品将错误充气的滑梯刺穿。最后全体人员撤离，最后除了 2 名没有系安全带的旅客被甩出机外以及 1 名旅客被天花板砸死外，其余人员全部撤离，在撤离过程中，所有人紧密配合，友爱互助，体现了团队的精神。

（来源：由某航空公司在职资深乘务员提供）

1. 团队协作力的表现

团队协作能力，是成功的关键因素。团队就像一条链子，一环紧扣一环，缺一不可。我们在团队协作中，首先要做好自己的工作，同时相互密切合作。正如奥斯特洛夫斯基所说，不管一个人多么有才能，但是集体常常比他更聪明和更有力。

（1）团队大于个人。团队不仅强调个人的工作成果，更强调团队的整体业绩。团队所依赖的不仅是集体讨论和决策，它同时也强调成员的共同贡献。因此，团队往往大于各部分之和。大家都知道一根筷子轻轻被折断，但把更多的筷子放在一起，想要折断是很困难的事。

（2）团队协作的本质是共同奉献。这种共同奉献需要一个切实可行，具有挑战意义且让成员能够为之信服的目标。只有这样，才能激发团队的工作动力和奉献精神，不分彼此，共同努力。

（3）团队合作与个人的潜力。当团队的每一个人都坦诚相待，都有一份奉献精神时，取长补短，个人的能力肯定会得到大大的提升。“三人行，必有我师焉。”如果大家把团队里面每一份子的优点长处都变为自己的长处优点，灵活运用，不仅团队的力量日益强大，自己的能力、潜力也能慢慢得到升华。

（4）团队精神的核心就是协同合作。协同合作是任何一个团队的精髓，指建立在相互信任基础上的无私奉献。团队成员彼此互补互助，相互协作造就出一个好的团队，所以才有“三个臭皮匠赛过诸葛亮”之说。

2. 团队协作力的组成要素

（1）尊重，内外兼修的美德。

尊重，意味着尊重他人的个性和人格，尊重他人的兴趣和爱好，尊重他人的感觉和需求，尊重他人的态度和意见，尊重他人的权利和义务，尊重他人的成就和发展。只有团队中的每一个成员都尊重彼此的意见和观点，尊重彼此的技术和能力，尊重彼此对团队的全部贡献，这个团队才会得到最大的发展，而这个团队中的成员也才会赢得最大的成功。

（2）欣赏，高段位的品质。

欣赏就是主动去寻找团队成员的积极品质，尤其是你的“敌人”，然后，学习这些品质，并努力克服和改正自身的缺点和消极品质。团队中的任何一位成员，都可能是某个领域的专家。因此，你必须保持足够的谦虚，并真正看清自己的肤浅、缺憾和无知。团队的效率在于每个成员配合默契，团队成员的互相欣赏和熟悉——欣赏长处、熟悉短处，最主要的是扬长避短。

（3）宽容，让心胸更宽广。

宽容是团队合作中最好的润滑剂，它能消除分歧和战争，使团队成员能够互敬互重、彼此包容、和谐相处、从而安心工作，体会到合作的快乐。雨果曾经说过，“世界上最宽阔的是海洋，比海洋更宽阔的是天空，而比天空更宽阔的则是人的心灵”。

（4）平等，真正以人为本。

当每一个团队成员都处于相同的起跑线上时，他们之间就不会产生距离感，他们在合作时就会形成更加默契、紧密的关系，从而使团队效益达到最大化。

（5）信任，成功协作的基石。

现代社会的发展，使职业分工越来越细，一个人单打独斗的时代已经成为过去，越来越需要集体的合作。个人的能力再强、工作做得再出色，也不能离开团队这个大的氛围。团队成员只有相互信任、主动做事、乐于分享，才能共同成长，共达成功的彼岸。

（6）沟通，管理的桥梁。

现代社会是个开放的社会，当你有了好想法、好建议时，要尽快让别人了解、让上级采纳，为团队做贡献。否则，不论你有多么新奇的观点和重要的想法，如果不能让更多的人去理解和分享，那就几乎等于没有。敢于沟通、勤于沟通、善于沟通，让所有人都了解你、欣赏你、喜欢你。

（7）负责，对团队的忠诚。

负责即敢于担当，对自己负责，更意味着对团队负责、对团队成员负责，并将这种负责精神落实到每一个工作的细节之中。任何有利团队荣誉、有损团队利益的事情，与每一个团队成员都是息息相关的，所有的人都负有不可推卸的责任。

（8）节俭，以小显大。

正所谓“细节决定命运”，很多细小的环节都是与公司的前途休戚相关的。为了团队的整体利益，所有的团队成员都应该养成节约成本的好习惯。当我们在工作中自主、自动和自发地极力减少不必要的浪费时，无形中就会使整个团队减少支出、降低成本，实际上也就等于为整个团队增加了利润。

（9）诚信，不容置疑。

诚信，是做人的基本准则，也是作为一名团队成员所应具备的基本价值理念。唯有诚信，才是让你在竞争中得到帮助的重要条件。团队精神应该建立在团队成员之间相互信任的基础上。而只有当你做到了“言必信，行必果”时，你才能真正赢得同事的广泛信赖，同时也为自己事业的兴盛发达注入了活力。

（10）热心，帮助身边每一块“短木板”。

作为一个团队成员，你必须记住，只有一个完全发挥作用的团队，才是一个最具竞争力的团队；而只有身处一个最具竞争力的团队之中，个体的价值才能得到最大程度的体现！当你是团队中的那块“长木板”时，你不能只顾自己前进的脚步，而忽略了“短木板”的存在。当我们身处于一个团队中时，只有想方设法让短木板达到长木板的高度，或者让所有的板子维持“足够高”的相等高度，才能完全发挥团队作用。

（11）个性，坚持自己的特质。

团队精神不是集体主义，不是扼杀独立思考。团队不仅仅是人的集合，更是能量的结合与爆发。作为团队成员，不要因为身处团队之中就抹杀了自己的个性特质。一个好的团队，应该鼓励和正确引导员工个人能力的最大发挥。团队若能给团队成员提供一个充分施展自己才华的机会，这将会为团队带来永不枯竭的创新能力！

（12）团队利益，至高无上。

团队精神不反对个性张扬，但个性必须与团队的行动一致，要考虑到整个团队的需要，并不遗余力地为整个团队的目标而共同努力。在团队之中，一个人与整个团队相比，是渺小的，太过计较个人得失的人，永远不会真正融入团队之中！而拥有极强全局意识的人，最终会是一个最大的受益者！只有当团队成员自觉思考到团队的整体利益时，他才会在遇到让人不知所措的难题时，以让团队利益达到最大化为根本。

（四）建立相互信任的团队合作关系

众所周知，蚂蚁是最具有团队合作精神的动物之一。不同地域、不同环境，屋里屋外到处都可以见到它们的踪迹。根据研究发现，蚂蚁的种类高达 3 000 多种，但它们永远过着团体生活，有时候一窝蚂蚁好几十万只，也有数量极少的，不过每一个蚂蚁窝都有一个蚁后（有的有一个以上的蚁后），若干雌蚁、雄蚁及兵蚁共同组成，它们各司其职，分工合作：蚁后的任务是繁殖、产卵，同时受到工蚁的服侍；工蚁负责建造、觅食、运粮、育幼等工作；雄蚁负责和蚁后交配；兵蚁的主要任务是抵抗外侮，保护家园。大家一条心发挥各自的专长才华，群策群力，团结合作。

1. 团队合作面临的困境

在团队中建立相互信任和合作是取得成功的关键。如果一个团队是一台逻辑性很强、可以预测和控制的机器，那么日常的工作或者团队的建设就会变得非常简单，只需要输入相应的指令，把机器设到自动挡，等着它自动实现就可以了。

但是，团队常常是由不可预知的、没有合作意识的甚至是唱反调的成员组成的。同时团队还需要面对不同的压力，相互间的关系也可能因为未协商和磨合好而变得十分紧张，如果此时再遇到组织内的重大改革，如兼并、重组，更增加团队成员的无所适从和不确定性，从而影响团队的成长和成功。

一般来说，当团队遇到问题，无法很好地进行协作时，常常会有一系列的迹象。

（1）错失机会。团队缺乏协作的时候，不是因为团队成员之间互相拆台，仅仅因为团队成员没能看到协作的优势，就会错失利用全体智慧、知识和技巧来应对严峻的工作挑战或抓住独一无二的机遇或机会。

（2）自我孤立和沟通断裂。因为团队关系紧张，有些成员就会宁愿选择将自己与其他成员孤立开来的方式处理这种不和谐，大大削弱整个团队的力量；成员之间的互相孤立，无法及时沟通重要的事情、变化的情况或止在出现的问题或机会，甚至连最基本的信息也无法正常传达。

（3）形成小团体。其表现形式包括向其他小组中处于战略决策地位的人寻求支援，或者向自己团队的领导施加压力要求其对事情做出表态；有些成员，不论事情缘由，凡事都喜欢唱对台戏，纯属内部派系争斗。

（4）缺乏了解。因为地域差异、调动频繁、经常出差、手头事情太多，或者因为身居高位，都会造成成员之间很难形成和提升良好的合作关系。

（5）职责不明确。不清楚项目的目标、不清楚自己在团队中的角色定位、不知道如何与项目的利益相关者打交道等，会导致团队成员在工作职责周围筑起“防御墙”，并很容易为一些小事争吵不停。

（6）无法就目标和优先顺序达成共识。协作的一个关键要素是团队成员就组织的发展目标的价值或可行性、各种目标应该如何根据优先性进行排序、期望取得怎样的绩效目标等达成共识，如果无法达成共识，团队很快就会从协作转为冲突。

（7）缺乏协作及冲突管理的技巧。每个团队都需要一次又一次地解决棘手的事情，如果团队成员没有取得共识的技巧及能力，这些事情就会演变成一次又一次的冲突。

执行航班任务时，保证飞行安全是每一个飞行机组与乘务机组共同的责任与使命。飞行机组与客舱乘务组分属不同的部门管理，有着不同的规章制度与管理模式，驾驶舱由飞行机组负责，乘务组则负责客舱。独立的排班系统也将飞行机组与客舱乘务组分为两个板块，执行着不同的排班程序。性别差异、岗位职责的不同，加上分组不确定的陌生感，因此执行航班任务的过程中，难免会因为沟通不畅、理解不善出现一些矛盾和摩擦，影响团队成员工作情绪，甚至会影响到航班正常的服务。这里跟大家分享两个小案例。

案例 6-2

某航班旅客正在登机，乘务长正站在客舱门口热情有礼地向登机旅客问候、致意，同时清点人数，各号位乘务员也在各自的岗位上有条不紊地进行着紧张的机上服务。“小姐，我是坐在紧急出口的旅客，需要一条毛毯。”“靓女，我坐36排，要一份特区报。”“好的，稍后会送到！”正在忙碌之时，驾驶舱门开了，飞行机组递出来两个水杯：“乘务长，请帮我们把餐盘收一下，再泡两杯铁观音。”乘务长服务完这两位机组同事，旅客已陆陆续续走上了好几个人。“我刚刚点到多少人呢？”“是哪一排旅客需要毛毯来着？”驾驶舱机组同事已经开始催促：“乘务长，旅客都到齐了吗？我们已经申请到了起飞时间。”由于被各种信息干扰，乘务长初次核对旅客人数时出现错误，只好重新清点。而此时，狭窄的过道上拥堵着许多安放行李还未入座的旅客。等乘务长再次清点好人数并且与地面人员办理完交接手续时，机长向塔台申请的起飞时间已经错过，而重新安排的起飞时间是20分钟以后。机长不禁有些不悦。

（来源：民航资源网）

案例 6-3

在雷雨季节的一次飞行中，飞机经过一阵强烈的颠簸，终于进入平飞状态。客舱里的旅客们有的在欣赏夜景，有的在看机载电视，有的已经进入梦乡，有的津津有味地品尝着餐食。这时，机长走出驾驶舱，对乘务长说：“刚才避绕雷区，窗外电闪雷鸣、火光一片，我们一刻也不敢放松，洗手间都不敢去。”乘务长冲了一杯热腾腾的咖啡，并准备好水果、点心送进了驾驶舱：“机长，你们辛苦了！”

（来源：民航资源网）

可见客舱乘务组与飞行机组的工作时间冲突是常常发生的，但是只要在航前准备会上做好事前沟通和协调，可以有效避免“关键时间”机组间沟通的相互干扰，很多问题也是完全可以避免的。机组成员不仅仅是飞行任务书上一个个或陌生或熟悉的名字，更是一个团队，像同事、像朋友、更像家人。他们身着航空公司制服，在同一架飞机上服务，虽然履行着各自不同的岗位职责，却有着共同的责任与使命。飞行机组的专业性、技术性是乘务员所无法代替的；而客舱服务亦是飞行机组陌生的领域。各司其职，互相协作，才是“搭档”的真正含义。

（四）建立良好的团队协作关系

诗人泰戈尔说：“一朵鲜花打扮不出美丽的春天，一个人的力量总是有些单薄，只有协作才能够移山填海。”团队协作从来不是单纯的人员叠加，团队工作需要相互协作、友好和专业的气氛、主动合作的意愿以及共同的目标。在平时的培训中，飞行员和乘务员实施协同训练和密切配合，一旦有事故发生，能够将旅客受害程度限制在最小范围内。

不管在生活中还是工作中，合作的精神无比重要。如何针对以上的迹象采取行动，构建更加密切、更加强大的协作关系呢？

1. 统一目标和期望值

要使团队成员对所设置的目标、优先顺序及绩效期望值有一个一致的认识和理解，必须要有机会坐下来开诚布公地讨论这些期望值，帮助成员澄清目标，精确找出绩效期望值，明确先后顺序，并借助不同的传播媒介，随时了解组织和任务、环境的变化趋势，会有利于团队目标和绩效的完成。

2. 讨论支持和帮助的重要性

团队成员之间本来就是各有各的特长，各有各的职责，相互支持和帮助是团队合作的常态，所以要明确团队成员各自需要从对方那里获得什么支持和帮助。在进行团队讨论的过程中，要在寻求解决办法的过程中，探讨一下各种可能遇到的阻力以及减少阻力的方法，尽可能获得更多有效的、可行的支持。

3. 思考并分享各自的优势

让每个团队成员都思考一下“在我们的团队中还有其他什么人具有与你的项目相关的技术及经验？”每个人都将自己的特长和想法说出来与大家分享。这种做法可以达成两个目的：① 让每个团队成员都知道自己对团队的贡献得到了肯定；② 为从团队成员之间寻求支持和帮助提供了一种建设性方案。

4. 回顾过去成功协作的经历

任何微小的成功都是鼓励团队成员继续努力的动力。要求每个人都找出那些在他们看来可以被当作成功协作的范例，并且自问：“在协作得最好的时候，我们做了哪些与众不同的事情？”然后试着找出可以在未来复制这种行为的方法。

5. 通过提高透明度来建立信任

如果认为团队中需要更高的信息透明度，那么通常需要团队成员回答两个问题：① 你希望了解有关哪些最近开展的项目或发生的事情的更多的信息？② 你认为今后对哪些项目或事情来说信息分享是非常关键的？然后制定出分享信息的战略和途径，确定哪些信息是需要保密的，哪些信息是可以传达给团队成员的，从而提高信息的透明度。

6. 找出沟通的热点

每个团队都有一些需要特别关注的沟通热点，可能包括如何将选择的任务分配给每个团队成员、如何分配团队的预算和资源、谁是团队的负责人等等，借助团队成员的帮助找出团队中需要特别加以关注的沟通热点，就可以讨论如何处理并避免这些矛盾的产生。

7. 鼓励团队成员理解他人的观点

团队合作的一个很重要的因素是互相理解、换位思考，在假设自己已经完全理解了他人的关注点和优先顺序之前，先考虑一下其他团队成员的观点，或者鼓励成员退后一步，倾听其他成员的观点。在理解的基础上，合作就自然而然了。

8. 创造分享反馈意见的机会

最简单的方法就是让团队成员之间互相给出反馈意见，或者欢迎大家给出反馈意见，刚开始可能效果不会好，大家会互相试探，给出比较中庸或自我防范的反馈，久而久之就可以得到比较中肯的意见了。

团队协作能力，是成功的关键因素。团队就像一条链子，一环紧扣一环，缺一不可。我们在团队协作中，首先要做好自己的工作，同时相互密切合作。

案例 6-4　东航云南公司争分夺秒搭建空中生命桥梁

某晚，东航云南公司在多部门的共同合作下，以最快的速度保障了 MU5986 保山至昆明航班病患旅客的运输。

21 点 30 分，机长给放行席位签派员打通电话，通报了保山地服临时接到一起病患旅客的运输。患者在施工现场受重伤，病情十分紧急，亟须前往昆明市区医院完成手术。

运控部值班经理获悉后，先后询问市场部和地服部席位值班，确认病患旅客承运政策，商议服务保障细节。首先，确认同行人员中已有医务人员陪同；其次，请保山地服审查患病旅客从医院出具的《诊断证明书》、医生签字和《特殊旅客乘机承诺书》；最后请示当日公司值班领导后，迅速落实了旅客保障方案。

签派席位向保山塔台和昆明空管局通报了该航班的特殊情况，得到了空管的优先放行许可，航班于 22 点 02 分从保山正点起飞。与此同时，地服部生产协调分部也迅速启动应急预案，开启绿色通道予以保障，保障该航班优先落地，选择交通方便停机区域，以便航班能沿着最短的路线滑入预定停机位，实现与医疗救护人员的无缝对接；旅客分部组织了“爱心驿站”工作人员，提前到达停机位，并对快速引领、担架保障、旅客运送等服务进行了详细分工。航班于 22 点 45 分在昆明落地。“爱心驿站”的成员在急救人员的指挥下，小心翼翼地将病人一点点抬起，一步步前移，让担架始终保持水平的同时，以最快的速度将旅客送上救护车，圆满完成了和急救中心的交接。

特殊旅客保障是一场与生命和时间的赛跑，东航云南公司各部门通力合作、默契配合，争分夺秒尽可能节约时间，为病患旅客搭建起了一架空中生命桥梁。

（来源：民航资源网，作者：李铖）

二、思享园地

（一）敬畏生命，与时间赛跑！海南航空成功保障人体器官运输任务

2021 年 7 月 18 日，海南航空控股股份有限公司（简称“海南航空”）接到一起紧急承运人体器官的求助，立即紧急启动绿色通道，经过一系列紧张有序的保障准备，HU7069 航班从海口美兰国际机场起飞，带着海南省第 34 例人体器官捐献者的爱心和患者康复的希望，飞往目的地武汉。

7 月 18 日早上 07:30，海南航空服务热线 95339 接到了一个求助电话。一名旅客预订了当日 HU7069 航班（海口-武汉）航班，需紧急承运人体器官。旅客表示，他预计 08:20 到达机场，而该航班计划起飞时间是在 08:50，加上人体器官对保存时间有近乎苛刻的要求，他不得不向海南航空求助，以尽快成行，跑赢这场生命接力赛。

海南航空地服管理部值班员汪红接到信息后，考虑到旅客到达机场时航班已截载旅客可能无法赶上航班，她当机立断请示公司值班领导，申请航班短时间延误，并由公司向各保障单位下发绿色通道指令。随后，汪红立即组织海口地面工作人员，预留专门值机柜台提前打好登机牌、预留机场安检快速通道，同时协调海口各地面保障单位，安排专人对接，等待旅客的到达。

08:35，医院工作人员到达机场，海南航空地服人员在候机楼门口帮助旅客证件无误后迅

速带领办理值机手续，引导旅客快速通过安检直接前往登机口，并第一时间通报协调航班尽早起飞，一系列操作干净利落、迅捷有效，最终，旅客携带人体器官随着航班准点起飞。

10:54，当收到旅客顺利到达武汉机场的消息后，汪红终于舒了一口气。7 月 18 日晚上，旅客向地面工作人员发来短信“现在心脏已成功移植到患者身上，是你们的无私帮助给我们争取了宝贵时间，深深感谢海南航空！”

“敬畏生命是每个民航人的共同信念，而人体器官的运输，就是一场时间与生命的赛跑，容不得耽误！这是一个关乎重生的故事，一个胸有大爱的家庭牺牲小我，让更多的家庭获得重生，能从中发挥一点点微薄之力，我感受到了工作的价值和意义。”汪红激动地说。

为努力让广大旅客享受到更高品质的民航服务，切实增强航空出行的获得感幸福感，海南航空深入践行“人民航空为人民”的行业宗旨，坚守真情服务底线。2021 年 1 月至今，海南航空已成功保障人体器官运输 29 次，为传递希望和挽救生命搭建起了空中桥梁。海南航空将一如既往地秉承“三个敬畏”精神，协助医护人员，争分夺秒做好人体器官运输任务，共同守护宝贵生命。

（来源：民航资源网，2021-07-22，作者：易荣）

（二）暴雪之下，他们连夜打雪仗——襄阳机场飞行区管理部除冰雪工作纪实

“航前场务检查跑道、联络道、机坪，机场上空持续小雪，目前道面无积雪、无结冰，道面适航，场务会持续观察道面情况，做好后续除冰雪工作”。2024 年 2 月 2 日凌晨 5 时 45 分襄阳机场飞行区管理部在机场保障群中发布道面检查实时情况，0 时 30 分、3 时 12 分、5 时 45 分不间断地进行跑道道面评估，一夜无眠，整个部门都在为即将到来的今冬最强雨雪天气紧张忙碌。

自 1 月 29 日收到襄阳市气象局发布的极端天气预警以来，飞行区管理部就开始了繁忙的准备工作。按照暴雪标准储备人员、机械、运输车辆和除冰工作，联系荆州机场支援道面防除冰剂，与市供电运行中心、开发区供电中心建立春运期间应急联络群，并争取一台 400kW 移动电源车进场支援保障。飞行区管理部 23 名同志主动取消休息，驻场备勤，其中场务员刘华作为飞行区管理部的“经验人”，今年是她参与道面除冰雪工作的第十一个年头。她提前安顿好家里刚放寒假的两个孩子，与大家一起坚守岗位，她说：“家人都很支持我，老公经常鼓励我关键时候女同志也要成为女汉子，为了机场的安全运行，‘小家’他来帮我照顾。”

2 月 2 日 6 时，此时的城市还沉浸在夜梦的回味中，雪花纷纷扬扬地飘落，与凛冽的寒风交织。而襄阳机场在银装素裹中却已呈现出了一片不一样的“繁荣”景象。“兄弟们，出发！”在飞行区管理部负责人代正学的带领下，大家奔赴各自的岗位，三台吹雪车伴随着巨大的轰鸣声驶向跑道，在一片白色的汪洋中“劈开”一道道缺口，底层的混凝土道面开始显露出来，一段一段缓缓地向前延伸……

机坪和跑道上，由于气温低，底层结了冰，吹雪车用航空涡轮发动机排出的高速燃气流在冰雪层表面造成高温微压，使冰层、积雪瞬间脱离地面飞向两侧，噪音大且油味浓。吹雪车驾驶员王文彬和吴旭作为吹雪车“连轴转”的主力队员，在巨大的噪声中，常常会感到头晕，但为了提高吹雪效率，他们没有一个人喊停，每天连续除雪近 6 个小时，累了困了，咬牙坚持着，渴了饿了，他们就忍着。王文彬说：“雪越是下得大，吹雪车就越是不能停，要保证跑道少积雪，这样一旦天气允许，跑道就能及早达到适航标准，就能及早放飞，就能多飞

几个航班，多飞一个航班，就能让更多旅客早点回家。”

飞行区管理部奋战在除冰雪一线的除了他们之外，还有风雪中抢修车辆设备人员、有在夜间巡视供电线路人员、有利用航班间隙不间断巡视跑道道面人员、有吹雪后及时上跑道检修灯光人员……极寒天气下，没有一个人叫苦，也没有一个人叫累，大家最欣慰的就是听到那一声“塔台，跑道除冰雪作业完毕。现在跑道状况良好，跑道适航，完毕。”

2 月 5 日下午，久违的阳光洒在雪白的场区内，飞行区管理部负责人代正学感动地说道：“经过这几天的保障，员工们都纷纷病倒，很多同事因为连续低温作业，均出现感冒发烧症状。为了不影响正常保障，在发现身体不适后，纷纷自行喝药、互相照顾，其中场务员肖志强在连续发烧两天后，外出打针后又及时返岗工作，每个人都争取在短时间内恢复健康参与保障工作，大家身上所体现的‘民航精神’让我很钦佩和感动”。

齐心协力，守护平安。截至 2 月 6 日清晨，飞行区管理部 4 天共进行吹雪作业 40 次，使用道面除防冰剂 14 吨，消耗燃油 64.5 吨，跑道道面评估累计 23 次，未发生不安全事件，为襄阳机场打赢这场除冰雪战役起到了关键作用。

这一轮降雪天气即将过去，但飞行区管理部同事们的工作热情却越发高涨，6 日下午天气好转后，又马不停蹄地赶往周边街道开展春节净空知识宣传，“下周就是春节了，看着千万旅客顺利出行和归家，与分别的家人团聚，这点苦累也算不了什么”。

往往越在艰难的时候，越到关键的时刻，才最能激发人的斗志和潜能，才最能展示一个集体、一个团队的向心力、凝聚力和勇敢顽强的战斗精神。襄阳机场飞行区管理部全体干部员工用自己的行动、用无私的奉献诠释了当代民航精神和工匠精神，全力保障了襄阳机场 2024 年春运安全顺畅，他们就是最可敬的人。

（来源：民航资源网，2024-02-07，作者：陈梅雪、张永灿）

参考文献

[1] 王国元. 组织行为管理[M]. 北京：华夏出版社，2016：244.

[2] 刘学谦. 群体凝聚力理论研究与运用[M]. 北京：红旗出版社 2008.

[3] 罗倩文. 组织行为学[M]. 重庆：西南师范大学出版社，2015：93.

[4] 吴晓义. 管理心理学[M]. 3 版. 广州：中山大学出版社，2015：152.

[5] 袁秋菊，王端. 管理心理学[M]. 北京：清华大学出版社，2015：153.

[6] 李淑梅，邢月梅，卢俏生. 管理心理学[M]. 北京：中华工商联合出版社，2007：242.

[7] 鲁克德. 从零开始读懂领导学[M]. 上海：立信会计出版社，2014：246.

[8] 孙时进，卢会志. 管理心理学[M]. 2 版. 上海：立信会计出版社，2013：293.

[9] 胡西淳，庄雅稚. 应变能力的提升与自测[M]. 北京：中共中央党校出版社，2006：180.

项目七　应激力的有效提升

【项目导引】

在客舱中，有时会出现各种各样的突发情况，迅速、有效地处理，有助于提升服务质量和保障客舱安全 。

本项目主要介绍应激力的内涵、应激力对人的基本要求以及团队应激力的提升途径。通过学习本项目，学生可以对应激力有一个全面的了解。通过本项目的训练，学生可以更好地提升应激力水平，丰富自身的能力体系，从而更好地运用到未来工作实践中。

【学习目标】

知识目标：

1. 熟悉应激力的内涵。
2. 理解应激力的提升与学习者之间的关系。

能力目标：

1. 能够掌握有效提升应激力的具体方法。
2. 能够具备应激力提升能力，并在实践中反思提升。

素养目标：

1. 提升安全意识、集体意识。
2. 树立“三个敬畏”意识，弘扬当代民航精神。

【案例导入】

川航 3U8633 航班备降成都事件（节选）

2018 年 5 月 14 日，本是平常的一天。可是，一件不寻常的事情却让这一天牵动着全国人民的心。四川航空公司执行重庆—拉萨的 3U8633 航班任务的 A319 飞机，在巡航阶段，驾驶舱右座前风挡玻璃意外破裂脱落，机组实施紧急备降。

5 月 14 日清晨，川航 3U8633 航班由重庆江北机场起飞。6 时 42 分，该机进入成都区域，管制员雷达识别并建立双向通信，当时飞机的飞行高度为 9 800 米。北京时间 7 时 08 分，“砰”的一声，坐在驾驶舱左侧的责任机长刘传健和右侧副驾驶徐瑞辰同时发现驾驶舱右边玻璃裂了。这时候，驾驶舱的仪表盘上开始闪烁着各种各样的预警信息。刘传健来不及与徐瑞辰沟通，抓起话筒向地面管制部门发出“风挡裂了，我们决定备降成都”的信息。同时，刘传健弯曲右手食指，给徐瑞辰做了一个“7”的手势，意思是让他发出一个 A7700 遇险的信号。话音未落，一秒钟不到，驾驶舱的玻璃就被全部吸出窗外。破碎的玻璃向外四散，徐瑞辰不幸被玻璃碎片划伤面部和手。因为舱内外的压力差，系紧了安全带的徐瑞辰的半个身体依然被吸出舱外。这时，外面的风瞬间灌入驾驶舱，面板也被吹翻，导致许多飞行仪表不能正常使用。整架飞机开始剧烈抖动，情况十分危急。刘传健用左手努力握着操纵杆，尽力维持飞机的姿态，右手别扭地去拿位于左侧的氧气面罩。

风挡玻璃破裂后不到一分钟，第二机长梁鹏立刻进入驾驶舱，坐在刘传健和徐瑞辰身后，第一时间接管了副驾驶的全部工作。由于无法自动驾驶，依靠备用仪表的数据，机组开始了艰难的手动驾驶。刘传健负责驾驶飞机，梁鹏则担负起副驾驶的职责，一边为他导航，一边不停地跟地面进行各种通话信息的盲发。7 时 24 分，梁鹏不断向地面管制部门发出“MAYDAY，我在崇州盘旋”和“MAYDAY，座舱释压”的遇险信息。但由于设备损坏再加上风噪，他们从耳机里听不到任何声音，无法与地面建立正常双向联系。

在没有风挡玻璃的情况下，为了保障机组安全，刘传健选择了一个适中的速度，忍受着寒冷、座舱释压等恶劣的条件，艰难地下降。这时候，驾驶舱的温度只有零下 40 摄氏度左右。飞行员穿着短袖艰难地驾驶着飞机。冻僵的身体让刘传健对飞机的操控变得更加艰难，梁鹏在后排一边为刘传健和徐瑞辰按摩，帮助他们缓解身体的寒冷，一边不时拍拍他们的肩膀，用手势鼓励他们。

客舱内，由于客舱释压，位于旅客座位上方的氧气面罩全部脱落。乘务长毕楠带领全体乘务人员一边安抚旅客情绪，一边向大家喊着：“不要惊慌，相信机组，我们一定能带大家安全着陆。”毕楠说，那个时候，她来不及害怕，一心只想着专业流程。

7 时 10 分，西南空管局雷达显示 3U8633 航班出现航空器遇险代码（A7700），全体值班管制员立即进入紧急工作状态。面对如此紧急的情况，值班管制员立即指挥空中 6 架飞机紧急避让，同时协调军方配合特情处置，为 3U8633 航班提供最优的空域环境。在成都双流机场，跑道外的 8 架飞机在空管的指挥下立即停止起飞，停机坪上的 15 架飞机停止推出。7 时 42 分，3U8633 在 02R 跑道安全落地。

7 时 45 分，塔台与机组建立联系，及时了解飞机受损和人员受伤情况，迅速通知有关部门实施救援，有序保障地面救援车辆运行。

（来源：民航资源网，2018-05-18）

一、理论探究

（一）应激力的内涵

应激力亦可称反应力、应变力、应变能力。应激力是我们每一个人都需要具备的能力，是一个人综合素质的反映，是与个人的思想品德、知识技能、创造能力等密切相关的。一个应激力比较强的人能够很快适应新的环境，即使是在比较困难的情况下，也能够变不利因素为有利因素，取得事业上的成功。所谓适者生存，生存正是为了发展。人对社会环境的适应，应该是主动的、积极的适应，而不是消极的等待，更不是对消极现象的认同。特别是在现实中，我们每天都要面对很多新的信息，如何快速地分析和灵活运用这些信息呢?这就需要我们具有良好的应激力。

1. 基本概念

应激力就是指应对变化的能力，通常是指当我们面对以前没有遇到过的事情或者在没有思想准备的情况下，突然发生的事件，能够快速地做出反应，并找到解决问题的办法，最后灵活处理事情、圆满解决问题的一种能力。

以下情况都表现出我们的应变力：

（1）和进行持续的改进一样，能够寻找机会进行“阶段性变革”；

（2）能够把变革方案分解成任务或易于管理的部分：

（3）能提前认真地制订计划，从而使意外发生的可能性最小化：

（4）能够预测潜在的不利反应，并能制订计划来处理这些不利反应：

（5）能快速且适当地应对变革的阻力；

（6）能够寻找机会来认可和表扬成功的变革。

2. 应激力的类别

按照不同标准，可以将应激力分成表 7-1 所示的类别。

表 7-1　应激力的类别

划分标准	类别	具体内容
主动性	引领变化	主动的
	应对变化	被动的
时间先后	预变	在危机没有发生之前就做好准备，在机会没有到来之前就做好准备
	因变	等到发生了问题，才去解决
主客体的关系	顺变	顺之则昌，逆之则亡，识时务者为俊杰（提倡顺变）
	制变	上有政策，下有对策（反对制变）
	用变	借题发挥、为我所用（允许用变）

案例 7-1　电脑系统故障 航班资讯全靠员工手写？机场回应！

据港媒消息，香港国际机场 6 月 23 日发生电脑系统故障，候机大楼的电子屏幕、网站和手机应用程序都未能及时更新航班资讯。在启动大型应变措施及后备系统并抢修后，到下午 3 时许才陆续恢复正常。香港特区政府运输及物流局表示，十分关注事件，要求机管局调查事故原因及提交报告。

在故障期间，有机场工作人员在抵港大堂、离港大堂以现场手写的方式在白板上更新最新航班信息。而禁区内行李输送带区域的显示屏也是黑屏故障状态，机场人员也在指示牌上写着航班编号及取行李的位置。机管局在客运大楼不同位置，包括出境大堂摆放临时电子显示屏，上面显示部分航班的登机闸口及起飞时间。

这次事件不涉及黑客攻击，也与人为错误无关，是由于网络系统出现部分异常，影响航班显示屏幕更新，当时已启动预备方案并进行系统维护。

点评：

（1）香港国际机场在系统故障后的应急预案还不够完善，没有备用系统或者应急预案。

（2）员工手写和电脑输入打印相比，是不是后者效率更高？

（来源：民航资源网，2024-06-24，供稿：合肥航联文化传播有限公司）

（二）应激力对人的基本要求

1. 应激力指的是思维的敏捷性

思维的敏捷性表现为能够迅速地对外界刺激做出反应，迅速地觉察问题并提出解决问题的正确途径和方法。敏捷的反应是应变的基础和前提。反应必须从发现和注意到被反应对象开始。人的反应范围有所区别，一般来说，反应能力越高，在同一时间里注意到的东西范围就越广，而且还能同时把注意力有效地分配在许多方面。此外，高度的反应能力还要求既有稳定的注意力，又能够根据需要迅速地转移注意力。但如果注意力一旦集中就很难分散，也同样糟糕。许多优秀的飞行员，在飞机起飞和降落的 5 ~ 6 分钟时间里，注意力的转移达到 200 多次，任何一次转移不及时都会带来不堪设想的后果。具有高度反应能力还应该是敏锐的、深刻的，也就是说反应速度快、深度大，不仅是很快地理解和接受来自外界的各种信息，更重要的是善于迅速而准确地选择出那些最重要、最有价值的信息。

2. 灵动思维的培养

应激力还要锻炼思维的灵活性。思维的灵活性表现在根据事物的变化，运用已有的知识、经验灵活地进行思维，不局限于过时或不妥的假设之中，而能够根据事物发展变化的具体情况，机智地提出解决问题的新方法。灵活性也可以称为变通性，因地制宜、量体裁衣、随机应变正是这种思维品质的具体表现。

思维方式守成是思维灵活性的大敌。理论知识或经验是有其局限性和惰性的，在千变万化的现实生活面前，恪守一种思维方式，就势必导致思维方式的守成。有些人总是把灵活性看成是态度暧昧、摇摆不定和犹豫不决的表现。也有的人总担心中途改弦易辙会导致前功尽弃、功亏一篑。坦率地讲，灵活就是要调整方向，而在思维上方向的调整往往就是对自己以往的经验和做法在一定程度上进行否定。

灵活性是应变能力的灵魂，它不是懦弱的表现，从某个角度来看，可把它称作力量，是坚强有力的体现。一个人如果有了灵活性，就可以避免一条胡同走到死，不会束缚住自己的手脚，把自己圈死在一个圈子里。与其一头撞南墙，倒不如退而求其次。在大多数情况下，退后一步道路会更宽广。

3. 丢掉常识，打破习惯

常识和习惯是人的能动性的产物和表现，但有时也是束缚人们应变能力的枷锁。我们从小开始，就在日常生活中学习和掌握很多常识。这些常识有很多用途。可是，有时总根据常识办事反而不灵，甚至会成为解决问题的障碍。“红砖是建筑材料”，可以用来盖房、垒墙等，这是个常识。当我们遇到如“红砖有什么用处”的问题时，常识告诉我们一般不会考虑新的答案。但在非常情况下红砖还可用来做枕头，可以碾成粉末当颜料等，这就是说，有时常识造成了人们认识上的盲点。要锻炼应变能力，就要丢掉常识，绝不做常识的俘虏。习惯也是如此，在日常生活和工作中，由于多次重复地做某一件事，思考某一个问题，于是逐渐形成了某种习惯。已形成的习惯，对于我们处理事情有一定的积极作用，轻车熟路，能提高效率。可是有时候习惯也会成为思维障碍，给人们解决问题带来困难。

应激力不仅要有敏捷的反应、灵活的分析。而且在“应”之余，关键要去做。只有善于把反应和分析化为实际行动去解决具体问题，才叫作应激力强。

（三）应激力的提升

应激力可以体现出一个民航服务人员面对突发事件是否反应敏捷、情绪稳定，特别是在较强刺激或处于不利的情境中时，能否保持自己情绪的稳定，并约束自己行为反应的能力。

在客舱服务中，突发性的、非常规性的服务问题时有发生，如乘客身体不适，飞机出现颠簸，乘客出现骚动等，而这些问题通常突然出现，具有紧急性，没有规律，在处理时也没有定式，需要关键时候泰然自若。这就要求服务人员沉着冷静，正确判断，果断决策，及时采取行动。

客舱内也常会发生一些突发的紧急事件，这些紧急情况的发生都会影响到旅客人身安全，常见的客舱突发紧急事件有机上失火、客舱释压、空中颠簸、水上迫降、航空器事故等等。这些都是客舱中常常会遇到的紧急情况，客舱的乘务员应时刻注意这些紧急情况的发生，一旦有危险情况或突发情况发生，就应该马上做出判断，把对旅客的危险和影响降到最低，从而保证客舱安全与旅客的人身安全。

案例 7-2　深航纵火案生死 13 分钟还原：1 分钟乘客全撤离

2015 年 7 月 26 日 0 点 45 分，经过 1 个多小时的飞行，ZH9648 航班距离目的地广州越来越近，就在飞机准备好降落程序时，突发事故悄然来临。最先发现异常的是乘务员董雪琼，闻到后舱部位有疑似汽油的味道后，她选择立即向乘务长周晨菲报告。周则悄悄地安排安全员、乘务员分工检查巡视。

在巡查时，其他旅客相继起身，坐在 25C 的男子却不为所动。在董雪琼的再次提醒下，那名男子才离开座椅，向客舱前部走去。董雪琼在整理 25 排座位时，闻到有刺鼻的汽油味且发现 25 排 A、B 座位上下和壁板上都有明显的液体痕迹，立即将此情况告知安全员王浩鹏和杜福，此时离纵火事发仅有一分多钟时间。安全员闻讯赶到后舱部位，对行李架等处进行检查。

此时距离正常的飞机落地不到 30 分钟，另一头的乘务长周晨菲正在播放下降安检广播。就在此时，25C 座的那名男子跑到前舱点着明火，一连串尖叫声传进周晨菲的耳朵内，她顺手撩开前服务间与头等舱之间门帘，就看到一名男子站在头等舱 2D 座位旁，附近燃有明火，于是抄起前服务间的灭火器冲了上去，两名安全员也立刻从机舱后部赶上前去制止。

据安全员王浩鹏介绍，当时他正面迎击，与歹徒展开肉搏。安全员杜福接过 4 号乘务员刘莉从后舱送来的灭火器，与乘务组快速配合，将明火扑灭。由于歹徒手中有尖锐利器，为防止歹徒砍伤乘客，2 名安全员与见义勇为的乘客张学美一起，将歹徒控制在头等舱区域内。

不过，搏斗过程中，王浩鹏被歹徒突然拔出的利器刺伤。明火被扑灭后，王浩鹏与杜福跟歹徒对峙，歹徒则挥舞着尖刀，阻止他们靠近。

驾驶舱这边，在收到客舱有人纵火报告后，机长蔡小戈立即启动紧急程序，决定提前降落，并与副驾驶杜欣密切配合。“所有人坐好，飞机开始紧急下降”。蔡小戈向客舱进行驾驶舱广播，稳定旅客情绪。观察员袁成雨则紧盯监视器，随时向机长汇报客舱情况。

“机组各就各位！”0 点 58 分，在空管和机场等方面的密切配合下，航班比原定时间提前 10 分钟在广州机场安全着陆。当飞机脱离跑道稳稳地刹停在滑行道上时，机长蔡小戈立即下达命令：“紧急撤离！紧急撤离！”

乘务长周晨菲则再次进入后舱拿起内话机喊道，“我们是经过专业训练的，请相信我们！请大家撤离时听从乘务员的指挥，不要携带行李，性命更重要！”同时，按照机长的指令，周晨菲及乘务员刘莉和董雪琼分别打开应急舱门，果断指挥旅客通过滑梯有序撤离飞机。

而另一头的安全员王浩鹏与杜福挡住失控的歹徒，手持警械呈攻击姿态保护着前排旅客撤离。随后，与乘客张学美一起，成功将歹徒控制，并移交至机场公安。在短短的1分钟时间内，97名旅客全部安全撤离完毕。

（来源：南方都市报，2015-08-06，作者：易海军）

1. 提高心理应激力

应激力的基础是心理素质，即首先要有稳定的心理素质与自信；其次是思维方式，即能正确地认识问题的性质、状况；最后是能力水平，即具体解决问题的能力。

（1）对自己的性格和心理特征要有充分的了解。心理学家认为，心理上特别健康、十全十美的人几乎没有，大多数人都有一些这样那样或轻或重的心理症状。因此，充分了解自己的心理状况及问题，是提高心理承受力的基本保障。

（2）与心理承受力特别强的人交朋友。要常与那些乐观向上的人沟通，请他们讲是如何承受压力、摆脱烦恼和如何在艰难困苦中保持乐观的，从而提高自己的心理免疫力，勇敢坚强地去面对现实和可能发生的各种问题。

（3）及时寻求心理医生的帮助。当发现自己有心理问题后，就应及时去看心理医生，从心理医生那里找到防病、治病的良方。

（4）学会做“局外人”。如遇到一些“麻烦事”时，你能跳出“自我”，作为“旁观者”来看问题，就能保持一个较好的心态，从而把事情处理好。就拿“钱包被盗”这件事来说吧，许多人可能都会这样想：“怎么倒霉的总是我呢?”然而，正确的心理状态应该是这样的：“这种事每天都会发生许多起，我仅仅是倒霉人中的一个，何况我丢的钱还不算太多。”

（5）把一些“突发事件”均列为“小事”去对待。如果你与旅客发生了矛盾，应当乐观地把它看作进行自我心理锻炼的一个好机会。如果你这次能够坦然面对，那么下次再遇到更大的事件，你也就能够从容处理了。

2. 通过实践提高应激力

（1）多参加富有挑战性的活动；

（2）扩大个人的交往范围；

（3）加强自身的修养；

（4）注意改变不良的习惯和惰性。

（四）应激力的使用技巧

1. 变则通，通则活

善于变通的人能够认识到，机会就什么而言而成为机会，并会及时采取行动以抓住机会。变通能力需要以洞察力和行动力为武器，时时与自身固执的心态作斗争。如果固执的心态始终无法根据实际情况有所变通，那么结果一般不会很好。

2. 见机行事，临危不惧

在遇到困难和危机的时候，要想到各种方法来突破和解决，不要拘泥于形势的束缚，要学会随机应变，见机行事，找到突破危机的关键点。

3. 机智应对，巧脱困境

事事皆在变化中，变是宇宙万物发展的规律。综观人情世故、人生百事，变则通，通则久。在社会上，与人交往，没有固定的规则可以依循，也没有不变的礼仪。所以，要学会根据事情的变化应变，根据时势的变化应变，机智而灵活地处理问题。

4. 常变常新、与时俱进

让思路与时俱进，每天每时每刻让思路随着时间而变得更新更好，就会发现一些别人通常无法发现的问题，研究一些别人无法解开的问题，这就是思路。思路在变化，常变常新，才能保证在竞争激烈的社会拥有一席之地，不被淘汰。

5. 学会变通，走向成功之捷径

在像永动机一类事情上，如果一味地去坚持，而不去检查自己的想法到底是否正确，那么这个坚持即是无谓的执着，是不知变通的愚昧。因此，我们在工作和生活中处理这类事件时，一定要知难而退，见好就收，不作无谓的牺牲。因为错误的决定，只能让你南辕北辙，离真理之路越来越远，即使是付出百倍的艰辛，也很难达到目标。

6. 拒绝栅栏，固定思维要不得

当你遇到困难的时候，如果愁眉苦脸，哀叹抱怨，不去想怎么解决，那么你可能永远不会成功，甚至人生都会充满灰色。但是，当你换位思考，放弃固有的思维模式的时候，你也许会发现，成功就在眼前。

7. 适时而变，学做识时务者

我们知道，世界上的万事万物都是在不断发展变化。环境在变，时势在变，事态在变，人类个体也在变。要适应环境、时势的更迭，应对事态、生活的变化，就得学会随机应变。荀子曾说："举措应变而不穷。"能够随着时势、事态的变化而从容应变，是一个人立身处世、建功立业不可或缺的本领，尤其是在现代社会飞速发展、生活千变万化的背景下，更需要人们学会应变，善于应变，精于应变。

8. 巧妙应变，平定突发事件

突发事件是突然发生的无章可循的事件，总是令人难以预料，措手不及，但又关系到组织的安危，不仅要处理，而且还要处理得好。相对于组织的日常工作而言，突发事件实同意料之外的事，但在这种偶然性、意料之外的背后，总是有着深刻的必然性在起作用。从这个意义上说，突发事件是可以把握的，在给我们制造困难的同时，危机中也蕴含着挑战和机遇。

案例 7-3　又是她！南航贵州空姐再次感动旅客（节选）

2017 年 10 月 9 日下午 2 时 15 分，由贵阳飞往北京的南航 CZ6187 航班在雨中徐徐滑入北京机场停机坪内。由于航班停靠远机位，因此旅客必须要走上客梯车才能进入摆渡车内。

当时，不少旅客没带伞，当地温度又仅有 11 摄氏度，如果不想办法为旅客尽可能地遮蔽风雨，许多不熟悉北京天气状况且衣衫单薄的外地旅客容易着凉引发疾病。见此情况，南航贵州公司当班乘务长林颖婷立即与同事们“灵机一动”，一边为有需要的旅客穿上临时雨衣，另一边将机上未使用过的新塑料袋撕开，迎着冷风，冒雨站在机舱门口，分三人将塑料袋膜平举过头，为旅客搭建起了一个简易而实用的“绿色雨棚”。

胳膊举不动了，就轮流上阵，直到旅客全部下机。冰凉的雨滴打湿了乘务员们的衣服，却温暖了航班上 161 名全体旅客的心。

（来源：民航资源网，2017-10-10，作者：马芸丽）

二、思享园地

（一）暖心陪伴 真情服务 幸福航空全力保障旅客安全出行

2022 年，1 月 14 日，幸福航空 JR1592 昆明-长沙航班的机组成员及时为一名患有肾结石的旅客提供送药服务，获得了旅客的真情感谢。

当日，幸福航空 JR1592 航班做好一切准备，正等待塔台指令，由从昆明飞往长沙。在迎客阶段，乘务长潘丽蓉发现有一名女士面色苍白、用手捂着肚子进入客舱。潘丽蓉立即上前询问该名女士是否需要帮助，并接过旅客行李将其安排在前舱第一排座位悉心照顾。为缓解乘客不适，乘务员付玉娥为该名旅客提供了温水。与旅客沟通后，客舱乘务员了解到该名旅客是由于肾结石突发导致身体不适，但旅客的药品已随行李箱托运。乘务长潘丽蓉立刻将此情况告知机长，机组协调地面工作人员以最快的速度将药品送到旅客面前。服药后旅客身体状况明显好转，乘务长潘丽蓉与乘务员付玉娥全程细心照顾该名旅客，直至飞机平安抵达长沙。

航班下客时，该名旅客亲切地拉着乘务长潘丽蓉和乘务员付玉娥的手表示感谢。次日，旅客专程致电幸福航空再次表达感谢：“十分感谢当日航班上的工作人员对我的照顾，她们用专业和细心为我解决了困难，也给了我一次舒适、温暖的出行体验。我希望把感谢再次传达给当班的全体机组人员。”

幸福航空作为西安本土航司，不忘初心、牢记使命，铭记“三个敬畏”，以真情服务践行“人民航空为人民”，用心保障每一位旅客安全出行。2022 年春运已开启，幸福航空每位员工将坚持“眼中有旅客，心中有真情”，持续为旅客提供安全、准点、舒适的航班体验。

（来源：民航资源网，2022-01-19，作者：庞琼晓）

（二）一封来自宝岛台湾的感谢信

两个月前全国各地普降大雪，造成了多个机场进出港航班不同程度的延误和取消，给民航运输带来了巨大的压力。就在大家慢慢淡忘了这些，进入繁忙的夏秋航季时，西藏航空收到了一封来自宝岛台湾的感谢信，让我们了解了一件发生在那时的感人故事。

2017 年 2 月 22 日 17:00 分，重庆江北机场，几位旅客脚步匆匆、神情焦急无助地赶到西藏航空柜台前。“您好，请问有什么需要我帮忙吗？”地服员工杨晶楠赶紧起身询问。其中一位旅客焦急而忐忑地说道：“我们要赶回台北，想了解一下航班情况。”原来这是一行八名年龄均在 60 岁左右的台湾旅客，因为喜爱藏民族的风情文化，特意申请假期去九寨沟旅游参观。她们原本购买了 2 月 22 日 3U8252 九寨沟—重庆航班，接 CA409 重庆—台北的航班赶回台湾上班，但由于九寨沟突降大雪使得 3U8252 航班延误，导致了后续 CA409 航班无法成行。她们根据九寨沟机场工作人员的介绍来到重庆寻找国航工作人员协调后续回台航班，但是人生地不熟的她们在重庆机场并没有找到国航工作人员，情急之下抱着试一试的心态便来到邻近的西藏航空柜台求助。

“你们不要着急，我会尽全力帮助你们”杨晶楠安抚着无助不安的台湾旅客们。随后她立即查询了国航重庆至台北的航班情况，了解到最早 24 日才有航班。在得知旅客必须 23 日赶到台北后，杨晶楠想办法找到了国航工作人员，共同为旅客寻求解决办法。通过积极拨打国航服务热线，在协调解决身份确认、改签、付费等各项困难后，八名台湾旅客终于签转到了 23 日 CA417（成都—台北）航班。刚松了一口气的杨晶楠又开始担心起旅客们重庆到成都的行程了，她不顾自己已经 3 个月的身孕，小跑着赶往机场内的动车站，查询重庆至成都的车票，并以最短时间协助八名台湾旅客做好了后续相关安排。在圆满解决了她们的回乡旅程后杨晶楠悬着的心才缓缓轻松下来。此时已是 22:00，虽然为了台湾旅客已经加班了 3 个小时，但她的心里却无比开心和安心。

这封来自宝岛台湾的感谢信，让我们认识了一名在地服岗位上的平凡民航人。她以高尚的职业操守、敬业的工作精神、热情的服务态度践行了当代民航精神。就像感谢信中提到的：“虽不是搭乘贵公司航班，但杨晶楠小姐却依旧秉持着服务业最高的热忱，为我们联络相关事宜。让我们一行八人共五百岁成行，对于贵公司的企业服务精神文化以及高素质的员工，感到称羡及敬佩不已。贵公司有此职员实属荣幸，并为公司创造无限价值，诚挚建请贵公司能对杨晶楠小姐给予最大的奖励，全体团员在此也向当日杨晶楠小姐的服务精神及态度予以由衷感谢及赞扬。”

（来源：民航资源网，2017-04-17，德庆央宗）

参考文献

[1] 魏陵博，刘晓燕. 谁“偷”走了老师的健康[M]. 青岛：青岛出版社，2015：156.
[2] 张兵. 谈判力[M]. 北京：民主与建设出版社，2016：153.
[3] 连云尧. 实战执行力[M]. 厦门：鹭江出版社，2009：135.
[4] 贾丽娟. 客舱服务技能与训练[M]. 北京：旅游教育出版社，2009：42.
[5] 吕东春编. 大学生成才能力养成[M]. 北京：东北大学出版社，2014：78.
[6] 刘啸. 这样管理最有效 升级版[M]. 北京：企业管理出版社，2014：268.

项目八　决断力的有效提升

【项目导引】

本项目主要介绍决断力的内涵、特征、能力表现和作用等内容，通过学习本项目，学生可以对决断力有一个全面的了解。通过本项目的游戏，学生可以更好地提升个人的决断力，丰富自身的能力体系，在面对紧急情况时根据具体情况迅速做出决断，从而保障行业的正常运行。

【学习目标】

知识目标：

1. 掌握决断力的基本概念、原则、特点、过程、必备因素、影响因素和作用。
2. 通过民航有关案例熟悉决断力的作用。

能力目标：

1. 通过熟悉决断力的基本情况，能掌握决断力的影响因素。
2. 通过任务实训练习，培养决断力，并且运用到以后的工作当中。

素养目标：

1. 提升大局意识、安全意识。
2. 树立“三个敬畏”意识，弘扬当代民航精神。

【案例导入】

民航签派员岗位对女性工作者颇具有挑战，春秋航空的签派员小余不惧挑战，短短 3 年，她就在岗位上脱颖而出，荣获了公司组织的签派技能大赛三等奖。而如今，春秋航空的女性签派员也增加到了 7 位，她们都成为了名副其实的“地面女机长”。

飞行签派员是航空公司中不可或缺的人员。他们的主要工作是搜集飞行信息、制定并申请飞行计划，根据复杂多变的运行情况对航班进行精准的运行控制，每一个航班都需要签派员签字放行，和机长共同承担相应的责任。而由于较大的工作压力和心理压力，这份工作鲜少有女性参与。

小余从小便对签派员这一工作产生了浓厚的兴趣，她始终追寻梦想，最终选择了就读某航空大学梦寐以求的签派专业。

但实现这个梦想并不容易。毕业后，她陆陆续续参加了很多航空公司的招聘，很多公司更希望她去参与运行后台工作。她毫不气馁，一次次追梦。最终，春秋航空圆了她的梦想。2020 年 8 月，她进入了春秋航空，经过层层考验最终成为一名成熟的签派员。

春秋航空的 AOC 大厅就是一个信息集散中心，运控、飞行体系、维修体系、机坪操作部、地服部、市场部等均在大厅设有席位，方便信息的传递与沟通，保障每一架飞机安全飞行。

“到处都能看见左边耳朵听一部电话，右边电话响个不停。恨不得每个人都多长几张嘴几个耳朵。”小余一边眼睛盯着屏幕，一边说。签派员这份工作不仅仅需要耐心细心，更重要的是决断力和判断力。有时遇到运行环境复杂时，对一名女性来说，挑战就更大了，而余某却乐在其中。

经过 1 年多的重重考验，小余成长为了一名责任签派员。主要负责对航班放行做出准确评估，包括但不限于天气条件、飞机性能分析和飞机状况等评估。

“不管什么时候，每次接班，我首先会去了解当天我负责航线的天气情况，这样可以让我在第一时间察觉到可能潜在的风险。这也是我自己的一个工作习惯。”有一次，一个航班起飞前夕，小余依靠精湛的业务能力敏锐发现目的地即将有雷雨天气形成，并且短时会伴随高达 18 米/秒的大风，她果断跟机长沟通，秉承安全第一原则，和机长进行航班放行讲解，共同协商推迟航班起飞时间。不久后，同一时间段其他公司放行的航班因遭遇危险天气备降到其他机场。这个成功的决策和处置，成功为公司避免了一次航班备降。

（来源：民航资源网，2024-03-08，供稿：合肥航联文化传播有限公司）

一、理论探究

（一）什么是决断力

决断是人们在政治、经济、技术和日常生活中普遍存在的一种行为；决断是管理中经常发生的一种活动；决断是决定的意思，它是为了实现特定的目标，根据客观的可能性，在占有一定信息和经验的基础上，借助一定的工具、技巧和方法，对影响目标实现的诸因素进行分析、计算和判断选优后，对未来行动作出决定。

决断力是一种快速判断事物发展趋势并给出一个长远眼光的决断能力，它是基于一种阅历积累后对即将发生的事情给出的行事方向的能力。决断力的背后牵涉着很多的能力，比如对事情准确的判断力，是否有勇气去承担决断后的结果。决断力表现在分析能力，应变能力，感情控制力和大局观上，也是一个人综合能力的体现。

决断力是成功人士综合素质中最重要的一种能力，当领导的更不能缺少这种能力。当机会到来时，或者在危急关头，如果不敢决断，不善决断，或者决断不当，则会遭致灭顶之灾或沦于碌碌无为。从心理学角度来看，决断是人们思维过程和意志行动过程相互结合的产物。没有这两种心理过程的参与，任何人也是作不出决断的。因而决断既是人们的一个心理活动过程，又是人们的行动方案。

决断是靠权力作保证的。决断的层次与权力层次是对等的。从一定意义上说，决断本身是权力的象征，而与权力不可分割的就是责任。权力有多大，责任就有多大。作什么样的决断，必须具备做这一决断的职位和权力。

科学决断，是指决断者以科学的理论、技术、方法，对决断客体作出决断。决断是思维的产物，是主观对客观的反映。处在不同组织层次上的现代领导者，对战略决策方案的决断必须以科学的思维方式和科学的创造精神，对多目标项目作统筹分析，在把握住关系全局的总目标的同时，兼顾那些处于从属地位的子目标。如果放弃或忽略了与总目标相关的其中任何一个目标，其结果至少会给总目标的实现造成障碍，甚至会构成对总目标的毁灭性破坏。

综上所述，决断力具有以下五个要素：

（1）决断力之“向”，也就是决断力的方向所指，即决断的目标确定。没有明确的目标所指，是谈不上什么领导决断力的。

（2）决断力之“境”，即“情境”，也就是指在做出决断之前和在做决断的过程中，对所牵涉到的客观形势进行评估。

（3）决断力之“时”，也就是进行决断的时间把握。过早决断，会引发社会性的混乱；过晚决断，又失去必要的意义和作用。只有恰逢其时，当机立断，才能体现出决断者的水平。

（4）决断力之“机”，也就是进行正确决断时的“切入点”的参悟和设计。把切入点搞错，是搞不好决断的。

（5）决断力之“具”，也就是进行决断过程中可选择或利用的手段或条件，或者说是可选择或利用的咨询背景。

（二）决断力的原则

（1）差距、紧迫和“力及”原则（在确定决断目标时运用）；

（2）瞄准和差异原则（准备备选方案是需要运用的原则）；

（3）“两最”、预后和时机原则（方案选优是运用）；

（4）跟踪和反馈原则（在决断实施过程中运用）；

（5）外脑和经济原则 （在决断的全过程必须运用）；

（6）系统原则；

（7）信息原则；

（8）可行性原则；

（9）满意原则。

（三）决断力的特点

（1）科学决断是现代管理的核心，贯穿于整个管理活动；

（2）决断是决定管理工作成败的关键。决断是任何有目的的活动发生之前必不可少的一步，不同层次的决断有大小不同的影响；

（3）科学决断是现代管理者的主要职责；

（4）决断系统的规模扩大；

（5）决断活动的频率加快；

（6）决断活动包含的信息量猛增；

（7）决断主体的构成在变；

（8）目标性：目标是组织在未来特定时期内完成任务程度的标志；

（9）可行性：不仅考虑采取行动的必要性，而且注意实施条件的限制；

（10）选择性：不仅具备选择的可能，而且具备选择的依据；

（11）满意性（满意原则）：用“满意”代替“最优” ；

（12）过程性：决断是一系列决断的综合；每项决断都是完整的过程；

（13）动态性：决断是一个过程，又是一种适应。

（四）决断的影响因素

一般来说，影响决断的因素主要有社会环境、组织条件、决断者的个人因素。

1. 社会环境

环境对决断的影响，还在于环境总是处于不断变化中。以企业为例，在现实生活中，不存在静止不变的环境，新企业的不断出现，老企业的不断发展或消亡，人们收入水平与消费层次的不断提高，科学技术的飞速发展，新法规的颁布实施，新政策的不断出台等。企业通过环境研究不仅能了解现在，更重要的是能预测未来，这对企业的决断和其他各项管理活动是必不可少的。组织的社会环境一般包括以下几个方面：

（1）政治环境，包括社会的一般政治气氛、政权集中的程度等；

（2）经济环境，包括社会的经济发展状况、财政政策、银行体制、投资水平、消费特征等；

（3）法律环境，包括法律的性质、关于组织的组成及控制方面的特殊法律；

（4）科技环境，包括与组织生产相关的技术、工艺等科技技术力量；

（5）社会文化环境，包括人力资源的数量、性质，教育科学文化水平，民族文化传统，社会的伦理道德、风俗习惯、价值取向等；

（6）自然环境，包括自然资源的性质、数量和可利用性；

（7）市场环境，包括市场的需求状况、发展变化的趋势等。

2. 组织条件

进行科学决断还需要认真考虑组织的内部条件，影响决断的组织内部条件主要包括如下内容。

（1）组织文化。组织文化影响着组织及其成员的行为和行为方式，它对决断的影响也是通过影响人们对组织、对改革的态度而发挥作用。涣散、压抑、等级森严的组织文化容易使人们对组织的事情漠不关心，不利于调动组织成员的参与热情；团结、和谐、平等的组织文化则会激励人们积极参与组织的决断。因此，任何一个决断都要受到组织文化的影响。

（2）过去的决断。在实际管理工作中，决断问题大多都是建立在过去决断的基础上的，属于一种非零点决断，决断者必须考虑过去决断对现在的延续影响。即使对于非程序化决断，决断者由于心理因素和经验惯性的影响，决断时也经常考虑过去的决断，问一问以前是怎么做的。所以，过去的决断总是有形无形地影响现在的决断。这种影响有利有弊，利是有助于实现决断的连贯性和维持组织的相对稳定，并使现在的决断建立在较高的起点上；弊是不利于创新，不适应剧变环境的需要，不利于实现组织的跨越式发展。过去的决断对现在的决断的影响程度，取决于它们与决断者的关系，这种关系越紧密，现在的决断受到的影响就越大。

3. 决断者的个人因素

在决断活动中起决定作用的是决断者，决断者个人的能力是决断成败的关键。决断者的知识与经验、战略眼光、民主作风、偏好与价值观、对风险的态度、个性习惯、责任和权力等都会直接影响决断的过程和结果，尤其是决断能力以及对待风险的态度至关重要。主要表现如下：

（1）当决策或决断的内容，涉及到一个企业的重大战略转折时，只要考虑了各个方面的有关因素，判断得准确，那么当专断时则专断，而不必顾虑周围舆论的反对意见。

（2）领导者在准备不受舆论摆布而作出某种专断之前，一定要把各种可能性想到，并且两两比较，平衡利弊，正如松下所说“反复思考”。这样做了，专断才不会有大的问题。

（3）领导专断而不受舆论摆布时，要有足够的心理准备，要承受巨大的心理压力。如松下所说，对于各种批评，他“都闷声不响一一承受下来”。没有这种坚韧的心理素质，是很难在众说纷纭中坚持正确的专断意见的。

可见，领导人在作判断与决断时，别人意见不可不听，但是：第一，不要征询过多人的不同意见；第二，要有主心骨，有主见；第三，要准备承受批评，包括在决断作出之后，在决断落实过程之中，对周围舆论的说三道四，应具有强大的心理承受力。

（五）决断必备条件

决策者要努力做一个“圣臣”和“智臣”式的领导。这就要求：

（1）敏锐地感觉和认识形势或事件的可能变化与发展。

（2）洞烛机先，明察秋毫，了解形势和事件发展的症结所在，即“机”的所在。

（3）推动有利于我的事件发展，或者阻止不利于我的事件发展，或者寻找挽救已出现损失而不使其蔓延扩大的“切入点”在哪里，切入策略何在。

（4）在处理事变时，尤其是处理不利事变时，要从容不迫，尽可能不使上级领导和广大下属乃至百姓受到更多的恐慌和惊吓。这不能不作为领导态势决断力的重要表现。这也表明，领导态势力的强弱和领导者预测能力的大小有着直接的关系。

决策者常常需要对自己事先设定的目标的可实现程度进行评估和预测。在进行此类评估和预测时，领导者往往组成预测群体，对设定目标的实际概率（即实孤的可能性）进行主观推测。在此基础上加以综合，求出每个人对实现目标值的评价，而后再求得预测群体的综合预测的标值，借以作为制订战略计划或行动计划的依据。

善于分解，当然是展开问题要领的必由之路，但善于在分解基础上进行综合归纳，则是决断要领的高级过程。分解过程，可以是主观进行的，但发生在综合之前，为综合而分解，成为决断要领的两个分析环节。分解也可以是客观实在的，但在综合之前，需要决断要领者按照决断目标和一定程序去检索、整理和进行逻辑排序，基本步骤如下：

第一、须有明确的针对性。如四面楚歌，这种针对性，一是楚军已有心理涣散的征兆，二是要加快这种斗志涣散。

第二、找准造势的目的指向同心理现状之间的结合点。设想，如果楚军连打胜仗之时，四面楚歌的决断就无效；如果楚军士气低下之时，汉军四面大骂楚军的决断就会适得其反。

第三、选准时机。如张良的四面楚歌，选在深夜时间，就恰逢其时。因为夜深人静，正是一家人团聚的时候。楚军将士此时最容易想家，四面楚歌无疑等于火上浇油。

案例 8-1　中国南方航空公司处理飞行时紧急情况

中国南方航空公司从纽约飞往广州的南航 CZ600 航班在空中放油 43 吨，紧急备降救治旅客。一名旅客乘坐飞机时感觉头晕、腹部无痛感，流血不止。乘务员发现后立即将旅客搀扶至前舱平躺，并把情况报告机长王锐，并当机立断通过广播寻找医生，启动空中急救程序。航班上几名医生主动提供帮助，但由于缺少专业医疗设备并且旅客病情有所恶化，机长王锐立即向冰岛管制报告这一机上紧急情况，申请立即改航雷克雅未克-凯夫拉维克机场，并将情况通知南航广州总部。但执行此次航班的机型是波音 777-300ER，飞机的最大落地重量是 251 吨。由于飞机才飞行了四个多小时，飞机的重量远超过最大落地重量，需要放油 43 吨。机长王锐当机立断沿着海面上的航路空中放油，20 分钟的抛油过程中，43 吨燃油被释放掉。20 分钟后飞机平稳降落在雷克雅未克-凯夫拉维克机场。落地后，救护车、海关、边防和检疫第一时间到位。医疗人员进入客舱后，对旅客进行初步检查，立刻送往当地医院急救。

案例解读：机上危急旅客事件的成功处置体现了机长以及乘务人员决断力强、应急能力强。其中，乘务员迅速决断通过广播寻找医生，安抚旅客情绪、保持客舱秩序、及时发动旅客协助以及机长当机立断在备降机场上空盘旋抛油，体现了决断力是机组人员工作在处理应急事件的重要能力之一。

（来源：中国新闻网，2017-11-05，作者：郭军，李晓岚）

二、思享园地

（一）北部湾航空飞行教员张海峰：退役不退志，牢记使命，翱翔蓝天

2020 年 7 月 25 日凌晨 5 点 40 分，北部湾航空机长张海峰已经来到公司准备室开始一天的飞行工作，7 点 25 分执飞南宁飞往长沙的航班。作为本次航班的责任机长，细致向每一位机组成员讲解当日所飞机场的机场特点、天气特点、机场运行特点，叮嘱各项风险点；他与客舱乘务组细致协同，准备在航班运行过程中可能出现的各种特殊情况预案，为航班安全运行把好关。因为每一次的安全起降，关系到上百名机上乘客的安全，关系到上百家庭的安康、幸福与团圆——这是张机长常常对自己说的话。

保障西沙 14 年，军旅生涯守初心

张海峰，1975 年出生，1995 参军入伍后服役于南海舰队航空兵某部队。对于张海峰而言，能成为一名军人、一名飞行员是他的梦想；保卫祖国、守护祖国的万里海疆是他的责任。谈及军旅生涯，张海峰满脸洋溢着自豪。在中国海军航空兵服役期间，他曾执飞过轰五、运七 100、运七 200B 等机型，先后参加了南海多项演习及搜救工作，并保障了西沙群岛驻岛官兵的出行与给养供应。

据他回忆，西沙群岛远离大陆，当时人迹罕至，属于台风多发地区，每年 5 月开始有台风，8-10 月尤为厉害。由于常年台风多发，补给船靠码头困难，加上当时条件比较落后，官兵靠接雨水、海水淡化用来洗漱，蔬菜、淡水严重稀缺。他所在航空兵部队除了参加正常训练外，还和部队战友肩负着为西沙群岛上的官兵给养供应的保障工作。从海口大英山机场起飞搭载蔬菜、淡水到西沙永兴岛，保障西沙官兵们的日常生活用品需求。看到守岛官兵为了守卫祖国南海每一寸国土，守护祖国人民的岁月安宁，常年驻守南海岛礁的官兵把青春奉献给祖国的万里海疆时，他感慨万分，更坚定了他用自己实际行动去践行初心和使命的信念。

加入民航，13 年严谨飞行保安全

2008 年，为了实现“为人民服务”的初心和继续他的蓝天梦，张海峰退役后毅然选择加入民航事业，入职海航集团。先后在大新华快运、天津航空、北部湾航空任职，目前是北部湾航空的一名资深机长，同时还是 E190 机型 B 类教员、检查员、机型训练经理。

作为飞行员，他技术过硬，处事果断。2013 年 7 月 31 日，在执飞合肥到西安的航班过程中，当时西安机场锋面过境，机场周边大风雷暴，发生乱流颠簸，飞机在进近降落过程中

因颠簸导致自动驾驶仪自动断开，张机长与其他机组成员镇定自若，冷静分析情况，在收到前机遇到风切变的报告后，果断复飞。由于西安机场与备降太原的航路被雷雨覆盖，他们立即绕飞备降银川机场，避免了由于天气原因导致飞行不安全事件发生。

作为教员和检查员，张海峰累计安全飞行时长已超 10000 小时，具有丰富的飞行经验。他经常嘱咐大家飞行要具备黄线警觉、红线底线意识，不能抱有侥幸心理，要注重细节，严格按照标准操作程序。他更提出了思考的重要性，认为不思考的大脑容易“生锈”，“生锈”的大脑容易反应迟钝，不利于应对突发情况。

作为 E190 机型的训练经理，他飞行作风严谨，理论扎实，熟悉飞行和运行的各类手册标准。在完成本机型的各项训练工作及年度训练规划基础上，还组织 E190 机型模拟机课程、检查标准的编写和修订等工作。他始终坚持认真、严谨、细致对待飞行工作，深知这些工作都是跟飞行安全紧密相关，哪一环节没做好，就容易出现安全隐患，并危及乘客的生命安全。

三个敬畏　用心飞好每一个航班

现在，张海峰依然担负着北部湾航空 E190 机型训练和飞行员技术转升的工作。不同的岗位，不变的是同一份光荣的使命。他说：“我能做的就是继续传承好军人退伍不褪色、退役不退志的本质，坚持好拿得出、用得上、打得赢的军人气质，做一名敬畏生命、敬畏职责、敬畏规章，值得信赖和依靠的机长，飞好每一个航班。”

实现新时代民航强国战略是每个民航人的共同使命，他将会继续带着“三个敬畏”，做好每一项工作，为民航强国贡献自己的一份力量。

（来源：民航资源网，2020-07-30，作者：黄秉柱、邹凤莲）

（二）奋斗的青春最美丽：昆明机场安检员龚小林

她，从成都职业技术学院毕业成为昆明机场安检站的一名安检员；她，以精湛高超的业务能力书写了安检生涯的辉煌篇章；她，多次成为各类安全检查员技能竞赛的“状元”。她，就是昆明机场安检站旅检二大队安检员龚小林。

扎根安检，筑牢安全防线

龚小林时刻以共青团员的模范意识要求自己，在平时的工作中以身作则，遵守各项规章制度，熟练掌握各项安检业务知识和技能，认真做好旅客的安全检查工作，践行当代民航精神。

2020 年 3 月 21 日，一名旅客接受人身检查时，龚小林按照程序对其手臂进行检查，探测器报警，观察到该名旅客衣袖内存在异常，手部处有凸起坚硬物品，于是她认真对其袖口进行仔细检查，最终在该名旅客袖口内侧查获打火机一个。4 月 16 日，一名男性旅客进入安检通道，在对其进行人身检查时，龚小林发现这名男性旅客的口罩出现异常，于是请这名旅客摘下口罩。此时，她发现该旅客将口罩取下捏在手中，神色略显慌张。随后，龚小林在该男性旅客口罩内发现了一盒火柴。

龚小林说，尽管旅客藏匿方式千奇百怪、花样繁多，但只要认真细致、严格检查，藏匿品定将无所遁形。

创先争优，争当业务能手

在工作中，龚小林把争当业务能手作为自己的追求目标。她从基础开始学习，勤学苦练，同时将岗位操作放在首位。每次查获新奇特物品，她都不厌其烦地反复把一件件危险违禁物品变换摆放角度通过 X 光机，认真识别不同角度下物体的 X 光机图像，巩固技能操作，特别是对重点难点物品的识别刻苦钻研。

为了提高自己的业务技能，在实践中，她虚心向同事学习，在工作中勤学苦练。她抓住一切机会不断提高业务技能，向老安检员工学习经验，详细记录现场工作的疑点和难点，多次查出旅客隐匿的违禁危险物品。无论是否刮风下雨，无论是否工作繁忙，她都雷打不动地利用休息时间对业务理论知识进行学习。经过不断的努力，她从一名性格急躁的“90 后”小姑娘，成为一名吃苦耐劳的安检员。

生活中的龚小林更是一个道德品质高尚，思想觉悟高，乐于助人的好姑娘。五年来，龚小林在工作岗位上踏踏实实，把工作视为自己的美好追求，像雷锋同志那样，干一行，爱一行，学一行，钻一行。她以谦和、坚韧的工作态度，树立了一名新时代安检员的良好形象，她用自己的炽热情怀，折射出年轻一代奋发图强、勇于进取、甘于奉献的职业精神。

爱岗敬业，舍小家为大家

由于家在四川，工作五年多，龚小林没能回家过一次年。凭借优秀的工作表现，今年大队终于准假，她可以回家跟家人吃一顿热热闹闹、高高兴兴团圆饭。

2020 年夏天的一个中晚班，受雷雨天气影响，大面积航班取消，昆明机场挤满了归心似箭的旅客。龚小林注意到一位颤颤巍巍的老人在待检区左右徘徊，耐心询问后得知这是年迈的老人第一次坐飞机，因航班被取消，不知所措的老人已经往返安检现场多次。于是龚小林立即主动帮助老人拿行李，耐心地指路，直到老人完成过检。

天道酬勤。自参加工作以来，她爱岗敬业、恪尽职守，以卓越的查获业绩、精湛高超的业务水平、无私奉献的敬业精神书写了安检生涯的辉煌篇章。2019 年，她代表旅检二大队参加昆明机场通道对抗赛荣获第三名；2020 年，她参加云南滇中新区第二届民航业职工技能竞赛荣获第三名；在云南省第 17 届职工职业技能大赛中，他荣获云南民航安全检查技术状元、云南省“五一”劳动奖章、云南省“五一”巾帼标兵的称号。她还荣获“2020 年度全国民航优秀共青团员”荣誉称号。

（来源：民航资源网，2021-06-03，作者：倪嘉云，潘迪颖）

参考文献

[1] 武光路，韩继莹. 爱上美丽心世界　大学生心理导航[M]. 北京：兵器工业出版社，2007：87.

[2] 胡君辰，潘晓云. 心智管理导论[M]. 上海：复旦大学出版社，2008：121.

[3] 陈红英，舒刚. 大学生心理健康教程[M]. 武汉：武汉大学出版社，2012：121.

项目九　领导力的有效提升

【项目导引】

每个团队中都需要有一个领导者，他是整个团队的核心。

本项目主要介绍领导力的内涵、目标、类型、能力表现，以及如何培养领导力等内容。通过学习本项目，学生可以对领导力有一个比较全面的了解。民航服务是一个群体性工作，民航服务工作的性质要求民航服务人员形成一个个团队，团队成员必须具有较强的团队凝聚力，在工作中精诚合作，密切配合，而这些一个个的团队成员需要一个综合能力较强的领导者。通过本项目的训练，学生可以更好地提升领导力，丰富自身的能力体系，从而更好地运用到工作实践中。

【学习目标】

知识目标：

1. 掌握领导力的基本概念、原则、特点、过程、必备因素、影响因素和作用。
2. 通过民航有关案例熟悉领导力的作用。

能力目标：

1. 通过熟悉领导力的基本情况，能掌握领导力的影响因素。
2. 通过任务实训练习，培养领导力，并且运用到以后的工作当中。

素养目标：

1. 提升团队意识、集体意识和大局观念。
2. 树立“三个敬畏意识”，弘扬当代民航精神。

【案例导入】

让天空的美好盛开在心间——“深航女孩”（节选）

没有参加空中乘务员培训之前，陈晓薇印象中的空姐，就是美丽、大方、端庄，在飞机上给旅客们提供餐饮服务，其他的就没什么了。但是参加培训后，她渐渐对空中乘务员这个职业有了重新认识，空中乘务员并不是表面上看起来那么简单，那么光鲜亮丽，而是肩负了很重的责任，在客舱服务中要自然亲切，想旅客所想，在飞行安全保障时更要严格要求，一丝不苟。培训期间，在教员孜孜不倦的辛勤培育下，她掌握了成为乘务员必需的各项技能。

她非常感谢培训时被教员和同学们推荐为班长，这锻炼了她的团队领导力和凝聚力，让她学习到了管理技巧。这为她日后的飞行生涯奠定了良好的基础。培训结束后，陈晓薇以“优秀班干”的荣誉称号被分到期待已久的客舱部，开启了她飞行生涯的崭新篇章。期待的飞行终于开始了。

在长达三年的北京优质示范组飞行学习中，她掌握了扎实的服务技巧，培养了对客沟通的能力，并且多次和部门领导一起保障 vvip 航班，得到领导的认可和表扬。然后她进入国际组，执行国际航线。飞行了差不多四年时间，她觉得她所掌握的知识和经历能够使她胜任一个独立带班飞行的乘务长了，便开始往这个职位努力。功夫不负有心人，经过笔试、面试、实操培训等一系列考核，她终于如愿以偿穿上了梦寐以求的深蓝色制服，成为了深航的一名乘务长。

四年多的飞行积累、扎实的服务技能和飞行经验，对她作为新乘务长初始带飞阶段的帮助很大，让她遇到紧急情况不慌张，有理有条地处理航班上发生的特殊情况。因为处置得当，她多次获得分部表扬。让她印象深刻的，是她刚作为乘务长飞行一个月，在从深圳飞往北京的航班上，突然有人大叫“快来人啊，有人晕过去了”，她听到后立马赶到晕厥旅客那一排，第一时间掐住了旅客的人中并且询问同行旅客相关情况，按呼唤铃呼唤乘务员，报告机组，进行寻找医生的广播并准备氧气和应急医疗药箱备用。在她不断按压人中和虎口后，旅客醒了，但是很虚弱，这时广播寻找的医生也赶到了晕厥旅客身边进行简单的检查和救治。在机组和地面的迅速配合下，她们的航班提前落地北京。飞机停稳后就有机场医疗队立马为晕厥旅客进行检查，把他带下飞机继续去医院治疗。下飞机时，晕厥旅客的家人非常感谢乘务组救了她家人一命，拉着她的手不停说“谢谢”，那一刻，她越来越感觉到作为空中乘务员的伟大和骄傲，非常自豪所学习的、所经历的，全部都学以致用，可以帮助和服务更多的旅客。

（来源：民航资源网，2016-10-25，供稿：深圳航空有限责任公司客舱服务部）

一、理论探究

（一）什么是领导能力

1. 基本概念

领导能力，是指一系列行为的组合，这些行为将会激励人们跟随领导去要去的地方，不是简单的服从。领导能力在很多领域都有着极大的作用。

根据领导能力的定义，我们会看到它存在于我们周围，在管理层，在课堂，在球场，在政府，在军队，在跨国公司，在小公司以及一个小家庭，我们可以在各个层次、各个领域看到领导力，它是我们做好每一件事的核心。一个头衔或职务不能自动创造一个领导。而对于一家企业的成长而言，CEO（首席执行官）及高管团队的领导能力显得格外重要，致力于企业主及 CEO 的领导能力提升及职业化进程，借此助力与推动企业实现业绩增长与绩效改善。

领导角色行为，是领导者的信念、品德、知识、才能、修养等内在品质的外部表现。领导角色行为的公众效应，是指领导者的行为所引起的被领导者个体、群体以至社会的心理和行为的变化。由于领导者居于组织系统的核心地位，在组织活动中起着主导作用，所以，领导行为是否符合其角色规范，对于组织系统能否正常运行和健康发展具有决定性意义。

领导就是要带领其他人走到他们从未去过的地方。而所谓的领导力则是指一种能够激发团队成员的热情与想象力，引导团队成员全力以赴去完成团队成长目标的能力。领导者总是能够激励人们获取他们自己认为是能力以外的东西，取得他们认为不可能取得的成绩。在一个良性成长的企业里，培养各个层面所有员工的领导能力，被作为团队管理的一个基本要素。它要求团队成员通过日常的工作与生活经验来培养和积累领导能力，这种领导能力将体现在每一个人的每一项工作细节之中，每一个人都是工作的主动参与者，每一个人都是他自己的领导。总之，领导力是一个企业发展的重要驱动力。

领导力是一种合力，即领导者与追随者相统一，相互作用而迸发出一种思想与行为的能力；用公式表示就是：合力=领导者的能力+追随者的能力-阻力；换句话说，合力是一个团队显示的整体能力：其中“领导者的能力”和“追随者的能力”指的是二者分别具有的潜力或素质，阻力指的是阻碍团队能力充分发挥的力量，包括外界阻力和内部摩擦力；阻力可能是由于宏观政策、经济环境、资金状况等客观因素造成，也可能是由于人际关系、消极态度、管理制度等人为因素造成的，领导者的主要任务就是尽可能地减少团队阻力，从而激发个人和团体的最大潜力的。一方面，领导者要选择正确的方向，采用有效的方法，避开外界阻力，清除前进道路上的阻碍；另一方面，领导者要进行有效地指挥和激励，减少内部摩擦力，使得追随者以饱满的热情沿着既定的方向前进。

2. 领导力目标

领导力的研究就是在这些关于领导的研究基础上应运而生，要弄明白什么是领导力，首先要清楚的是：什么是领导？领导不是职务地位，也不是少数人具有的特权专利，而是一种积极互动的、目标明确的动力。通俗地讲，领导就是引导团队成员去实现目标的过程，主要包括以下几个方面：

（1）引导：涉及到领导者的领导技巧，包括授权和管理下属等。

（2）团队成员：在团队中员工的人际关系、沟通、冲突管理以及团队建设和维持。

（3）目标：涉及到团队的战略目标的制定和决断。

（4）实现过程：涉及到战略实施中的执行，以目标为导向的组织变革和组织创新。

因此，作为优秀的领导者，就需要具备以下的能力，包括：引导、授权、关系管理、战略制定和执行管理、领导创新和组织变革的能力。

领导力又是什么？有多少人试图定义领导力，就有多少领导力的相关定义。有人认为，领导者是处于组织变化和活动的核心地位，并努力实现愿景的人；领导力是一个人先天具有的，能够引导他人完成任务的特点和性格合成的；领导力与领导者及其下属之间的权力关系有关，领导者具有权力，并运用它们影响他人；领导力是一种达成目标的工具，协助团体内部成员实现其目标。定义虽然多种多样，但是都有核心概念：领导行为是一个过程；领导包含着相互影响；领导在组织中发生，与目标追求密切相关。

所谓领导力，就是一种特殊的人际影响力，组织中的每一个人都会去影响他人，也要接受他人的影响，因此每个员工都具有潜在的和现实的领导力。在组织中，领导者和成员共同推动着团队向着既定的目标前进，从而构成一个有机的系统，在系统内部具有以下几个要素：领导者的个性特征和领导艺术，员工的主观能动性，领导者与员工之间的积极互动，组织目标的制定以及实现的过程。组织系统运行是否正常取决于各要素能否协调地发展。而协调发展的关键就在于领导者和其他成员之间的互动，能否使领导行为双方互动形成统一的认识。情感沟通和行为活动，是领导力正确发挥的必要条件。

一个组织的最高层领导者要责无旁贷地成为最高层的决策者。决策是领导者的中心任务，领导者无论从事计划、组织、领导，还是控制，都需要不断地做出决策。所谓决策就是领导者通过分析各种方案，对面临的各种情况或者威胁做出反应，做出关于特定的组织目标和行动方案的决定。通俗地讲，领导就是一个组织的领路人，他指明了组织的发展目标和方向。一个组织朝什么方向发展，怎么发展，领导者的决策起到了很大的作用。路指得好，整个组织就会朝着正确方向大步前进，迅速发展；路指得不好，组织在发展的路途中，就会磕磕绊绊，以至掉进陷阱，寸步难行。

案例 9-1　海航航空集团：聚焦生产招揽人才“引育用留”四轨并行（节选）

随着民航市场的复苏，海航航空集团旗下海南航空、首都航空、天津航空等 10 余家企业陆续启动了校园招聘和社会招聘工作，面向高校学子及社会人士提供包括民航乘务员、航务、机务、安全员等特业类岗位，地服、客服等生产保障类岗位以及市场营销类岗位等。“今年以来，海航航空集团各成员企业已经在全国巡回分批次举行了 160 余场线下招聘活动。目前，海航航空集团根据生产保障需要持续面向校园和社会开展招聘工作。”海航航空集团人力资源部总经理介绍说。

干部下沉一线关爱，“传帮带”促进角色转变

人才招聘只是第一步，关键是人才引进后如何培养、用好以及留得住。为使新员工能够更快融入企业，尽快完成角色转变，海航航空集团旗下各企业也配套开展了系列工作。

随着新员工的陆续到岗，海航航空集团旗下各企业管理干部下沉一线，组织开展了慰问、座谈、生日会、迎新会等形式多样的新员工关爱工作，了解新员工在封闭式培训期间的住宿以及培训安排情况，关心新员工生活上的困难，要求相关部门做好新员工培训的后勤保障支持工作，让新员工能够全身心投入到专业培训中，鼓励新员工要尽快融入企业、完成角色转变。

属地化管理，关爱从让员工离家更近开始

陈梦昕是今年 3 月通过带飞考核放单的一名新乘务员，得益于海航航空集团的属地化管理政策，原籍贯河南漯河的陈梦昕于 4 月 20 日正式被派驻至西部航空郑州分公司乘务队。

与陈梦昕一起的，还有其他 8 名乘务员，他们纷纷对“属地化管理”这一员工关爱政策表示了感谢。乘务员王洋说：“回到家乡的感觉真好，感谢公司让我们拥有强烈的归属感、获得感和幸福感。”乘务员王晨则表示：“现在离家更近一点，我们的幸福指数也更高了，我们会将这份动力转换到工作中去，以更严谨的工作态度和更高的服务标准去保障好每一个航班和每一位旅客。”

不仅西部航空，海航航空集团旗下海南航空、首都航空、天津航空、祥鹏航空等各企业都有受益于“属地化管理”政策的一线员工被派驻到自己的家乡或离家乡更近的基地城市工作。此外，除了航司内部各基地的派驻，这一关爱政策还支持员工在海航航空集团旗下各企业之间调动，充分落实对一线员工的人文关怀。据介绍，属地化管理政策是海航航空集团旗下各企业共有的一项员工关爱政策，在派驻到非主运营基地和外站航点的人员安排方面，尽可能兼顾员工个人意愿以及航班运行保障需要，优先派遣符合岗位条件的、原籍地距离对应基地、外站城市近的员工作为对应航点城市的常驻员工。“以安全平稳保障生产运行为前提，尽最大努力为员工和家人的团聚提供便利。”

“在职业成长空间相当的情况下，企业文化、团队氛围等情感属性对留住人才很重要。”

海航航空工会办公室何孟儒介绍说，“海航航空集团一直以来都非常重视员工关爱和对员工的支持工作。除了属地化政策以外，加入辽宁方大集团以来，海航航空集团陆续落实了包括免费工作餐、员工家属医疗费用资助、‘孝敬父母金’、员工子女‘方威励志奖学金’等惠及员工和家属的方大特色福利项目，也是增强员工获得感、幸福感、归属感的重要措施。”

（来源：民航资源网，2023-05-20，作者：代兵）

（二）领导力的特征

1. 积极进取

积极进取包括对成功的强烈欲望，不断地努力提高，具有雄心、抱负、精力、毅力、主动性等特征。在一些国家的政府机构和企业中，高层管理者对于成功的欲望与组织的增长率显示了高度的相关性。但是，如果领导者只集中于个人成就，不充分授权的话，对成功的欲望又会成为组织发展的一个障碍。因此，对成功的欲望只能用于预测创业型公司的有效性，而不能用于预测更庞大、更官僚公司的部门领导的有效性。

2. 强烈欲望

伟大的领导者不仅有积极进取的精神，而且他们还有领导他人的愿望，他们有强烈的权力欲望，喜欢领导别人，而不想被人领导。强烈的权力欲望促使人们试图去影响别人，并在领导过程中获得心理满足和经济收益，当权力需要是符合道德的，而不是损害别人时，领导者将激发更多信任、尊重和对远景的认同。

3. 正直

正直即是言行一致，诚实可信。它除了是个人较重要的性格特征外，对领导者来说尤其重要，因为这些特点能激发对别人的信任。

4. 自信

自信是非常重要的。领导者角色是具有挑战性的，而挫折是在所难免的，自信能让领导者克服困难，在不确定的情况下敢于做出决断，并且能逐渐将自信传给其他人。一个优秀的领导应该对他的行业、公司和技术问题有足够的了解。领导者必须有足够的才智才能解释大量的信息，做出精准的决断。

案例 9-2　中国人民大学教授李育辉：新生代领导力的特点和突破（节选）

领导力对于组织重不重要？我想对于每一个个体来说，毋庸置疑，很重要，每个人都希望自己拥有更加卓越的领导力。对于组织来讲，它的重要性体现在哪里？体现在它和我们现在最关注的创新是密切相关的。

据调查，94%的企业高管都认为他们企业的业绩几乎都受限于领导力。那么在这些企业里面，又有多少企业把领导力的创新或者是企业的绩效紧密地结合起来的呢？答案是不超过30%。所以，对于组织来讲，领导力的重要性可能和这个组织的存亡密切相关。

2014-2016 年，我们做过一个研究，研究对象是北京市政府做的科技园孵化器的项目，他们每年投了很多钱去支持创业者创业，在孵化园区里面每年都有上百个被孵化的项目。一年、两年、三年，这些当初孵化的项目成功率不到 25%，当时委托我们研究的内容就是什么样的项目可以成功。我们把它聚焦到了另外一个问题：什么样的人和团队领导的项目可以成功。

我们发现若干个项目的创意极为接近，但是有的团队成功了，有的团队没有成功。在这个背后，最大的区别就在于团队的领导力是不一样的。大家可以想象一下，我们在描述团队领导力的时候，你的脑子里会不会想象出你的上级和你们一群人，他们彼此是不是像拼图一样匹配起来，还是你的上级领导凌驾在你之上，完全靠他个人的主观判断去牵引你们做他想做的事情，这都是不同的领导力的匹配。

哪些因素会影响领导力的形成？

在我们的研究里面，很明确地指明了什么样的人更容易成功。有两点一定要重视：情绪的稳定性；是不是富有野心。

过去、现在和未来，领导力都是极为重要的。它会消亡吗？不会，这是我个人很强烈的观点。但它会变化吗？它会变，它会比以往以更快的速度进行变化，面对变化，立足现在，洞察未来！

（来源：民航资源网，2018-11-21）

（三）领导型人才的表现

1. 培养人事管理能力

成功的领导者都是通过管人、育人、用人来实现管理事的，而所有失败的领导者是管事不管人或者管人无方的。由此我们可以说，“做人事”是领导者自我培养的第一个能力。否则这个企业将很难成为一个有效的团队。

管人的问题：企业要有一些的制度，这是一个企业保持其组织完整最基本的要素。一个团队的领导在管人这项工作里，最重要的就是要把这些制度与纪律建立起来并使之成为企业员工的行动准则。

用人的问题：领导者要通过用人去延伸自己的胳膊，如何把有用之才推到适当的岗位上，这是必须要做好的事。知人、选人的目的在于用人，用人是事业成功的关键。而要合理地使用人才，就必须掌握正确的管理人才的方法：一是因事设人，量才任职；二是扬长避短，各尽所能；三是明责授权，用人不疑。尊重人才，善于使用且善于培养人才。领导者在使用、培养人才的过程中，要经常地给予具体的检查、指导和教育。当他们犯错误时，勇于为他们承担责任，更要及时指出，使其及时认识和改正。与此同时，在人才做出成绩产生骄傲自满情绪时，领导者又要严肃指出他们的不足，帮助他们正确地对待自己，谦虚谨慎，戒骄戒躁，再接再厉。

2. 培养决断能力

古人说，运筹帷幄，决胜千里。领导者的行为中很重要的内容就是运筹。那是什么呢？我们不妨把它理解为平时常说的规划、战略等等。也不妨换一种方式来理解，比如说企业是一艘巨轮，船长的职责是什么?其最重要的就是要指引方向。

3. 培养信誉度能力

团队领导者在员工乃至在全社会面前必须要有信誉。什么样的领导是有信誉的领导呢？首先，能够实现自己的事业目标。其次，工作上要言必信，行必果。即便事后发现前面的承诺是一个错误需要改正，也一定要自责在先，改正在后。领导者的信誉是通过其日常行为的一些细节日积月累，点点滴滴建立起来的。

4. 培养宽广胸怀的能力

首先要躬自厚而薄责于人，能容许别人犯错误的领导一定是高明的领导，但并不是真正有胸怀的领导者。真正有胸怀的领导是那种能够接受别人缺点的人。其次，要敢于决断，勇于承担责任。

5. 培养“背叛经验”的能力

在当下瞬息万变的信息时代，经验会越来越使人产生错觉。“苟日新，日日新”，学习、学习、再学习，这是今天的竞争形势对领导者提出的更高要求。能否像海绵一样孜孜以求，关键在于能否“背叛”自己的经验。

6. 培养倾听的能力

取得成功的团队领导者容易变得刚愎自用，会感到忠言逆耳。在这样的团队里工作，员工往往觉得缺乏民主，领导者需要学会倾听，了解员工的诉求，才能更好地领导团队。

（四）如何培养领导能力

1. 思维方式

一般来说，一个人思维清晰、说话有条理，主要是指他的思维符合逻辑推理，而且思维很严谨，条理性很强。辩证逻辑思维的核心，是对事物与问题要加以综合与分析。分析的方法是对具体问题作具体分析，随机灵活地处理问题；综合的方法是在具体分析的基础上，加以归纳整理，从中总结规律性问题的能力。因此，逻辑思维能力是一个人综合分析问题能力的最基本的功底。逻辑推理能力对在实际工作中分析判断事物非常有用。逻辑思维能力方面的强者往往是事业上的胜者。

系统思维。系统是由相互作用、相互依赖的若干部分（或要素）组成的具有一定功能的集合体。系统思维的三大要素是：整体性、联系性、动态性。意思是说：思考问题必须从整体性出发，全面地看待问题，把握全局；系统的本质在于内部、外部的相互联系；任何客观事物都有一个复杂的动态变化过程，因此，必须要用系统的动态的思维方法来看问题。系统动态性的思考方法，对于我们学会全面地看问题，树立全局、大局观念，搞好弹性决策等都非常有利。

创新思维。创造性思维方法，包括逆向思维、侧向思维、联想思维、灵活思维、灵感思维。特别是逆向思维，敢于从反面提出问题、分析问题，敢于联想，能够跳出旧俗套，创造自己的新思路，在实际工作中非常重要。

模糊思维。模糊思维的基础是模糊理论，在模糊条件下，取大取小的原则是：利取最大，害取最小。模糊思维为我们解决疑难问题提供了新的认识方法。在坚持原则的前提下，我们有时处理一些比较疑难问题，采用“难得糊涂”的思维方式更为有利。

2. 沟通能力

沟通是双向的，适当的移情是领导者理解下属，更好与下属沟通的必要条件。

领导者在与下属沟通的过程中，应该尽量减少由于地位的悬殊而产生的心理优越感，多运用换位思考，从下属的角度体谅他们。而且，在领导者接收下属发送的信息时，应尽最大努力获取第一手材料，即原始信息，少用或不用经过各职位层次传输过来的信息。日本管理学家在实践中证实：信息每经过一个层次，其失真率约为 10% ~ 15%，也就是说，即使是从下属那里直接获得信息，也有可能造成误会，更何况是经过层层传递，更加大了信息的失真度。对失真的信息，领导者又怎么能够从中正确地感受到下属的确切意思呢？所以，领导者不仅需要在与下属沟通的过程中注意体会信息中的内容，感受其中的情感，还要注意信息的可靠性，避免“自作多情”的发生。

另外，下属之间的沟通也不全是成功的。由于各种各样的原因，他们之间的沟通可能会存在着这样或那样的问题，其中有很多是在信息感性方面的认可不够。所以，团队中造成沟通不良的原因非常多，较为常见的就是认知的差异——沟通的双方因为背景、工作经历或生活体验的不同，造成对事物的见解差异，从而影响沟通的有效性；然后是先入为主、自以为是的自我意识作祟，未做沟通心中已有成见；最后则是防卫的心态，为保护自己，害怕被误解、被伤害，刻意回避沟通或是应付了事。这些障碍造成双方的信息无法聚焦，因而无法有效沟通。

要让团队能做到有效沟通，领导者必须营造一个坦诚沟通的环境，树立一个大家共同奋斗的目标，把团队中成员的分散力量凝聚起来，使下属之间的沟通以共同目标为出发点，这样就可以更加容易地达成情感的共识。

总而言之，只有在接收者接收信息时做到移情，与信息发送者产生情感上的共鸣，沟通才算完美，否则即使词语适当，时机适合，场所恰当，沟通也不能够顺利地进行，所传达的信息也不能完全被接收者所认可，沟通也就不是完整的。

3. 敢于认错

“人非圣贤，孰能无过”，有过错不可怕，关键是勇于承认错误，知错必改。任何人和事物都是在不断地改进中得以逐步完善的，改正错误是走向正确的第一步。

领导者即使再聪明，思维再缜密，也有考虑不周的时候，再加上情绪以及生理状况的影响，就不可避免地会犯错——估计错误、判断错误、决策错误。当一个人犯了错误的时候，一般有两种反应，一种是死不认错，而且还极力辩护。这一点也可以理解，因为这是人性的一种本能反应，也是为了生存的一种手段，尤其是对于领导者来说，还存在着面子上的问题。另一种反应是坦白认错，并及时改正。

不承认过错的好处是不用承担错误的后果，即使承担，也因为把其他人拖下水而分担了责任，这就是为什么有人证据明明摆在眼前，还死不认错的道理。此外，躲得过，也可以避免别人对你的形象及能力的怀疑。可是，这种死不认错的做法并不是一种上策，因为死不认错的坏处比好处多得多。

姑且不谈犯错所需承担的责任，不认错和狡辩非常有损于领导人的形象，不论你狡辩的口才多么好，如果你逃避错误，其他领导者和下属就会认为你“敢做不敢当”。于是上级领导不敢信任你，其他部门领导也不敢和你合作，下属们更怕你哪天又犯了错，把责任推得一干二净，于是抵制你，拒绝你的领导。最为重要的是，不敢承认错误会成为一种习惯，从而使自己丧失面对错误、解决问题和培养解决问题能力的机会。所以，不认错的弊远大于利。

作为领导如果能够勇于认错，不但能给下属留下好印象，而且还能及时挽回因过错而造成的损失。勇于承认错误，不仅没有失去领导的“面子”，而且还会使领导者在下属心目中的威信大增。诚实认错能为领导者塑造一种“勇于承担责任”的公众形象——无论领导者还是下属，他们都会欣赏、接受你的这种做法，因为你把责任承担下来，而不是推卸给他们，他们感到放心，自然尊敬你，也乐意跟你合作，更乐于替你传播你的形象，这可是你作为领导者的“金字招牌”。

诚实认错还能磨炼自己面对错误的勇气和解决问题的能力。领导者不可能一辈子都没有缺点和错误，而且其他人也一样做不到这一点。尽早地培养这种能力——发现错误并且改正错误，对领导者未来的长远发展大有好处。

4. 目光长远

具有远见卓识的慧眼是成功领导者的标志之一。领导者要有认清未来潮流的眼光和预知环境变迁的能力，才能想出因势利导的方法，才会有先声夺人的气势。身为领导者，有着超乎一般的远见卓识，他的任务就是告诉自己、追随者以及整个组织应该朝哪个方向前进，应该选择哪一条路，在这条路的前方有怎样的风险和利益。在必要的情况下，他还应该走在队伍的前面，在所有人都茫然不知前进方向的时候，带领下属向正确的方向前进，使组织士气振作，并凝成一股强大的冲击力。

对于领导者而言，有没有先见之明是影响极大的因素。时代不断地变迁，所有昨天认为正确的事情，也许已经不适合今天的潮流。领导者要是没有展望未来的眼光，就没有资格当别人的指挥者。他必须认清潮流的方向，预知环境的变迁，并且想好应对的对策。由于领导者在组织中的特殊地位，整个组织和下属的命运都握在领导人的手中，领导者的眼光就是组织的眼光，领导者的方向就是组织的方向，所以领导人对未来的判断，牵扯到组织中所有人的利益，甚至关系到事业的兴亡。缺乏远见的人根本无法应对迅速而多样的变化，他们根本不知道明天会怎样，而等待他们的又是什么东西。

5. 大局观念

树立大局观念和战略观念，是一个高明的领导者必备的素质。总揽全局，统筹安排，就是对复杂的社会现象，站在全局的高度进行科学的分析、综合、概括和判断。从某种意义上讲，不同层次的领导者，应该是大大小小的战略家。现代领导者，特别是单位的一把手，必须具有着眼于长远，着眼于宏观的战略观念，必须做到居高识全局。大事糊涂、小事清楚的人，难当大任，尤其当不好一把手。古人云：“自古不谋万世者，不足谋一时；不谋全局者，不足谋一域。”领导者胸中没有全局，即使某项具体工作做得不错，整个工作也很难做好。因此，领导者决断问题时不仅要看局部，还要看全局；不仅要看眼前，还要看长远；不仅要看重点，还要看一般。既要找出带动整个链条的重要环节，也不能忽视一般环节。但问题的关键是来自对大局的深刻认识，来自对一定阶段的主要矛盾的把握。善于抓住和集中主要精力解决主要矛盾，是正确认识大局的基础。

因此，最关心的不应只是自己领导活动中的局部问题，应该是全局性和方向性的问题。只有大局在胸，了解大局、服从大局、服务大局，才能统揽全局，使自己居高望远，处于主动地位，立于不败之地。

（五）领导能力的作用

1. 有利于团队配合

领导是团队的核心，是团队的灵魂，拥有一个优秀的领导比拥有一群优秀的下属更重要，一个优秀的领导能带领团队迅速地达成目标。俗话说：“兵熊熊一个，将熊熊一窝。”可见一个优秀的领导是多么的重要。

2. 有利于团队管理

一个良好的组织体系必然需要一个优秀的团队进行管理，而领导力则成为团队管理的一个核心要素。团队领导力核心在经历形成期、加强期、成熟期后，才能达到领导和管理团队的效果。建立一个具有高效领导力的团队，树立团队的价值观和完善团队管理制度是领导力与团队管理的核心问题。

3. 有利于团队解决困难

当团队遇到困难时，需要一个领导者带领着团队成员应对困难，集合团队力量，合力解决困难。

案例 9-3　国航湖北分公司八分钟实现旅客中转

某日，某飞机起飞后不久，国航湖北地服值机主管宋经理接到了国航 4008 客服电话：有位白金卡旅客罗先生需转乘当日航班前往广州，望务必帮助罗先生赶上飞机。宋经理随即查询航班情况,为了确保罗先生顺利登上飞机,宋经理立即将情况通知综合服务室当班张经理，共同商定服务流程和细节。经过两人的仔细商量，确定由张经理在舱门口接上旅客，并将旅客迅速引导至二楼安检出口，宋经理则负责拿好打印好的登机牌在安检口等候。13 点 32 分，罗先生后续乘坐的飞机准时落地。13:43 分，罗先生乘坐的航班才落地。廊桥刚靠好，对讲机里面就传来前往广州的航班开始登机的通知。按照原定计划，张经理在接到旅客后迅速将他带往二楼安检口，一拿上登机牌，罗先生就在特别通道进行了重新安检，并由张经理带至登机口登机。13:51，罗先生顺利登上前往广州的航班。整个中转过程仅用了 8 分钟！看着跑前跑后、大汗淋漓的工作人员，登机前，罗先生感动地说了声“谢谢”。

此次国航湖北分公司八分钟实现旅客中转得益于分公司地面服务部前期推行的客户经理制。良好的领导力、清晰的服务流程以及各环节的通力协作，确保了此次中转旅客安全顺利出行，充分体现了客户经理现场服务领导力的高效优质。

案例解读：一个团队，需要凝聚集体，更需要好的领导者，此次航班中转说明领导者如果能有好的领导能力，任何事情便能迎刃而解。

（来源：民航资源网，2010-07-27，作者：张敏）

二、思享园地

（一）深航出境团队游重启——记地面服务部国际值机室保障 ZH9045 航班圆满落幕

文化和旅游部发布通知宣布自 2023 年 2 月 6 日起，试点恢复全国旅行社及在线旅游企业经营中国公民赴有关国家出境团队旅游和“机票+酒店”业务。当日公司 ZH9045 深圳—金边航班是深圳地区第一个境外游航班，具有特殊的历史意义，在疫情结束全面恢复的大背景下，地服部国际值机室也承担了这次特殊的保障任务。

国际值机室接到本次航班保障任务后，立即成立专项保障小组，召开紧急会议，梳理航班每个保障流程细节，针对该航班业务保障特点，对员工进行重点强调和培训，并提前与联检单位进行沟通协调，争取让旅客提前通关，确保旅客准点登机。

2 月 6 日上午 9:30 分，国际值机室的值机员们整装待发，排队上岗。他们用良好的精神面貌和扎实的业务能力为深航首批深圳出境旅游团的旅客们热情服务。当天，国际值机室在值机区域提前设立了 3 个团队专属柜台，并在每个柜台设有一名专属的引导人员，协助旅客办理登机手续，引导其进行海关二维码申报和办理通关手续等。国际值机室的值机员们在每个环节都做到事无巨细，细心提醒旅客查看并确认托运行李注意事项、航班登机时间等信息。

为了保证航班准点起飞，国际送机员提前引导旅客在登机口等候，并提醒团队导游登机时间和注意事项。他们用实际行动践行“三个敬畏”，用真心承担责任，用责任守住初心。13:15 分，乘坐着 139 名的 ZH9045 航班顺利起飞，深圳出发首批出境团队游航班圆满画上句号！

航班保障过程中，央视经济新闻联播、第一现场及其他媒体均进行了相应报道，旅客也对现场保障组织给予了积极好评，国际值机室员工们“任何时候，自然体贴”的服务态度，仔细谨慎又坚持“日行一善”的工作作风赢得了旅客的肯定与赞赏。旅客韦先生登机后，在朋友圈发布了本次出行的激动心情和体会，他表示能在 68 岁生日当天，重启异国之旅，十分幸福和满足，并对深航地服提供的高质量服务致谢。

（来源：民航资源网，2023-02-07，供稿：深圳航空有限责任公司）

（二）深圳航空争分夺秒，为生命搭建空中桥梁

“人民至上，生命至上”，深航广州分公司地面服务部近期圆满完成两次人体器官的运输保障任务，争分夺秒，克服重重困难，搭建空中桥梁，尊重和敬畏每一个生命。

2023 年 7 月 25 日，广州分公司地面服务部接扬州消息，ZH9694 航班（扬州—广州）预计到达时间为 21:15 分，并停靠在白云机场 T1 航站楼。该航班上一名携带造血干细胞的 OPO 工作人员后续要到 T2 航站楼搭乘 22:15 分的 CZ3296 航班（广州—南宁），因跨航站楼的中转难度大，需要广州地服协助。当班主管接到任务后迅速作出工作安排，多次与航服、地勤、安检、南航地服等单位反复沟通，共同协商保障流程方案。21:21 分，ZH9694 航班平安落地，尽管此时转机时间不足三十分钟，但各保障单位有条不紊地按照预案开展工作，顺利将旅客送上了飞机，赢得了旅客的赞同和感谢，CZ3296 航班在 1 分钟后准时关闭舱门。

7 月 27 日早间，广州分公司地面服务部值班接到人体器官获取组织的请求电话，表示将有工作人员携带人体器官搭乘 13:50 分的 ZH9827 航班（广州—无锡），抵达机场时可能临近航班的截载时间，需要深航协助。时间紧，任务重，广州分公司地面服务部立即启动应急预案，积极与值机、安检、登机口、接驳车协调，开通全流程绿色通道，全力做好充分的准备工作。值机监管时刻与 OPO（机场操作区）工作人员保持联系，接到 OPO 工作人员后全程进行引导保障，以最快的速度完成人体器官运输任务，整个流程仅用时 7 分钟。

（来源：民航资源网，2023-08-08，供稿：深圳航空有限责任公司）

参考文献

[1] （美）麦克斯韦尔. 领导力的 5 个层次[M]. 北京：金城出版社，2012.
[2] 侯贵松. 领导力[M]. 北京：中国纺织出版社. 2006：48，66，81，96，156，169，220.

项目十　执行力的有效提升

【项目导引】

安全是民航行业的首要任务，飞机的每一次起落离不开每一个环节的配合、严谨的工作作风和强有力的执行力。

本项目主要介绍执行力内涵、特点、内容、影响因素、能力表现和能力培养等各项内容，通过学习本项目，学生可以对执行力有一个比较全面的了解。通过本项目的训练，学生可以更好地提高个人执行力和团队执行力，丰富自身的能力体系，从而更好地运用到工作实践中。

【学习目标】

知识目标：

1. 掌握执行力的基本概念、原则、特点、过程、必备因素、影响因素和作用；
2. 通过民航有关案例熟悉执行力的作用。

能力目标：

1. 通过熟悉执行力的基本情况，能掌握执行力的影响因素；
2. 通过任务实训练习，培养执行力，并且运用到以后的工作当中。

素养目标：

1. 培养安全意识、集体意识、团队意识；
2. 树立“三个敬畏”意识，弘扬当代民航精神；
3. 提升纪律作风，弘扬社会主义核心价值观。

【案例导入】

生命至上，乌鲁木齐航空航班紧急备降救助患病旅客

“尊敬的各位旅客，因机上一名旅客身体突发不适需要紧急救治，我们的飞机需要在库尔勒机场紧急降落，感谢您的理解和配合”。12 月 27 日凌晨 1 点 30 分左右，乌鲁木齐航空和田飞往乌鲁木齐的 UQ2502 航班上突然响起机上广播，此时一名旅客突发昏厥，需要紧急救治。

本次航班于 12 月 27 日 00:25 分从和田机场起飞，原计划 1 小时 32 分后抵达乌鲁木齐机场，在起飞近一小时后，客舱安全员在寻舱过程中发现一名乘客出现异常反应，随即向乘务长进行报告。乘务长王锴斌尝试与旅客交流，发现旅客无法正常回答且出现昏厥症状，随即王锴斌一边指挥乘务员开展客舱救助，一边安排客舱广播紧急寻找同行医生。乘客丁先生听到广播后表示自己是医院医生，在医生的指挥下，乘务员将身体不适旅客平放至地板上，同时提供氧气给旅客吸氧。“旅客目前留给我们的救助时间有多少？”乘务长王锴斌问道，“30 分钟左右。”丁医生回答。眼看飞机落地乌鲁木齐还有一段时间，担心错过黄金救助时间，王锴斌立即向机长进行汇报，机长表示最近机场是库尔勒机场并要求机组人员全力抢救，机组立即申请备降。在备降过程中，乘务员持续观察旅客情况，并在医生指导下为旅客监测血压，

十几分钟后，旅客状态有所好转。27 日凌晨 1:59 分航班平稳落地库尔勒机场，为确保旅客得到准确及时诊治，在机组人员及机场急救人员的护送下旅客安全下机。

坚持“真情服务”，秉持“生命至上”理念，作为新疆本土航空公司，乌鲁木齐航空坚持“党建为魂”的企业文化，以实际行动展现民航人高度的责任感和执行力，将“敬畏生命、敬畏规章、敬畏职责”落实在每一次航班保障中，把“对政府有利、对企业有利、对员工有利、对旅客有利”落到航空服务始终。

一、理论探究

（一）什么是执行力

1. 基本概念

执行力是有效利用资源、保质保量达成目标的能力，是贯彻战略意图、完成预定目标的操作能力，是把企业战略、规划、目标转化成为效益、成果的关键。执行力包含完成任务的意愿、能力及程度。

到目前为止，“执行”一词一直没有一个清晰、统一的定义，“执行”在每个人心目中的理解、认识还存在着相当大的差异。我国最早大规模地谈到“执行”问题，是在司法领域。而在经济管理学科中的“执行”一词则主要是从国外翻译、引进的概念，其对应的英文为“Execute”。它主要有两种含义：

第一种含义指的是完成计划。此时的“执行”是与“计划”“目标”相对应的。这在某种意义上是一个狭义的解释。

而另一种含义是指如何完成任务的学问和策略。这则是一个更加宽泛的解释：凡是事情，都可以“执行”，甚至在某种意义上，制定计划、规划战略等都是执行的对象；制定计划、规划战略，如未能按照要求的时间、标准完成，都是执行力不强的表现。

（1）执行是一门学问。

执行是一门学问，是战略的重要组成部分，它贯穿于组织经营管理的始终。选择行业、制定计划、确定目标、规划战略、实施战略等都需要执行，离开执行，组织将寸步难行。组织经营的三个核心环节是：制定战略、人员匹配、实施运营，而执行则贯穿于这三个核心环节的始终。

（2）执行是一个系统。

对于组织而言，执行是一套系统化的流程，它包括对方法和目标的严密讨论、质疑，坚持不懈地跟进，以及责任的具体落实；包括对组织所面临的环境做出假设，对组织的能力进行评估，将战略与运营及实施战略的相关人员组织起来，对相关人员及其所在的部门进行协调，以及将奖励与工作绩效相结合；还包括一些随着环境变化而不断变革前提出的假设和提高执行力以适应变化所带来的挑战的机制。从最基本的意义上来说，执行就是将想法变成计划、目标和战略，并将其落到实处、变成结果的过程，是一种暴露现实问题并根据现实情况采取行动的系统化流程。

（3）执行是组织所有成员的工作。

对于任何一个组织而言，要想完成计划和任务、达到目标，领导者必须全身心地投入到组织的日常运营当中。执行是上至最高领导者，下至门卫、清洁工都应该认真对待的工作。领导者并不只是从事高瞻远瞩的谋划和构思，也不只是从事所谓的决策，领导者必须亲身融入组织具体的运营当中，带领自己的团队将计划和目标落到实处。领导者要学会执行，要带头执行，如亲自挑选其他领导者、确定战略方向、引导组织运营、跟踪并掌控执行进度、检查并评估执行效果、落实各项计划等，这些工作都是执行的核心，而且无论一个组织的规模大小，领导者都不能将自己应该亲力亲为的工作交付给其他任何人。领导者不但要做好属于自己的执行工作，还要带领和指导下属做好属于他们的执行工作。只会谋划、构思，不能执行、落实的领导者是不合格的，如果不能执行、落实的话，领导者的一切规划、目标和计划都会变成一纸空文或一场空谈。缺乏执行力的领导者不可能带出一支执行力强的团队。同样，不懂得服从，不懂得执行，不懂得如何完成任务的员工也是不合格的员工。

（4）执行是一种文化

如果一个组织里的多数人都认为没有执行力、执行力弱不丢人、不难堪，无所谓、没什么大不了，那么，这个组织不可能建立起强执行力。如果无论是高层领导者还是基层员工，组织里的多数人都认为执行力是评判一个人的重要指标，认为执行力差的员工或领导者应该被调职，每个人都习惯于评估自己的执行力，努力提升自己和团队的执行力，那么这样的组织就可以建立起强执行力。在强执行力的组织里，组织成员深恶痛绝执行不到位的现象、行为，他们以执行为荣，以执行不到位为耻。“执行力”随着日久天长的磨砺，逐步转换为组织成员的本能、习惯，成为他们的 DNA（基因），这时组织的执行力文化就构筑起来了。所以，终极意义上的“执行”是“行动”，是“动作”，它几乎涉及所有的人与事，涵盖范围极广。执行力是“行动”出来的，不是“想”出来和“说”出来的，在这里，“想”和“说”都应围绕着“行动”，都应为“行动”服务。

执行力的感性解读——快、准、狠。首先是快，也就是执行的速度；其次是准，也就是执行的尺度；最后是狠，也就是执行的力度。

2. 执行力的特点

（1）对个人而言执行力就是办事能力；对团队而言执行力就是战斗力；对企业而言执行力就是经营能力。

（2）执行力就是在既定的战略和愿景的前提下，组织对内外部可利用的资源进行综合协调，制定出可行性的战略，并通过有效的执行措施从而最终实现组织目标、达成组织愿景的一种力量。

（3）执行力既反映了组织（包括政府、企业、事业单位、协会等）的整体素质，也反映出管理者的角色定位。管理者的角色不仅仅是制定策略和下达命令，更重要的是必须具备执行力。执行力的关键在于透过制度、体系、企业文化等规范及引导员工的行为。管理者如何培养部属的执行力，是企业总体执行力提升的关键。

（二）执行的内容

从全面的角度看，“执行力”概念将执行力分为个人执行力、团队执行力。

1. 个人执行力

个人执行力是指每一单个的人把上级的命令和想法变成行动，把行动变成结果，从而保质保量完成任务的能力。个人执行力是指一个人获取结果的行动能力，总裁的个人执行力主要表现在战略决断能力；高层管理人员的个人执行力主要表现在组织管控能力；中层管理人员的个人执行力主要表现在工作指标的实现能力。

2. 团队执行力

团队执行力是指一个团队把战略决断持续转化成结果的满意度、精确度、速度，它是一项系统工程，表现出来的就是整个团队的战斗力、竞争力和凝聚力。个人执行力取决于其本人是否有良好的工作方式与习惯，是否熟练掌握管人与管事的相关管理工具，是否有正确的工作思路与方法，是否具有执行力的管理风格与性格特质等。团队执行力就是将战略与决断转化为实施结果的能力。许多成功的企业家也对此做出过自己的定义。通用公司前任总裁韦尔奇先生认为所谓团队执行力就是"企业奖惩制度的严格实施"。而中国著名企业家柳传志先生认为，团队执行力就是“用合适的人，干合适的事”。综上所述，团队执行力就是当上级下达指令或要求后，迅速做出反应，将其贯彻或者执行下去的能力。

（三）执行力的过程

执行力是一个变量，不同的执行者在执行同一件事情的时候也会得到不同的结果。执行力不但因人而异，而且还会因时而变。如果要想解决执行力的若干问题，就必须先剖析影响执行的根源，然后再找其方法，这样解决问题自然就会变得清楚些，容易些。

（四）影响执行力的因素

1. 制度因素

（1）用制度规范执行力的标准。

只有通过规范化的制度来完善整体战略规划，规范执行力的标准，员工才能按照制度的要求规范行为，避免按各自的理解去做事，才能实现用制度调动员工积极性的目的。

（2）用制度建立和加强执行力激励机制。

执行力激励机制包括薪酬体系、考核机制、奖惩制度、压力制度等。用制度建立和加强执行力激励机制，可以有效地保障执行力的最终提升。制度不合理对执行力产生的影响

制度不合理，缺少针对性和可行性，或者过于烦琐，就会不利于执行。有的企业常常用各种考核制度企图达到改善企业执行力的目的，但效果却不容乐观。企业每制定一个制度，从某种意义上讲，其实就是给执行者头上戴上一个紧箍咒，也进一步增加了执行者内心的逆反心理。最终导致员工敷衍了事，使企业的规章制度流于形式。制度不严谨对执行力的危害极大，很多企业经常发生这样的情况：上午刚刚说过政策，下午就变了，让员工无所适从，以至于其他很多真正好的制度、规定出台时也得不到有效执行。

（3）监控是执行力的灵魂，监控能够确保一个组织按照规划的时间进度表去实现目标。

不断地监督和控制，就能够有效地暴露出规划和实际行动之间的差距和问题，并迫使领导者采取相应的行动来协调和纠正，以期按时完成阶段性目标和整体性目标。而对工作的监控如果得不到严肃的对待，那么清晰而简洁的目标就没有太大意义。在工作中，我们犯的很多错误就是因为没有及时监督与控制而错过了解决问题的最佳时机，以至于小问题变成了大问题。

在执行过程中，科学的监控方法是非常重要的。工作中，通常的监控方法有三种：第一是管理者依据工作计划进度与事先预计，安排自己在合适的时间去跟踪检查；第二是约定执行者在什么时候、什么情况下应该汇报工作进度与相关情况及相关原因；第三是相关职能人员（如跟单员、助理、品管员等）应在什么时候进行跟踪监控、回馈信息或递交报告等。

对于结果，好的要给予表扬、肯定甚至奖励，同时还应总结经验；对于坏的结果则要及时纠正，并吸取教训，追究责任。一般来说，追究当事人的责任应包括两个层面：一是为什么会是这种结果，是什么原因导致的，下次怎么去预防和改善，要当事人做出承诺；二是依情节轻重给予适当的处分，因为纵容表现不佳者导致的破坏性影响是极为深远的，一定要认真对待才行。

（五）执行力人才必备素养

1. 守时

如果一个人经常上班迟到，开会迟到，拜访客户迟到，约会迟到，活动聚会迟到，出门旅行也迟到，总之，无论什么事情他都经常迟到，这样的人你认为他会有执行力吗？你认为把事情交给他办他能按时完成任务吗？他能不折不扣执行到位吗？换句话说，重要的工作你敢交给他做吗？你肯定不敢，因为你也知道，这样的人不太靠得住。因此，一个执行力强的人，首先他是一个负责任的人，而一个负责任的人，他的时间观念是非常强，因为他知道，他不仅要对他人负责，更要对自己负责。

2. 守纪

在任何一个组织团队中，尊重规则、遵守制度都应该是组织的第一原则，俗话说："国有国法，家有家规"，"不以规矩，不能成方圆"。

一个不遵守规则的人，执行力也强不到哪儿去，试想，假如他连规则都不愿意遵守，连制度也敢违反，那么领导下达的指令和任务，他同样敢不接受或者不执行，就算执行了，谁又敢保证他能遵照工作标准和工作流程去执行呢？谁又敢保证他会尽心尽力，不是阳奉阴违呢？遵守制度、敬畏规则的人执行力都强，因为他会把你的指令和要求看作是不能违背的原则，也会坚决按工作标准和流程去操作。

墨子曰："言不信者，行不果"，这句话的意思是"言语不诚实的人，做事也不会有成果"，可见，执行力强的人，诚信也是特征之一。执行的核心是取到成果，一个说话不算话，满嘴跑火车的人，是不可能执行到位、取到好的成果的。今天没有执行到位，他给你编一个故事，证明不是他无能，而是客观因素导致。明天没有拿到成果，他又会告诉你，事情其实没有你想的那么简单，他已经很努力，很认真，很付出了。事实上他根本就没有努力过，一切的结果可能早就在他的预料之中，他只不过是提前编好了故事来等着你，最后，你还拿他没有办法。只能深深地叹口气，唉！看来是我信错他了！所以，一个满嘴谎言，说话不算话的人，绝对不可能有执行力，这种人不仅不堪大用，而且将他留在团队中，将来也有可能会成为组织中的一颗定时炸弹。

3. 遵守制度

制度对于执行力的提升的重要性主要体现在如下两个方面：

（1）用制度规范执行力的标准。

只有通过规范化的制度来完善整体战略规划，规范执行力的标准，员工才能按照制度的要求规范行为，避免按各自的理解去做事，才能达到用制度调动员工积极性的目的。

（2）用制度建立和加强执行力激励机制。

执行力激励机制包括薪酬体系、考核机制、奖惩制度、压力制度等。用制度建立和加强执行力激励机制，可以有效地保障执行力的最终提升。

4. 爱岗敬业

因为一个人只有爱岗敬业才有可能对公司高度认可，才能发自内心地认同公司秉持的价值观，认同公司为实现其价值观所设定的目标、流程、组织架构和管理制度，愿意全身心地去执行，并在这个过程中发挥自己的最大能力。当然，真正的爱岗敬业是一个长期的过程，需要一个人持之以恒地坚持。

5. 自动自发

一个人会工作是远远不够的，除了会工作还要自动自发。所谓自动自发，不是一个口号、一个动作，而是要充分发挥主观能动性与责任心，在接受工作后应想尽一切办法把工作做好。乍一听来，这似乎只是一个普通的定义，其实它更是一种面对人生的态度。

我们生活在高速发展的现代社会，每时每刻都会遇到一些新的挑战和挫折。人的一生不可能永远一帆风顺，总会经历一些小风小浪。在这些小风小浪面前，有人退却了，开始怨天尤人；也有人在同样的环境下脱颖而出，成为强人或名人。这一切的一切，就在于一念之差。而所谓的一念之差，其实就是一种态度——面对生活、面对工作、面对人生的态度。自动自发是一种可以帮助你扫平挫折的积极向上的人生态度。

领导者不在身边却更加卖力工作的人，将会获得更多的奖赏。如果只在别人注意时才有好的表现，那么你永远无法抵达成功的巅峰。最严格的表现标准应该是由自己设定的，而不是别人要求的。如果你对自己的期望比组织对你的期望更高，那么你就无须担心会不会失去工作。同样，如果你能达到自己设定的最高标准，那么升迁晋级也将指日可待。

6. 承担责任

在这个社会中，大家必须坚守责任。因为责任是对人生义务的勇敢担当，也是对生活的积极接受，更是对自己所负使命的忠诚和信守。一个充满责任感、勇于承担责任的人，会因为这份承担而让生命更有分量。

社会在发展，组织在成长，个人的职责范围也随之扩大。作为一名员工，不要总是以“这不是我分内的工作”为由来逃避责任，当工作指派给自己时，我们不妨视之为一种机遇。

在任何一个组织里，每一个员工都希望自己对于组织而言是不可或缺的。只有当员工为自己所在的组织承担责任时，他才会意识到自己在战略的执行过程中是重要的，他才会真正感觉到自己在组织里是有位置的。

一个人承担的责任越多越重，证明他的价值越大。所以，你应该为自己所承担的一切责任感到自豪。证明自己的最好方式就是去承担责任，如果你能承担责任，那么祝贺你，因为你不仅向自己证明了自己存在的价值，你还向社会证明了你能行。你执行得很出色。

7. 随机应变

机会是为有准备者提供的，随机应变能力往往并不表现为一时的灵感，更多的是捕捉到等待已久的在瞬间出现的时机。对于客观环境和市场形势可能出现的变化，大家必须提前做出预测，并备有应对各种变化的预案（不管成文的还是不成文的）。很多人都懂得去做这方面的准备工作，为事业的发展设计了很多种“可能”，但有时由于个人和所处环境的局限性，“不可能”的因素便被忽略了，“不可能”的因素积累得多了，必然就会出现突发事件，这时就更需要理性地分析，果断地决策，快速地应对，从而化险为夷。可以说，随机应变能力是在竞争日益激烈、变化日益迅速的今天有效执行的必要条件。

8. 知己知彼

我们在执行过程中也应该注意对自身和对手的特点进行全面的了解，对双方的各种情况进行充分的对比分析，这样才能真正做到知己知彼、百战不殆。

9. 追求创新

创新是知识经济的核心，是管理现代化的灵魂。组织要生存，发展是硬道理，而要发展，就必须创新。因循守旧、顽固不化最终只会使组织走向消亡的深渊。无论是政府还是企业、无论是制造业还是服务业，每个组织内部都会涌现出大量的创新斗士。创新是提升执行力的动力，创新是执行力的源泉。

面对纷繁复杂、风云变幻、竞争激烈的环境，组织要想持续发展和基业常青，必须不断创新。创新意味着生存、发展和成功。善于创新，能使执行的力度更大、速度更快、效果更好。

10. 团队精神

是否具有团队精神，将直接关系到执行力的强弱。只有善于合作，善于借助别人或组织整体力量的人，才能把自己不能解决的棘手问题处理好。团结就是力量，合作才能共赢!这就是团队精神的精髓。是否善于团结共事和精诚合作，是衡量一个员工执行力水平的关键。一个人的力量总是有限的，人脉就是财脉，每个人只有通过团队才能实现自己的伟大梦想。同时，合作的形式是多种多样的，合作的途径也是多种多样的。

对于一个组织而言，要想提升员工的执行力，必须要求每个员工相互协作、优势互补，强化团队精神。因为组织的整体执行力其实就是高层、中层、基层 3 个层级的总体执行能力和执行水平。在一个组织当中，任何一个层级的执行力水平都不足以代表组织的整体执行力，只有所有员工的平均执行力才能表明组织的整体执行力。

11. 终身学习

在未来，每个人所拥有的唯一持久的竞争优势，在于是否有能力比对手学习得更快。终身学习的人不能只限于某一个时期的学习，而应该终身都接受教育，至少“自我学习、自我提高”的使命要终其一生。

终身学习是通过一个不断坚持的过程来发挥人类的潜能，它激励并使人们有权利去获得他们终身所需要的全部知识、价值、技能，并在任何情况和环境面前都有信心、有创造性且高效地去完成任务。

终身学习是 21 世纪最重要的概念之一，无论用什么样的语言来形容都难以表达人们对这个概念的重视与推崇。在知识经济时代，学习必须成为人们生存的第一需要，成为人生一场永无止境的竞赛。终身学习是人们在知识经济时代的成功之本。学得愈多，愈觉察到自己的无知，因为一个人的卓越不可能是永恒的，只有不断学习，才能保持旺盛的生命力。

由于知识和信息的激增，一个人要想成长为具有一定专长的人才，终身学习是唯一的途径。现代社会的飞速发展，对个人的要求越来越高，越来越苛刻。作为一名员工，要根据社会及组织对自己提出的新要求，学习专业领域里的新知识和新技能。知识经济社会是学习型社会，终身学习作为一种必备的能力，将在提高执行力方面发挥越来越重要的作用。

（六）打造强大的执行力团队

1. 打造领导的执行力

领导，是团队的领航者，首先要做到以身作则。领导的身体力行，对员工将产生强大的震撼力，员工也乐意服从和跟随。领导还需要具备很高的威信。领导在员工心目中的威信高，员工就高度信赖领导，严格落实领导的各项安排。树立威信，领导就能够做到一呼百应。领导还必须务实，踏踏实实做事，为企业做事，为下属做事。领导，要想为社会做事，想为社会做点好事，想为社会做点有意义的事。

2. 培养员工的执行力

工作是大家共同去完成的。仅仅依靠领导的执行力，远远不够。那么，如何培养员工的执行力呢？

第一，挖掘悟性。悟性高的员工，能够迅速领会领导的意图，知道自己需要做些什么，以及工作的标准和追求的效果。只有掌握了这些，员工才会知道做什么，如何做，才会思想上引起重视，追求执行的速度，落实的力度，以及完成的效果。员工的悟性高，还可以借鉴他人的成功经验，举一反三，少走弯路，少犯错误。

第二，提高计划能力。工作千头万绪，如何保证按时完成？这就要掌握工作的轻重缓急，要科学规划，合理计划，掌握关键。科学的计划，明确各项工作的主次和时间限制，便于进行合理统筹，实现有效管理，提高工作效率。制定计划表，保证员工明确工作的进度和标准，及时对自己的工作进行总结和调整。

第三，增强指挥能力。我们要引导员工，让员工指挥自我，管理自我。同时，我们还要引导员工指挥他人。这样既能提高员工的协调能力，又能增强员工的合作意识和团队意识。

第四，加强过程控制。对执行过程的检查监督，既能促使员工从思想上给予重视，强调执行速度，又能促进团队内部的交流和沟通，明确掌握工作进度和工作标准。控制的过程，既是抓落实、讲考核的过程，又是增进沟通、统一思想的过程。

第五，培养协调能力。引导员工重视协调，既能提高员工解决问题的能力，培养员工的沟通能力，又能实现员工思想的统一，促进团队成员间互相理解，紧密合作。

第六，培养授权能力。授权，对领导来说，是智力和能力的延伸，可以集中精力做重要的事；对员工来说，是提高责任感、实现价值的有效方式。因此，执行力强的团队，都擅长授权，善于调动每个成员的积极性和责任感，增强团队的凝聚力。

第七，培养判断能力。人不仅要看到眼前，还要看到未来，要看到隐藏的问题和机会。人要有预见性，才能看到机会，抓住机会，把握机会，才能看到隐忧和危机，才能够未雨绸缪，有充足的时间和精力去化解危机。

第八，培养创新能力。唯有创新，才能生存。许多老字号的消亡，正是一味地保守，缺乏创新，没有跟上时代的变化，于是便落伍被淘汰了。因此，要敢于创新，努力创新。

案例 10-1　执行力低造成了悲剧——伊春事件（节选）

2010 年 8 月 24 日 21 时 38 分 08 秒，河南航空有限公司机型为 ERJ-190，飞机执行哈尔滨至伊春的 VD8387 班次定期客运航班任务在黑龙江省伊春市林都机场 30 号跑道进近时距离跑道 690 米处坠毁，部分乘客在坠毁时被甩出机舱。当时由于天气原因能见度只有 2 800 米，根据河南航空公司规定降落能见度最低标准为 3 600 米，机长齐某没有听取执行管制员的不符合降落条件意见，执意降落，由于能见度低盲目实施着陆，导致飞机坠毁，44 人遇难，52 人受伤。

案例解读：伊春事件的发生原因归结于机长齐某的执行力低，没有严格按照公司降落着陆规定降落，导致 44 人遇难，52 人受伤。只要我们在民航工作中，力求每一个环节、每一个程序、每一个动作、每一个口令都按照命令完美执行，我想我们可以避免很多差错，也许上面的案例就不会发生。

（来源：新浪网）

二、思享园地

（一）急旅客所急　用心践行“三个敬畏”

时间就是生命，对于一个急需手术的病人来说，每一分每一秒都具有极其重要的意义。2022 年 7 月 5 日，深圳航空 ZH9366 福州至南宁航班因南宁雷雨天气备降到了深圳，但航班上搭载着一名急需前往南宁入院进行手术的患者。经过机组人员多方努力，为旅客联系到了在地面的家属和医院，使旅客后续的手术安排调整得到了妥善处理。

本次航班在即将抵达南宁时接到机长通知，由于受雷雨天气影响无法降落，需要备降深圳。乘务员进入客舱巡视期间，刘女士十分焦急地询问乘务员李承珂航班到达南宁的时间。经了解得知，刘女士因为生病需要尽快到达南宁前往医院进行术前准备。时间分秒必争，无法联系上医院的刘女士急得眼里泛泪。了解到刘女士的情况后，乘务员第一时间向乘务长刘爽报告。乘务长非常重视，立即进入客舱详细了解旅客情况并向机长报告，请求机长能够尽快与地面联系，并申请绿色通道，争取备降后能够尽早起飞。

机长得知后立即通过卫星电话联系地面，将航班情况通知了在地面焦急等待刘女士的家属。从乘务员口中得知机长已与家属取得联系，刘女士的心情这才渐渐平复了下来。为方便刘女士尽快下机，乘务长还特意为刘女士调换座位到经济舱第一排位置，并安排专人全程对刘女士进行照顾。

备降深圳后，乘务长第一时间询问机组人员了解备降信息，并马上告知刘女士。乘务员从刘女士口中得知，医院在接到机组向家属传递的信息后，已经紧急调整了手术的安排，为刘女士能够顺利手术争取了更多的时间。

航班返回南宁的途中，刘女士的病情仍然牵动着每个机组人员的心。乘务长为刘女士写下了祝福卡片，机长和乘务组员们纷纷留下了签名。同时乘务长还将代表“好运”的航徽送给了刘女士，祝愿她手术顺利，尽早恢复健康。收到祝福的刘女士数次表达感谢，为全体机组留下了深情的感谢信。

多年来，深航积极践行国企使命担当，为美好生活添翼。作为一名党员，本次航班的乘务长刘爽全心全意为人民服务，切实为群众办实事、办好事，急旅客之所急，带领乘务组用实际行动践行“三个敬畏”，用真情服务诠释“最美摆渡人”。

（来源：民航资源网，2022-07-25，供稿：深圳航空有限责任公司）

（二）藏航飞行员王佛慧：性别不是冲上云霄的桎梏

说到飞行员，许多人都会联想起影视作品中帅气的男机长。在这样一个男性占据绝大多数的群体，外表清秀、性格温柔的王佛慧，却是西藏航空飞行队伍中一抹不容忽视的亮丽色彩——从 22 岁进入公司，26 岁成为机长，到 32 岁获聘机长教员，她与飞行的故事，转眼间已经来到了第十一年。

王佛慧的父亲也是一名飞行员。王佛慧高中毕业那年，中国民航飞行学院面向全国招收 5 名女飞行员。经过一路过关斩将，从小便向往飞行的王佛慧从数千名应征者中脱颖而出，踏上了蓝天梦征程的第一步。“知道我被录取后，父亲告诉我，飞行员这个职业很辛苦，对女性来说更是如此。”飞行员的成长之路是艰辛的，没有人天生就会飞行。刚进入航校，所有人都是一张空白的纸，训练、考核标准也都一样，“不会因为你是女性就区别对待的，因为飞行不可能有 2 套标准”王佛慧笑道。在理论学习之外，飞行学员还必须进行严格的体能训练：长跑、旋梯、固滚……“转活滚时掉下来又爬上去，再摔下来、再上去，经常练得胳膊上青一块紫一块。”带着一股永不服输、不断挑战的劲头，2011 年，王佛慧以“四川省优秀毕业生”身份顺利完成学业，同年加入西藏航空。

初出茅庐的雏鹰与年轻的公司一同快速成长着：“我挺幸运的，那时候公司刚成立，聘请了许多经验丰富的机长教员。我们经常能和教员一起飞，在他们的指导下成长得非常快”。对于一个年轻的副驾驶来说，光有良师的“加成”是不够的。西藏航空是国内首家高高原航空公司，以拉萨、成都为双主基地运行，取得相关资质后，王佛慧时常执行高高原航线的飞行任务。翱翔在青藏高原的万米蓝天上，不仅要克服高原缺氧的生理挑战，还要面临高海拔机场复杂地形、多变航路等对驾驶技术的考验。高原地形复杂，天气变化无常，冬春大风扬沙，夏秋雷雨交加，在王佛慧看来，这些挑战都是磨炼基本功、积累经验、提升飞行技术的机会。她时常利用空闲时间反复琢磨，将飞行手册翻来覆去地看，总结飞行经验。在这样日复一日的积累中，她的飞行技术迅速提高。

2015 年，凭借过硬的飞行技术和严谨的飞行作风，王佛慧成为了西藏航空第一名执飞高高原航线的女机长。截至目前，王佛慧飞行时间 6 500 小时，其中机长经历时间 2 137 小时，没有发生过任何人为原因差错及不安全事件。在十年的飞行中，她长期参与高高原航线运行，参加了“邦达 RNP 程序验证飞行”“特殊保障任务航班”“A320 应急撤离演示”“西藏航空 EFB 模拟机验证试飞”等重要任务。“飞行并非男性的专利，飞机座舱门同样向女性敞开。女飞跟男飞没有区别。男飞能做到的，女飞一样能做到，甚至做得更好。”

2021 年，王佛慧被聘为飞行教员，在日常的飞行工作外，还肩负指导副驾驶的“导师”责任。作为飞行教员，王佛慧既有不输男飞行员的扎实技术，又兼具女性专注、细腻的优势。

在教学中，她细致入微因材施教，教学方式深受学员认可；工作之外，她又是一个亲切的姐姐，充满亲和力的笑容总能让她快速拉近与学员的距离。“飞行教学同样要专注。”王佛慧认为，自己飞得好不算什么，飞行队伍整体力量提升才是公司安全的有力保障。教员承担了飞行队伍中“老师”的角色，必须以身作则言传身教，做好专业技术与民航精神的“传帮带”。

走出驾驶舱，王佛慧还有另一重身份——一对双胞胎的母亲。“我们这个行业需要早出晚归，也没有节假日，陪伴家人的时间非常少。”丈夫同为机长，这个“双飞家庭”聚少离多，忙是这对蓝天伉俪最常见的状态。“两个人都在外面飞，20 多天没见面的情况也是有的，”王佛慧笑道，“有时候驻站回来，发现孩子长高了一截，好像一夜之间就长大了。”无论之于家庭还是工作，都要倾注一种责任，王佛慧正努力在两个新身份中寻找着平衡。事业和家庭就如同飞机双翼，做好工作与生活的平衡对飞行员来说至关重要。只有把“小家”经营好了，公司这个“大家”才能和谐美好，飞行安全才能更加长久。

（来源：民航资源网，2022-03-01，供稿：西藏航空有限公司）

参考文献

姚予. 执行力[M]. 北京：中华工商联合出版社，2007：1，8，29，38，100，103，139，142，159.

项目十一　意志力的有效提升

【项目导引】

面对飞行过程中可能会遇到各种紧急情况，坚定的意志力能够帮助机组成员保持冷静和镇定，迅速采取正确的应对措施；能够帮助机组成员在面对各种挑战时保持坚定的立场，维护客舱的秩序和安全；以冷静和理智的态度处理问题，化解矛盾，维护旅客的权益和航空公司的形象；能够推动机组成员不断自我提升，提高自身的专业素养和服务水平，为旅客提供更加安全、舒适和便捷的出行体验。

本项目主要介绍意志力的内涵以及提升意志力的方式与途径等内容，通过学习本项目，学生可以对意志力有一个全面的了解。通过本项目的训练，学生可以更加全面地认识意志力的价值，更好地提升自身的意志品质，丰富自身的能力体系以及加强团队意志力，从而更好地指导实践。

【学习目标】

知识目标：

1. 熟悉意志力的内涵。
2. 理解意志力的完善与学习者之间的关系。

能力目标：

1. 能够掌握有效提升意志力的具体方法和程序。
2. 能够具备意志力提升能力，并在实践中反思提升。

素养目标：

1. 能够更好地理解和践行“三个敬畏”的精神内涵
2. 能够充分认识到作风建设对民航安全管理的重要意义

【案例导入】

海航技术员周振宇：坚持复检，练就精湛技术

18 年航线维修经验，6570 天与飞机的相伴，他在自己的工作岗位上，十八年如一日，无论刮风下雨、酷暑严寒，都会主动对已按要求完成维护的飞机进行复检，用心做好每一件事，认真把好每一道关，在复检中收获经验，在经验中提升技术，用过硬的技术更好地保障飞机正常运行。他就是海航技术北京分公司航线维修技术员周振宇，海航技术万千机务中的一员。

日复一日，摸索出有效复检方法

“大厦之成，非一木之材也。”日复一日的复检养成了周振宇良好的习惯，并琢磨出一套有效的复检方法。2015 年 7 月的清晨，天蒙蒙亮，交接班时间就快到了，周振宇的同事们都已经做好了交接班的准备，而周振宇此时正在对当班最后一架飞机进行复检，并未因下班时

间的到来而停止他认真复检的脚步。客舱内、机架上以及机尾处都留下了周振宇细致检查的身影，通过不断变换位置观察飞机难检查的死角，他发现该飞机的上侧反推折流门有一些异样，随即对该部位进一步地详细检查，发现折流门的保持弹簧断裂，并安排人员对相关部件进行更换，消除了安全隐患。

周振宇的经理侯旭这样评价他："周振宇师傅每天工作结束后都会对班组内的所有飞机进行复检，避免出现差错，将工作交给他就等于放进了保险柜。"

细致的复检，让可疑故障无所遁形

2019年初，一架飞机在航后自检发动机EEC（Electronic Engine Control：电子发动机控制器）时，出现可调定子叶片位置不一致的故障信息，身为组长的周振宇第一时间把故障信息通报技术组支援工程师,同时组织组内人员,对发动机进行可调定子叶片相关部件的检查。技术组方面回复，该故障信息此前在此架飞机也出现过，当时经过处理，故障信息已消除。

有着丰富排故经验的周振宇认为，这个故障时有时无、时好时坏必然有其内在原因，于是他分析了相关部件出现故障的可能因素，细致地检查相关部件，最终发现了在可调定子叶片作动筒作动机构上的摇臂连杆存在磨损。摇臂连杆在作动机构的最里处且有许多导线和部件遮挡，不易被发现，但它没有逃过周振宇的眼睛，隐蔽的故障在周振宇细致的检查下无所遁形。周振宇将检查出的磨损处报给了发动机工程师，飞机进行停场排故，有效避免了可能由该磨损引起的可调定子叶片作动异常，进而影响发动机正常运转的安全风险。

十余年复检，练就精湛排故技术

技术精进岂非朝夕，十余年的复检习惯，使周振宇的排故能力愈发炉火纯青，每当遇到紧急排故工作时，周振宇总是挺身而出，沉着冷静地应对困难，在短时间找到故障的源头并给出最佳的排故方案。

2018年春运期间，客流量巨大，无数旅客翘首以盼，希望能尽早与家人团聚。一架即将出港的飞机突发刹车系统异常状态故障，维修人员在进行了地面测试后故障仍无法消除。当时正值周振宇交班时间，为了保证飞机准点出港，他毅然决定留下来排除故障。周振宇凭借着其多年复检练就的"火眼金睛"，准确地推断出故障发生的原因，并判断出具体故障所在位置，火速联系航材库获取相应部件。更换故障部件后，经过测试，故障信息消除，飞机正常出港。在场所有人都松了一口气，周振宇的脸上也露出了灿烂的笑容。

对于周振宇来说，这样的紧急排故虽然算不上什么大阵仗，但是每一次成功处置对他来说都意义非凡，他说"航线维修是对体力和脑力的双重考验，更是对意志力的长期磨炼。我热爱我的岗位，虽有辛劳，但看着一架架飞机经过我们的检修后飞向蓝天，我的内心就充满了无限的自豪。"正因为心中这份强烈的责任感，让周振宇在日常的工作中不断重复着复检工作，也因此积累了更多的检查、推理经验，为他精准的排故打下了坚实的基础。也因为这一份责任感，让周振宇收获诸多荣誉，如：海航技术"杰出贡献明星"称号、华北维修基地杰出贡献奖、海航技术2018年第四季度"优秀SMS报告人"等。

在海航技术，还有很多像周振宇一样一丝不苟、始终如一的飞机维修师，他们用双手守护一架架飞机安全出港，他们用智慧与汗水换来飞机无数次的安全返航，他们在平凡的岗位上发挥着不平凡的作用，守护旅途，祝你平安。

（来源：民航资源网，2019-08-21，作者：曾嘉）

一、理论探究

意志力是指一个人自觉地确定目标，并根据目标来支配、调节自己的行动，克服各种困难，从而实现目标的品质。当人们善于运用这一有益的力量时，就会产生决心。而人有决心就说明意志力在起作用。人的心理功能或身体器官对决心的服从，正说明了意志力存在的巨大力量。

（一）意志力的内涵

心理学家通常认为，意志力既有静态的方面，又有动态的方面。一方面，它是引导人类行动的力量；而另一方面，它又是人们在这些行动中的行为。因此，当一个人能够在某一事件或一连串事件中表现出极大的决心与力量时，就会被认为拥有很强的意志力（静态的）；而他的意志力的特性，需要通过他的决心或行动的力度和持久性来体现出来，在这一过程中所展现出来的意志力就变为了动态的意志力，他的决心也成了引导自我心理的行为。

俗话说："意志创造人"。大脑是你在这一世界上取得成功的唯一源泉。在你的大脑中，储藏着取之不尽的财富。通过提高意志力，你可以获得人生的富贵，拥有生活中的各种成就。这种意志力，默默地潜藏在我们每个人的身体之内。在这个世界上，真正创造人生奇迹者乃人的意志之力。意志是人的最高领袖，意志是各种命令的发布者，当这些命令被完全执行时，意志的指导作用对世上每个人的价值将无法估量。意志力表现为一个人坚强不摧的意志品质，表现为不怕受责难，不怕担责任，不怕犯错误，不怕丢乌纱帽，敢于坚持正确的观点，向着成功方向努力前进的能力。而研究表明超过九成的成功者认同，要想成功就要敢于面对风险，不怕失败；在困难和挫折面前能顽强坚持，决不半途而废。

研究发现，自控力强的人可以增强自己的意志力。谁能成为你的意志力榜样呢？是那些经历过同样的挑战并最终成功的人，还是那些自控力的典范？最常被提名的意志力模范是成功的运动员、精神领袖和政治家等等，但实际上家人和朋友能给予我们更多的动力。当需要多一点意志力的时候，想想你的榜样。问问自己：那个意志力强的人会怎么做？我们认为的"自己"也包括我们关心的人。我们的自我意识取决于我们和他人的关系。在很多时候，只有想到其他人，我们才知道自己是谁。因为，我们的自我意识中包含了其他人，他们的选择影响着我们的选择。如果我们认为别人还在做我们试图改掉的不良行为，那么"社会认同"就会妨碍我们做出改变。你有没有告诉过自己，你的意志力挑战不是什么大事，因为它是社会规范？你是否意识到，自己认识的所有人都有同样的习惯？如果是这样，你可能会质疑这种看法。质疑它的最好方法就是找到一群人，他们正在做你渴望做到的事。找到一个新的群体并加入进去，这个群体可能是一个自然小组、一个班级、一个本地俱乐部、一个网络社区，是一份支持你实现目标的杂志。置身于和你共享承诺与目标的人们当中，会让你觉得自己的目标才是社会规范。

自豪、羞愧等社会情感能够迅速、直接地影响我们的选择。这称为"激情的自控"。在我们为羞愧的力量欢呼之前，还应该注意一下"去他的"效应。想象羞愧等消极社会情感实现的自控，与真的感到惭愧并耗光意志力，还是存在微妙差别的。糟糕的感觉会让人放弃抵抗，当这种糟糕的感觉以罪恶感和羞耻感的形式表现出来时，这种情况尤为明显。羞愧作为一种预防措施或许能起作用，但事情一旦结束，羞愧就更有可能引起自我伤害，而非自我控制。

例如，对在牌桌上输了大钱感到羞愧的赌徒，最可能试图赢回他们损失的金钱。他们会下更大的赌注，甚至借钱来捞回损失。但当诱惑出现在你面前时，羞愧面对承诺的奖励就失去作用了。一旦你大脑里产生多巴胺的神经元受了刺激，糟糕的感觉就会加剧你的渴望，让你更容易放弃抵抗。

从另一个方面看，即使面对诱惑，自豪的力量也会让你安然度过。愧疚会触发那些可以预期的快感，另一个原因可以归结为生物学：实验研究发现，表现出内疚感会减少心率的变化，降低意志力的生理储备。反之自豪感会保持甚至增加这种储备。为了让自豪感发挥作用，我们必须认为别人都在监视自己，或我们有机会向别人报告自己的成功。你们在公开场合更愿意购买绿色产品，比他们私下网购时买得多。买绿色产品是一种向别人展示自己很无私、很有思想的方法，我们想要社会认可自己这种高尚的购买行为。这个调查指出，让自己坚定决心的有效策略是——公开你的意志力挑战。如果你相信别人会支持你走向成功观察你的行为，你就会更有动力去做正确的事情。

研究显示，人一旦被踢出群体，意志力就会耗竭。少数族群越是受到歧视，自我控制能力就越差。与其让意志力受挫的人感到羞愧，倒不如为他们提供社会支持。值得注意的是，我们的大脑会把别人的目标、信念和行为整合到自己的决策中。当我们跟别人在一起时，或者只是简单地想到他们时，在我们的脑海里，别人就会成为另一个“自我”，并且和“自我”比赛自控。反之亦然：我们的行为影响了其他无数人，我们做的每一次选择对别人来说也是一种鼓舞或诱惑。

意志力总是与人的感受、知识一起发挥作用，但不能因此而认为人的感受、知识等同于意志力，也不能把欲望、是非感与意志力混为一谈。一个人可以违背他的意志力，而听凭他的感官来摆布；也可以调动自己的意志力，而使自己免受自己情感的摆布。意志力发挥作用的过程有时是为人们所熟悉的，而有时却是以某种秘密的方式悄悄进行的。但一般来说，当一个人完全受意志力的支配后，就感觉不到欲望、情绪和感官等等力量的存在，意志力可能会完全地根据道德伦理的标准来采取行动；或者完全将道德问题搁在一边，不去理会道德的要求，而根据其他某种因素来采取行动。

（二）意志力的培养和提升

一个人的意志力代表着他生活或做事的方式；意志引导着自己，也指挥着人身体的其他部分。意志力不仅是指下决心的决断力，不仅是用来感悟理解的感受力，或是进行构想的想象力；意志力是指所有“进行自我引导的精神力量本身”。

1. 在培养自己坚强的意志过程中，树立坚定的自信心是非常重要的

在我们的现实生活中，只要认真观察，就会发现有许多人的成功经验可效仿和借鉴。善于学习他人的长处，自觉锻炼自己，克服困难，顽强拼搏，增强信心和勇气。我们无论是在日常生活中，还是在学习上，或者做其他任何事情，首先要对自己的能力有一个正确的估计，之后再选择与能力相当的任务。这是因为一个人自信心，与其成功的经验和失败的教训有着很大关系。心理学家发现，一个屡屡失败的人，多半会导致对自己的估计过低，甚至完全否定自己现有的能力。所以，我们决定做每一件事的时候，对自己都应准确估计，树立坚定的自信心，千万不要轻易怀疑和否定自己。另外，在坚信自己能力的基础上，不要过于计较周

围的人对自己的态度，更不要把他人的讽刺和讥笑当作精神负担。我们知道，每一个人对事物的认识分析能力都是有限的，对于别人提出的建议可以参考，需要时也可以采纳，但决不能失去个人主见，把别人的冷嘲热讽当作束缚自己的精神枷锁。战场上没有常胜将军，生活中也没有完美的人。这就是说，人的一生中谁没有失误呢？关键在于如何对待失误，如何从失误中爬起来，坚定信心，继续努力奋斗。

2. 培养自制力是提升意志力的有效途径

自制力是指一个人的自我克制、自我约束的能力，它是人的意志的重要组成部分，在工作中表现为思想上和行动中的一种抗干扰、抗诱惑的坚定性。培养自制力，有利于坚定目标，实现理想。一个成功者，必须是一个有理想、有追求的人。当他的理想、目标一旦确立，就需要有顽强的毅力去实现它。宏观目标的实现过程决不是一帆风顺的，当遇到困难和挫折时，那些意志薄弱、缺乏自制力的人，就会畏难而退或左右摇摆，不思进取，放弃原有的理想与目标。而那些有自制力的人，则能够经受困难与挫折的考验，无论在什么样的条件下，都能坚定信念，不断地命令和指导自己的行动，督促自己去达到目标，实现理想。培养自制力，有利于高尚品格的形成，有利于学习的进步，有利于身心的健康，有利于建立良好的人际关系。有自制力的人，能够自觉地加强思想道德修养，追求理想人格，遵纪守法，培养高尚的道德情操，做遵守社会公德的模范。有自制力的人，能够打好坚实的科学文化基础。知识的积累是一个漫长而又艰辛的过程，没有坚强的毅力、强大的自制力，是很难学有所成的，学习需要有计划，要珍惜时间，要排除各种干扰，当天的任务当天完成，持之以恒，贵在坚持。有自制力的人，可以克服不良情绪的干扰，有利于身心的健康发展。当然，每天有规律地进行体育锻炼是健身的最直接的方法。无论春夏秋冬，严寒酷暑，都要坚持锻炼，克服懒惰情绪，这也是自制力的重要表现。

3. 培养果断的意志品质

要培养自己善于运用辩证唯物的观点，全面分析、判断问题，抓住问题的本质，才能在处理问题时当机立断。但不是盲从，也不是片面性地认识问题和解决问题。遇事要保持镇静的情绪。只有这样才能使头脑清醒，遇事不慌乱，冷静沉着，对问题进行仔细认真的分析，找出问题的症结，看到问题的利与害，分清轻重缓急，采取果断措施，使问题得到及时完美的解决。果断行为是意志品质的一种表现，它对人的工作、学习、生活都有着重要的影响。

二、思享园地

（一）旅客空中突发疾病，南通机场开辟绿色通道

“南通机场，青岛航签派，我司航班上一名旅客突发疾病，病情严重，申请紧急备降南通机场进行救治。”2022 年 2 月 17 日 21 时 41 分，南通机场指挥中心接到青岛航空通报，由温州飞往沈阳的 QW6026 航班有一名旅客突发疾病，需要紧急备降南通。

接到通报后，一方面，机场指挥中心立即通知救护中心做好急救准备，通知消防护卫监护人员和地面服务人员做好配合，安排近机位，以便尽快实施救治；另一方面，机场塔台联系周边军民航管制单位申请直飞航线，以便航班能够尽快落地。21 时 45 分，该航班机组与南通塔台建立联系，为保证机上旅客身体状态稳定，塔台指挥飞机以梯级下降的方式快速且

平稳地下降高度，经过塔台与机组的努力，航班于 22 时 04 分落地南通机场，从建立联系到航班落地仅用时 19 分钟。

深夜的机坪，寒风刺骨，机场各岗位保障人员已集结到位。航班落地后，大家快速响应完成航班保障。机场救护中心医护人员上机后，立即对旅客进行现场急救，随后将其送往医院进一步救治，目前该名旅客在市区三甲医院治疗，生命体征稳定。

为保障机上其他旅客的后续行程，机场运行指挥中心协调航空公司和各保障部门启动快速航班保障机制。在多方的努力下，最终该航班于 23 时 30 分再次升空，飞往本次航班的最终目的地——沈阳。

时间就是生命。南通机场时刻牢记“人民航空为人民”的服务宗旨，用实际行动践行“三个敬畏”精神，用心做好每个航班的保障服务工作。当前，正值春运和冬奥会保障，南通机场将秉持当代民航精神，以忠诚担当的政治品格、严谨科学的专业精神、团结协作的工作作风、敬业奉献的职业操守，切实做好各项航空运行保障工作。

（来源：民航资源网，2022-02-18，供稿：南通兴东机场有限公司）

（二）责任在心 勇毅前行——记南宁分公司运行保障专员何志明

作为民航一线人员，要时刻把确保航空安全、旅客安全放在第一位。“一个航班一个航班地盯，一个环节一个环节地抓”，这是南宁分公司运行保障部场办管理专员何志明一直铭记于心，践之于行的工作要求，这样才能在日常业务中把每一件事情做好，把安全责任落实到位。

尽心尽责，做好每一次航班保障工作

2022 年 8 月 23 日，ZH9387 航班临时接到紧急人体器官运输任务，人体器官获取组织（以下简称 OPO）工作人员需要运输移植器官（心脏）到郑州。目前他们在从外市赶往南宁机场的高速路上，预计 2 小时左右才能到达机场，预计到达时间已超过航班起飞时间，但如果签转下一航班，移植器官的活性将大大降低，手术失败的风险很高，迫不得已请求深航等待。

时间紧迫，何志明带领的运行保障工作小组立即启动紧急保障预案，收集整理好旅客信息、器官移植种类等关键信息通报机场值机、安检等代理单位提前做好绿色通道准备工作；与公司签派、HCC 调度协调时刻，并将情况汇报南宁值班经理，安排专人在值机柜台等候 OPO 工作人员到来。8 时 22 分，3 名 OPO 工作人员到达候机楼后，由专人保障快速引导至绿色通道，协助安全检查，于 10 分钟内顺利登机。

手术顺利结束后，OPO 工作人员第一时间向深航发来感谢的短信，信中说道“感谢深航的大力支持和帮助，为拯救生命，我们在所不辞；为人民服务，我们深感自豪，再次对你们表示感谢”

笃志敏行，主动投身数字化建设工作

2021 年初，何志明利用休息时间自学了系统建设、设计和开发。经过一年多的不懈努力，系统功能不断完善，在独自完成 18000 行代码编写后，2022 年 4 月初实现了“NNG 地服生产管理系统”线上发布，其中 24 个工作模块基本覆盖了地服业务工作，实现了数据“随身走”，既减轻了班组工作负担，又提高工作效率，让资源共享更便捷。

根据疫情防控工作需要，2022 年 4 月 24 日南宁分公司成立了数字化疫情防控项目组。

何志明作为项目经理带领项目组成员，克服了工期短、需求差异化大、开发工作和日常本职岗位工作冲突等困难，主动利用下班休息时间作业，完成了系统设计、编码、测试等一系列过程，在短短3个月时间内实现了从项目立项到验收，完成了航空器、交通工具、场所管理、防疫政策、监督检查、特情处置、一人一档、出入境旅客运输、会议纪要、扫码乘车10个防疫工作模块开发工作。

何志明还根据数字化办公室的工作部署和要求，先后为后勤保障部、运行保障部地服板块、安全质量部搭建部署了多个应用模块，并指导飞行部开展数字化建设工作。同时总结提炼设计开发经验，编写通用JS函数和方法，CSS样式代码，自定义表单模板等，主动分享开发心得，通过传、帮、带实现人人技术提升。

担当作为，积极参与组织管理工作

在做好航班保障工作之外，何志明还积极参与南宁分公司组织管理工作。制定部门年度安全培训计划和外委单位监管办法；组织开展部门作风建设工作，在中南局集中自查和安全百日攻坚活动中制定部门自查、行动计划和具体整改措施，每年筹划不同形式和风格的“安康杯”知识竞赛活动；组织开展“吹哨人”活动，征集安全建议16条；配合保卫部开展空防安全工作，协助空防教育和背景调查工作；配合办公室开展网络安全工作，协助进行网络配置、数据分级和账号管理等；每月组织风险管理小组会议，开展日常和专项工作风险评估、危险源管控措施验证和安全绩效指标监控工作；参加安全生产专项整治三年行动，配合分公司做好强化风险防控和隐患排查治理等工作。

除此之外，何志明还积极协助完成服务法定自查工作，围绕《公共航空运输旅客服务管理规定》《航班正常管理规定》《残疾人运输管理办法》《人体捐献器官航空运输》等适用的服务类法规开展文文、文实的符合性自查，参与贵宾服务品牌打造工作，围绕公司“对标国际一流，争创国内一流航司”的整体服务目标和愿景，组织班组成员参加对客创新活动10次。

自2002年加入深航以来，与公司风雨同舟20载，何志明见证了公司机队规模从20架到200多架，见证了公司不断发展、壮大的辉煌历程。未来的工作生涯中，也将持续秉持着“每一次都把事情做好的”安全理念，上班坚守职责和担当，下班发挥余热，用自己的敬业、热情和探索精神在一线岗位上发光发亮。

（来源：民航资源网 2023-05-09，供稿：深圳航空有限责任公司）

参考文献

[1]（美）弗兰克·哈多克. 意志的力量：自控力练习[M]. 春天，编译. 北京：北京大学出版社，2017：185-200。

[2]（美）罗伊·鲍迈斯特，（美）约翰·蒂尔尼. 意志力：关于专注、自控与效率的心理学[M]. 北京：中信出版社，2012：15-28.

[3]（德）布鲁赫，（印）戈沙尔. 行动：如何高效驾驭意志力[M]. 北京：商务印书馆，2006：53-77.

[4] 林均伟. 意志力锻炼手册[M]. 北京：企业管理出版社，2017：82-98.

[5] 梁秀荣. 民航客舱安全管理[M]. 北京：中国民航出版社，2013：189-205.

项目十二　学习力的有效提升

【项目导引】

学习力强的机组成员能够迅速吸收新知识，不断更新自己的知识体系，确保在复杂多变的飞行环境中做出正确的决策和操作；能够更快地适应民航技术更新，掌握新的操作技能，提高工作效率；能够更好地理解其他成员的观点和想法，加强团队之间的沟通与协作，提高整个团队的工作效率和凝聚力；能够迅速学习并掌握应对紧急情况的知识与技能，从而做出正确的决策和操作，保障乘客和机组的安全；能够抓住各种学习机会，不断提升自己的综合素质和竞争力，为自己的职业发展奠定坚实的基础。

本项目主要介绍学习的内涵以及提升学习力的方式与途径等内容，通过学习本项目，学生可以对学习力的概念体系有一个全面的了解，通过本项目的训练，学生可以更加全面地认识学习力对于个人以及团队的价值，更好地培养和提升自身的学习力，丰富自身的能力架构与能力体系，从而加强团队的学习力，更好地指导实践。

【学习目标】

知识目标：

1. 了解学习力的内涵。
2. 认识学习力的提升与学习者之间的关系。

能力目标：

1. 掌握有效提升学习力的具体方法与途径。
2. 具备学习力提升能力，并在实践中反思提升。

素养目标：

1. 能够充分理解并践行“三个敬畏”。
2. 能够更加坚定“四个自信”。

【案例导入】

灭火瓶当氧气瓶

民航华北地区管理局安全监察部门到某航空公司飞机上进行出港前的安全检查，现场提出一个考题，空中飞行突然有位乘客不舒服需要吸氧，要求乘务组中的一位乘务员马上从离乘客最近的地方取来氧气瓶给乘客用氧。乘务员迅速从后舱壁板处取出氧气瓶，等她准备打开使用时，发现没有氧气面罩，没有供氧阀门。在场的监察员们全乐了，原来这位乘务员取来的不是氧气瓶而是水灭火瓶。“你是经过培训的吗？你的培训合格了吗？培训期间有实操训练吗？”这一连串的问题使这位刚上岗飞行的乘务学员满脸通红。当然这次检查被监察部门给出了不合格项，要求航空公司必须在规定时间内整改。

通过这次检查，该航空公司对所有乘务员进行了客舱应急设备使用的全面复习和检查，不仅提高了乘务员的业务知识，对客舱安全管理也起到了保障作用。

（来源：《民航客舱安全管理》，梁秀荣主编，中国民航出版社）

一、理论研究

（一）学习力的内涵

学习力是指一个人或一个企业、一个组织学习的动力、毅力和能力的综合体现。学习的动力体现了学习的目标；学习的毅力反映了学习者的意志；学习的能力则来源于学习者掌握的知识及其在实践中的应用。一个人、一个组织是否有很强的学习力，完全取决于这个人、这个组织是否有明确的奋斗目标、坚强的意志和丰富的理论知识以及大量的实践经验。学习力是把知识资源转化为知识资本的能力。个人的学习力，不仅包含它的知识总量，即个人学习内容的宽广程度和组织与个人的开放程度；也包含它的知识质量，即学习者的综合素质、学习效率和学习品质；还包含它的学习流量，即学习的速度及吸纳和扩充知识的能力；更重要的是看它的知识增量，即学习成果的创新程度以及学习者把知识转化为价值的程度。

每一个人才背后，一定要有很强的学习力作为支撑物。如果你的学习力每况愈下，那你很可能从一个“人才”变成组织乃至社会的一个“包袱”。人才其实是一个动态的概念，它不是一成不变的，不是永恒的。它需要不断地晋级，不断地发展，只有人才的学习力不断地加强，不断地提高，才能保证人才的新鲜，这样的人才才是新时代的人才，才是真正意义上的人才。所以，人才竞争的背后隐藏着学习力的竞争。

组织学习力是人们创新能力的集中体现，能直接转化为创新成果。它倡导团队学习比个人学习更重要，团队具有整体搭配的学习能力，团体内信息和知识自由流动，高度共享，团队学习既是团队成员相互沟通和交流思想的过程,也是团队成员寻求共识和统一行动的过程，从而也是产生团队的“创造性张力”的过程。员工深刻认识到群体互动式的学习效率远远优于单个个体的学习效率。组织在个人单向学习的同时，更注重双向学习，学习的基本单位变成团体而不是个人。在团队中，成员根据自己的最高愿望和团队追求的共同目标，通过“深度汇谈”，共享信息，重新创造自我；成员能够做到从未做到的事情，超越自身；个人的知识在隐性知识和显性知识相互转化过程中逐渐上升。扩大为组织的知识，进而提高知识使用的效率。

学习力的本质是竞争力。当今世界是一个充满竞争的时代，在 20 世纪 60 年代，被《财富》杂志列为世界 500 强的大公司，堪称全球竞争力最强的企业。然而，1970 年的 500 强到 80 年代有三分之一销声匿迹，到 20 世纪末更是所剩无几了。这一方面反映了风起云涌的新科技革命和新经济的产生迅速切换或淘汰传统产业的大趋势，同时也反映出这些大企业不善于与时俱进,跟不上时代的节拍而被时代抛弃的必然。当我们掌握并习惯了一种学习方法时，就可以通过不断练习来提高工作的效率，但是随着学习环境以及学习内容的变化，学习方法也应该随之进行相应的快速完善和调整，并迅速做出判断和处理，进而保持学习力的不断更新与优化，从而提升认识和实践的能力。

学习能力有几个重要特征：

（1）自主性。个体生命自觉、自愿地去学习，而不是被迫去学习。

（2）能动性。生命主体积极富有创造性地去学习，而不是对知识、信息简单地吸收。同时还要会消化，要善于转化成生命所需要的物质和精神能量。

（3）创造性。学习的最终目的是推陈出新、吐故纳新、融会贯通，是为了创新和创造，而不是“死读书，读死书”。

具体而言，学习力包括以下几个方面的内涵：

（1）学习态度：指个体或组织对待学习的态度和观念。积极的学习态度有助于激发学习动力，提高学习效果。

（2）学习方法：指个体或组织在学习过程中所采用的方法和技巧。有效的学习方法能够提升学习效率，使学习更加高效和有针对性。

（3）学习动力：指推动个体或组织持续学习的内在力量。学习动力可以来源于个人兴趣、职业需求、社会压力等多个方面。

（4）学习能力：指个体或组织通过学习获取新知识、新技能和新思维的能力。学习能力的高低直接影响学习效果和个体或组织的竞争力。

案例 12-1　值机柜台成功拦截偷渡客

2009 年 10 月 6 日，某航空公司上海保障部浦东客运部外航部收到了来自荷兰皇家航空公司（KLM，Royal Dutch Airlines）上海站站长 Harry 先生热情洋溢的表扬信。内容是感谢代理 KLM 小组的值班主任李女士协助拦截“帮助索马里旅客偷渡至欧洲的蛇头”作案。

当天 KL894 柜台刚开放不久，队伍中就出现了四位非洲籍旅客，其中两人排在公务舱队伍中，另两位排在经济舱队伍中，四人装扮统一，男士西装笔挺，女士穿着民族长袍，都拎着一个很小的拉杆箱。由于 KLM 航班上很少出现非洲籍旅客，而且行李又是那么少，这些符合偷渡嫌疑旅客的特征立即引起了当班值班主任李女士的注意，她立刻通知柜台员工密切注意。

旅客在柜台办理手续时，李主任也一同跟到了柜台，在检查其肯尼亚护照的过程中，发现了非常值得怀疑的几个疑点：第一，旅客在前一天刚刚从广州入境；第二，旅客持上海始发的单程机票；第三，很少的行李。其中一名旅客 GABOW 的旅行经历丰富，且有一张 KLM 的银卡，而另三位旅客显示都是第一次旅行。这些疑似偷渡的信息让李主任警觉起来，开始与旅客交谈，在询问过程中，始终只有 GABOW 在回答问题，而其他三名旅客均表现出不自然的神情。

在简单交流后，李主任确认这些旅客有问题，她立即与当班 KLM 商务反映了这一情况，商务了解后最终决定拒载旅客。荷兰移民局之前已经阻留了部分试图非法入境荷兰的外籍旅客，正为无法识别他们的国籍而苦恼，这次上海站提供的相关信息为他们破案提供了有力线索，最终他们得以识别旅客身份并着手准备将旅客遣返原国。而持有肯尼亚护照的旅客 GABOW 涉嫌协助索马里公民从中国非法进入欧洲，该旅客已经进入荷法使馆的黑名单。肯尼亚已经开始着手调查 GABOW 如何得到那些试图非法偷渡者的护照和意大利签证。

在该航空公司代理的 KLM 航班上，外籍偷渡旅客比较少见，通常是回自己国家，转机不需要签证，就可以放行。正是这一点便利使中国成为了偷渡欧美的中转站。而对于值班主任来说，是敏锐的观察力，清晰的判断力是在多年代理欧洲航班中积攒下来的宝贵经验。

（来源：民航资源网，2009-10-14，供稿：中国东方航空股份有限公司地面服务部）

（二）提升学习力的方式与途径

共同愿景，是学习型文化的基础、核心，是指导组织和员工行为的哲学。在学习型组织的开始阶段，可能一部分成员持有相同的愿望，但是只有人人都衷心向往的愿望，才能成为组织的共同愿望，这需要不断培养的过程。因此，建立共同愿景是组织经营者的首要职责，是学习型组织成功的法宝。

首先是学习的知识总量，这是学习力提升的起点，虽然只占学习力价值的很少一部分，但却是不可缺少的。知识总量包括两个方面：一是学习内容的宽广程度，即知识面的涉猎程度。每个岗位都是相通的，每个工作所需要的知识点也不是单一的，而是相互关联的。二是学习方向的开放程度除了本职工作的相关知识点外，还需要储备一些其他的知识，沟通技巧是工具，但内容却需要多方面的累积。

其次是知识质量。这一点和学习者的素质、效率有着直接关系。素质决定了知识选择的方向，不会将精力浪费在无关紧要的内容上；效率决定了掌握知识的进度，影响着学习、吸纳、扩充知识的速度，让学习者在既定时间内完成需要完成的内容。

再次是知识增量，这也是提升学习力最为重要的一项，它决定了知识转化为价值的程度，以及后续持续创新应用的程度。一个知识，如果不能转化为创造价值的行动，那就如同深藏的宝藏一样，价值很大却毫无用处。

学习力的提升包括两个方面：

一方面是知识的累积。随着科技的进步和发展，获取知识的方式越来越多，网络、书籍、视频、音频等各种资源充斥着社会的每一个角落，只要你想，就可以找到各种学习的途径。就读书来讲，包括三个层次：被动学、习惯学、无意识学。在第一个层次，依然是靠自觉、靠计划来让自己学习，渐渐地会进入到第二个层次，即习惯学，如同起床洗脸、饿了吃饭、渴了喝水一样，成为一种习惯，最后进入第三个层次，即无意识学，手中无书，心中有书，随时随地都能从接触的一件事、一次谈话中收获知识。

另一方面是知识的转化。团队学习力提升的前提是团队内信息和知识的自由流动，实现高度共享，在相互沟通和交流思想的过程中达成共识和统一行动，并在此基础上实现创造性扩张应用。

影响学习力的关键要素主要包括：

（1）自我超越。学习时不要自我设限，要基于自身目标和现状，扩展张力，突破自己的短板。

（2）改善心智模式。不要被根深蒂固于我们心中的各种固有思维影响学习提升，比如各种假设、成见甚至印象等。

（3）建立共同愿景。让我们向着一个共同的目标而迈进。

（4）团队学习。通过团队的力量来相互支持。

（5）系统思考。凡事需要举一反三，以终为始。

“知识就是力量”的理解已发生深刻变化，力量不是来自于保密的知识，而是来自共享的知识。“知识共享有益于组织和个人发展”的观念根植于组织成员的心目中，公开交流。分享经验、共享知识弥漫着整个组织。在这种文化中，分享和利用知识往往是员工的自然行为，知识共享已变成工作本身的有机部分，而不是可忽略的，或附加的虚饰。成员之间常常通过非正式方式（或场合）交流成功的经验，探讨业务技能和创新，互相帮助去学习所需的新技能。这样，组织内部形成了动态的知识流，完成了由个体知识到集体知识，隐性知识到显性知识的相互转化，在转化中不断产生新知识，实现了知识创新。

（三）构建学习型组织

学习型组织中，从上到下，都在建立健全评估和激励体系，对组织成员的学习和创新给予支持和奖励。支持成员学习，鼓励组织成员分享知识，并把员工将新知识带到部门中看成是宝贵的资源和财富；激发员工创造性思维，激励员工提出新见解和新看法；促进员工对问题的思考，并对员工的意见及时提供反馈；组织提倡员工的冒险和实践精神，支持员工进行不懈的尝试，允许员工犯错误，并把错误看成是最好的学习机会；建立学习行为的榜样，促进组织的学习氛围。由于人的需要是多层次的，因而激励也是多方面的。组织中的管理阶层知道哪些激励对员工的影响微乎其微甚至完全不起作用，于是不断调整自己的激励实践，想办法尽可能地营造学习氛围。知识共享能给员工带来自我价值实现的满足感，使之成为员工一种内在需要，而不是一种外在要求。

案例 12-2　和 B787 一样“牛”的转机型培训

“26 名学员全部 95 分以上，100%通过考核！”2017 年 4 月 5 日—6 日，南航新疆分公司培训部顺利完成属地首批乘务转 B787 机型理论培训。

为了顺利实施 B787 飞机的属地转机型理论培训，早在年初，培训部就已按照新疆分公司机型引进的总体部署，做好 B787 机型入疆的培训准备工作。尤其是在培训教员资质获取方面，培训部先期精选出两名专业性强的机型教员，并积极与股份培训部、客舱部协商联动，在股份培训部完成为期三天的转机型培训后，于次日就将人员派上航班开始机型带飞工作，当人员获得 B787 机型飞行资格后，紧接着进行跟课及授课试讲，整个过程紧锣密鼓，仅在 15 天内，两名教员就高效快节奏地完成了转机型所有工作，并顺利通过试讲考核，获得了该机型在新疆属地训的理论授课资质。

由于 B787 机型有“梦想客机”之称，那么跟以往机型相比，里面的很多设备和功能都更有特点，这相应也就对乘务员学习该机型提出了更高的要求。如何使新疆的属地理论训更突显实效，让学员在未见真实飞机前能更好地掌握机型知识，新疆培训部在与股份培训部统一授课内容和标准的基础上，改进教学方法，引入可视化教学，把该机型很重要的 CAP 和 ASP 两块内容做成展板，再通过教员脉络清晰地讲解，让学员在一目了然中快速掌握了培训重点。

培训中，小组竞赛制的抢答，训练法的知识点回顾及案例分享、卡片排序这多种教学手段的运用，有效调动了大家学新机型知识的积极性，而教员用心营造出的分享互动培训氛围更让学员们学习热情高涨，最终这 26 名从新疆分公司客舱部具备执飞 B777 机型资质乘务员中挑选出来的精兵强将，用很牛的学习劲头取得了很牛的成绩，在理论考核中全部以 95 分以上的优异成绩 100%过关，良好的过关率使 B787 属地理论训得到南航新疆分公司客舱部领导的好评。这首战告捷也为该机型在新疆安全、顺利投入运行起到了积极作用。

（来源：民航资源网，2017-04-13，供稿：中国南方航空股份有限公司新疆分公司培训部）

二、思享园地

（一）旅客突发癫痫，首都航空 JD5511 航班紧急备降合肥急救脱险

2021 年 8 月 2 日，首都航空 JD5511 航班从青岛飞往南昌，空中一位小旅客突发癫痫，情况紧急，乘务组立即开展机上急救，机组果断决策就近备降合肥，机组执行空地协同和机上急救各项措施，飞机落地后立即将小旅客送往医院。由于救治及时处置妥当，目前小旅客已平安脱险，家长也向首都航空表示真挚的感谢。

2021 年 8 月 2 日，首都航空 JD5511 航班于 6:55 从青岛起飞前往南昌，7:28 空中巡航阶段一名女性旅客求助乘务员表示其孩子有癫痫发作的前兆，乘务组立即广播寻找医生并报告机组，7:30 左右小旅客出现呕吐、意识模糊的情况，乘务组立即按程序开展机上急救，并为其用氧。机组果断决策就近备降合肥机场，并通知地面急救做好准备。由于担心孩子的身体状况，小旅客的家长一直处于高度紧张的状态，乘务长徐小玲安排好组员进行合理分工，开展机上急救工作，同时不断安慰家长，“相信我们的专业素养，有我们在，不要担心！”

7:52，首都航空 JD5511 航班降落合肥机场，乘务组第一时间将突发癫痫的小旅客交于地面急救人员，送往医院，22 分钟的空中急救与备降，是首都航空专业的技术和能力的最佳展示。

由于救治及时处置妥当，目前小旅客情况稳定平安脱险，家长通过朋友向首都航空 JD5511 乘务组及机组表达了真挚的感谢，得知旅客脱险，首都航空全体机组都感到无比欢欣与安慰，他们调整状态，迅速投入到后续航班的保障中。

生命第一、旅客为重，是首都航空成立十一年来始终坚守的服务底线，“敬畏生命、敬畏规章、敬畏职责”，首都航空始终积极践行“三个敬畏”精神，秉承中国民航“真情服务”理念，用温馨服务的初心，为旅客每一次平安出行保驾护航。

（来源：民航资源网，2021-08-02）

（二）东航云南公司飞行员赵维荣获“最美机长”称号

2024 年 10 月 25 日，在第二届 CATA 航空大会开幕式上，备受行业瞩目的“最美机长、最美乘务长、最美空中管制员”评价结果揭晓，来自行业内的 50 名机长、52 名乘务长和 50 名空中管制员获此殊荣，民航局空管局、各主要航司、民航保障企业、航空制造企业、中国航空运输协会的领导及特邀旅客代表一同为他们颁发奖杯和荣誉证书。东航云南公司飞行员赵维荣获“最美机长”荣誉称号。

赵维，作为东航云南公司资深党员机长、教员，在飞行岗位上恪尽职守，截至目前累计安全飞行时间已超过 16000 小时。作为一名教员，他既是严师也是益友，在他的带飞下，千百桃李成绿林，为东航云南公司输送了一批又一批的优秀人才。他凭借高度的责任感和使命感为飞行安全贡献了自己的力量，以实际行动诠释了“担当”的深刻内涵。

飞行员不仅是技艺高超的空中使者，更肩负着重大责任，需要具备强大的心理素质和责任感。作为“蓝天守护者”，赵维始终坚持“三个敬畏”，在 16000 多小时的安全飞行中，他恪守“地面苦练，空中精飞”的工作准则，将手册精神与操纵技能完美结合，以实际行动将“人民航空为人民”的理念落到实处。

在飞行生涯中，赵维面对过无数挑战，无论是恶劣的天气还是紧急的情况，他都能保持冷静，依靠专业知识和丰富经验作出正确判断。赵维表示："安全重于一切，责任高于泰山。每一次安全飞行都是宝贵的经验，每一次顺利起降都关系到乘客的生命安全。"在一次执行航班时，面对极其复杂的天气，赵维带领机组严格按照规定冷静应对、密切配合，确保了航班安全运行。他始终怀着对飞行事业的热爱和对天空的敬畏，教导学员要不断学习，只有不断提升自己的飞行技术和专业知识，才能积少成多，厚积薄发。

荣获"最美机长"的称号，赵维备感荣幸与自豪。"这是对我不懈努力的肯定和回报，这份荣誉将激励我继续前行，提升飞行技术和专业素养，为乘客提供更安全、舒适的飞行体验。"

从飞行员到机长教员，再到"最美机长"的称号，赵维在数十年的飞行生涯中，始终保持着谦逊和进取的态度，不断超越自我。赵维还将以更加饱满的热情和精湛的技术，继续在蓝天上书写自己的传奇。

（来源：民航资源网，2024-11-13，作者：牛丹 陈旭睿）

参考文献

[1] 王帆. 微时代社会化学习力量[M]. 北京：科学出版社，2017：79-120.

[2] 姜越. 学习力：在学习中提升正能量[M]. 北京：中央编译出版社，2013：123-158.

[3] 埃伦. 兰格. 专念学习力[M]. 杭州：浙江人民出版社，2012：156-186.

[4] 艾丽卡 · 安德森. 学习力：知识焦虑时代，如何升级认知[M]. 北京：电子工业出版社，2017：144-168.

[5] 梁秀荣. 民航客舱安全管理[M]. 北京：中国民航出版社，2013：68-95.

项目十三　创新力的有效提升

【项目导引】

创新是一个民族进步的灵魂，是一个国家兴旺发达的不竭动力，也是中华民族最深沉的民族禀赋。在激烈的国际竞争中，惟创新者进，惟创新者强，惟创新者胜。

本项目主要介绍创新及创新力的概念，创新的内容与特点，创新型人才的培养；通过学习本项目，学生可以对创新力的有效提升有一个概念性的了解，对个人创新能力有一个基本判断；通过本项目的训练，学生可以提升自身的创新力，更好地指导生活和工作。

【学习目标】

知识目标：

1. 了解创新及创新力的内涵。
2. 认识创新力提升与创新型人才培养之间的关系。

能力目标：

1. 掌握有效提升创新力的具体方法。
2. 具备创新型人才的基本提升能力，并在实践中反思提升。

素养目标：

1. 提升团队意识。
2. 践行社会主义核心价值观。
3. 培养敬业奉献的职业操守。

【案例导入】

深航尊鹏阁夏日上新——独具匠心荔枝酸奶冻

2022年暑运渐趋火热，民航恢复态势保持稳定。深航全力保障暑运安全、顺畅运行，关注旅客需求，为旅客暑期出行提供贴心、愉悦服务。近日，深圳尊鹏阁上新一款美食——荔枝酸奶冻。为炎炎夏日中，前来尊鹏阁候机的高端旅客带来清凉的美味享受，开启度假般候机时光。

新品一经推出，荔枝酸奶冻就以逼真的荔枝造型以及酸甜可口的味道吸引了广大旅客的关注。

深航面点大厨不仅将荔枝酸奶冻注入了荔枝的口感精华，还将其制作成荔枝的造型，惟妙惟肖，使人观之，不得不赞叹大厨们的灵巧之手。再加上荔枝酸奶冻细腻的口感，荔香浓郁，实属夏日里不可多得的一道爽口甜品。

美食背后凝聚的是厨师的用心探索与创新研制。深航面点车间的大厨们始终追求创意，以匠人之心打磨艺术美味。

为了能够制作出地道的荔枝风味美食，他们顶着炎炎烈日，到荔园现场认真观摩树枝上的鲜红果实，仔细揣摩荔枝的外形，现场采摘、细品荔枝的味道，经过反复尝试，成功制作出酸甜可口的荔枝酸奶冻，成为深航面点大厨们的又一创新力作。

秉承深圳航空“任何时候自然体贴”的服务理念，深航配餐部不断创新，从多方面努力，打造深航餐食品牌，为旅客带来空地美食享受。

尊鹏阁是深航高端旅客休息室，旨在为旅客营造家一般的亲切感受，并从细节着手，全方位提升高端旅客候机体验。阁内适时推出各式美食，不仅是深航大厨们的创新精心之作，更体现了深航坚持以客户需求为导向，持续为客户创造价值。

（来源：民航资源网，2022-07-15，作者：张娟）

一、理论探究

创新的本质是突破，即突破旧的思维定式，旧的常规戒律。创新活动的核心是“新”，它或者是产品的结构、性能和外部特征的变革，或者是造型设计、内容的表现形式和手段的创造，或者是内容的丰富和完善。

（一）什么是创新

创新起源于拉丁语的“innovate”，意思是更新、制造新的东西或改变。在西方古典经济学家的著作里，创新被认为是在不确定的环境下组合、利用资源的能力。西方学者对创新在经济发展中的作用进行了有意义的探索，包括古典经济学的集大成者马歇尔，他在《经济学原理》中不止一次提到在经济生活中的组织和创业对于经济社会发展的作用，然而，他仍然没有提出系统的“创新”概念。最早提出“创新”概念和建立系统“创新理论”的是奥地利经济学家熊彼特，他在 1912 年出版的德文版著作《经济发展理论》中首次提出“创新”的概念，就是“建立一种新的生产函数”，是把一种从来没有过的关于生产要素和生产条件的“新组合”引入生产体系。

中国的教育发展史，也闪烁着一些简单而朴素的创新能力培养的思想和方法。例如，两千多年前，老子就在《道德经》中提出“天下万物生于有，有生于无”的创造思想；孔子提出要“因材施教”以及“不愤不启，不悱不发。举一隅不以三隅反，则不复也。”（《论语·述而》）的思想。1919 年，我国著名教育家陶行知先生第一次把“创造”引入教育领域。他在《第一流教育家》一文中提出要培养具有“创造精神”和“开辟精神”的人才，培养学生的创新能力对国家富强和民族兴亡有着重要意义。

所谓创新，是指现有的思维模式提出有别于常规或常人思路的见解为导向，利用现有的知识和物质，在特定的环境中，本着理想化需要或为满足社会需求，而改进或创造新的事物（包括产品、方法、元素、路径、环境），并能获得一定有益效果的行为。

（二）创新的特点

1. 不确定性

任何创新都有不确定性，创新的实现和扩散过程，也就是创新的不确定性逐步消除的过程。任何人都不可能了解所有关于既定创新的全面信息，这种不确定性使创新成为一个团队或一个组织进行的最无法预测和最难以捉摸的活动。

2. 风险性

创新的风险性表现为创新所带来的效果具有建设性与破坏性。所谓建设性，是指创新使得生产能够提高现有能力、技能的价值和可用性，推动企业的发展。创新的破坏性，即某一企业的一项创新产品对行业内其他企业来说是一种威胁，会以其产品低劣地满足市场的需要。索尼公司创始人盛田昭夫就认为，最好的创新来自于一个看上去像撞车比赛的过程。

3. 压力性

创新的压力性来源于创新的不确定性和风险性，任何创新都需要勇气和决心。创新恐惧就是对创新压力的描述。创新压力除了本能驱使的压力，还有情感和心理的压力。

4. 知识性

创新意味着解决以前不存在的问题，也可能意味着提供新的产品、服务，形成新的技术、制度和管理范式，甚至意味着开发新的资源。而这些活动都需要创新者在创新领域掌握丰富的知识，要求创新者在创新活动中既运用直觉，又运用分析能力。

（三）创新的内容

从全面的角度看，“创新”概念包括产品创新、技术创新、管理创新、组织创新、制度创新、知识创新、思想创新和理论创新等八个方面的内容。

1. 产品创新

在民航服务中，产品创新是最直接、最能让广大旅客，尤其是经常乘坐飞机旅行的旅客感受深刻的。各航空公司飞机餐的口味长期被诟病，而乘务员在一线工作，与乘客有更多、更直接的接触，更加了解客人的喜好与需求。针对这一情况，某航空公司客舱服务部与航空食品公司合作交流，举行乘务员厨艺大赛。厨艺比赛的前三名菜品，做成航食配餐菜品在机上推广，并向客人推荐，得到广泛认可和喜爱。让乘务员比赛推出适合做成航食的美味菜品，乘客品尝的时候也多了一份新颖与理解，这次合作和创新赢得一致好评。

2. 技术创新

技术创新，首先体现在物质商品生产的设备和工艺的创新上，进一步体现在方法、思路的“软技术”上。机械化、电气化技术大大提高了劳动生产率，计算机、机器人等自动化设备在生产中的广泛应用使得产品的数量和质量都有了进一步的提高，从而更大幅度地改变着社会面貌。

3. 管理创新

管理创新是行为效益的手段性创新，有了管理创新，才有了各种组织及各种事业不断前进的技术保障。正确把握自身的条件与特点，根据环境的变化进行管理理念、管理方法、管理手段和管理体制创新，是组织的生存之道，是事业的发展之道。

4. 组织创新

组织创新是微观结构的体制性创新，有了组织创新，才有了各种组织在竞争中可持续发展的自身目标。从世界的角度看，当今各类组织呈现出扁平化、小型化、弹性化、柔性化、网络化、哑铃化、倒金字塔化等格局，出现了可塑性组织、变色龙组织、虚拟组织、学习型组织以及内部市场、战略联盟、无边界组织等形式。

5. 制度创新

制度是一个社会运行的规矩，制度创新是宏观环境的运作性创新，有了制度创新，才有了社会蓬勃发展的创新动力。制度创新是扭转现行的公众心态，改变现行的利益格局，趋向合理的社会环境，达到先进的、公平的、理性的、效益的、人本的目标。

6. 知识创新

戴维·温伯格提出，知识包含三个层面：① 知识是不同信息或者信息片段之间的联系，是对一般的信息予以提升、有一定的抽象性的看法，存在于知识库、数据库中。② 知识是方法，是人们可以从身边的人那里得到的。③ 知识是主意或想法，这种主意或想法需要判断是否合理。知识创新是对现有信息的制造和改造，有了知识创新，才有了一系列其他创新的延伸和出现。

7. 思想创新

思想创新是人的知识、智力的输出性创新，有了思想创新，才会有持续的创新成果。思想创新的结果，会形成理论创新和制度创新。比如“鼓励消费”是观念创新；重视人的因素，“以人为本”也是现代经济学、现代管理学的观念创新。

8. 理论创新

理论创新是对既有理论的否定、突破、变异，是在寻找新的观点、学说和新的理论体系。有了理论创新，才有了人们对于自然世界、人类社会认识的飞跃和更加自觉、理性、有效地把握。邓小平的改革开放决策、“社会主义市场经济”的发展道路选择和“摸着石头过河”的方法论，有着理论创新的功效，带来了中国经济的腾飞。

案例 13-1　白云机场“海天走廊”

众所周知，机场是旅客进入一个城市的门户，一直以来机场主要的功能就是提供飞机的起降、停靠，以及旅客货物的进出港、中转服务。广州白云机场作为中国南大门和广州窗口名片，在打造中国首家国际枢纽机场的同时，结合“一带一路”倡议，把“文化机场”战略作为白云机场未来重点发展方向之一，2017 年 8 月，在机场候机楼创立了“文化机场”战略的首个里程碑项目“海天走廊”。

“海天走廊”项目是白云机场首个大型的历史文化景观地标，其打破传统，利用现有航站楼负一层东到达走廊内，全长约 200 米，占地约 3300 平方米，通过概念构思、空间设计、墙面改造及增加设备，有效利用公共空间，重新对通道进行升级改造，为旅客提供更好的服务体验并为白云机场增加历史文化景观地标。

“海天走廊”其设计分三部分“古”“今”“未”，以时间为序，在“古”部分尝试回顾古代海丝发展历程，并设立白云机场首座文化博物馆，该馆风格为独具传统岭南元素的仿古建筑，运用实物展品和高科技的三维触摸屏幕。其余区域采用仿真的建材营造古代船舱龙骨感觉，并设有数十个船窗口，以活动画面的形式，模拟展现古代航海中的画面。

“今”部分主要突出当今海上丝绸之路的发展，展示我国在“一带一路”倡议下的相关成果资料及展示共建“一带一路”国家的风光景观。让广大旅客通过现场观看和体验，学习了解到海上丝绸之路的发展历程以及国家“一带一路”的精神倡议。

而在“海天走廊”末端，“未”部分是对未来丝绸之路的展望。采用“未来飞船”的概念与“古”展示区首尾呼应。颇有宇宙风格的船舱设计和用玻璃与导光光纤的繁星，表达对未来空中丝绸之路的美好展望以及憧憬。

整条走廊的天花部分，设计有延绵飘逸的抽象“丝带”，在走廊的不同部分，有不同风格的艺术表现。“古”阶段是“帆”，“今”阶段是“海浪”，“未”阶段是“星空”。

“海天走廊”项目作为机场与博物馆跨界合作成功案例，不仅兼具传播岭南历史文化功能，更成为大部分国内外旅客感知广州的“第一站”，从视觉、触觉角度创新旅客对机场的服务品质感知，是机场文化建设、提高城市文化价值的重要举措，得到国内外旅客的高度认可。

（来源：民航资源网，2018-03-17）

（四）创新的过程

创新的过程，即创造性思维的过程，在思维过程中同时伴随着创造性活动。从一般意义上说，人们解决某种问题时，有着一定的思维顺序，这种顺序包括发现问题、提出问题、分析研究问题、提出假设、检验假设几个方面。特别是“提出假设”这一步骤，会带来科学理论的产生、科技发明、人类认识中质的飞跃。

一直以来，中国民航局都将“真情服务”作为民航工作的三个“底线”之一，乘坐航班出行成为人们经常选择的一种旅行方式，将服务品质的要求提升到新的高度。“真情服务”核心在“真情”，出发点是“真”，落脚点是“情”。航空公司在航班服务的过程中，力图为旅客提供有温度、超越期待的服务。“真情服务”就是让旅客体会到发自内心的热情，让外化于行的服务行为“有温度”。

案例 13-2 厦航美食·云端定制

2017 年 5 月 20 日，厦航成功举办了“惊喜来的太突然”活动第五季“这个 520，厦航和你在一起！”的活动。厦航惊喜活动策划小组，根据 520 的特殊意义，集思广益，制定了详细的活动策划。第一步，借助@厦门航空@厦航美食等新浪微博公众号，宣传“这个 520，厦航和你在一起”主题活动，预告惊喜和幸运将降临在某位神秘旅客身上，为此次活动造势。第二步，将爱意融入餐食设计和伴手礼之中，由厦航空厨精心制作了一款爱心花瓣蛋糕，并配上温馨祝福贺卡及玫瑰花。第三步，筛选适合本次活动的幸运旅客。活动呈现，在 5 月 20 日当天，机供班长将带着真情服务的伴手礼和充满爱的味道的餐食送上飞机，由乘务员传递给惊喜活动挑选的神秘旅客。此次惊喜活动得到了神秘旅客及机上其他旅客的一直点赞，同时受到了社会各界的广泛关注，仅微博视频点击数就超过了 10 万次。

（来源：民航资源网 2018-03-20）

（五）创新力与创新型人才

1. 创新力

创新力又称创新能力。

创新能力，是由创新和能力两个名词共同构成，而创新对于人而言，是指以现有的思维模式提出有别于常规或常人思路的见解为导向，利用现有的知识和物质，在特定的环境中，本着理想化需要或为满足社会需求，而改进或创造新的事物，并能获得一定有益效果的行为。

2. 创新力的表现

（1）学习能力。

获取、掌握知识、方法和经验的能力，包括阅读、写作、理解、表达、记忆、搜集学习资料、使用工具、对话和讨论等能力；还包括态度和习惯。通过大量的个人学习特别是团队学习，形成的一种能够认识环境、适应环境，充分发挥员工的创造性思维能力而建立起来的一种有机的、高度柔性的、扁平的、符合人性的、能持续发展的组织。所以管理大师德鲁克说“真正持久的优势就是怎样去学习，怎样使得自己的企业能够学习得比对手更快”。

（2）分析能力。

分析能力的高低强弱与三个因素有关，一是个人的知识、经验和禀赋；二是分析工具和方法的水平；三是共同讨论与合作研究的品质。随着科学技术的发展，高性能计算机和各种科学仪器以及新的分析方法的出现和应用，有效地提高了人们的分析能力。

（3）综合能力。

综合能力包括三项内容：一是思维统摄与整合，就是把大量分散的概念、知识点以及观察和掌握的事实材料综合在一起，进行思考加工整理，对事物进行整体把握；二是积极吸收新知识，特别是要学会跨学科交叉，把不同学科的知识、不同领域的研究经验融会贯通，才能更好地综合；三是与分析能力紧密配合，才能正确认识事物，实现有价值的创新。

（4）想象能力。

想象力往往是发现问题和解决问题的突破口，以一定知识和经验为基础，在创新活动中扮演突击队和急先锋的角色。缺乏想象力的人，很难从事创新工作。

（5）批判能力。

在学习、吸收已有知识和经验时，批判性、选择性地吸收和接受，去粗取精、去伪存真；在研究和创新方面，没有质疑和批判就只能跟在权威和定论后面亦步亦趋，不可能作出突破性贡献。科学技术史表明，重大创新成果通常都是在对权威理论进行质疑和批判的前提下做出的。

（6）创造能力。

创造能力是创新能力的核心，它是指首次提出新的概念、方法、理论、工具、解决方案、实施方案等的能力，是创新人才的禀赋、知识、经验、动力和毅力的综合体现。

（7）解决问题的能力。

解决问题分狭义和广义，狭义的解决问题就是人们通常认为的各种问题的解决，如物理问题、数学问题、技术问题；广义的问题解决则包括各种思维活动，这种情况下，创新能力就等同于创新性解决问题的能力。

（8）实践能力。

实践能力特指社会实践能力，要使创新成果得到承认、传播、应用，实现其学术价值、经济价值和社会价值，必须要和社会打交道，实践能力就是为实现这一目标而进行的各种社会实践活动的能力。

（9）组织协调能力。

对于创新型人才来说，要完成创新活动，就要协调各方，当拥有一定资源时，就可通过沟通、说服、资源分配和荣誉分配等手段来组织协调各方，从而最终实现创新目标。

（10）整合多种能力的能力。

创新型人才的宝贵之处不仅在于拥有多种才能，更重要的是能够把多种才能有效地整合在一起发挥作用。整合多种能力的能力是能力增长和人格发展的结果，这需要通过学习、实践和人生历练。能否完成重大创新，拥有整合多种能力的能力是一个关键。

案例 13-3　一线飞行人员编写《机上医疗救助》

某乘务员曾就读医科大学全科临床专业，在飞行过程中，他发现现行的手册急救章节有着不够完善，不便查询等缺点，于是利用自己的业余时间开始撰写一些适用于机上急救的文章供大家阅读，不久之后，某报便为其开办名为《机舱急诊室》的专版，专门为机组人员及旅客普及机上医疗知识。但是毕竟该乘务员作为一名 90 后，飞行经验有限，于是前辈们便自愿组成团队，为其分享几十年来的飞行经验及碰到的案例。最终，在前辈们的指导下撰写了专用书籍《机上医疗救助》，用来指导乘务员在飞机上如何进行紧急医疗救助并避免相关法律责任。该书开创了由一线飞行人员编写专业指导类书籍的先河，并打破了在飞机上遇到病人，只能依靠广播寻找旅客中恰好有医生在场的尴尬局面。

（案例由某航空公司在职资深乘务员提供）

3. 创新型人才及创新型人才的特征

创新的根本是培养创新型人才。创新型人才指富于开拓性，具有创造能力，能开创新局面的人才，通常表现出灵活、开放、好奇的个性，具有精力充沛、坚持不懈、注意力集中、想象力丰富以及富于冒险精神等特征。

（1）有可贵的创新品质。

创新型人才必须是有理想、有抱负的人，具备良好的献身精神和进取意识、强烈的事业心和历史责任感等可贵的创新品质。具备这样一种品质，才能够有为求真知、求新知而敢闯、敢试、敢冒风险的大无畏勇气，才能构成创新型人才的强大精神动力。

（2）有坚忍的创新意志。

创新是一个探索未知领域和对已知领域进行破旧立新的过程，充满各种阻力和风险，为了既定的目标必须始终不懈地进行奋斗，锲而不舍，不达目的誓不罢休，不自暴自弃，不轻言放弃。只有具备这样的创新意志，才能不断战胜创新活动中的种种困难，最终实现理想的创新效果。

（3）有敏锐的创新观察。

创新就是发现，而且是突破。要实现突破，就要求创新型人才必须具有敏锐的观察能力、深刻的洞察能力、见微知著的直觉能力和一触即发的灵感和顿悟，不断地将观察到的事物与已掌握的知识联系起来，及时地发现别人没有发现的东西。壶水滚沸使瓦特发明了蒸汽机，苹果落地使牛顿创立了“万有引力”说，带细齿的野草划破了鲁班的手指使他发明了锯，无不证明敏锐的创新观察能力在创新实践中的重要作用。

（4）有超前的创新思维。

创新思维是创新的基本前提，创新型人才具备思维方式的前瞻性、独创性、灵活性等良好思维品质，才能保证在对事物进行分析、综合和判断时做到独辟蹊径。

（5）有丰富的创新知识。

创新型人才还须具有广博而精深的文化内涵，既要有深厚而扎实的基础知识，了解相邻学科及必要的横向学科知识，又要精通自己专业，并能掌握所从事学科专业的最新科学成就和发展趋势。只有通过知识的不断积累才能用更为宽广的眼界进行创新实践。

（6）有科学的创新实践。

创新的过程是遵循科学，依据事物的客观规律进行探索的过程，任何一种创新都不能有半点马虎和空想，因此，创新型人才必须具有严谨而踏实的工作作风，严格遵循事物的客观规律，从实际出发，以科学的态度进行创新实践。

具有创新型思维人才组成的团队可以创造出不拘泥于传统、超越于同行的产品、设计、风格以及服务感受。

案例 13-4　喝出不一样的感觉 东航山东客舱部饮品创新

东航山东分公司客舱部济南分部凌空大组为更好提升头等舱服务品质，进而提高旅客满意度，在不增加公司运营成本的前提下，尝试着利用客舱的有限资源创新头等舱饮料品种，先后推出了花式咖啡热饮、功夫咖啡冰饮和冰火红茶特饮等创新饮品。

进入 2018 年以来，凌空大组进一步细化创新，创新服务达人杨宇发挥自己的特长，将 2017 年提供饮品照片，旅客的留言用电脑设计版面，为凌空大组制作了特色饮品单。新鲜的展示不仅提升了旅客视觉感受，也为创新饮品服务的提供了更好的展示台。

为了能让大家在一起集思广益，碰撞出更多的创意火花，杨宇提出建立创新团队的想法，于是凌空大组成立了“创意 8090 会议室”。在会议室中大家积极献计献策，讨论收集制作创新饮品。杨宇在执行航班中也深挖资源创新饮品，于是“水果酸奶捞”横空出世：将头等舱的酸奶，果盘，麦片结合，不仅营养丰富外形美观，丰富了饮料品种，还让凌空饮品有了小吧台饮品的雏形，深受小朋友的喜爱；团队中的李清清还发现了简单易携带的打泡器，自行购买后将操作视频分享给大家，创意小团队立即装备起来，立刻让创意饮品外观和口感更加时尚；大家还根据平常的飞行经验，将番茄汁与橙汁相搭，创造了果汁版的“轻舞飞扬”……

（来源：民航资源网，2018-04-13，供稿：中国东方航空股份有限公司山东分公司）

4. 打造创新型团队

打造一支创新型团队，有以下七个方法：

（1）鼓励学习。要打造一支创新型团队，首先要在整个团队中创造一个良好的学习氛围，让团队成员至少对创新的动力有所了解，让团队所有成员都将学习转换为一个连续不断的过程。

（2）内部竞争。良好的内部竞争是一个团队追求完美的开端，如果想获得成功，就必须努力进取，良性的竞争有助于激发员工的潜力。

（3）分享信息。分享信息就是团队之间、个人之间、团队与个人之间的信息公开，团队成员可以自由地交换意见或者进行沟通，也是打造创新性团队的重要条件。信息沟通制度要简单，不拘泥于形式；要给与信息沟通物质性支持；分享信息也要制度化，发挥监控的作用。

（4）容忍失败。如果想不失败，只有一条路，就是永远不要尝试。如果团队成员有创新的构想，就让他亲自试验，只要不是因为玩忽职守不负责任所导致的失败，即使造成了损失也不要进行处罚。因为创新者必须要经过无数次的试验，承受多次失败，才能获得胜利的果实。

（5）支持创新者。创新者是团队发展道路上的先锋，但是枪打出头鸟，他们往往会遭受攻击、谩骂、批评。这时团队管理者就要给予全力支持，允许有才华、有创造力的人才在他认为最能发挥才能的环境中工作，并且为他们提供各方面的支持。

（6）吸收改造。创造并不仅仅是从无到有地创造出某个东西，创新也可以是在原有基础上加以改进，融合吸收。

（7）从小队伍带起。打造创新型团队就像滚雪球，可以先从团队中挑选出几名骨干，组成一个微型的创新型团队，在成熟后再吸纳新人进来，经过消化之后，再吸纳新人，如此循环，最终形成一支坚不可摧的创新型团队。

案例 13-5　匠心传承里的"深航味道"

在深航航班上，旅客可以品尝到诸如深航牛肉面、经典卤肉饭等特色美食，更有深航独创的"辣朋"辣椒酱，为味蕾带来意想不到的惊喜。这些美食背后，是"深航星厨"团队对营养、健康、美味的深刻理解与不懈探索。他们用匠心与热情，为旅客打造了一款款专属的"深航味道"

"乘务员你好，给我来勺辣朋。"

深航独创的"辣朋"辣椒酱，一片酱心，一勺入魂。由16种原材料组成，主料是辣椒，并选用猪骨、牛骨，加入新鲜上乘的五花肉、牛腱子肉等，配以20多种调味品，采取老火煲汤的方式，经过20余道工序精心熬制而成。

2006年3月15日，"辣朋"正式登上万米高空的深航航班。经过18年的积累沉淀，服务旅客超1.5亿人次，总产量超1800万瓶，它已经不单单是一瓶小小的辣椒酱，而是旅客和深航情感链接的一条纽带，备受广大旅客和社会各界赞誉。

2024年，深航星厨积极创新，推出了辣朋芥味虾、辣朋兰花香芋鲍鱼、辣朋带鱼卷、辣朋虾米小鲍鱼、辣朋海鳗煲、辣朋回锅肉等多款具有"辣朋"元素的菜肴，不断诠释着"深航味道"。在辣朋官方旗舰店的云端私厨板块中，特别邀请了业内知名的八大名厨，共同打造了八款独一无二、风味绝佳的菜肴。通过线上平台，顾客可以轻松浏览菜单、选择心仪的菜品，并享受由云端私厨精心准备的美食送达服务。

"服务员你好，请来碗深航牛肉面！"

深航尊鹏阁的招牌产品"深航牛肉面"自推出以来，许多旅客心心念念这碗面。从进入尊鹏阁贵宾休息厅的那一刻开始，一碗面，便构成了来到尊鹏阁独一无二的记忆，旅客们可以一边候机，一边品尝，感受深航牛肉面带来的令人难忘的舌尖美味。

煮面师傅精挑细选每一块牛胸肉，切肉、煮肉、煨煮、慢炖……经过控时熬煮去浮，配以数十种秘制调料，最后幻化成筋、肉、油花的完美比例。反复捣、揉、抻、摔，做出劲道弹牙的面条，配上大锅里翻滚着的精致高汤和青翠欲滴的青菜，用一只大大的海碗，盛装着柔韧筋道、爽滑Q弹的牛肉面立刻呈现在旅客面前。

一食一味道，一面一情怀。如今深航牛肉面在深圳尊鹏阁月均保障近6万碗，成了名副其实的网红产品。一根根长而不断、劲道有力的面条，"哧溜哧溜"吸入口中，一口又一口，每个人的脸上都泛着光。吃完，满足地抹抹嘴角，留下一段浪漫的回忆。

多年来，深航配餐部始终秉持“客户至上”的理念，对标行业标杆，不断深耕岭南饮食文化，历经三十余载匠心传承，推出了“一城一食”“食满四季”“深航食袋”及“人间烟火”“个性化点餐”等主题概念产品，用美食讲述着深航真情服务的故事，让每一次的飞行，都成为一场味蕾与心灵的双重旅行。

（来源：民航资源网，2024-10-21，供稿：深圳航空有限责任公司）

二、思享园地

（一）瑞丽航空：精准放行避免返航备降

2020 年 11 月 4 日 16 点 58 分，瑞丽航空运行控制部责任签派员李恺了解到西双版纳机场附近有雷暴产生，签派员向气象部门了解，预计天气将于 17 点影响到西双版纳本场。运行控制部考虑有中等强度的降水伴雷暴，持续时间 1 小时以上，且后续仍有对流生成。预计瑞丽航空 DR6519 航班抵达西双版纳机场时有遭遇雷暴危险天气风险。

责任签派员李恺与 DR6519 航班机组人员沟通正常上客，先地面等待半小时，看天气情况再行调整决策。

17 点 16 分，西双版纳发布干雷特选报；17 点 32 分，雷暴到达本场，责任签派员再次与机组沟通将航班控制在 18 点前后起飞。同时 AOC 值班经理助理分析航班结构发现地面控制等待天气转好再飞将不会产生延误。

最终，DR6519 航班于 17 点 50 分起飞，18 点 45 分落地西双版纳。

责任签派员李恺在此次事件中对 AOC 气象系统的熟练使用和对天气的研判，精准签派放行，机组积极配合最终得以成功避免一次航班返航备降。体现了瑞丽航 AOC 及签派队伍的业务能力过硬，也体现了民航人主动担当、全面履职、严格执行，用实际行动践行对生命、规章、职责的敬畏，这是瑞丽航人对“三个敬畏”的理解。

（来源：民航资源网，2020-11-05）

（二）提前十五分钟落地！东航为断指男孩搭起生命绿色通道

4 月 3 日 14 点 15 分，从玉树飞往西宁的东航 MU2218 航班旅客已经就座，乘务长报告驾驶舱客人已经上齐，请求关闭客舱机门准备起飞。就在此时，飞机无线电频率中传来塔台略带着急的呼叫声：“东方 2218，玉树藏族自治州有个男孩的手指断了，正在赶往机场前往西宁就医，已经与安检沟通好打开绿色通道，麻烦稍微等一下好吗？”机长听完拿起话筒果断回答：“没问题，收到！东方 2218”。机长随即跟乘务长说明情况，乘务员通过机上广播向所有旅客说明情况，征得了机上旅客的理解和配合。

MU2218 已是当天玉树离场的最后一班飞机，而断指的黄金手术时间是在 6-8 小时内，如果超过 8 个小时，断指肌肉容易发生坏死，重接成功率降低，同时也会影响今后的手指功能恢复，所以时间非常紧急，形势刻不容缓。

本次航班的机长是有着多年高高原机场执飞经历的机长教员童欣，根据情况变化他立即作出决策：要在保证航班安全的前提下，尽可能地争取时间！机组打开航图，再次仔细分析航线，并且重新确认驾驶舱机组人员任务分工，做到驾驶舱资源利用最优，在保证飞行安全的前提下尽快落地西宁，为男孩重接断指争取宝贵时间！

14 时 35 分，在飞机已经超过起飞时间十分钟的情况下，男孩及陪同人员匆忙赶到，舱门关闭。然而由于玉树机场属于高高原机场，天气复杂多变，机场附近的天气团已经朝着机场袭来，风裹挟着一粒粒的雪花敲击在飞机风挡玻璃上。根据塔台提供的气象报告，等这片云团过去起码要半个小时。此时，一边是安全方面的压力，一边是男孩断指重接的时间压力，机组肩上的担子愈发沉重。最终，童机长通过自己多年的运行经验和丰富的专业知识储备，结合机载设备研判确定前方没有危险天气，满足起飞标准，果断决定起飞！

飞机安全升空，飞行机组在空中向西宁管制部门报告了机上的特殊情况，申请直飞西宁机场，同时为男孩申请了地面救护车。在机组和空管部门的配合下，原计划飞行 1 小时 15 分钟的航班仅用时 1 小时便安全到达西宁机场，节省了宝贵的 15 分钟。飞机落地后滑行、停稳，在地面等待的医护人员立即上飞机将受伤男孩接走送医救治。傍晚时分，传来好消息，男孩断指重接手术获得成功，正在接受进一步的治疗。

在这场生命接力赛中，东航机组与各方面人员坚持人民至上、生命至上的宗旨，各司其职、通力协作，履行了确保“两个绝对安全”的承诺，搭建出一条救护生命的空中绿色通道。

（来源：民航资源网，2023-04-09，作者：闫子坤）

参考文献

[1] 金迪，张建龄. 抱团打天下[M]. 北京：企业管理出版社，2017.
[2] 陆丰. 团队管理缺少这 9 种核心文化怎么行？[M]. 北京：机械工业出版社，2017.
[3] 陆丰经理人培训项目编写组. 培训游戏全案——团队[M]. 北京：机械工业出版社，2017.

机组人员职业能力开发训练实训手册

主　编 ◎ 池锐宏　陈振旗

副主编 ◎ 黄进委　白文宇　刘　欢

西南交通大学出版社

·成　都·

图书在版编目（CIP）数据

机组人员职业能力开发训练 ：含实训手册. 2，机组人员职业能力开发训练实训手册 / 池锐宏，陈振旗主编. 成都 ：西南交通大学出版社，2024. 12. -- ISBN 978-7-5774-0261-1

Ⅰ. F560.83

中国国家版本馆 CIP 数据核字第 20244BT746 号

目录

CONTENTS

导论　机组资源管理

一、案例分析

实操实训为实战，真火真烟练真功——春秋航空2023年真火实训和演练

为进一步贯彻《“十四五”平安民航建设工作实施意见》，落实“三基”建设要求，春秋航空在行业内率先使用真火实训系统开展针对航空器火灾等事件处置的训练和演练，利用真烟真火开展实操实训，让机组成员身临其境掌握客舱火灾处置的基本程序和要点。2023年3月13—15日，春秋航空保卫部组织上海总部及河北、深圳、西安分公司所属飞行员、乘务员和安全员共20名空勤人员，前往华夏教育培训基地开展真火实训及演练。

以分组讨论的形式组织学员开展“机上火情分类”“火情的发现与报告”“针对机上火情机组的决策”等理论课程学习，使学员了解驾驶舱、客舱等不同部位的起火特点，获得先进的机上灭火知识及机场消防救援联合作战理念，保证在真火场景下获得最佳训练效果，快速掌握专业技能。

观摩机舱内外部火情，通过真火实训系统开展多种情况机上灭火的训练，机组成员直面挑战、找准差距，掌握驾驶舱、洗手间、厨房间、行李架等火灾的起火特点、处置原则和处置方法，补齐机上真火处置能力短板，强化实战本领、积累实战经验，提升机组资源管理应用、机上纵火协同处置、机场消防应急救援协同能力。

汇报演练中飞行、客舱及空保同事们接受“水火考验”，在协同配合中高效处置“机上纵火”，各司其职、配合默契，通过熟练的操作，成功控制火势。此次演练检验了机组成员在客舱中面对真火时的应变能力，展现出机组协同作战与联勤联动能力，进一步提高机上火灾应急处置效能。

（来源：民航资源网，2023-03-29）

案例思考：客舱开展机组联合演练有何重大意义？

____

____

____

二、自我测试（团队角色测试）

下面有七个测试题目：

请把10分按照最能描述你的行为的方式，分配到1至8题之间。在极端的情况下，你可以把10分全部分配给一个句子，当然很可能某几个句子的得分是零分，但是总和要等于10分。

1. 我认为我所能贡献给团队的是：

（1）我能够迅速看到并且利用机会；

（2）我非常善于同各种类型的人一起工作；

（3）我认为贡献思想、产生主意是我的一个天然资源；

（4）我的能力在于，不管什么时候，只要我觉得谁具备一定价值，我就能说服他为团队的目标做贡献；

（5）我认为善于跟进和落实对我的个人成就起很大作用；

（6）如果最终能有好的结果，我准备接受暂时的孤立；

（7）我经常能感觉出来什么是现实的和可行的；

（8）我善于在不带偏见的情况下，提出新的替代方案。

2. 如果我在团队合作方面有什么缺陷的话，我认为可能是：

（1）开会时，如果会议没有完整的结构，进程没有严密的控制，我会感到不安；

（2）对于那些持有正确看法，却没有受到适当对待的人，我往往过于宽厚；

（3）每当团队讨论新想法时，我往往说得太多；

（4）我对目标的看法阻碍我满怀热情地与同事们相处；

（5）人们有时会认为，在必须做某件事时我比较强制和专断；

（6）我发现自己不太容易在前面带领别人，可能是因为太在意团队气氛了；

（7）我太容易被各种主意所吸引，却忘记了眼下应该做什么；

（8）同事们认为我没有必要那么担心细节，也不必那么担心事情会出错。

3. 在与别人合作，共同完成一个项目时：

（1）我的态度会影响别人，不需要动用压力；

（2）对细节的关注使我避免粗心和疏忽；

（3）需要时我会敦促人们采取行动，确保会议没有浪费；

（4）人们指望我贡献创意；

（5）我随时准备支持对大家都有好处的建议；

（6）我总是热切寻找新的思想和新发展；

（7）我相信自己的判断力有助于形成正确的决策；

（8）在确保所有必需的工作都得到精心组织方面，我不负众望。

4. 在对待团队工作方面，我的特点是：

（1）我真诚地渴望深入了解同事们；

（2）我不怕挑战其他人的观点，也不怕成为少数派；

（3）我经常能找出一大串论点来拒绝没有道理的建议；

（4）我认为一旦计划要实施，我的才能在于让计划变成现实；

（5）我有一个倾向：避免一清二楚的东西，追求未知；

（6）对待任何我承担的工作，我都抱着追求完美的态度；

（7）我乐于动用团队以外的关系；

（8）一方面我对所有主意都有兴趣，另一方面，在必须下决心时我决不犹豫。

5. 我在工作中的满足感来自：

（1）我热衷于分析情况，然后权衡所有可能的选择；

（2）我对找出解决问题的办法特别有兴趣；

（3）我喜欢看到自己在工作中培植良好的人际关系；

（4）我对决策有很大的影响力；
（5）我能结识能够提供新东西的人；
（6）我能让人们同意行动路线；
（7）我能看到工作在我手中最后完成；
（8）我喜欢找一个能挑战想象力的领域。
6. 如果突然接到一个困难的任务，时间紧张，人员又不熟悉，这时：
（1）我想缩到角落里先想出一个走出僵局的思路，然后再制定行动方案；
（2）我很乐意与那个能够给我最正面方法的人合作；
（3）通过确定不同的人最适合做什么，我想办法把任务分解化小；
（4）我的紧迫感将有助我们确保不延误工期；
（5）我相信自己应该保持冷静，发挥自己敏锐的思考能力；
（6）即使在压力面前我也坚持明确的目的性；
（7）如果我觉得团队没有进展，我愿意担当积极的领导作用；
（8）我会展开讨论，激发新的想法，推动事情开始启动。
7. 在遇到问题时：
（1）对那些阻碍进展的人，我容易表现出不耐烦的态度；
（2）其他人可能会批评我做太多的分析，缺乏直觉；
（3）要求做工作应该有条不紊，这一点有可能阻碍工作进程；
（4）我很容易厌倦，常常依赖一两个团队成员激发我的热情；
（5）我如果觉得目标不清楚，便很难启动；
（6）有时候我很难把复杂的问题对其他人解释清楚；
（7）我知道别人向我求助一些我自己也不会做的事情；
（8）当我遇到强烈的反对时，我不太愿意表达自己的看法。
评分：请把每道题中各句分数分别填入表 0-1。每行代表题号，然后按照列的方向汇总分数。

表 0-1　每道题中各句分数

题号	IM		CO		SH		PL		RI		ME		T		FI	
一	7		4		6		3		1		8		2		5	
二	1		2		5		7		3		4		6		8	
三	8		1		3		4		6		7		5		2	
四	4		8		2		5		7		3		1		6	
五	2		6		4		8		5		1		3		7	
六	6		3		7		1		8		5		2		4	
七	5		7		1		6		4		2		8		3	
总分																

结果说明：

分数最高的一项就是你表现出来的角色，分数第二高、第三高的就是你的潜能，如果分数在 10 分以上的有三项，证明你这三样都可以扮演，就看你的兴趣和能力在哪里了。如果你有一项很突出、很重要，超过 18 分，那么你就是这类人。一般来说，5 分以下为你不能去扮演的角色，15 分以上证明你扮演这个角色会表现很突出。

表 0-2 结果说明

类型	典型特征	积极特性	能容忍的弱点
实干者（IM）	保守；顺从；务实可靠；计划性强；	有组织能力、实践经验；工作勤奋；有自我约束力；相信一分耕耘一分收获；立足于本职；	缺乏灵活；对没有把握的主意不感兴趣；当变革产生时最易感到紧张；
协调者（CO）	沉着；自信；有抑制力；属于众星捧“月”；可以称得上民间领导人；	对各种有价值的意见不带偏见地兼容并蓄，甚为客观；个人魅力极强；有时可以解决公司内解决不了的问题；	在智能及创造力方面并非超常；不依靠权力压制别人；有时会认为团队贡献自己最大；
推进者（SH）	思维敏捷；开朗；主动探索；新事物的倡导者；	有干劲，随时准备向传统和低效率、自满自足挑战；说干就干；受领导赏识；说到做到；	好激起争端，爱冲动，易急躁；反对拖拉；有争议的角色；注意准确性；
创新者（PL）	有个性（内向）；思想深刻；不拘一格；点子型人才；	才华横溢；富有想象力；智慧；知识渊博；亚洲经理人最缺乏的角色；企业创建初期和需要变革时最需要；	高高在上；不重细节；不拘礼仪；与群体距离远；不喜欢条条框框；
信息者（RI）	性格外向；热情；好奇；联系广泛；消息灵通；做规划时需要信息者帮助；	有广泛联系人的能力，不断探索新的事物；勇于迎接新的挑战；手机、座机随时响，下班通常不直接回家；	兴趣容易转移；喜新厌旧；
监督者（ME）	清醒；理智；谨慎；最高决策团队中的一员；	判断力强；分辨力强；讲求实际；站在很远处观察；善于权衡利弊；	缺乏鼓动力和激发他人的能力；对任何事顶多说还行；挑剔别人；
凝聚者（TW）	擅长人际交往；温和；敏感；牺牲自己照亮别人；不过分强调自己；	有适应周围环境及人的能力；能促进团队的合作；团队中的润滑剂；	在危急时刻优柔寡断；考虑人际关系过多；太在意“合”为贵；
完善者（FI）	勤奋有序；认真；有紧迫感；追求卓越；精益求精；注意细节；	持之以恒；理想主义；追求完美；不会做没把握的事；120% 成功；专家型人物；要求别人和他一样好；	常拘泥于细节，不洒脱；自己累，手下人更累；但成长快，可以学到很多技巧；过注重小事，多授权；

三、理论测验（判断题 10 题，每题 10 分，满分 100 分）

1. 凡是有可能搞错的地方，一定会有人搞错，而且以最坏的方式发生在最不利的时机，这就是海因里希法则。（ ）

2. 墨菲定律揭示了一个重要问题，那就是在每一起严重事故的背后，必然有 29 次轻微事故和 300 起未遂先兆以及更多的事故隐患。（ ）

3. 事故链理论认为安全事故的发生并非是单一的原因造成，而是由一连串的失误链所构成。（　）

4. 人—人界面（L-L）主要指机组成员之间，机组与 ATC 等与飞行活动相关的人员之间构成的界面。（　）

5. 人—硬件界面（L-H）：研究航空从业人员与硬件之间的相互关系，硬件要怎样设计才能符合相关人员的特点，相关人员要怎样操纵硬件才能保障飞行安全等，这是人的错误最常见的发源地。（　）

6. Reason 模型认为，事故的发生不仅有一个事故本身的反应链，还同时存在一个被穿透的组织缺陷集。（　）

7. 机组资源只由人力资源组成。（　）

8. 墨菲定律告诫人们对所有可能出错的地方不能掉以轻心，存侥幸心理。（　）

9. SHEL 模型是典型的系统取向模型，认为航空系统由软件（S-software）、硬件（H-hardware）、环境（E-environment）和人（L-liveware）四个要素组成。（　）

10. 迅速的时区变换以及倒班作业属于组织环境。（　）

四、主题演讲

（一）案例分享

心怀敬畏　方能行之远且久（节选）

孔子曰："君子有三畏：畏天命，畏大人，畏圣人之言。"《菜根谭》里亦说："自天子以至于庶人，未有无所畏惧而不亡者也。上畏天，下畏民，畏言官于一时，畏史官于后世。"而今民航人曰：吾民航人亦有三畏，敬畏生命，敬畏规章，敬畏职责。

敬畏生命

天地生万物，冬去春来，花谢花开，生命在日月更替中不断繁衍生息，我也在孕育两次生命的过程中感叹生命神奇与伟大，使我对万物生命敬之。敬畏生命是必然的、普遍的、绝对的生命伦理原则，而作为民航人，生命对于我们更是重如泰山，那是生命不可承受之重。从进入民航的第一天开始就不断被教导，"安全是民航的基石，没有安全就什么都没有"，"我们的职责就是保护旅客的生命及财产安全"。当我们每天穿梭在万米高空时，客舱里的那一百多张面孔，不仅仅是一百多条生命，更是一百多个家庭，那也是生命不可承受之重。可能因为我已经是两个孩子的妈妈，有时总会感性多一些，看到飞机上那一张张可爱宝贝的笑脸时，我提醒自己，他们是我的职责；看到因为辛苦照顾宝宝累得昏睡过去的妈妈时，我提醒自己，他们是我的责任；当看到年长的叔叔阿姨们享受着他们的夕阳红旅程时，我提醒自己，他们是我的责任；当看到为梦想、为生活、为家庭奔波的年轻人时，我提醒自己，他们是我的责任。生命对于我们来说是什么？是一切。对其敬之，对其畏之，才能对其慎之。将"慎"行渗入到自己工作生活中的每一个环节，渗入到自己的一言一行，渗入到自己的工作生活习惯中，保持对一切生命的尊重，时刻心怀一种敬畏的态度，生命间亦会得到一种和谐。

敬畏规章

我们民航业的规章是什么？是民航行业的运行规律，是安全理论与实践经验的高度统一，我们的安全类规章更是在一次又一次血的教训里总结出来的经验结晶。我们的应急训练科目的增加，每一句口令，每一个动作，也无不是从一次次航空紧急事件或事故后分析原因总结制定的。为什么我们要遵守 96 号文？为什么我们要严格遵守颠簸处置程序？为什么我们操作舱门时执行双人制读卡操作？为什么我们要遵守烤箱使用规定？为什么我们要知道箱包四清楚？规章都是来源于我们的工作实践，我们不但要知道规定是什么，更要知道为什么制定这样的规定，违反规定后的风险是什么，会对我们造成什么影响，切勿出现侥幸心理，漠视规章。因此，遵守规章就是保护旅客，保护公司财产，更是保护我们自己，要加强自我管束力，从被动遵守变为主动遵守，在逐渐壮大的客舱队伍中更是要做好传帮带作用，带给我们徒弟的是雷打不动的规章，以身作则的榜样，更是要传递这种敬畏规章的精神。敬规章是因为它是前辈用血的教训换来的，值得我们尊敬，更值得我们遵守；畏规章，我们应时刻如履薄冰，居安思危，畏的不仅是违规的处罚和教育，更应畏违规后不可预测的风险及影响。敬畏规章是我们对本职工作最起码的尊重，为我们的职业生涯保驾护航。

敬畏职责

作为一名乘务员，我的职责是什么？“保证旅客的安全是法律赋予乘务员的最高职责”这句话从新乘培训第一天就深深刻入脑海，每每读到这句话，心中职业使命感便油然而生。直至现在，每当参加应急复训时，在撤离完毕后，作为乘务长最后向机长报告的一句话：“报告机长，旅客已全部撤离完毕！”仍然会激起心中波澜。再回想之前川航事件中乘务长毕楠在旅客撤离完毕报告出这句话时，心中又是怎样感受？那是真的完成自己使命后的自豪感吧！对于职责令我印象深刻的还有在川航事件后对中国英雄机长刘传健的采访中，一直在他口中反复说着：“我什么都没想，只想着怎么让飞机保持姿态，保持可控，不让飞机掉下去！”多么直白与深刻啊！这就是机长的职责所在！这就是我们的职责！

（来源：中国民航局，2020-08-04，中国南方航空股份有限公司西安分公司，吕瓔珞）

（二）分组进行课程思政拓展训练，并填写以下实训报告

表 0-3　课程思政训练报告与评价

实训属性	主题演讲		
实训目的	阅读上述案例，通过小组课堂演讲的形式，进行课程思政浸润教育，培养民航强国事业接班人。		
项目小组成员	姓名	班级	学号

续表

<table>
<tr><td>实训方式和步骤</td><td colspan="3">1. 通过案例，挖掘与课程相关的课程思政资源；
2. 各项目小组进行案例演讲和互评；
3. 思考并总结，完成实训报告。</td></tr>
<tr><td>实训成果</td><td colspan="3">通过该模块的学习，谈谈项目小组对所挖掘的课程思政资源的理解。</td></tr>
<tr><td rowspan="11">实训过程评价</td><td>评价指标</td><td>自评</td><td>组内互评</td></tr>
<tr><td>达成本次实训项目目标（30分）</td><td></td><td></td></tr>
<tr><td>演讲主题契合课程思政（10分）</td><td></td><td></td></tr>
<tr><td>演讲主题与行业相关，增强职业认同感（10分）</td><td></td><td></td></tr>
<tr><td>能完善自我，对自身成长起到正面激励作用（10分）</td><td></td><td></td></tr>
<tr><td>能健全道德素养，增强社会责任感，培养积极正面的人生观、世界观（10分）</td><td></td><td></td></tr>
<tr><td>能有效利用网络资源查找信息，具备自主学习的能力（5分）</td><td></td><td></td></tr>
<tr><td>能独立思考，融会贯通，提出自己的见解（5分）</td><td></td><td></td></tr>
<tr><td>能创新性地解决问题（5分）</td><td></td><td></td></tr>
<tr><td>注重团队协作，同学间团结友爱，共同解决问题（10分）</td><td></td><td></td></tr>
<tr><td>具备理论应用于实践的能力（5分）</td><td></td><td></td></tr>
<tr><td>小组总结</td><td colspan="3"></td></tr>
<tr><td>个人总结和反思</td><td colspan="3"></td></tr>
</table>

项目一　沟通力的有效提升

一、案例分析

一句“老头”引发的“血案”

某航空公司从北京飞香港的航班上，一位老人家向空乘提出需要一杯热开水的请求。这位空姐随即向该乘务组的乘务长说明此事，在说的过程中，她错误地使用“老头”这一称呼，她是这样说的：“乘务长，后舱有个老头需要一杯开水，麻烦帮我倒一杯”。在通道边坐着的一位旅客听了非常不舒服，于是向乘务员提出抗议，乘务员和乘务长都同时向该旅客表示了歉意，旅客也没有表示异议，事情本该到此结束。可那位不会得体地称呼旅客的乘务员却自作聪明地解释：“‘老头’在北京话中也不是不尊重，我没有其他意思。我也不容易，现在还在发烧……”

乘务员的话还没说完，就被机上一批刚经历了“非典”的香港旅客的愤怒和惊恐打断了。他们一听到发烧就本能地联系到“非典”，他们觉得航空公司让发烧的人员为他们服务，是对他们生命的藐视，他们要航空公司给说法，一时间，飞机上一片混乱，任凭乘务人员怎么解释都无济于事。这时，飞机上另外的旅客看不过去了，在劝说他们无效的情况下，与他们争执起来，继而发展到双方动手的地步，机上的乘务员再也无法控制这一混乱不堪的局面。

（来源：国内某航空公司培训案例）

讨论任务：请小组讨论出现案例中情况的根本原因是什么？以及有效沟通交流在人际交往过程中的重要意义。

____

____

____

____

二、自我测试

1. 在和别人沟通前，你认为比较重要的是应该了解对方的：

A. 经济状况、社会地位

B. 个人修养、能力水平

C. 个人习惯、家庭背景

D. 价值观念、心理特征

2. 参加老同学的婚礼回来，你很高兴，而你的朋友对婚礼的情况也很感兴趣，这时你会：

A. 详细叙说从你进门到离开时所看到和感觉到的以及相关细节

B. 说些自己认为重要的

C. 朋友问什么就答什么

D. 感觉很累了，没什么好说的

3. 你正在主持一次重要的会议，而你的一个下属却在玩弄他的手机并发出声音，干扰会议现场，这时你会：

A. 幽默地劝告下属不要玩手机

B. 严厉地叫下属不要玩手机

C. 装着没看见，任其发展

D. 给那位下属难堪，让其下不了台

4. 你正在向经理汇报工作情况时，你的助理急匆匆跑过来说，你有一个重要客户的长途电话，这时你会：

A. 说你在开会，稍后再回电话过去

B. 向老板请示后，去接电话

C. 说你不在，叫助理问对方有什么事

D. 不向老板请示，直接跑去接电话

5. 当去见一个重要的公司客户时，你会：

A. 像平时一样随便穿着

B. 只要穿得不太糟就可以了

C. 换一件自己认为很合适的衣服

D. 精心打扮一下

6. 你的一位下属已经连续请了三个上午的假，第四天上午上班的时候，他又说下午要请假，这时你会：

A. 详细询问对方因何要请假，视原因而定

B. 告诉他今天下午有一个重要的会议，不能请假

C. 你很生气，什么都没说就批准了他的请假

D. 你很生气，不理会他，不批假

7. 你刚就任一家公司的副总编辑，上班不久，你了解到本来公司中有几个同事想就任你的职位，经理不同意才招的你。对这几位同事，你会：

A. 主动认识他们，了解他们的长处，争取成为朋友

B. 不理会这个问题，努力做好自己的工作

C. 暗中打听他们，了解他们是否具有与你进行竞争的实力

D. 暗中打听他们，并找机会为难他们

8. 与不同身份的人讲话，你会：

A. 对身份低的人说话，你总是漫不经心

B. 对身份高的人说话，你总是有点紧张

C. 在不同的场合，你会用不同的态度与之讲话

D. 不管是什么场合，你都是一样的态度与之讲话

9. 听别人讲话时，你总是会：

A. 对别人的讲话表示兴趣，记住所讲的要点

B. 请对方说出问题的重点

C. 对方老是讲些没必要的话时，你会立即打断他

D. 对方不知所云时，你就很烦躁，就去想或做别的事

10. 当你在发表自己的看法时，别人却不想听你说，你会：

A. 马上气愤地走开

B. 于是你也就不说完了，但你可能会很生气

C. 等等看还有没有说的机会

D. 仔细分析对方不听和自己的原因，找机会换一个方式去说

【评分方法】

题号为 1、5、8、10 者，选 A 得 1 分、B 得 2 分、C 得 3 分、D 得 4 分；

其余题号选 A 得 4 分、B 得 3 分、C 得 2 分、D 得 1 分。

结果分析：

总分为 10 ~ 20 分：你的沟通能力欠佳，因不能很好地表达自己的思想，所以经常不被别人所了解；许多事情由于你采取了不适合的方式，有时把事情弄得越来越糟；但是，只要你学会控制好自己的情绪、改掉一些不良的习惯，你随时可能获得他人理解和支持。

总分为 21 ~ 30 分：你的沟通能力一般，你懂得一些沟通技巧，尊重他人；你能较好地表达自己，并能实现一定的沟通效果；但是，你缺乏高超的沟通技巧和积极的主动性，许多事件只要你继续努力一点，就可大功告成。

总分为 31 ~ 40 分：你的沟通能力很好，你能不动声色地表达自己，有很高的沟通技巧和人际交往能力；只要你能明确意识到自己性格的不足，并努力优化之，定能取得更好的成绩。

三、理论测验（判断题 10 题，每题 10 分，满分 100 分）

1. 书面信息属于非语言信息。（ ）
2. 教师上课的 ppt 属于非语言信息。（ ）
3. 身体语言属于非语言信息。（ ）
4. 口头语言属于语言信息。（ ）
5. 中美贸易谈判，因没有达成一致协议，所以不能称之为有效沟通。（ ）
6. 对于传统的课堂而言，沟通往往是双向的。（ ）
7. 非语言信息包括书面语言和身体语言。（ ）
8. 在对客户沟通当中不允许采用强迫的沟通态度。（ ）
9. 语言信息包括口头语言和书面语言，两者所表达的是一种事实或个人态度。（ ）
10. 不同的文化背景属于沟通当中的“噪声”因素。（ ）

四、实训任务

实训任务一：沟通力的有效提升——驿站传书

（一）游戏目的

这是一个团队合作的项目，同时也是团队与团队之间竞争的一个项目，考察团队成员在构建自己团队沟通规则并执行这种规则，以高效迅速地传递信息的能力。

1. 通过游戏，了解沟通的过程和要素，体验沟通机制的重要性，建立信息资源共享意识；体会沟通中的组织障碍及控制。

2. 通过游戏，学习如何灵活地面对环境的变化，同时遵守规则规范，工作流程以及制度规则的建立与修正。

3. 通过游戏，提高分析解决问题的能力和决策能力，认识到突破性思维的益处。

4. 通过游戏，提高组织、实践、协调、增加团队解决问题的能力；体验团队计划能力，应变能力，加强团队沟通能力。

5. 通过游戏，找出沟通过程中经常出现的问题以及探索解决这些问题的方法；使学员强烈意识到充分沟通对团队目标实现的重要意义。

（二）游戏时间

45 ~ 60 分钟。

（三）游戏场地

室内或者室外。

（四）游戏参与人数

每组 10 到 20 人，2 组到 8 组。

（五）游戏材料

笔若干，写好数字的纸条，若干张白纸，秒表。

（六）游戏操作流程

1. 每组成员排成一列，每两列之间有一定距离，大概 30 到 40 厘米，自行约定信号及信号的传递方式后告诉教师。

2. 教师将一组自然数交给排尾，由排尾传递给排头。

3. 游戏共分 3 轮进行，每轮开始之前可给各小组五分钟时间讨论。

（七）游戏注意事项

1. 项目过程中任何人不得离开座位。

2. 项目过程中任何人不允许从嘴里发出任何声音。

3. 任何人不得回头。

4. 所有人的手不能超过其前面学员的背部的横截面（前方队员的可视范围之内）。

5. 前面的学员手的活动区域不能超过自己的背部的横截面。

6. 不允许传递任何有形的物品，包括数字短信息。

7. 不得使用手机等通信工具。

8. 每一轮传完信息后，每一列的第一位学员立即举手示意，教师立即上前去收取信息，待所有组均提交信息后，由每组的最后一位队员大声读出卡片上的信息，看是否与纸板上所写的内容相符。

9. 每组在每一轮要用不同的方式传递，即每组在 3 轮中要用 3 种不同的方式去传递（传递的时候要注意，如果学员用了在背部写字的方式，那么下一轮，不管是用什么在背部写，都视为同一种方式），各小组内部要进行充分的沟通与协商。

（八）游戏讨论

1. 常见的沟通方式有多少种？

____

____

____

____

2.《驿站传书》游戏中是否体现了沟通力？具体体现在哪里？

____

____

____

____

3. 乘务员、安全员在岗前培训除了培训专业知识，为什么还要培训服务意识方面的技能技巧？各航空公司的工作制服为什么会不一样？

____

____

____

____

（九）实训评价表

表 1-1　实训报告与评价

<table>
<tr><td>实训属性</td><td colspan="6">综合应用游戏</td></tr>
<tr><td>实训目的</td><td colspan="6">通过《驿站传书》的项目游戏，提升团队成员对沟通力的认知与理解，并更好地指导实践。</td></tr>
<tr><td rowspan="6">项目小组成员</td><td>姓名</td><td>班级</td><td colspan="2">学号</td><td colspan="2">责任分工</td></tr>
<tr><td></td><td></td><td colspan="2"></td><td colspan="2"></td></tr>
<tr><td></td><td></td><td colspan="2"></td><td colspan="2"></td></tr>
<tr><td></td><td></td><td colspan="2"></td><td colspan="2"></td></tr>
<tr><td></td><td></td><td colspan="2"></td><td colspan="2"></td></tr>
<tr><td></td><td></td><td colspan="2"></td><td colspan="2"></td></tr>
<tr><td>实训方式和步骤</td><td colspan="6">1. 结合上面的问题，以项目小组为单位开展讨论；
2. 各项目小组进行交流和互评；
3. 思考并总结，完成实训报告。</td></tr>
<tr><td>实训成果</td><td colspan="6"></td></tr>
<tr><td rowspan="11">实训过程评价</td><td colspan="4">评价指标</td><td>自评</td><td>组内互评</td></tr>
<tr><td colspan="4">达成本次实训项目目标（50 分）</td><td></td><td></td></tr>
<tr><td colspan="4">着装符合课堂规范（5 分）</td><td></td><td></td></tr>
<tr><td colspan="4">遵守课堂纪律，做好安全防护，具备安全意识（5 分）</td><td></td><td></td></tr>
<tr><td colspan="4">掌握知识点，能对所学内容进行分析、总结（5 分）</td><td></td><td></td></tr>
<tr><td colspan="4">能有效利用资源查找信息，具备自主学习的能力（5 分）</td><td></td><td></td></tr>
<tr><td colspan="4">能独立思考，融会贯通，提出自己的见解（5 分）</td><td></td><td></td></tr>
<tr><td colspan="4">能创新性地解决问题（5 分）</td><td></td><td></td></tr>
<tr><td colspan="4">注重团队协作，同学间团结友爱，共同解决问题（5 分）</td><td></td><td></td></tr>
<tr><td colspan="4">认同所学专业的价值，对学习抱有热情，在学习中获得满足感、成就感（5 分）</td><td></td><td></td></tr>
<tr><td colspan="4">具备理论应用于实践的能力（10 分）</td><td></td><td></td></tr>
<tr><td>小组活动
经验总结</td><td colspan="6"></td></tr>
<tr><td>个人总结和反思</td><td colspan="6"></td></tr>
</table>

实训任务二：沟通力的有效提升——寻找你我他

（一）游戏目的

1. 通过游戏，寻找符合某种特质的人并请其签名的方式，更好地实现团队成员的了解与熟悉，为进一步合作打下良好基础。

2. 游戏可以增进学员之间的相互了解，提升沟通的效率，活跃课堂气氛。

（二）游戏时间

45 分钟。

（三）游戏场地

有桌子的室内。

（四）游戏参与人数

40 ~ 45 人。

（五）游戏材料

1. 每名参与者均需准备一支笔。

2. 教师需为每名参与者提供一张签名表。

表 1-2　寻找你我他

班级＿＿＿＿＿＿　　姓名＿＿＿＿＿＿＿＿　　日期＿＿＿＿＿

来自**以外省份的	与我是同乡的（同一个省市）	A 型血的	与你生日同月或同日
身高 170 cm 以上的	姓名中与你有同字或同音	身份证号码有 X 的	喜欢打篮球的
曾参加过拓展游戏的	睡觉打呼噜的	曾无偿献血	有共同偶像的
颜值最高的	勇于为班集体奉献的	不吃辣的	曾担任班干部的
与我使用同一品牌手机的	为我的微信朋友圈点赞最多的	曾吵过架的	有过健身经历的

（六）游戏操作流程

1. 把工作表发给每一位学员。

2. 让每位学员以最快的速度找到与表格中相匹配的人在表格中签名，每人只能签一个格子。

3. 最先获取全部签名者为胜利者，完成的同学将签名交还给教师。

（七）游戏注意事项

1. 不能有重复的签名，而且表格中不能有自己的签名。

2. 必须实事求是。别忘了感谢为你签名的人，并记得他（她）的名字。

3. 在充分沟通的基础上，如果没有人具备表格中的特质，允许该项空白，最多允许 1 项空白。

（八）游戏讨论

1. 最快完成签名同学的经验是什么？最后完成签名的同学的教训是什么？

____

____

____

____

2. 沟通交流对完成《寻找你我他》游戏有什么作用？

____

____

____

____

3. 面对服务对象时，如何沟通交流能帮助我们迅速获得信任？请用两个词进行概括。

____

____

____

____

（九）实训评价表

表 1-3　综合应用游戏报告与评价

<table>
<tr><td>实训属性</td><td colspan="4">综合应用游戏</td></tr>
<tr><td>实训目的</td><td colspan="4">通过《寻找你我他》的项目游戏，提升团队成员对沟通力的认知与理解，并更好地指导实践。</td></tr>
<tr><td rowspan="6">项目小组成员</td><td>姓名</td><td>班级</td><td>学号</td><td>责任分工</td></tr>
<tr><td></td><td></td><td></td><td></td></tr>
<tr><td></td><td></td><td></td><td></td></tr>
<tr><td></td><td></td><td></td><td></td></tr>
<tr><td></td><td></td><td></td><td></td></tr>
<tr><td></td><td></td><td></td><td></td></tr>
<tr><td>实训方式和步骤</td><td colspan="4">1. 结合上面的问题，以项目小组为单位开展讨论；
2. 各项目小组进行交流和互评；
3. 思考并总结，完成实训报告。</td></tr>
</table>

续表

<table>
<tr><td>实训成果</td><td colspan="3"></td></tr>
<tr><td rowspan="11">实训过程评价</td><td>评价指标</td><td>自评</td><td>组内互评</td></tr>
<tr><td>达成本次实训项目目标（50分）</td><td></td><td></td></tr>
<tr><td>着装符合课堂规范（5分）</td><td></td><td></td></tr>
<tr><td>遵守课堂纪律，做好安全防护，具备安全意识（5分）</td><td></td><td></td></tr>
<tr><td>掌握知识点，能对所学内容进行分析、总结（5分）</td><td></td><td></td></tr>
<tr><td>能有效利用资源查找信息，具备自主学习的能力（5分）</td><td></td><td></td></tr>
<tr><td>能独立思考，融会贯通，提出自己的见解（5分）</td><td></td><td></td></tr>
<tr><td>能创新性地解决问题（5分）</td><td></td><td></td></tr>
<tr><td>注重团队协作，同学间团结友爱，共同解决问题（5分）</td><td></td><td></td></tr>
<tr><td>认同所学专业的价值，对学习抱有热情，在学习中获得满足感、成就感（5分）</td><td></td><td></td></tr>
<tr><td>具备理论应用于实践的能力（10分）</td><td></td><td></td></tr>
<tr><td>小组活动
经验总结</td><td colspan="3"></td></tr>
<tr><td>个人总结和反思</td><td colspan="3"></td></tr>
</table>

五、拓展游戏

任务一　航空公司的经营游戏

（一）游戏目的

1. 通过游戏，让学生充分沟通和协商，培养学生学会倾听他人意见。

2. 通过游戏，让学生学会表达自己意见的方式，帮助大家锻炼沟通与协调能力，经过组内的讨论，最终达成共识，增强团队意识。

3. 通过游戏，培养做出决策判断的能力。本游戏看似简单，但结果往往出人意料且又在意料之中，因为大部分公司都会选择降价，结果降价会导致两败俱伤。本游戏实际上是博弈论中“囚徒困境”的展示，个体理性有时能导致集体的非理性。

（二）游戏时间

35 分钟。

（三）游戏场地

室内或室外（面积能够容纳各组进行相对独立沟通，且不受其他组影响），需要具备一个独立的空间（如小房间）。

（四）游戏参与人数

全体参与，4 ~ 5 人一组。

（五）游戏材料

纸、笔若干。

（六）游戏操作流程

1. 将学员分成 5 ~ 6 个小组，每个小组将分别代表一家航空公司在市场中经营。

2. 市场经营的规则就是：目前，所有航空公司的利润率都维持在 9%；在其他条件保持不变的情况下，如果有三家以下的公司采取降价策略，降价的公司由于薄利多销，利润率可达 12%，而没有采取降价策略的公司利润率则为 6%；如果有三家或三家以上的公司同时降价，则所有公司的利润都只有 6%。

3. 每个小组派代表到小房间里，交代上述游戏规则。并告诉小组代表，你们需要初步达成协商。初步协商之后小组代表再回到小组，并将情况向小组汇报。

4. 小组经过讨论五分钟之后，需要作出最终的决策：降还是不降？并将决定写在纸条上，同时交给教师。

5. 教师公布结果。

（七）游戏注意事项

1. 把全体人员随机分成 4 ~ 5 人的若干小组。
2. 各小组内部要进行充分的沟通与协商。
3. 各小组之间严禁互相沟通。
4. 根据各小组做出的决策，由讲师进行点评。

（八）游戏交流与分享

1. 你们组最终的决策是什么？做出这个决策的理由是什么？

2. 在游戏的过程中，会不会有冲突和争议的产生？大家是如何解决这一问题的？最终又是如何达成共识的？

3. 为什么看似对自己有利的决策却适得其反？

（九）游戏总结与点评

看似对每个组都是合理的、最优的决策，在信息不对称、不充分的情况下却往往是宏观上最不经济的决策。在无法进行有效沟通的情况下，即使合作对于双方都有利，保持合作也是困难的。沟通是解决问题和拓展思维的有效工具，耐心倾听别人的意见，积极表达自己的想法，在综合考虑多种利弊关系的情况下，做出最终的决策，提升沟通的效率。

任务二　Billy 和 lily 游戏

（一）游戏目的

1. 通过游戏，让学生认识到高效沟通的意义，能够快速理解规则并运用到实际游戏中。
2. 通过游戏，迅速找到并掌握游戏中沟通的规律。
3. 当面对多个信息、多条线索和多个实物时，能够保持冷静，准确迅速地实现信息流和实物流的正向与逆向传递流转。

（二）游戏时间

20 分钟。

（三）游戏场地

能够容纳 20 多人围成一圈的宽敞场地。

（四）游戏参与人数

不限，20 人以上最佳。

（五）游戏材料

2 个不同式样的公仔。

（六）游戏操作流程

1. 全体学员围成一圈。
2. 教师先和相邻的学生（甲）进行演示。

游戏师：某某（相邻学生甲的名字）你好，这是 Billy。
相邻的学生（甲）回答：这是什么？
游戏师：这是 Billy。
相邻的学生（甲）回答：哦，这是 Billy，谢谢！

3. 回答完这一对话程序，由相邻的学生（甲）对与其相邻的同学（乙）做介绍。

甲：某某（相邻学生乙的名字）你好，这是 Billy。
乙：这是什么？
甲（转头对教师说）：这是什么？
教师：这是 Billy。
甲：这是 Billy。
乙：哦，这是 Billy，谢谢！

4. 将此对话一直持续下去，最终将 Billy 公仔传给教师；同时教师向另一个方向相邻的人传递 Lilly，这样两句话和两个公仔就朝相反的方向进行传递。

（七）游戏注意事项

1. 任何人都不能直接回答别人问自己的问题，只有教师能够给出答案。
2. 教师要密切注意对话的流向，特别是 Billy 和 lily 的走向。
3. 教师应该提醒对话过程中的回答的规律，要求参加培训的人员要有特别高的注意力和反应能力。
4. 对于回答错误的学员，可以适当惩罚。

（八）游戏交流与分享

1. 对本游戏的第一感觉是什么？为什么会有这种感觉？
2. 有效沟通的原则和要点是什么？
3. 你在游戏中有没有感受到信息混乱？你是如何解决这个问题的？
4. 游戏的规律是什么？

（九）游戏总结与点评

这是一个非常有趣和复杂的游戏，可作为晚会游戏或者暖场环节。考察的是高效沟通与信息传递能力。沟通是一种重要的能力，在人际交往、日常生活和工作学习中具有重要的作用；实现高效沟通需要用心倾听别人，对信息进行识记、理解和加工，同时准确、全面、简洁地进行信息传递。

六、主题演讲

（一）案例分享

暑运旺季“无陪”旅客多，东航西北分公司贴心服务让出行更顺畅

随着 7 月中旬中小学暑假开始，全国各地机场进入暑运客流高峰期，无成人陪伴儿童旅客数量随着时间的推移而逐渐增多。独自出行的小旅客们或探亲访友、或旅游出行，“无人陪伴儿童服务”便成为广大父母们的选择航空出行的最佳搭配。

8 月 22 日，在西安咸阳国际机场的 MU2301 西安—广州航班的航前准备会上，东航西北分公司乘务长李玉娜根据暑运的特殊性和当前航班的具体情况，特意对无人陪伴儿童的服务做了细致的安排。

航班上客期间，乘务长李玉娜认真和地面服务人员完成无人陪伴儿童旅客的交接手续以后，小旅客“丁丁”便开始了自己首次独立空中旅程。乘务组的“爱心服务天使”责任乘务员耐心地教授小旅客座椅上服务组件的使用方法，告知了小旅客的洗手间位置和下机方式。航班上，乘务员们主动和“丁丁”交流，缓解了小旅客的紧张情绪，乖巧认真的“丁丁”也深受大家的喜爱。

在与乘务员的聊天和折纸游戏过程中，“丁丁”小旅客慢慢变得健谈了起来，他特别兴奋地说：“阿姨，你看我的发型好看不？”“我马上就去杭州见妈妈啦，好开心啊”……随后，乘务长李玉娜亲自照顾“丁丁”小朋友的用餐，并仔细地用便笺纸记下了小旅客的用餐时间、餐饮品类，甚至包括去洗手间等事项。乘务组对小旅客提供无微不至照顾的同时，也通过这些空中记录让父母们了解到小朋友的机上生活状态，从而使其更加安心和放心。

飞机落地后，专职乘务员陪伴小旅客“丁丁”最后下飞机，并由乘务长李玉娜亲自带领、无缝衔接至地面工作人员的手里，随后进行了《无人陪儿童空中生活记录单》和其他相关单据的交接。至此，“丁丁”小旅客的空中旅行正式结束，地面服务人员也将会在下一阶段将“丁丁”安全交给在航站楼外等候的父母。

（来源：民航资源网，2022-08-23，供稿：中国东方航空股份有限公司西北分公司）

（二）分组进行课程思政拓展游戏，并填写以下实训报告。

表 1-4　课程思政游戏报告与评价

实训属性	主题演讲		
实训目的	阅读上述案例，通过小组课堂演讲的形式，进行课程思政浸润教育，培养民航强国事业接班人。		
项目小组成员	姓名	班级	学号
实训方式和步骤	1. 通过案例，挖掘与课程相关的课程思政资源； 2. 各项目小组进行案例演讲和互评； 3. 思考并总结，完成实训报告。		
实训成果	通过该模块的学习，谈谈项目小组对所挖掘的课程思政资源的理解。		
实训过程评价	评价指标	自评	组内互评
	达成本次实训项目目标（30 分）		
	演讲主题契合课程思政（10 分）		
	演讲主题与行业相关，增强职业认同感（10 分）		
	能完善自我，对自身成长起到正面激励作用（10 分）		

续表

<table>
<tr><td rowspan="7">实训过程评价</td><td>评价指标</td><td>自评</td><td>组内互评</td></tr>
<tr><td>能健全道德素养，增强社会责任感，培养积极正面的人生观、世界观（10分）</td><td></td><td></td></tr>
<tr><td>能有效利用网络资源查找信息，具备自主学习的能力（5分）</td><td></td><td></td></tr>
<tr><td>能独立思考，融会贯通，提出自己的见解（5分）</td><td></td><td></td></tr>
<tr><td>能创新性地解决问题（5分）</td><td></td><td></td></tr>
<tr><td>注重团队协作，同学间团结友爱，共同解决问题（10分）</td><td></td><td></td></tr>
<tr><td>具备理论应用于实践的能力（5分）</td><td></td><td></td></tr>
<tr><td>小组总结</td><td colspan="3"></td></tr>
<tr><td>个人总结和反思</td><td colspan="3"></td></tr>
</table>

项目二　情绪力的有效提升

一、案例分析

经验的蜕变过程

一空乘专业学生小张毕业后成为男乘务员，因为用心、好学，经过2个月的专职安全员实践学习，就掌握了一个乘务员所需要的服务方法和技能，工作做得确实很到位，但在一次飞行中还是因自己情绪情感上的控制不成熟而出现了问题。

在一次北京飞贵阳的航班上，乘坐该航班的两名老先生想把自己的行李放在自己头顶正上方的行李架上，方便保管，而当时该行李架上放有毛毯和乘务员的工作箱。旅客提出要求后，小张赶紧把前面一排的行李架整理了出来，并帮两位老先生把行李放了上去。可是两位老先生执意不同意，坚决要把自己的行李放在自己座位上方的行李架内。看见小张不愿意这样做，他们就把自己的行李放在了过道上，并说："你是什么服务态度，我坐了这么久的飞机还没碰到过你这样的乘务员呢？你做不好这个工作就下飞机去！"语气相当强硬。这时小张终于忍不住了，一句话脱口而出："今天你把行李放在过道上，那你就下飞机去！"两位老先生听到这句话后就更生气了，就一直不停地骂小张。后舱一名女乘务员听到后立即把他拉回了服务间，飞机上的专职安全员很快把旅客的行李放在了他们头顶上方的行李架内。

由于当时时间紧迫，飞机已经开始滑行，而且这件事情小张确实有做得不妥的地方，为了不让事态进一步恶化，其他乘务员立即给两位老先生倒了两杯水，同时又向他们表达了歉意，并表示起飞后将让当事人亲自给他们道歉。同时，也向他们表明了小张是一名刚参加工作不久的乘务员，在服务经验上、语言上还比较欠缺，请两位老先生多多谅解，给小张一次成长的机会。这名男乘务员也觉得非常委屈，觉得乘客不讲道理，依仗自己是乘客就不把服务员当人看，不尊重服务员。

讨论任务：阅读案例后请小组分享情绪力对于成功处置案例事件的重要意义。

____

____

____

____

二、自我测试

情绪智力量表（EIS）是由 Schutle 等人根据 Salovey 和 Mayer（1990）的情绪智力模型开发的一份自陈问卷。它有较高的信度和效度（Schutte，1998；Ciarrochi，2000）。该量表的国内版本是由华南师范大学王才康把该量表翻译出来的，也验证了它的效度（a=0.83）。该量表共有 33 项，可用于评估人们对自己以及他人情绪的感知、理解、表达、控制和管理利用的能力。

1. 我知道与别人谈论私人问题的恰当时机。　1　2　3　4　5
2. 遇到困难时我会想起曾经经历过的类似困难。　1　2　3　4　5
3. 我希望能够做好我想做的大部分事情。　1　2　3　4　5
4. 别人觉得我很容易信赖。　1　2　3　4　5
5. 我发觉我很难理解别人的身体语言。　1　2　3　4　5
6. 生活中所经历的一些重大事件，使我重新审视何为重要，何为不重要。　1　2　3　4　5
7. 情绪波动的时候，我会看到各种新的可能。　1　2　3　4　5
8. 情绪是决定我们生活有意义的重要因素。　1　2　3　4　5
9. 我知道自己每一刻的情绪。　1　2　3　4　5
10. 我盼望能事事如意。　1　2　3　4　5
11. 我喜欢与别人分享自己的情感。　1　2　3　4　5
12. 心情好的时候，我知道如何保持这种好心情。　1　2　3　4　5
13. 安排有关事情，我尽量使别人感到满意。　1　2　3　4　5
14. 我选择那些能使自己高兴的事情来做。　1　2　3　4　5
15. 我很清楚自己传递给别人的非语言信息。　1　2　3　4　5
16. 我尽量做得好一些，使别人对我的印象好点。　1　2　3　4　5
17. 心情好的时候解决有关问题容易一些。　1　2　3　4　5
18. 我能察言观色辨别别人的情绪。　1　2　3　4　5
19. 我知道我为什么情绪不好。　1　2　3　4　5
20. 心情好时，我能思路大开，想出很多新点子。　1　2　3　4　5
21. 我能控制自己的情绪。　1　2　3　4　5
22. 我很清楚自己正处什么样的情绪状态。　1　2　3　4　5
23. 做一项任务时，我会想象将它完成得圆满漂亮，以此来激励自己。　1　2　3　4　5
24. 发现别人在某一方面做得很好，我会称赞他。　1　2　3　4　5
25. 我能理解别人传递给我的非语言信息。　1　2　3　4　5
26. 当别人告诉我他人生中经历的某件重大事件时，我感觉好像发生在自己身上一样。　1　2　3　4　5
27. 当发觉自己情绪变化时，我往往会产生很多新的想法。　1　2　3　4　5
28. 面临挑战时，我会选择放弃，因为我认为自己会失败。　1　2　3　4　5
29. 我只需看几眼就能知道别人情绪的好坏。　1　2　3　4　5
30. 当别人消沉时我能帮助他，使他感觉好一些。　1　2　3　4　5
31. 我以良好的心情来面对困难的挑战。　1　2　3　4　5
32. 我能通过别人讲话的语调判断他当时的情绪。　1　2　3　4　5
33. 我很难理解别人的想法和感受。　1　2　3　4　5

计分：该量表采用 5 点量表形式分别为一道五分，被试者根据自己的符合程度来选择数字（1=很不符合，5=很符合）。情绪智力是精确的知觉、评估和表达情绪的能力（情绪感知）；

接近或产生促进思维的情感的能力（运用情绪促进思维）；理解情绪和情绪知识的能力（理解情绪）；调节情绪和智力发展的能力（调控情绪）。情绪知觉：1、5、9、15、17、19、22、25、26、29、32、33；自我情绪管理（调控情绪）：2、6、7、10、12、14、21、28；他人情绪管理（理解情绪）：4、11、13、16、24、30；情绪利用（运用情绪促进思维）：3、8、18、20、23、27、31。五级评分，其中5、28、33为反向计分，此量表的高分者通常更为积极、更能克制冲动、更清楚地表达自的感受、更好地恢复、较少的情感障碍和抑郁、更富有同情心、更能自我监控。

结果分析：73分以上情商良好，50～72分为情商一般，50分以下为情商较低。

三、理论测验（判断题10题，每题10分，满分100分）

1. 情绪是客观事物是否满足人们需要或愿望所持态度的身心体验。（　）
2. 积极情绪可使人精力旺盛、体力充沛、思维敏锐，有利于精确地认知事物、分析和解决问题。（　）
3. 现代科学研究表明，情绪反应会有生理上的唤醒，当一个人体验到焦虑或紧张时，会心跳加速、呼吸加快、血压降低、肾上腺素分泌减少等。（　）
4. 情绪智力是指个体觉察自己和他人的情绪和情感，并鉴别和评估这些信息来调控自己的思维和行为的能力。（　）
5. 情绪力的高低决定一个人的情感经历、人际交往、学业或工作业绩等的成效或成败。（　）
6. 心理学家说，学会做人比做学问更重要，只重视智力的提高而忽略情绪力的训练，往往会导致低情绪力的大学生越来越多。（　）
7. 我们要懂得满足，不可让自己的欲望无休无止，更不可强求，否则就会使自己变得焦虑、抑郁、恐惧等。（　）
8. 乐观是指对世界上的人、事、物都保有一种欣喜感而自足的弥散性心境。（　）
9. 通过个体心理咨询能够有效地提高大学生的情绪稳定性，减轻其心理压力和紧张程度，甚至还能在短期内有效改善和缓解被试者的焦虑情绪。（　）
10. 不同的兴趣爱好所表达出来的感受或体验是相同的。（　）

四、实训任务

实训任务一：情绪力的有效提升——珠行万里

（一）游戏目的

1. 通过共同传递一个乒乓球，让学生感受团队间的配合、衔接以及情绪的自我调节，让学生明白工作中为了团队目标的达成，每个人都要做好自己。
2. 通过游戏，意识到每个成员都是团队中的一个重要环节，都是必不可少的。
3. 通过游戏，明白要有密切的协作配合，当同伴出现失误的时候，赶快提醒，共同的成功必须要有密切配合和协作。

（二）游戏时间

45 分钟。

（三）游戏场地

羽毛球场或者有障碍物的平地。

（四）游戏参与人数

40 ~ 45 人。

（五）游戏材料

1. PVC 半圆管若干；
2. 乒乓球若干。

（六）游戏操作流程

1. 该项目将以小队为单位进行两轮 PK，第一轮和第二轮的规则有所不同。

2. 在第一轮，每队负责运输一个球，球向前滚动过程中，乒乓球不可以停顿，不可以回流，不可以落地。

3. 任何学员的身体的任何部位不可以接触乒乓球，否则就要全队回到起点重新开始。

4. 乒乓球在运行过程中，当球运动到某个 PVC 管槽时，手持该管槽的队员双脚不能动，管槽只可以上下移动，不可以左右移动

5. 任何人的 PVC 管槽都不可以接触目标桶。即使是乒乓球掉进目标桶弹出来同样视为违规。

6. 所有队员要以接力的形式保障“通道”可以足够长并且通畅，保证乒乓球最终顺利进入目标桶内。

7. 在第二轮，在同一小队的通道上运输的是两个乒乓球，除了保持第一轮的规则外，新规则就是两个乒乓球不能接触。

8. 计时方式是，在教师宣布开始的时候计时，直到该小队乒乓球顺利进入目标桶，并且全程没有违规为止。每小队的总成绩为两轮成绩总和。

9. 两轮 PK 中，某小队如果违反规则，必须回到起点重新开始。另外每一轮会有 5 分钟时间的练习，比赛时间不超过 15 分钟，必须在规定时间内完成任务，否则挑战失败。

（七）游戏注意事项

1. 游戏之前所有人将携带的硬质物品、眼镜等统一交给教师保管，挽好鞋带，裤腿，以免活动中被绊倒。

2. 游戏中，一次只能传递一个乒乓球。

3. 游戏开始后，乒乓球只要掉落就必须回到起点再次开始进行传递。

（八）游戏讨论

1. 为什么游戏过程中有的团队成员在鼓励与支持，有的团队成员在抱怨和指责？

2.《珠行万里》项目游戏过程中是否有感到压力？压力源来自于哪里？

3. 航班延误时，当面对旅客的埋怨甚至是无端指责时，作为机组人员最应该注意的是什么？

（九）实训评价表

表 2-1 实训报告与评价

<table>
<tr><td>实训属性</td><td colspan="4">综合应用实训</td></tr>
<tr><td>实训目的</td><td colspan="4">通过《珠行万里》的项目游戏，提升团队成员对情绪力的认知与理解，并更好地指导实践。</td></tr>
<tr><td rowspan="6">项目小组成员</td><td>姓名</td><td>班级</td><td>学号</td><td>责任分工</td></tr>
<tr><td></td><td></td><td></td><td></td></tr>
<tr><td></td><td></td><td></td><td></td></tr>
<tr><td></td><td></td><td></td><td></td></tr>
<tr><td></td><td></td><td></td><td></td></tr>
<tr><td></td><td></td><td></td><td></td></tr>
<tr><td>实训方式和步骤</td><td colspan="4">1. 结合上面的问题，以项目小组为单位开展讨论；
2. 各项目小组进行交流和互评；
3. 思考并总结，完成实训报告。</td></tr>
</table>

续表

<table>
<tr><td>实训成果</td><td colspan="3"></td></tr>
<tr><td rowspan="11">实训过程评价</td><td>评价指标</td><td>自评</td><td>组内互评</td></tr>
<tr><td>达成本次实训项目目标（50 分）</td><td></td><td></td></tr>
<tr><td>着装符合课堂规范（5 分）</td><td></td><td></td></tr>
<tr><td>遵守课堂纪律，做好安全防护，具备安全意识（5 分）</td><td></td><td></td></tr>
<tr><td>掌握知识点，能对所学内容进行分析、总结（5 分）</td><td></td><td></td></tr>
<tr><td>能有效利用资源查找信息，具备自主学习的能力（5 分）</td><td></td><td></td></tr>
<tr><td>能独立思考，融会贯通，提出自己的见解（5 分）</td><td></td><td></td></tr>
<tr><td>能创新性地解决问题（5 分）</td><td></td><td></td></tr>
<tr><td>注重团队协作，同学间团结友爱，共同解决问题（5 分）</td><td></td><td></td></tr>
<tr><td>认同所学专业的价值，对学习抱有热情，在学习中获得满足感、成就感（5 分）</td><td></td><td></td></tr>
<tr><td>具备理论应用于实践的能力（10 分）</td><td></td><td></td></tr>
<tr><td>小组活动
经验总结</td><td colspan="3"></td></tr>
<tr><td>个人总结和反思</td><td colspan="3"></td></tr>
</table>

实训任务二：情绪力的有效提升——“情绪 ABC”游戏体验法

（一）游戏目的

理解情绪 ABC 理论的内涵，同时，在面临困难和挫折时，学会用此理论进行分析和调节。

（二）游戏时间

15 ~ 20 分钟。

（三）游戏场地

室内。

（四）游戏参与人数

30 ~ 50 人。

（五）游戏材料

纸和笔。

（六）游戏操作流程

1. 讲解情绪 ABC 理论

情绪 ABC 理论是由美国心理学家埃利斯创建的。就是认为诱发事件 A（Activating event）只是引发情绪和行为后果 C（Consequence）的间接原因，而引起 C 的直接原因则是个体对诱发事件 A 的认知和评价而产生的信念 B（Belief），即人的消极情绪和行为障碍结果（C），不是由于某一诱发事件（A）直接引发的，而是由于经受这一事件的个体对它不正确的认知和评价所产生的错误信念（B）所直接引起。错误信念也称为非理性信念。

2. 常见的不合理信念

（1）自己应比别人强，自我价值过高；
（2）人应该得到生活中所有对自己重要的人的喜爱和赞许；
（3）有价值的人应在各方面都比别人强；
（4）任何事物都应按自己的意愿发展，否则会很糟糕；
（5）一个人应该担心随时可能发生灾祸；
（6）情绪由外界控制，自己无能为力；
（7）已经定下的事是无法改变的；
（8）一个人碰到的种种问题，总应该都有一个正确、完满的答案，如果一个人无法找到它，便是不能容忍的事；
（9）对不好的人应该给予严厉的惩罚和制裁；
（10）逃避挑战与责任可能要比正视它们容易得多；
（11）要有一个比自己强的人做后盾才行。

3. 认识自己与他人的情绪

闭上眼睛并做 3 ~ 4 次深呼吸，然后就情绪问题完成下面语句，之后与他人配对讨论。
（1）我生活中最幸福的时光是：______________________________。
（2）嘲笑使我感到：______________________________。
（3）当______________________________时候，我感到快乐。
（4）当他人悲伤的时候，我通常______________________________。
（5）我最后一次哭的时候是：______________________________。
（6）在家里，令我烦闷的是：______________________________。
（7）被伤害时，我常常是：______________________________。
（8）心情莫名的烦恼时，我一贯的反应是：______________________________。
（9）当得知好朋友取得好成绩时，我经常：______________________________。

4. 情绪 ABC 认知游戏体验

使用 ABCDE 自我分析改进的步骤：

（1）请写下你认为的诱发事件，即 A：________________________________。
（2）写下诱发事件所导致的结果，即 C，包括情绪和行为两方面：________________。
（3）仔细聆听你的信念和自言自语，即B，然后写下你的非理性信念和自言自语：______。
（4）反驳和挑战你的非理性信念和自言自语，即 D：________________________。
（5）请写下你反驳的效果：新的情绪和行为，即 E：________________________。
（6）用 E 去替代 C 进行反应，这是关键和目标：__________________________。

（七）游戏注意事项

1. 教师一定要让学生了解什么是情绪 ABC 理论的内涵。
2. 通过举例让学生明白情绪 ABC 理论的操作步骤。

（八）游戏讨论

1. 认真分析自我成长过程，你都受过哪些不合理信念之苦？

____

____

____

____

2. 通过自我分析，你将如何纠正自己的不合理信念？

____

____

____

____

3. 当他人或旅客对你进行无端指责时，作为一名合格的工作人员，该如何调整自我的情绪状态？

____

____

____

____

（九）实训评价表

表 2-2　实训报告与评价

实训属性	综合应用实训
实训目的	通过《“情绪 ABC”游戏体验法》的项目游戏，提升团队成员对情绪力的认知与理解，并更好地指导自我情绪的调节。

续表

<table>
<tr><td rowspan="6">项目小组成员</td><td>姓名</td><td>班级</td><td>学号</td><td>责任分工</td></tr>
<tr><td></td><td></td><td></td><td></td></tr>
<tr><td></td><td></td><td></td><td></td></tr>
<tr><td></td><td></td><td></td><td></td></tr>
<tr><td></td><td></td><td></td><td></td></tr>
<tr><td></td><td></td><td></td><td></td></tr>
<tr><td>实训方式和步骤</td><td colspan="4">1. 结合上面的问题，以项目小组为单位开展讨论；
2. 各项目小组进行交流和互评；
3. 思考并总结，完成实训报告。</td></tr>
<tr><td>实训成果</td><td colspan="4"></td></tr>
<tr><td rowspan="11">实训过程评价</td><td colspan="2">评价指标</td><td>自评</td><td>组内互评</td></tr>
<tr><td colspan="2">达成本次实训项目目标（50分）</td><td></td><td></td></tr>
<tr><td colspan="2">着装符合课堂规范（5分）</td><td></td><td></td></tr>
<tr><td colspan="2">遵守课堂纪律，做好安全防护，具备安全意识（5分）</td><td></td><td></td></tr>
<tr><td colspan="2">掌握知识点，能对所学内容进行分析、总结（5分）</td><td></td><td></td></tr>
<tr><td colspan="2">能有效利用资源查找信息，具备自主学习的能力（5分）</td><td></td><td></td></tr>
<tr><td colspan="2">能独立思考，融会贯通，提出自己的见解（5分）</td><td></td><td></td></tr>
<tr><td colspan="2">能创新性地解决问题（5分）</td><td></td><td></td></tr>
<tr><td colspan="2">注重团队协作，同学间团结友爱，共同解决问题（5分）</td><td></td><td></td></tr>
<tr><td colspan="2">认同所学专业的价值，对学习抱有热情，在学习中获得满足感、成就感（5分）</td><td></td><td></td></tr>
<tr><td colspan="2">具备理论应用于实践的能力（10分）</td><td></td><td></td></tr>
<tr><td>小组活动
经验总结</td><td colspan="4"></td></tr>
<tr><td>个人总结和反思</td><td colspan="4"></td></tr>
</table>

五、拓展游戏

任务一　你猜我演

（一）游戏目的

通过此项目，让学生充分了解情绪的类别与特点，从而更好地进行自我情绪管理与调控。

（二）游戏时间

15～20分钟。

（三）游戏场地

室内、室外均可。

（四）游戏参与人数

分为6～8组，每组8～10人。

（五）游戏材料

6～8套情绪卡[情绪卡片上分别写有“喜、怒、哀、惧、爱、恶（厌恶）”]；计时器。

附：情绪卡片上的几大类情绪

A. 愤怒：生气、恼怒、敌意、怒火中烧、义愤填膺、怒气冲冲、气急败坏、勃然大怒、暴跳如雷、愤愤不平、火冒三丈、大发雷霆、怫然不悦等。

B. 悲伤：忧伤、沮丧、绝望、郁郁寡欢、痛心疾首、忧心忡忡、撕心裂肺、泪流满面、心如刀割、痛不欲生、伤心欲绝、泣不成声、垂头丧气等。

C. 恐惧：焦虑、紧张、惧怕、惶惶不安、毛骨悚然、不寒而栗、胆战心惊、闻风丧胆、坐立不安、惴惴不安、战战兢兢、惊心破胆、破胆寒心等。

D. 惊讶：震惊、讶异、叹为观止、瞠目结舌、惊喜交集、惊愕失色、目瞪口呆、受宠若惊、闭口翘舌、大惊小怪、惊世骇俗、舆论哗然等。

E. 厌恶：轻视、轻蔑、嘲讽、可恶、讨厌、憎恨、鄙夷不屑、深恶痛绝、冤家路窄、咬牙切齿等。

F. 羞耻：内疚、尴尬、懊悔、侮辱、卑鄙龌龊、厚颜无耻、没脸没皮、羞惭满面、恬不知耻、羞面见人等。

G. 快乐：喜悦、兴奋、狂喜、笑逐颜开、眉飞色舞、喜出望外、兴高采烈、神采飞扬、心花怒放、手舞足蹈、得意忘形、乐不可支、欢呼雀跃、乐极生悲、皆人欢喜等。

H. 爱：和善、亲切、信任、一见钟情、流连忘返、情有独钟、一往情深、欢声笑语、欢喜若狂、欢呼雷动、爱不释手、如数家珍等。

（六）游戏操作流程

1. 教师准备好所需的情绪卡，并给学生介绍这个项目大致情况。
2. 组织学生分好组，选出组长。
3. 请每组分别推选一名同学出来作为“演员”。

4. 让每个小组的“演员”随机抽出一张情绪卡片，用表情、肢体动作等非言语信息表达卡片上所写的情绪，但不能用语言表述。同时让其他的小组成员猜测台上同学表达的是什么情绪。

5. 根据项目的进展情况，由组长决定成员轮换，即谁做下一个“演员”。

6. 由教师决定小组之间是否进行“PK 赛”。

（七）游戏注意事项

1. 活动进行的过程中，教师应当强调大家要遵守规则，不可作弊等。

2. 情绪卡上的情绪可根据情况自行选择。

3. 游戏交流与分享：

（1）组织学生讨论情绪有好坏之分吗？为什么？

（2）让小组代表上台与大家分享小组讨论的结果。

（八）游戏总结与点评

1. 情绪本身没有好坏之分，但因情绪产生的结果是有好坏之分的，如因暴怒打人、因悲伤影响学习等。

2. 告诉学生日常生活中，要适度地表达自我的情绪，别让不适当的情绪影响自己的学习和生活。

3. 及时发现自身的不良情绪，并学习适合自己的情绪管理的方法，积极有效地调控自己的情绪。

任务二　情感病毒

（一）游戏目的

使学生了解消极情绪及其带来的巨大影响，同时学会如何处理或缓解消极情绪的技能和方法。

（二）游戏时间

20～30 分钟。

（三）游戏场地

室内。

（四）游戏参与人数

30～50 人。

（六）游戏材料

竹片、纸、线、胶水、酒精灯、剪刀等。

（七）游戏操作流程

1. 所有人围成一圈并闭上眼睛，主持人在圈外拍一下某学生的后背，确定“情绪源”。

2. 学生们睁开眼睛并散开，在屋里任意交谈交流。

3.“情绪源”通过“眨眼睛”将不安情绪传递给其他三个人，而任何一个获得眨眼睛信息的人都要向另外三个人眨眼睛，将不安情绪再传染给他们。

4. 五分钟后，大家坐下来，情绪源、那三个被他传染的、被那三个人传染的，直到所有被传染的人都站起来，你会惊奇于情绪传染的可怕性。

5. 我们不能让“情绪源”肆无忌惮地传染下去，那该怎么办呢？就是要制造快乐情绪源，即用真挚柔和的微笑来冲淡大家不安的阴影。

6. 让大家围成一圈并闭上眼睛，告诉大家你将会从中选择一个作为快乐源，并通过微笑传递快乐，任何得到微笑的人也要将微笑传递给其他三个人。

7. 在学生们的身后转圈，假装指定快乐源。然后让他们睁开眼睛，声称游戏开始。

8. 自由活动三分钟，三分钟后，让收到快乐讯息的同学举起手来，然后让大家指出他们认为的“快乐情绪源”，你会发现大家的手指会指向很多不同的人。

9. 实际上根本就没有指定的快乐情绪源，是他们的快乐感染了他们自己。

（八）游戏注意事项

1. 参与者要集中注意力，观察大家的反应与变化。

2. 快乐情绪源并没有被指定，而是学生自身变化引起的。

（九）游戏交流与分享

1. 不安和快乐哪一个更容易被传染？当你被传染了不安的情绪，你会真的感觉到不安吗？

2. 对别人要传染给你不安的预期，导致你真的不安，你想让别人对你微笑促使你给予微笑吗？

3. 在团队中，个人的情绪是否会影响到其他人，是否会影响到团队的工作效率？为防止被别人的消极情绪所影响，你需要做什么？

（十）游戏总结与点评

1. 情绪有积极与消极之分，积极情绪会给我们带来开心、快乐和幸福，是我们天天期待和努力追求的；而消极情绪就像一个病毒一样，大家都想远离它，永远都不要接触它，因为它带给我们的是痛苦、悲伤和灾难。

2. 不管是哪种情绪，我们自身是最主要的制造者；通过活动也能发现：快乐是源于自己的。因此，一旦被消极情绪缠身，我们要努力学会运用自身的力量去克服它、摆脱它，甚至征服它。

3. 消极情绪与积极情绪两种情绪是可以互相转化的。我们要做的就是使消极情绪转化为积极情绪。因此，每个学生都应积极寻求适合自己的情绪调节方式，以免备受消极情绪的攻击。

六、主题演讲

（一）案例分享

得到旅客认可是我最幸福的事——记东航云南员工李晓琳

2013 年初长水机场大雪导致航班大面积延误，大雪保障之后，东航云南地面服务部的李晓琳收到了这样一面锦旗：“感谢东航、感谢敬业者、感谢李晓琳”。收到这面锦旗时，李晓琳说：“我的心久久不能平静，能够得到旅客的认可，是工作中最幸福的事！”李晓琳从 2012 年 9 月进入东航工作，至今已有 9 年了。在东航云南公司工作的 9 年中，她经历了太多的故事，这件事就特别记忆犹新。

那是从巫家坝转场到长水之后遇到的第一次大雪。由于机场关闭，进出港和中转旅客全部滞留在机场，行李查询办公室被旅客围得水泄不通，所有托运过行李的旅客都在等待取到行李之后改签或退票。当天班组 6 个人上班，4 位同事负责去分拣区找行李，李晓琳和另一位同事负责在现场为旅客填制行李不正常运输记录（PIR）单。

中午的时候，李晓琳接到一位张先生的行李少收申报。他们一行三人，托运了 3 件行李，行程是从丽江到昆明、昆明到广州。由于现场过于混乱，旅客把行李票交给了一位工作人员，但行李并未找到，行李票也没拿回来，旅客也不记得交给谁了。旅客申报时手里只有登机牌和身份证。接待旅客后，李晓琳先跟旅客解释，由于没有行李小票，只能帮他们办理义务查找手续，行李找到后可以帮他们转运到广州机场自行提取。旅客表示理解。填单之后由于现场等待的旅客太多，工作人员只能先把档案收起，待现场旅客都填完再继续查找。

由于当时还没有 BMS 系统，工作人员只能通过一通通电话到票台、丽江值机等各个相关的环节进行查询，最终得知行李还滞留在丽江机场，李晓琳都松了一口气。请旅客填了转运行李到广州机场的委托书后，旅客离开了现场。

李晓琳并没有因为旅客的离开而彻底放下这件事情。为确保旅客行李万无一失，李晓琳随后又继续跟进行李从丽江转运广州事宜，妥善地协助旅客处理好行李脱牌的问题。当旅客最终拿到行李后给她打了电话，她悬着的心才终于放了下来，随之而来的是满满的成就感。

当李晓琳已经忘了这件事的时候，意外地收到了旅客寄来的锦旗。作为一名行李查询员，她说，她只是做了她应做的工作，却得到了旅客高度的认可和鼓励。对于这面锦旗李晓琳这样说道：“这面锦旗让我更加热爱这份工作，也成为我遇到挫折时坚持下去的动力！”

（来源：民航资源网，2021-08-19，供稿：中国东方航空云南有限公司党委工作部）

（二）分组进行课程思政拓展训练，并填写以下实训报告

表 2-3　课程思政训练报告与评价

实训属性	主题演讲		
实训目的	阅读上述案例，通过小组课堂演讲的形式，进行课程思政浸润教育，培养民航强国事业接班人。		
项目小组成员	姓名	班级	学号

续表

<table>
<tr><td rowspan="5">项目小组成员</td><td colspan="2">姓名</td><td>班级</td><td>学号</td></tr>
<tr><td colspan="2"></td><td></td><td></td></tr>
<tr><td colspan="2"></td><td></td><td></td></tr>
<tr><td colspan="2"></td><td></td><td></td></tr>
<tr><td colspan="2"></td><td></td><td></td></tr>
<tr><td>实训方式和步骤</td><td colspan="4">1. 通过案例，挖掘与课程相关的课程思政资源；
2. 各项目小组进行案例演讲和互评；
3. 思考并总结，完成实训报告。</td></tr>
<tr><td>实训成果</td><td colspan="4">通过该模块的学习，谈谈项目小组对所挖掘的课程思政资源的理解。</td></tr>
<tr><td rowspan="11"></td><td colspan="2">评价指标</td><td>自评</td><td>组内互评</td></tr>
<tr><td colspan="2">达成本次实训项目目标（30 分）</td><td></td><td></td></tr>
<tr><td colspan="2">演讲主题契合课程思政（10 分）</td><td></td><td></td></tr>
<tr><td colspan="2">演讲主题与行业相关，增强职业认同感（10 分）</td><td></td><td></td></tr>
<tr><td colspan="2">能完善自我，对自身成长起到正面激励作用（10 分）</td><td></td><td></td></tr>
<tr><td colspan="2">能健全道德素养，增强社会责任感，培养积极正面的人生观、世界观（10 分）</td><td></td><td></td></tr>
<tr><td colspan="2">能有效利用网络资源查找信息，具备自主学习的能力（5 分）</td><td></td><td></td></tr>
<tr><td colspan="2">能独立思考，融会贯通，提出自己的见解（5 分）</td><td></td><td></td></tr>
<tr><td colspan="2">能创新性地解决问题（5 分）</td><td></td><td></td></tr>
<tr><td colspan="2">注重团队协作，同学间团结友爱，共同解决问题（10 分）</td><td></td><td></td></tr>
<tr><td colspan="2">具备理论应用于实践的能力（5 分）</td><td></td><td></td></tr>
<tr><td>小组总结</td><td colspan="4"></td></tr>
<tr><td>个人总结和反思</td><td colspan="4"></td></tr>
</table>

项目三　抗挫力的有效提升

一、案例分析

挫折的教训

2015 年 3 月 24 日，德国之翼航空公司一架由西班牙巴塞罗那飞往德国西部城市杜塞尔多夫的空客 A320 客机在法国南部坠毁，机上载有 144 名乘客和 6 名机组人员。法国内政部长 24 日证实，法国搜救人员已在德国之翼航空公司客机失事现场找到飞机的一个黑匣子。法国总统奥朗德称，坠毁地点“尤其难以抵达”，预计“无人生还”。

涉嫌故意操控德国之翼空客 A320 飞机撞山坠毁的副驾驶安德烈亚斯·卢比茨的前女友 27 日向德国媒体透露，卢比茨去年就曾告诉过她“正在策划一个大的行动，这件事情能够令他被人们永远铭记”。卢比茨的前女友在接受德国《图片报》的采访时还表示，卢比茨是一个精神饱受折磨、性格古怪的人，善于隐藏内心阴暗的想法。他有时会从噩梦中惊醒，尖叫着“我们要掉下去了”。

据悉，卢比茨和前女友在一起 7 年了，曾住在杜塞尔多夫郊区的一幢公寓中。有报道称两人已经订婚，本打算明年结婚。但卢比茨经常会无缘无故地大喊大叫，诸多古怪行为吓坏了他的前女友，所以她决定离开卢比茨。据说卢比茨还订购了两辆新的奥迪，很明显想挽回女友，但她似乎拒绝了他，因为最终只有一辆车被交付。

除了情场失意，卢比茨在职场上也有不愉快经历。当年他完成飞行员训练后，曾在德国之翼做空少。负责在机舱端食品的他，被戏称为“番茄安迪”，报道称他有可能被同事嘲笑及欺凌。另外，一直希望能执飞欧洲到美国航班的卢比茨，却只能飞欧洲内的航班，这也让期望值很高的卢比茨闷闷不乐。

（来源：重庆晨报，2015-03-29，作者：张立）

讨论任务：阅读案例后请小组分享抗挫力对于成功处置案例事件的重要意义，有哪些具体体现？

____

____

____

____

二、自我测试

指导语：请你仔细阅读每一个题，并根据自己的实际情况，对下列题目作出“是”或“否”的回答，对这些问题的答案不要作过多的考虑。

（1）你认为自己是个弱者吗？
（2）你是否喜欢冒险和刺激？
（3）你生活在使你感到快乐和温暖的班级里吗？
（4）如果现在就去睡觉，你担心自己会睡不着吗？
（5）生病时你依旧乐观吗？
（6）你是否认为家人需要你？
（7）晚睡两个小时会使你第二天明显精神不振吗？
（8）看完惊险片很长一段时间内，你一直觉得心有余悸吗？
（9）你常常觉得生活很累吗？
（10）你是否有一些无话不谈的知心朋友？
（11）当考试成绩不理想时，你会感到非常沮丧吗？
（12）你认为自己健壮吗？
（13）当你与某个同学闹矛盾后，你一直无法消除相处时的尴尬吗？
（14）大部分时间你对未来充满信心吗？
（15）你有一个关心，爱护你的家吗？
（16）当你在课堂上回答不出问题时，你在课后还会久久地感到烦恼吗？
（17）每到一个新地方，你是否常常会发生些问题，如吃不下饭、睡不着觉、拉肚子、头晕等？
（18）即使在困难时，你还是相信困难终将过去吗？
（19）你明显偏食吗？
（20）当你与父母发生不愉快时，你是否曾想离家出走？
（21）你是否每周至少进行一次所喜欢的体育活动，如登山、打球、游戏等？
（22）你觉得自己有些神经衰弱吗？
（23）你认为你的老师喜欢你吗？
（24）心情不愉快时，你的饭量与平时差不多吗？
（25）看到苍蝇、蟑螂等讨厌的东西，你感到害怕吗？
（26）你相信自己能够战胜任何挫折吗？
（27）你是否常常与同学们交流看法？
（28）你常常因为想心事而躺在床上久久不能入睡吗？
（29）在人多的场合或陌生人面前说话，你是否感到窘迫？
（30）你是否认为你受到的挫折与其他人相比，根本算不了什么？

评分规则：

第2、3、5、6、10、12、14、15、21、23、24、26、27、29、30题答“是”得1分，答“否”得0分。其余各题答“是”得0分，答“否”得1分。各题相加，统计总分。

结果分析：

0~9分：你的抗挫折力比较低。遇到困难或挫折易灰心，常有挫折感。

10~20分：你的抗挫折力一般。虽然你能承受一些小的压力，但遇到大的打击时，还是容易产生心理危机。

21~30分：你的抗挫折力很强。能在各种艰难困苦的环境里保持旺盛的斗志。

三、理论测验

1. 挫折是指个体在某种动机的推动下，在实现目标的过程中遇到无法克服或自以为无法克服的障碍或干扰，使其动机不能实现、需要不能满足时所产生的积极的情绪反应。（　）

2. 自我抱负水平是指个体对达到的成功标准的心理需求，是指人们在从事某种实际活动时，对自己所要达到目标规定的标准。（　）

3. 损失性挫折主要是指失去原来拥有的东西时所产生的一种消极情绪体验。如父母离异、亲人离世、失恋等。（　）

4. 抗挫力就是说个体在遭遇挫折或失败时能抵抗、应对、适应并战胜它的能力。（　）

5. 一个人的社会阅历越丰富，经过的历练越多，他的心理资本就越丰厚，越不能对抗外界的刺激和压力。（　）

6. 个体的挫折认知、归因方式、意志品质等不会对其抗挫力的提高产生作用和影响。（　）

7. 心理学研究表明，倾向于外归因的人认为外部复杂的、多变的、难以预料的环境是影响事物发展和他们行为结果的主要原因。（　）

8. 自我调适的方法有很多，如音乐调节法、书画陶冶法、倾诉法、转移法、冥想放松法、各种放松训练法等等。（　）

9. 影响一个人抗挫力的心理因素主要包括个性特点、认知水平、心理期待三个方面。（　）

10. 抗挫力由挫折耐受力和挫折排解力两方面构成。（　）

四、实训任务

实训任务一：抗挫力的有效提升——风雨无阻

（一）游戏目的

通过活动让学生们体验到在对抗挫折的道路上要注意方法与策略，充分发挥协助能力以及团队的力量。

（二）游戏时间

15 ~ 20 分钟。

（三）游戏场地

室内、室外皆可，但室外更好。

（四）游戏参与人数

30 ~ 50 人。

（五）游戏材料

足球、篮球、背包、椅子等，还有口罩 8 个、眼罩 2 个、绳子若干。

（六）游戏操作流程

1. 教师进行分组，8 人一组，规定 2 个盲人，2 个无脚人，2 个无手人，2 个哑巴。

2. 各小组自行分配角色。角色分配完成后，按照 1 的要求把各个角色塑造完成。

3. 让小组成员一次性把所有物品都搬到终点，用时最少者获胜；若物品掉落到界限以外，搬运者出局，其他人继续完成任务。

（七）游戏注意事项

1. 教师根据班级学生人数的情况准备所需用的物品等。

2. 活动过程中，小组成员不能违反规则，如戴眼罩的不可以摘下来，禁止使用规定的残缺部位等。

3. 由于活动中部分参与者要把手或脚绑起来，因此务必注意安全。

4. 活动过程中，不可以讲话；可选择播放激励性的歌曲或音乐，如《势不可挡》《我相信》《我的未来不是梦》等。

（八）游戏讨论

1. 分别请被设置身体有残缺的学生来分享自己的体会和感受。

____

____

____

____

2. 想一想生活中真正有残缺的人，他们是如何面对生活的？对你有什么启发？

____

____

____

____

3. 作为一名机组人员，如果你碰到一个行动不方便的旅客且提出了一些不合理的需求？你将如何应对？

____

____

____

____

（九）实训评价表

表 3-1　实训报告与评价

<table>
<tr><td>实训属性</td><td colspan="6">综合应用实训</td></tr>
<tr><td>实训目的</td><td colspan="6">通过《风雨无阻》的项目游戏，提升团队成员对抗挫力的认知与理解，并更好地指导实践。</td></tr>
<tr><td rowspan="6">项目小组成员</td><td>姓名</td><td>班级</td><td>学号</td><td colspan="3">责任分工</td></tr>
<tr><td></td><td></td><td></td><td colspan="3"></td></tr>
<tr><td></td><td></td><td></td><td colspan="3"></td></tr>
<tr><td></td><td></td><td></td><td colspan="3"></td></tr>
<tr><td></td><td></td><td></td><td colspan="3"></td></tr>
<tr><td></td><td></td><td></td><td colspan="3"></td></tr>
<tr><td>实训方式和步骤</td><td colspan="6">1. 结合上面的问题，以项目小组为单位开展讨论；
2. 各项目小组进行交流和互评；
3. 思考并总结，完成实训报告。</td></tr>
<tr><td>实训成果</td><td colspan="6"></td></tr>
<tr><td rowspan="11">实训过程评价</td><td colspan="4">评价指标</td><td>自评</td><td>组内互评</td></tr>
<tr><td colspan="4">达成本次实训项目目标（50 分）</td><td></td><td></td></tr>
<tr><td colspan="4">着装符合课堂规范（5 分）</td><td></td><td></td></tr>
<tr><td colspan="4">遵守课堂纪律，做好安全防护，具备安全意识（5 分）</td><td></td><td></td></tr>
<tr><td colspan="4">掌握知识点，能对所学内容进行分析、总结（5 分）</td><td></td><td></td></tr>
<tr><td colspan="4">能有效利用资源查找信息，具备自主学习的能力（5 分）</td><td></td><td></td></tr>
<tr><td colspan="4">能独立思考，融会贯通，提出自己的见解（5 分）</td><td></td><td></td></tr>
<tr><td colspan="4">能创新性地解决问题（5 分）</td><td></td><td></td></tr>
<tr><td colspan="4">注重团队协作，同学间团结友爱，共同解决问题（5 分）</td><td></td><td></td></tr>
<tr><td colspan="4">认同所学专业的价值，对学习抱有热情，在学习中获得满足感、成就感（5 分）</td><td></td><td></td></tr>
<tr><td colspan="4">具备理论应用于实践的能力（10 分）</td><td></td><td></td></tr>
<tr><td>小组活动
经验总结</td><td colspan="6"></td></tr>
<tr><td>个人总结和反思</td><td colspan="6"></td></tr>
</table>

实训任务二：抗挫力的有效提升——胜者为“寇”

（一）游戏目的

锻炼提高心理抗挫力。

（二）游戏时间

10 ~ 15 分钟。

（三）游戏场地

室内。

（四）游戏参与人数

30 ~ 50 人。

（五）游戏材料

白板笔 1 支，白板，报纸卷 1 根。

（六）游戏操作流程

1. 将全班学生进行分组，平均每组 8 ~ 10 人。
2. 教师在白板上写下一个数字，数字范围是 0 ~ 200 内的自然数，小组成员猜的范围就是 1 ~ 199，白板是背向学生的，因此大家都不知道数字是多少，且猜中之前是不会变动的。
3. 由各小组组长决定哪一个小组先来猜，依次类推。猜的过程中必须是小组所有组员的一致意见，并由组长告诉教师，每次都会留出小组讨论的时间，但不能超过 30 秒。
4. 教师会根据小组给出的答案及时缩小答案范围，以方便大家猜中。比如所写数字是 35，某小组给出的答案是 76，那么教师会说数字范围是 0 ~ 100，直到有小组猜中为止。
5. 猜的过程中当只剩下最后几个数字时教师可以按照顺序让剩余小组选择答案，并最终揭晓黑色数字。
6. 根据学生、上课情况等，可多次进行。

（七）游戏注意事项

1. 教师在写数字时，应尽量避免一些特殊的数字。
2. 当大家在猜数字时，教师可制造一些紧张气氛和悬念，增加活动的趣味性、刺激性和紧张感。
3. 在用软报纸棒对猜中“黑色数字”的小组成员进行惩罚时，教师要把握好力度，不宜太用力，也不宜太温柔。

（八）游戏讨论

1. 大家在活动过程中的感受是什么？尤其是当这个猜的范围越来越小时，有什么感受？当宣布答案时，发现自己的小组没有猜中会有什么感受？

2. 如果小组因你的决定而使得全队“挨罚”时，你有什么感受？大家的表现是什么样的？你对大家有这样的表现，怎么看？

3. 在实际的日常工作中，你的做法是对的，结果还是被负责人进行了一顿批评？你将如何应对？

（九）实训评价表

实训报告与评价

<table>
<tr><td>实训属性</td><td colspan="4">综合应用实训</td></tr>
<tr><td>实训目的</td><td colspan="4">通过《胜者为“寇”》的项目游戏，提升团队成员对抗挫力的认知与理解，并更好地指导实践。</td></tr>
<tr><td rowspan="6">项目小组成员</td><td>姓名</td><td>班级</td><td>学号</td><td>责任分工</td></tr>
<tr><td></td><td></td><td></td><td></td></tr>
<tr><td></td><td></td><td></td><td></td></tr>
<tr><td></td><td></td><td></td><td></td></tr>
<tr><td></td><td></td><td></td><td></td></tr>
<tr><td></td><td></td><td></td><td></td></tr>
<tr><td>实训方式和步骤</td><td colspan="4">1. 结合上面的问题，以项目小组为单位开展讨论；
2. 各项目小组进行交流和互评；
3. 思考并总结，完成实训报告。</td></tr>
</table>

续表

实训成果			
实训过程评价	评价指标	自评	组内互评
	达成本次实训项目目标（50分）		
	着装符合课堂规范（5分）		
	遵守课堂纪律，做好安全防护，具备安全意识（5分）		
	掌握知识点，能对所学内容进行分析、总结（5分）		
	能有效利用资源查找信息，具备自主学习的能力（5分）		
	能独立思考，融会贯通，提出自己的见解（5分）		
	能创新性地解决问题（5分）		
	注重团队协作，同学间团结友爱，共同解决问题（5分）		
	认同所学专业的价值，对学习抱有热情，在学习中获得满足感、成就感（5分）		
	具备理论应用于实践的能力（10分）		
小组活动经验总结			
个人总结和反思			

五、拓展游戏

任务一　举手的魔力

（一）游戏目的

让学生明白克服挫折需要坚强的意志力，还有耐心和毅力，同时也促使其意识到这些素养的培育要从小事开始。

（二）游戏时间

10 ~ 15 分钟。

（三）游戏场地

室内、室外皆可。

（四）游戏参与人数

30 ~ 50 人，或者更多。

（五）游戏材料

无。

（六）游戏操作流程

1. 全班同学依照体操队形站立，每个人两手伸直向前平举，身体不能晃动，坚持 10 分钟，看谁能坚持到最后。

2. 活动过程中，可播放一些激励性的歌曲、音乐或主持人喊一些激励性的口号。

3. 活动结束后，分 8 ~ 10 人一组，进行讨论。

（七）游戏注意事项

1. 教师可根据实际情况调整坚持的时间。

2. 活动前，教师要清楚是否有不适合参加此活动的学生。

（八）游戏交流与分享

1. 当时间过半的时候，你有什么感受？

2. 当你坚持到最后的时候，你有什么感受？

3. 在坚持的过程中，你遇到了哪些困难？你是如何克服的？

4. 你认为这次活动对你的启发有哪些？

5. 你有哪些激励自己的方法，与大家分享一下。

（九）游戏总结与点评

1. 在日常生活中，举手这个动作再平常不过了。但当让你坚持 10 分钟的时候，你会发现并不那么容易了。因此，学生们要注意自己意志力的培养和提高。

2. 中国有句古话："勿以善小而不为，勿以恶小而为之。"这句话告诉我们不要忽视细节，不要好高骛远，而应脚踏实地从小事做起，方能成就自己。

任务二　鸡蛋变凤凰

（一）游戏目的

使学生明白挫折是难免的，要学会正视挫折，勇敢面对，形成挫折意识；同时使学生学会采用积极的方法与策略对抗挫折。

（二）游戏时间

15 ~ 20 分钟。

（三）游戏场地

室内、室外皆可。

（四）游戏参与人数

30 ~ 50 人。

（五）游戏材料

纸和笔。

（六）游戏操作流程

1. 全体学生都蹲下，扮演“鸡蛋”。

2. 互相找同伴 PK（如猜拳、玩石头剪刀布等）。获胜者可进化为“小鸡”，可以站起来一些（弓着腰），做半蹲状。

3.“小鸡”和“小鸡”PK，获胜者进化为“母鸡”，可以站立；输者则退化为“鸡蛋”。

4.“母鸡”与“母鸡”PK 的胜利者便晋升为鸡领袖，即晋升为“凤凰”。

5. 持续游戏，直到绝大部分学生都成功晋升为“凤凰”为止。

（七）游戏注意事项

1. 所有成员要记得游戏的规则，不可越轨行事。

2. 用心参与，细心体味，互相尊重，注意安全。

（八）游戏交流与分享

1. 请成功晋升为“凤凰”的学生分享自己的蜕变过程，特别是 PK 胜出时的感受和体会。尤其统计一下谁是每一站都是胜利者的晋级者。

2. 请若干蜕变不成功的学生也分享一下自己的感受和体会。

3. 如果将这个活动看成我们的人生或生活，晋升的过程就是我们成长的过程，那么 PK 象征着什么？PK 的结果又意味着什么？

（九）游戏总结与点评

1. 从这个活动，我们可以发现每个人的成长都很难一帆风顺，都会经历很多的苦难、折磨、痛苦和挣扎，我们不能被这些成长过程中的阻力和障碍所击倒，要克服困难与挫折，迎难而上，砥砺前行。正像一句歌词所唱的一样：“不经历风雨怎能见彩虹，没有人能随随便便成功。”

2. 有这样一个故事：一个小男孩在草地上发现了一个蛹，他捡回了家，想要看看蛹是如何羽化成蝴蝶的。过了几天，蛹上出现了一道小裂缝，里面的蝴蝶挣扎了好几个小时，身体似乎被什么东西卡住了，一直出不来。小男孩于心不忍，心想“我必须帮帮它”。因此，他拿起剪刀把蛹剪开，帮助蝴蝶脱蛹而出；可没过多久那只“蝴蝶”就死掉了。从这个故事中，我们可以发现“拔苗助长”“欲速则不达”的意义。也从另一侧面告诉我们痛苦、折磨、挫折以及困难是成长必需的磨炼。正如日本名将德川家康的一句名言：“人生必须背负重担，一步一步慢慢地走，稳稳地走，总有一天，你会发现自己是走得最远的那个人。”

六、主题演讲

（一）案例分享

奋楫笃行，万里可期——记客舱服务部三分部主任乘务长贾婵玉

她奋发进取，在磨炼中不断成长提升，从一名小学员成长为深航首批 A330 宽体客机的主任乘务长；她真诚用心，把每一位旅客都当作自己的家人来帮助和呵护，把将每一位客人安全送到家作为她的责任和追求；她勇于担当，主动保障各种急难险重航班，汶川地震伤员运送，大运会航班保障，疫情期间国际航班保障中都有她的身影，她就是客舱服务部三分部主任乘务长贾婵玉。

笃志、进取、超越

2006 年 7 月，大学刚毕业的贾婵玉，怀揣着蓝天梦进入深航，但真正飞上蓝天后才知道乘务工作远比想象中更加辛苦，野外求生，应急医疗，紧急撤离，消防知识等领域都需要涉及，更需要较强的心理素质和足够的耐心、责任心，但困难和挫折不仅没有让她退缩，反而让她更加坚定地“每一次都把事情做好”。

2010 年，贾婵玉凭借踏实肯干的工作态度和出众的工作能力被评为年度“优秀青年”。2011 年，深圳举办大运会期间，她多次参与深航大运航班保障任务，并在“五星迎大运，星级新体验”的活动中获得“服务之星”称号。2015 年全年多次保障重要航班，获部门年度“服务明星”称号，同年也被评为年度“工匠精神”代表。

2016 年 7 月，贾婵玉凭借优异的表现，受公司委派前往美国西雅图波音公司接 B737-800 飞机。在进行飞机交接期间，贾婵玉一遍又一遍地检查飞机客舱相关的每一个设备部件，生怕落下任何一个细微的环节，并亲身验证各种特情下飞机客舱的设备是否能够正常使用。经过多次的起降试飞，反复确认无异常后，她终于可以安心地完成飞机交付工作。

2017 年 3 月，贾婵玉在经过了几个月的国航培训带飞检查后，被任命为深航 A330 宽体客机的首批主任乘务长。公司的信任让她更加重视肩上的责任，主动利用休息时间和其他几位主任乘务长一起讨论制作 A330 差异培训课件和考核试题，为 A330 开航前期人员的培训工作做好铺垫。9 月底，首架 A330 抵达深航，贾婵玉带领团队成员顺利通过了为期两天的国内段局方验证飞行，并顺利保障了国庆期间的 A330 北京首航飞行。至此，深圳航空正式进入宽体机时代。

真诚、用心、体贴

2018 年 12 月，在深圳飞往北京的航班上，一位旅客突发心梗，贾婵玉作为主任乘务长迅速带领着整个乘务组，凭借平日应急训练的经验，分工合作，争分夺秒地进行处置，在飞机上成功稳定了旅客的病情。乘务组第一时间将详细情况报告机组，机长立即向管制部门申请直飞，并通知救护车接机，方便旅客下机后立即前往医院进行手术，多方协作共同搭建起了为生命接力的绿色通道。

贾婵玉由于后续还有航班需要保障，无法陪同前往医院，但一直跟旅客家属保持联系。得知旅客后续的手术非常成功，贾婵玉悬着的心才终于放下。医生说多亏飞机上处理及时，没有造成病情的进一步恶化。旅客康复出院后的第一件事，就是为深航乘务组送来锦旗，感谢深航乘务组以极高的专业素养和极强的工作能力，在他生命关键时刻争分夺秒地倾力相助。

正是有了贾婵玉十七年如一日地秉持着“安全第一，客户至上”的核心价值观，保持着高度的责任感和严谨认真的工作态度，才能全力保障好每一个航班，将每一位旅客安全舒心送达目的地。

传道、授业、解惑

随着多年来飞行经验的持续积累和专业能力的不断提升，贾婵玉成功通过讲师竞聘，成为了客舱服务部的安全讲师。秉承着“安全第一”的核心价值观，结合自身多年的飞行经验，贾婵玉将客舱运行的各类安全风险条分缕析，研发制作了各类课程，并通过部门培训、桌面演练、班组研讨等形式，对学员进行传道授业解惑，致力于让每一个学员都能真正听懂、会用，养成良好的安全习惯，在保障自身安全的同时，保障好每一位旅客、每一个航班的安全平稳运行。

每当听到学员说“这些知识好像都知道，但平时不清楚怎样运用，听讲师讲完便有种豁然开朗的感觉”“航班保障中能更好地将理论与实践相结合了”的时候，贾婵玉都会非常欣慰，传道授业解惑就是讲师的责任和使命，通过传帮带将安全知识、经验和理念进行传承，让学员增强安全意识的同时提升专业技能，为旅客提供更加贴心的服务和更加安心的保障。通过几年时间授课的经验积累，贾婵玉逐渐摸索出更加适合一线的授课方式，在2022年被评为客舱服务部“金牌讲师”。

从贾婵玉穿上红色制服的那天起，责任便成为了她始终放在心上的一部分。加入深航十七年以来，日复一日、年复一年地准备、开会、起飞、降落也没有磨灭她对乘务工作的热情，贾婵玉时刻保持高度责任心，她深知保障好每一个航班，就是对旅客负责，更是对自己负责。在未来每一个日子里她都会勤学苦练，不断精进专业能力，秉承“每一次都把事情做好”的理念，完成每一个航班的安全保障。

（来源：民航资源网，2023-04-25，供稿：深圳航空有限责任公司）

（二）分组进行课程思政拓展训练，并填写以下实训报告

表3-2　课程思政训练报告与评价

实训属性	主题演讲		
实训目的	阅读上述案例，通过小组课堂演讲的形式，进行课程思政浸润教育，培养民航强国事业接班人。		
项目小组成员	姓名	班级	学号

续表

<table>
<tr><td>实训方式和步骤</td><td colspan="3">1. 通过案例，挖掘与课程相关的课程思政资源；
2. 各项目小组进行案例演讲和互评；
3. 思考并总结，完成实训报告。</td></tr>
<tr><td>实训成果</td><td colspan="3">通过该模块的学习，谈谈项目小组对所挖掘的课程思政资源的理解。</td></tr>
<tr><td rowspan="11">实训过程评价</td><td>评价指标</td><td>自评</td><td>组内互评</td></tr>
<tr><td>达成本次实训项目目标（30分）</td><td></td><td></td></tr>
<tr><td>演讲主题契合课程思政（10分）</td><td></td><td></td></tr>
<tr><td>演讲主题与行业相关，增强职业认同感（10分）</td><td></td><td></td></tr>
<tr><td>能完善自我，对自身成长起到正面激励作用（10分）</td><td></td><td></td></tr>
<tr><td>能健全道德素养，增强社会责任感，培养积极正面的人生观、世界观（10分）</td><td></td><td></td></tr>
<tr><td>能有效利用网络资源查找信息，具备自主学习的能力（5分）</td><td></td><td></td></tr>
<tr><td>能独立思考，融会贯通，提出自己的见解（5分）</td><td></td><td></td></tr>
<tr><td>能创新性地解决问题（5分）</td><td></td><td></td></tr>
<tr><td>注重团队协作，同学间团结友爱，共同解决问题（10分）</td><td></td><td></td></tr>
<tr><td>具备理论应用于实践的能力（5分）</td><td></td><td></td></tr>
<tr><td>小组总结</td><td colspan="3"></td></tr>
<tr><td>个人总结和反思</td><td colspan="3"></td></tr>
</table>

项目四　自信力的有效提升

一、案例分析

十年飞行收获专业和自信

“当旅客接过我递出的水杯时，我希望旅客感受到的是温馨、是体贴，更是一种信任!”川航客舱部乘务长张译文含笑着道出自己的心声。这份心声源自何处?是十年的感悟，更是十年的积淀。

那是刚刚参加工作的第一年，在从昆明飞往成都的航班上发生的一场虚惊。当飞机即将到达成都的时候，飞机起落架发出报警信号，机组不得不在空中盘旋，耗尽航油，以期将降落时带来的损害减到最低。刚开始，发现异常的旅客不停地向张译文和其他乘务员追问原因。面对焦急的旅客，乘务员耐心地解释，并不停地安抚旅客。大约30分钟以后，旅客恢复了平静，不再出声，但目光却一刻也没有离开乘务员。也是在这个时候，乘务员通过内部广播知道了情况。这时，坐在旅客中间，与旅客面对面的张译文尽量让自己的表情显得自然，心中不断重复着飞机着陆后自己要如何开舱门，如何帮助旅客尽快下机。最后，飞机起落架正常放下，并平稳降落。飞机落地后有那么几秒，客舱中的时间仿佛凝固。随后，一片掌声响起，客舱中笑声与哭声混杂在一起。

每每忆起这段往事，张译文都会反问自己：“这只是一个假警报，但如果真的遇上突发情况，我可以帮到旅客吗?”从那一刻起，她明白了：万米高空之上，生命高于一切!十年来，这份安全重责鞭策着她在工作中不断进步，练就了一身扎实的基本功，使她在旅客最需要帮助的时候，能够毫不犹豫地无悔付出。

一次飞行中，飞机在下降过程中出现颠簸。一名患有心脏病的旅客由于紧张，按响了服务铃，要求吸氧。看到旅客惨白的面孔，她的心里只有一个念头：“一定要确保旅客的安危。”于是，身为头等舱乘务员的她一面通知与地面取得联系，一面亲自帮助旅客吸氧。由于飞机满客，为了帮助旅客正常吸氧，她便跪在地上，一手高举氧气袋，一手紧紧抓住扶手固定自己。直到飞机平稳降落后，将旅客转交给地面医务人员后，她才放下一颗悬着的心。

从新乘一路走到今天，懂得了珍惜、宽容与感恩是她最大的收获。如今，对于张译文来说，空乘这份职业不仅是拉着拖箱从候机大厅走过时留下的美丽倩影，更是在优雅从容地为旅客递出一杯水时所传递出的自信与专业。

（案例来源：中国民航报，作者：何丹）

讨论任务：阅读案例后请小组分享自信力对于成功处置案例事件的重要意义?

____

____

二、自我测试

罗森伯格自信心量表：

以下是一组有关自我感觉的句子，请按你的情况作答。（注：1=很不同意　2=不同意　3=同意　4=很同意）

（1）我认为自己是个有价值的人，至少基本上是与别人相等的。	1	2	3	4
（2）我觉得我有很多优点。	1	2	3	4
（3）总括来说，我觉得我是一个失败者。	1	2	3	4
（4）我做事的能力和大部分人一样好。	1	2	3	4
（5）我觉得自己没有什么值得骄傲。	1	2	3	4
（6）我对于自己是抱着肯定的态度。	1	2	3	4
（7）总括而言，我对自己感到满意。	1	2	3	4
（8）我希望我能够更多地尊重自己。	1	2	3	4
（9）有时候我确实觉得自己很无用。	1	2	3	4
（10）有时候我认为自己是一无是处。	1	2	3	4

计分规则：

受测者在 4 点评尺上对测题作答：1=非常同意，2=同意，3=不同意，4=非常不同意。因此，其最低得分为 10 分，最高得分为 40 分。在 10 个条目中，第 3、5、8、9、10 五个条目的算分是反向的（即 1 分算作 4 分，4 分算作 1 分；2 分算作 3 分，3 分算作 2 分）。

结果分析：

10 ~ 15 分：自卑者。

你对自己缺乏信心，尤其是在陌生人和上级面前，你总是感到自己事事都不如别人，你时常感到自卑。你需要大大提高你的自信心。

16 ~ 25 分：自我感觉平常者。

你对自己感觉既不是太好，也不是太差。你在某些场合下对自我感到相当自信，但在其他场合却感到相当自卑，你需要稳定你的自信心。

26 ~ 35 分：自信者。

你对自己感觉十分良好。在大多数场合下，你都对自我充满了自信，你不会因为在陌生人或上级面前感到紧张，也不会因为没有经验就不敢尝试。你需要在不同场合下调试你的自信心。

36 ~ 40 分：超级自信者。

你对自己感觉太好了。在几乎所有场合下，你都对自我充满了自信，你甚至不知道什么叫自卑。你需要学会控制你的自信心，变得自谦一些。

三、理论测验

1. 自信的人能够较全面而准确地认知、评价自我，能够在学习、工作和生活中充分发挥自身的优势和长处，一定能取得成功。（　）

2. 个体对自我的肯定越多，一定能提升自己的幸福感。（　）

3. 自信是指自己相信自己，是人对自己的个性心理与社会角色进行的一种积极评价的结果，是一种有能力或采用某种有效方式完成某项任务、解决某个问题的信念。（　）

4. 经常寻求机会并努力展现自己的优势和特长，同时积极减少自身的劣势和不足，不断求得进步。长期以来，你就会提高成功率，增强自信心。（　）

5. 个体意识到一些潜在的压力或威胁的时候，自信的个体会积极调动自身能量和潜力一定可以扫除威胁、排遣压力。（　）

6. 个体的自信力对个体的价值观、思维方式、人格、健康水平等都有着决定性的影响。（　）

7. 自我肯定的心理暗示，有利于不断提升自己的自信心，（　）

8 当我们规划自己的任务或活动时，要给自己制定恰当的目标，目标太低或太高都不利于提高自信心。恰当目标的设定原则是：用力跳起来能触碰到。（　）

9. 自信是日常生活中经验或成果的一种累积，与个体的思维风格具有相互性，因此个体自信水平的不同直接影响着其自身行为的选择性。（　）

10. 自信力是指个体对自身的积极关注，对自我的认可、接纳、支持的情感、认知、评价和态度的能力和水平。（　）

四、实训任务

实训任务一：自信力的有效提升——你的“美”，我欣赏

（一）游戏目的

通过体验欣赏与被欣赏的幸福感，树立自信，增加相互的了解与情感。

（二）游戏时间

15～20 分钟。

（三）游戏场地

室内、室外皆可。

（四）游戏参与人数

全班学生。

（五）游戏材料

每人一支笔，A4 纸若干。

（六）游戏操作流程

1. 将全班同学按照 8 ~ 10 人为一组进行分组。

2. 发现自己的“美”：教师发给每个小组组员一支笔和一张或半张 A4 纸，鼓励其尽可能多地写下自己的优点，写的过程中，尽量不让别的组员看到，完成后，暂时由自己先收起来。

3. 发现他人的“美”：小组组员围成一个圆圈，左右相邻的组员之间保有一定的距离（如 20 厘米）。教师发给小组组员每人一张或半张 A4 纸，由每个组员在纸的正上方写上自己的名字，然后按照顺时针方向传给下一组员并由其写出上一组员的优点，依次进行，直到传到逆时针方向的第一个组员为止，但不能传到组员自己手中。

4. 欣赏他人的“美”：每个小组的组员向着某一中心（由教师来定，如教室的中心等）围成“U”形坐下。由另一位组员将大家写给他/她的优点大声地读出来，然后大家一起对他/她竖起大拇指并大声高喊：“×××（这位组员的名字），你真棒，你是真的真的真的非常棒！”这位组员要认真聆听并细细品味大家对他/她的认可与欣赏，同时接过别人给自己的优点纸条。

5. 自我欣赏：每个组员接到别人给的优点纸条后，要认真阅读几遍，同时拿出刚才自己给自己写的优点并与之相对照。把自己没有写上的自己的优点补充上去。

6. 每个组员依次站到小组“U”形口中央，将自己的优点大声读出来，读完后大家一起对他/她竖起大拇指并大声高喊：“×××（这位组员的名字），你真棒，你是真的真的真的非常棒！”依次进行。

7. 活动结束分享感受与体会。

（七）游戏注意事项

1. 此项活动比较简单，教师要做好引导，使其认真对待，细细品味；因为这看似简单的活动，其实蕴藏着非常深刻的内涵。

2. 可配上适宜的歌曲或音乐。

3. 引导学生尽可能贴切地描述其他组员的“美”（优点）。

（八）游戏讨论

1. 如何用心发现他人以及自己的“美”；被人欣赏与肯定，是一种什么感受？

2. 如何做一个乐于欣赏他人，也欣赏自己的人？

3. 作为一名机组人员，该如何展现自己航空公司的气质和自信？

（九）实训评价表

表 4-1　实训报告与评价

<table>
<tr><td>实训属性</td><td colspan="4">综合应用实训</td></tr>
<tr><td>实训目的</td><td colspan="4">通过《你的“美”，我欣赏》的项目游戏，提升团队成员对自信力的认知与理解，并更好地指导实践。</td></tr>
<tr><td rowspan="6">项目小组成员</td><td>姓名</td><td>班级</td><td>学号</td><td>责任分工</td></tr>
<tr><td></td><td></td><td></td><td></td></tr>
<tr><td></td><td></td><td></td><td></td></tr>
<tr><td></td><td></td><td></td><td></td></tr>
<tr><td></td><td></td><td></td><td></td></tr>
<tr><td></td><td></td><td></td><td></td></tr>
<tr><td>实训方式和步骤</td><td colspan="4">1. 结合上面的问题，以项目小组为单位开展讨论；
2. 各项目小组进行交流和互评；
3. 思考并总结，完成实训报告。</td></tr>
<tr><td>实训成果</td><td colspan="4"></td></tr>
<tr><td rowspan="11">实训过程评价</td><td colspan="2">评价指标</td><td>自评</td><td>组内互评</td></tr>
<tr><td colspan="2">达成本次实训项目目标（50 分）</td><td></td><td></td></tr>
<tr><td colspan="2">着装符合课堂规范（5 分）</td><td></td><td></td></tr>
<tr><td colspan="2">遵守课堂纪律，做好安全防护，具备安全意识（5 分）</td><td></td><td></td></tr>
<tr><td colspan="2">掌握知识点，能对所学内容进行分析、总结（5 分）</td><td></td><td></td></tr>
<tr><td colspan="2">能有效利用资源查找信息，具备自主学习的能力（5 分）</td><td></td><td></td></tr>
<tr><td colspan="2">能独立思考，融会贯通，提出自己的见解（5 分）</td><td></td><td></td></tr>
<tr><td colspan="2">能创新性地解决问题（5 分）</td><td></td><td></td></tr>
<tr><td colspan="2">注重团队协作，同学间团结友爱，共同解决问题（5 分）</td><td></td><td></td></tr>
<tr><td colspan="2">认同所学专业的价值，对学习抱有热情，在学习中获得满足感、成就感（5 分）</td><td></td><td></td></tr>
<tr><td colspan="2">具备理论应用于实践的能力（10 分）</td><td></td><td></td></tr>
</table>

续表

小组活动经验总结	
个人总结和反思	

实训任务二：自信力的有效提升——有容乃大

（一）游戏目的

勇于自我挖掘，打破自我设限，提升自信力。

（二）游戏时间

20～30 分钟。

（三）游戏场地

室内、室外皆可。

（四）游戏参与人数

全班学生。

（五）游戏材料

2～6 张桌子，2～6 个玻璃杯，大头针若干，自来水。

（六）游戏操作流程

1. 将全班学生按照 8～10 人为一组进行分组。
2. 每组一个玻璃杯，大头针和水若干。
3. 教师首先进行演示，把玻璃杯倒满水，询问学生还可以放入几枚大头针？是否还可以放？能放几枚？然后让每个小组进行尝试练习。
4. 第一轮比赛：看看哪个小组放入的大头针最多，哪组就获胜，但这个过程中玻璃杯的水是不可以溢出的，若溢出则挑战失败。
5. 第二轮比赛：小组先把玻璃杯装满水，抽签决定小组互换，看看哪个小组放入的大头针最多，哪个小组获胜，但这个过程中玻璃杯的水是不可以溢出的，若溢出则挑战失败。
6. 第三轮比赛：每个小组组员往玻璃杯中放入相同数量的大头针（由大家共同决定），然后往玻璃杯中加水，看哪个小组加的水最多，哪个小组获胜，但水不能溢出，若溢出则被淘汰。可多次进行。
7. 几轮比赛下来，胜数最多的获得冠军。

（七）游戏注意事项

1. 整个过程中，因为有大头针，因此要注意安全。

2. 不能因某位同学的意见导致小组失败，而出现攻击或嘲笑的行为。

3. 教师可做适当的导入。

（八）游戏讨论

1. 你的小组成功或失败了，为什么？此比赛给你带来了哪些体会与启发？

2. 本来可以多放一些大头针的，是什么因素阻碍你们的发展？

3. 某航班上的一名醉酒乘客在机上发生暴力行为，并与机组人员发生了肢体冲突，你该如何应对？

（九）实训评价表

表 4-2　实训报告与评价

<table>
<tr><td>实训属性</td><td colspan="4">综合应用实训</td></tr>
<tr><td>实训目的</td><td colspan="4">通过《有容乃大》的项目游戏，提升团队成员对自信力的认知与理解，并更好地指导实践。</td></tr>
<tr><td rowspan="6">项目小组成员</td><td>姓名</td><td>班级</td><td>学号</td><td>责任分工</td></tr>
<tr><td></td><td></td><td></td><td></td></tr>
<tr><td></td><td></td><td></td><td></td></tr>
<tr><td></td><td></td><td></td><td></td></tr>
<tr><td></td><td></td><td></td><td></td></tr>
<tr><td></td><td></td><td></td><td></td></tr>
</table>

续表

<table>
<tr><td>实训方式和步骤</td><td colspan="3">4. 结合上面的问题，以项目小组为单位开展讨论；
5. 各项目小组进行交流和互评；
6. 思考并总结，完成实训报告。</td></tr>
<tr><td>实训成果</td><td colspan="3"></td></tr>
<tr><td rowspan="11">实训过程评价</td><td>评价指标</td><td>自评</td><td>组内互评</td></tr>
<tr><td>达成本次实训项目目标（50 分）</td><td></td><td></td></tr>
<tr><td>着装符合课堂规范（5 分）</td><td></td><td></td></tr>
<tr><td>遵守课堂纪律，做好安全防护，具备安全意识（5 分）</td><td></td><td></td></tr>
<tr><td>掌握知识点，能对所学内容进行分析、总结（5 分）</td><td></td><td></td></tr>
<tr><td>能有效利用资源查找信息，具备自主学习的能力（5 分）</td><td></td><td></td></tr>
<tr><td>能独立思考，融会贯通，提出自己的见解（5 分）</td><td></td><td></td></tr>
<tr><td>能创新性地解决问题（5 分）</td><td></td><td></td></tr>
<tr><td>注重团队协作，同学间团结友爱，共同解决问题（5 分）</td><td></td><td></td></tr>
<tr><td>认同所学专业的价值，对学习抱有热情，在学习中获得满足感、成就感（5 分）</td><td></td><td></td></tr>
<tr><td>具备理论应用于实践的能力（10 分）</td><td></td><td></td></tr>
<tr><td>小组活动
经验总结</td><td colspan="3"></td></tr>
<tr><td>个人总结和反思</td><td colspan="3"></td></tr>
</table>

五、拓展游戏

任务一　未知的挑战

（一）游戏目的

激发好奇心，提升自信心。

（二）游戏时间

10 ~ 15 分钟。

（三）游戏场地

室内、室外皆可。

（四）游戏参与人数

全班学生。

（五）游戏材料

若干挑战信，若干小礼物。

（六）游戏操作流程

1. 将全班同学按照 8 ~ 10 为一组进行分组。

2. 每组每次委派一人来抽取挑战信，并且要当着大家的面把信的内容读出来。根据信内任务的完成情况给予一定的奖励。

3. 也可以小组为单位，各小组同时进行（如规定 5 分钟或 10 分钟，这时要注意前期信内任务的设置与形式）；最先做完的小组可获得另外的奖励，并与大家分享自己内心的变化；在规定时间内没有做完的小组，要接受“惩罚”。

4. 由教师决定活动的次数与形式。

（七）游戏注意事项

1. 教师要注意观察参与者的表现与变化，尽量不勉强。

2. 告诉同学们活动结束后，不可拿今日的活动内容取笑或攻击其他同学。

3. 鼓励同学们积极参加。

（八）游戏交流与分享

1. 当听到这个任务时，你内心最强烈的声音是什么?

2. 当你看到大家都在积极参与，你是如何说服自己参加进去的呢?

3. 如果信封上写的是容易实现的事情时，你对当初的决定怎么想？若是不容易实现的事情或尴尬的事情时，你又会怎么想?

4. 任务结束后，观察自身的变化，你有什么启发与感想?

（九）游戏总结与点评

1. 这是一个相对较简单的挑战活动，但有一些同学在面对这些挑战时，非常容易退缩或逃避，不愿意或不敢去挑战自己，这是大多数自卑型同学的共性或来源。因此，勇于挑战自我、展现自我是自信的一种形式或表现。

2. 古人云：“锲而舍之，朽木不折；锲而不舍，金石可镂。”因此，我们要根据实际情况，及时正视困难，正确对待挫折，努力挑战自我，不断获取自信的勇气和力量，为梦想释放自己的最大能量。

3. 在日常工作中，自信也是非常重要的。有的人整天愁眉紧锁、有的人每天笑容满面，你会发现他们的工作效果是截然不同的；前者会觉得累并痛苦，而后者会觉得累并快乐着。

作为民航服务行业的学生更是如此，试想一下，如果你的好朋友或者舍友每天在你面前唉声叹气、牢骚满腹，我想你的心情也兴奋不到哪里去。因此，当下我们就要积极锻炼自己的自信心，以一种行业的自信投入到学习、生活与工作中，不仅会增加你的学习、生活与工作热情，也会提高你的学习兴趣、生活幸福感以及工作效率。

任务二　主人与天使

（一）游戏目的

关爱他人，欣赏自己，增强自信，完善自我。

（二）游戏时间

20～30 分钟。

（三）游戏场地

室内、室外皆可。

（四）游戏参与人数

全班学生。

（五）游戏材料

两个遮光的容器，纸和笔。

（六）游戏操作流程

1. 教师将全班学生平均分成两部分，并发给每个学生 1 支笔和一张小纸片，让其在上面写上自己的名字，投入到相应的遮光容器内。

2. 第一部分的学生到第二部分学生投入的容器内随机选择一张纸片，打开并记下是哪位同学的姓名，同时尽量不要让别人知道，当然也不要告诉纸片上这位同学。

3. 你随机选择的那位同学就是你的“小主人”，你就是他/她的“小天使”。紧接下来的一段时间内，你要默默地关心他/她、欣赏他/她、支持他/她、帮助他/她，但不可以告诉他/她，也不可以让对方知道你就是他/她的“小天使”。

4. 最后，你要为你的“小主人”写一封赞许信，表达你对他的认可、赞美、欣赏与祝福。赞许信的落款要写上自己的真实姓名，但称呼统一写上“优秀的小主人”，由教师暂时收起来保管。

5. 全班学生围成圆形坐下，教师随机从赞许信中抽取一封，大声读出来，但不公布“小主人”的姓名，请大家来猜想一下。

6. 若没有猜出来谁是“小主人”，我们就请“小天使”揭晓“小主人”的姓名。这时，“小主人”上台来表达对一直默默关注、欣赏、支持自己的“小天使”表达感谢。

7. “小主人”进行自我赞许，鼓励其他同学尊重聆听，大家适时用掌声表达欣赏、赞美。“小主人”在进行自我赞许时，除了之前“小天使”写的内容外，还要进行额外的补充，要求至少说出 3-5 条，若说不出，就请全班同学对其进行“优点轰炸”，然后由他/她自己再进行补充。

8. 由上一个被赞许的“小主人”大声朗读下一个“小天使”写的信，依次进行。

（七）游戏注意事项

1. 教师要提前看看同学们上交的赞许信，把不合适、不恰当的内容进行适当的修改或修饰，以免对“小主人”造成不必要的影响。

2. “小天使”在默默关注、支持、欣赏自己的“小主人”时，不可表现得过于明显；同时也可以鼓励和帮助其他人。

（八）游戏交流与分享

1. 当得知你要关注的“小主人”时，你脑海中浮现出的第一个念头是什么？

2. 你采取了什么样的方式方法关注、支持你的“小主人”？

3. 当你关注、支持和帮助他人时，别人也在用相同的态度与心态在对待你，你有什么感想？

4. 当得知你的“小天使”对你进行深刻的、贴切的赞誉后，你作何感想？

5. 结合本活动，联系实际，对你有哪些启发？

（九）游戏总结与点评

1. 这个活动说明了一个很深刻的哲理，“己欲立而立人，己欲达而达人”，你想要别人怎么对待你，你就应该怎么样去对待别人。其实，当你付出的同时，也是在收获。因此，学习生活中，我们要持续发扬这种精神与美德，促使我们自己不断进步与提升。

2. 一定程度上来讲，自信是别人对你认可与肯定的一种方式与表现形态，只有积极的、善良的、热情地关心、欣赏、赞许、支持别人，才能获得同样的收获与褒奖，也就是通过这样的互换、分享与交流，才让我们更自信地立足于多彩的现实中。

3. 自信可以让你在工作中，收获更多的精彩和惊喜；你的自信可以默默地影响和感染别人，别人的回眸、点头微笑、为你竖起大拇指等等让你获得更大的自信。

六、主题演讲

（一）案例分享

国航女飞行员：梦想在蓝天灿烂绽放

仰望蓝天，多少孩子曾拥有过飞天的梦想？脚踏实地，实现梦想的道路没有一条是平坦的。国航的女飞行员们，以巾帼不让须眉的豪情和努力，让飞天梦想在蓝天灿烂绽放。

种下梦想

2011 年，初三学生牛思瑞通过中央电视台看到了我国第一代女搜救机长宋寅的故事。宋寅穿梭于云海之间，解救茫茫大海遇险者的勇气和担当深深触动了少年牛思瑞，做一名飞行员的种子就此埋下。高三毕业后，牛思瑞如愿进入了心仪的中国民航大学。

忙于学业的少年牛思瑞当时还不知道，也是在 2011 年，“中国民航首批科班出身女机长”也是社会热点。其中，她今天的同事、国航飞行总队十大队二中队党支部书记、机长黄赫就是焦点人物之一。不过，作为第一批“吃螃蟹的人”，黄赫迈进飞行大门几乎是个意外。

2003 年，国航首次在大学生中招收飞行员，而且打破了只招男生的限制。当时，500 多名女生报名，经过体检、笔试、面试层层筛选，最终拿到“入场券”的只有黄赫等三名女大学生。2005 年，黄赫等正式入职国航，中国民航第一批女飞行员开始成长。2011 年，黄赫升为机长，当时有媒体在报道中说：“在中国民航业，从飞行学员‘变身’为一名机长，一般需要 5 到 8 年的时间，黄赫只用了 5 年”。报道激励了无数女生，“女飞”成为很多女孩的梦想。

行业在发展，女飞行员越来越多，但“万马千军过独木桥”的激烈竞争仍是必修课。高忠昱和郑毅于 2020 年、2021 年毕业于北京航空航天大学飞行技术专业，林彤于 2017 年毕业于厦门大学，都是千里挑一的佼佼者。

为梦拼搏

深感来之不易，所以倍感珍惜。拿到入场券的女飞们暗暗下定决心：我们不只代表着我自己，我们一定不比“男飞”差。

机长制服上有四道杠，分别代表着专业、知识、技术和责任。女性天性中的认真、细致在知识学习中发挥了优势，她们课上认真听讲，课下勤奋复习、总结，手册是她们最好的伙伴。“95 后”牛思瑞们已经习惯于使用电子版手册，但“80 后”黄赫当时只有一本纸质版技术手册，原本就很厚的手册被她翻得“膨胀变型”，根本无法合拢。后来黄赫收到了游戏手册，更是“如获至宝”，不管上班下班、上课飞行都带着它，不断结合实际操作反复琢磨，“书上贴满了便条，粘满了胶带”。

一些人的刻板印象中，女性的实操技能要弱一些。在航校训练时都要模拟单发故障场景，在只剩一个螺旋桨工作的时候会产生偏转力，需要飞行员用脚蹬舵保持机身平衡，业内叫“蹬单发”，大家都知道这对女生是一种挑战。但不管“80 后”黄赫们还是“95 后”牛思瑞们，都不会给别人小瞧自己的机会，平时加强力量锻炼，训练场上咬紧牙关，完成后脸上洋溢的笑容坚定而自信。

她们习惯于比别人更努力一些、让自己再勤奋一点。一天，高忠昱上午有一场升级机考，下午回家休息、收拾第二天的行李，晚上去观摩一场模拟机课程，第二天早上乘机去浦东，为后续执飞赴法兰克福的航班做准备。观摩模拟机时，教员带其他学员训练，坐在后排旁听的高忠昱默默吸取着别人的经验。没有人要求高忠昱，她给自己主动加课还甘之如饴，成长让她快乐。

对于女性飞行员而言，不论体能还是技术，她们自信可以与男生们在同一赛道“赛跑”。然而提到生育，则是她们需要额外面临的职业生涯的重要挑战。一旦怀孕，女飞将暂停飞行，她们可以利用这段时间更多学习理论知识，但是驾驶技能却只能暂时放下，休完产假后、重返驾驶舱前，再进行大量充分的训练。技能的生疏还可以用努力弥补，最难的是对孩子的割舍。“擦干眼泪，扭头走！”已经过去十多年了，黄赫的回忆中还是带着些许伤痛。但一切难题都有解决方法，在对家庭和飞行两个“最爱”的平衡上，黄赫的答案是：工作时全心工作，回家后尽力弥补；最离不开的是家人的支持。

拥抱梦想

第一次单飞经常会浮现在女飞们的脑海里。“既激动又紧张”几乎是大家的共同记忆。她们像鸟儿第一次张开翅膀，飞上蓝天俯瞰这个美丽的世界，自由而又有力量。她们称之为职场的第一座“里程碑”，从某种意义上来说，那一刻，梦想已经照进了现实。

第一次“上座”，也就是第一次坐在“副驾驶”的位置上。虽然袖章上还只是三道杠，还没有真正肩负机长的责任，但是面对上百甚至两三百旅客的信任，一种责任感油然而生，“心中的勇气、肩上的力量瞬间涌现出来，一心只想更好地协助机长做好各项工作”。

升任机长，是飞行员职业生涯中最重要的里程碑。从这一刻起，她们不仅是小小驾驶舱的领导者，更是所有旅客、整架飞机的责任人。对于黄赫来说，十几年的机长生涯已积攒了丰富的飞行经验,但她还是习惯于在每次航班后复盘,尤其是在培养后备力量方面用尽心思。“我不断回想自己当副驾驶的时候喜欢哪类机长，努力找到松严结合的最好尺度：既要严格要求，适当加压，确保紧绷安全之弦，又要给空间，树信心，帮助副驾驶迅速成长。”复盘是飞行员每天的功课，成长型心态是她们的职场标配，她们走在日有所进的道路上。

作为第一代女飞，黄赫遗憾没有师姐在前引路；她刚升机长的数年里，又始终没有机会与师妹们一起执行航班。“这几年明显不同了，随着女飞队伍的壮大，很多时候女机长和女副驾驶会在驾驶舱合作。虽然都是系统排班，但这背后一定有组织对我们女飞的信任!”。同组飞行的男飞行员开玩笑说：“你们真的顶起半边天了！在这驾驶舱里，你们是领导，人数也更多!”随着女飞队伍的壮大，黄赫相信这种情况未来也会越来越多——2005 年，国航只有三位女飞行员，现在，国航在飞女飞行员的数量已经超过了 80 人!。

（来源：民航资源网，2024-03-08，作者：赵学美，供稿：合肥航联文化传播有限公司）

（二）分组进行课程思政拓展训练，并填写以下实训报告

表 4-3　课程思政训练报告与评价

实训属性	主题演讲		
实训目的	阅读上述案例，通过小组课堂演讲的形式，进行课程思政浸润教育，培养民航强国事业接班人。		
项目小组成员	姓名	班级	学号
实训方式和步骤	1. 通过案例，挖掘与课程相关的课程思政资源； 2. 各项目小组进行案例演讲和互评； 3. 思考并总结，完成实训报告。		
实训成果	通过该模块的学习，谈谈项目小组对所挖掘的课程思政资源的理解。		

续表

<table>
<tr><td rowspan="11">实训过程评价</td><td>评价指标</td><td>自评</td><td>组内互评</td></tr>
<tr><td>达成本次实训项目目标（30分）</td><td></td><td></td></tr>
<tr><td>演讲主题契合课程思政（10分）</td><td></td><td></td></tr>
<tr><td>演讲主题与行业相关，增强职业认同感（10分）</td><td></td><td></td></tr>
<tr><td>能完善自我，对自身成长起到正面激励作用（10分）</td><td></td><td></td></tr>
<tr><td>能健全道德素养，增强社会责任感，培养积极正面的人生观、世界观（10分）</td><td></td><td></td></tr>
<tr><td>能有效利用网络资源查找信息,具备自主学习的能力(5分)</td><td></td><td></td></tr>
<tr><td>能独立思考，融会贯通，提出自己的见解（5分）</td><td></td><td></td></tr>
<tr><td>能创新性地解决问题（5分）</td><td></td><td></td></tr>
<tr><td>注重团队协作,同学间团结友爱,共同解决问题(10分)</td><td></td><td></td></tr>
<tr><td>具备理论应用于实践的能力（5分）</td><td></td><td></td></tr>
<tr><td>小组总结</td><td colspan="3"></td></tr>
<tr><td>个人总结和反思</td><td colspan="3"></td></tr>
</table>

项目五　思维力的有效提升

一、案例分析

客舱服务应引入人性化管理

人性化管理的提出由来已久，但系统地运用于旅客的管理中并不多见，因为要在短短数小时之内逐个将旅客的脾气、秉性、爱好、需求了解清楚，绝不是一件容易的事。我们是否可以通过其他方式来弥补由于时间短而造成的服务上的缺憾呢？

其实，将旅客以地域的形式来划分，为其提供人性化服务，既而进行人性化管理，不失为一个好办法。譬如：国内航线东北地区的旅客性格较为豪爽、说话比较直接、好面子，因此在服务中你对他付出百倍的热情，他必以千倍来回报；而南方某些地方的旅客恰恰相反，做事认真，说话婉转，对服务要求较高。因此，我们在服务过程中应用不同的服务方式、语言方式来对待不同地域的旅客，以取得良好的服务效益。

再譬如：国际航线欧美地区的旅客，尤其是美国客人大多性格开朗、活泼好动、非常健谈，客舱内往往是热闹非凡，对于服务不是十分挑剔。针对这样的旅客，首先要求我们每一位乘务员都活跃起来，暂且将东方人的含蓄抛开，融入客人当中，你越是与他们一起分享开心的事情，他们就越会竖起大拇指对你说“Good service，OK”。

相反，英国旅客就相对保守一些，非常讲究细节，彬彬有礼，注意卫生，在一个航段中往往只喝一种饮品，不是在休息就是在阅读。因此，乘务员在提供服务时“轻、静、温和、礼貌”几个字十分重要。还有，当飞机上遇有印度客人时，你会发现他们大多不苟言笑、表情严肃、不爱交流、民族感强烈、民族风俗忌讳较多，我们为其提供服务时一定要注意细节，同时不必过多打扰，给他们一个相对安静和宽松的空间。

针对上述地域特征较强的旅客，我们应在飞行前预先准备阶段就做详尽的了解，并作细致的准备，这样我们就可以有备而来，进行人性化服务及管理，更加完美地完成航班飞行任务。

同时，我们对各个地方旅客的特点、地域特征、生活习惯等不仅仅是作为一种民俗民风进行一般性的了解，而应将其细化归类（比如日本旅客较喜欢生、冷食物，爱喝冷饮和啤酒，而俄罗斯及北欧旅客喜好吃肉等）整理成册，专门作为旅客人性化管理的准则，让乘务员熟悉、掌握。这样做对我们的服务是一种有效的提升，是一种科学提高服务质量的方法。

（来源：空管在线）

讨论任务：阅读案例后请小组分享思维力对于成功处置案例事件的重要意义？

____

____

____

____

二、自我测试

想象力心理测试：

（1）你不得不撒一个毫无恶意的谎时：

A. 总是慌乱，不抱希望，结果让对方听出你在说谎。

B. 编造得过于详细，结果引起对方怀疑。

C. 话讲得恰到好处，令人信服。

（2）你相信自己的谎言？

A. 相信。

B. 不相信。

C. 差不多相信。

（3）你来的时候，人们骤然不语，你认为：

A. 他们准是在谈论你。

B. 这是谈话中的正常间断。

C. 他们是在对你打招呼。

（4）你对别人倒霉、失意经历的反应是：

A. 流泪。

B. 同情。

C. 厌烦。

（5）你受到表扬时：

A. 完全拒绝表扬。

B. 认为这些表扬是合理的、正当的。

C. 觉得自己做事总是正确的。

（6）你晚上外出散步时：

A. 总是喜欢在你熟悉的地方。

B. 每次都试试不同的地方。

C. 有时换换新地方。

（7）在你等待什么人到来时，而他却恰恰不到：

A. 你担心他出了什么交通事故。

B. 你假定他被什么平常事耽误了。

C. 你至少在 1 个小时内不会担心。

（8）你在影院看电影哭过吗？

A. 哭过。

B. 没哭过。

C. 已多年不哭了。

（9）如果你晚上孤身一人回家：

A. 你感到害怕。

B. 你并不觉得害怕。

C. 你有点怕，但又能消除。

（10）听关于鬼神的故事：

A. 会使你发笑。

B. 会使你感到毛骨悚然。

C. 会使你对超自然的事感兴趣。

（11）你盯着有图案的墙纸时：

A. 看了很长时间，你才能看得出其中的格局。

B. 你不怎么注意它。

C. 你只不过单纯地注意它的设计图样。

（12）你在一处陌生的地方睡觉被奇怪的声音弄醒时：

A. 你会想到鬼。

B. 你会想到是夜盗。

C. 你会想到可能是下水管道。

（13）当你在看一部由你熟悉的小说改编成的影片时：

A. 你通常觉得看电影更能享受其中的乐趣。

B. 你通常觉得很失望。

C. 你发现这个故事由于电影的特点而改变了。

（14）你空闲时：

A. 以思考为自娱。

B. 要是能找到什么事做的话，你觉得很快活。

C. 很高兴对特别有兴趣的问题进行考虑。

（15）你对一本书或一部电影还有什么更好的主意吗？

A. 经常有。

B. 有时有。

C. 实际上从来没有。

（16）你在心里改写过电影或小说的结局吗？

A. 在这个故事给自己很深的印象时才想过。

B. 经常如此。

C. 从来没有。

（17）在讲述你自己的有趣经历时：

A. 总是夸大其词，以便把自己的经历说得更好一些。

B. 坦率地讲述自己的经历。

C. 只修饰某些细节。

（18）你有过幻想吗？

A. 经常。

B. 有时。

C. 很少。

（19）你幻想的时候：

A. 能虚构出大量的错综复杂的情节。

B. 只能模糊地想出一些中意、合乎需要的情节。

C. 偶尔能把某些细节安插进去。

（20）看杂志时发现某地发生了灾情，你会：

A. 迅速翻过不看。

B. 食欲受到影响。

C. 想想能为灾民做些什么。

计分规则：

（1）选 A，1 分，选 B，2 分，选 C，3 分。

（2）选 A，3 分，选 B，1 分，选 C，2 分。

（3）选 A，3 分，选 B，1 分，选 C，2 分。

（4）选 A，3 分，选 B，2 分，选 C，1 分。

（5）选 A，1 分，选 B，2 分，选 C，3 分。

（6）选 A，1 分，选 B，3 分，选 C，2 分。

（7）选 A，3 分，选 B，1 分，选 C，2 分。

（8）选 A，3 分，选 B，1 分，选 C，2 分。

（9）选 A，3 分，选 B，1 分，选 C，2 分。

（10）选 A，1 分，选 B，3 分，选 C，2 分。

（11）选 A，3 分，选 B，1 分，选 C，2 分。

（12）选 A，3 分，选 B，2 分，选 C，1 分。

（13）选 A，1 分，选 B，3 分，选 C，2 分。

（14）选 A，3 分，选 B，1 分，选 C，2 分。

（15）选 A，3 分，选 B，2 分，选 C，1 分。

（16）选 A，3 分，选 B，2 分，选 C，1 分。

（17）选 A，3 分，选 B，1 分，选 C，2 分。

（18）选 A，3 分，选 B，2 分，选 C，1 分。

（19）选 A，3 分，选 B，1 分，选 C，2 分。

（20）选 A，1 分，选 B，3 分，选 C，2 分。

结果分析：

20～30 分：表明你的想象力很弱。你好像一点也不能进入想象的境界，你的生活将因此变得呆板。或许你会很注重实际，讲究实惠，不喜欢幻想。

31～40 分：表明你不太喜欢想象。但你具有一定的想象力，只要有可能，你总是尽力消除幻想。

41～50 分：表明你具有想象力。你甚至可以站在别人的立场思考，这使你做事很有效果。想象给你带来的好处是显而易见的，但你的想象力还被你的见识和阅历所限制，你应努力扩大视野，向更高级想象迈进。

51～60 分：表明你具有很强的想象力。但由于你的想象过于丰富，所以对周围的事物十分敏感，你可能具有较高的艺术天赋。每当你设法利用自己的想象力时，你便产生一系列丰富的想象。

三、理论测验

1. 从思维的过程来讲，思维是人脑对客观事物的间接的和概括的反映。（　）

2. 一个思维力弱的人，想事广阔深刻，叙事清晰精炼，办事敏捷高效。（　）

3. 思维的间接性是指人类通过一定的媒介、知识经验以及已知的前提条件推测或认识客观事物。（　）

4. 分析是指在头脑中把事物的整体分解为各个组成部分的过程，或者把整体中的个别特性、个别方面分解出来的过程。（　）

5. 分析和综合是相反而又毫无联系的同一思维过程不可分割的两个方面。（　）

6. 分类是比较的基础。只有通过比较才能确认事物的主要和次要特征，共同点和不同点，进而把事物分门别类，揭示出事物之间的从属关系，使知识系统化。（　）

7. 概括是把事物的共同点、本质特征综合起来的思维过程。它是形成概念的必要过程和前提。（　）

8. 创造性思维是主动积极思维在更高水平上的发展，是人类智慧最有意义、最集中的表现。（　）

9. 思维力是指人们对客观事物的本质属性和内在规律及其相互间关系间接的概括反应能力，就是人们进行思维的能力。（　）

10. 思维方式是以一定的社会文化背景、知识结构和传统风俗习惯等因素所构成的人们思考问题的思维模式、方法、流程的有机统一。（　）

四、实训任务

实训任务一：思维力的有效提升——顺序翻牌

（一）游戏目的

使学生们认识到能有效地完成任务，需要提升自身的思维力，采取一定的思维策略；当然也需要注重与他人及时、有效的沟通与交流。

（二）游戏时间

20 ~ 30 分钟。

（三）游戏场地

室内、室外均可。

（四）游戏参与人数

30 ~ 50 人，或者更多。

（五）游戏材料

扑克牌 2 副（提前按花色分为 4 组）或更多（根据参与人数而定），号码布每人 1 块，计时器，纸和笔，曲别针若干。

（六）游戏操作流程

1. 对全班人数进行分组，每组人数最好不要超过 15 人。

2. 在每个小组前面横放一张桌子，在桌子上有序摆放 N 张扑克牌（如一组 10 人，就摆放 10 张等），这些牌在桌子上反扣着，不重叠；但这些扑克牌的顺序是打乱的。

3. 每组成员按照顺序成纵队站好，任务开始后严格按照成员排列顺序依次跑到桌前翻牌，每个成员每次只能翻一张扑克牌，上位成员操作完成后须返回到起点并与下位成员击掌，然后下位成员才可以跑上前。上位队员则返回到队伍尾部站好等待下次任务的到来，依次类推。

4. 要求成员翻出的牌要按照从小到大的顺序排列（如 1、2、3…），当然根据需要也可以从大到小的顺序排列。当成员翻牌的号码不正确时，要把牌再扣上；若正确，则将牌正面朝上。

5. 各小组任务开始前，可以有 5 分钟的时间进行讨论。

6. 各组同时进行比赛，由教师进行计时，用时最少者获胜。

7. 若想增加难度，可参考以下方式：如一小组按照从小到大的顺序已经翻出了 1、2、3、4，但下一次组员翻出的是 8，那么前面的 1、2、3、4 也要同时扣下去（牌的位置是可以不变的），重新翻。

8. 请各队代表分享刚才使用的方法，并准备下一轮比赛。

9. 第二轮比赛的规则如下：各队队员拿到一块与扑克牌相对应的号码布，用别针固定在胸前。要求每人到前台翻出的牌的数字只有与自己的编号相同才是正确。其他规则不变。

10. 各小组商量讨论，准备比赛；可根据情况多次进行。

11. 所有任务完成后，给每个小组 5 ~ 10 分钟的讨论时间，然后派小组代表分享体悟与感受。

（七）游戏注意事项

1. 小组成员要按照规则完成任务。

2. 由于组员来回跑动，因此要提醒组员注意安全。

3. 如果小组人数达到 15 人，可把“大王”与“小王”分别代表数字 15 和 14。

4. 号码布的作用是防止作弊现象的发生。

5. 还有一种形式，就是每人只翻开与自己胸前号码一样的牌即可，但桌面上的牌不要求按照顺序翻开，这样会简单些。

6. 可根据情况灵活选择程序与规则。

（八）游戏讨论

1. 你一开始觉得这个任务简单吗？后来的感受有什么变化？

____

____

____

____

2. 这个任务的完成，除了比速度，还在比什么？对此，你有哪些启发和感想？

____

____

____

____

3. 乘客因机舱内高温而汗流浃背，提出了强烈抗议，还险些与机组人员发生肢体冲突，作为机组人员最应该注意的是什么？

____

____

____

____

（九）实训评价表

表 5-1　实训报告与评价

<table>
<tr><td>实训属性</td><td colspan="4">综合应用实训</td></tr>
<tr><td>实训目的</td><td colspan="4">通过《顺序翻牌》的项目游戏，提升团队成员对思维力的认知与理解，并更好地指导实践。</td></tr>
<tr><td rowspan="6">项目小组成员</td><td>姓名</td><td>班级</td><td>学号</td><td>责任分工</td></tr>
<tr><td></td><td></td><td></td><td></td></tr>
<tr><td></td><td></td><td></td><td></td></tr>
<tr><td></td><td></td><td></td><td></td></tr>
<tr><td></td><td></td><td></td><td></td></tr>
<tr><td></td><td></td><td></td><td></td></tr>
<tr><td>实训方式和步骤</td><td colspan="4">1. 结合上面的问题，以项目小组为单位开展讨论；
2. 各项目小组进行交流和互评；
3. 思考并总结，完成实训报告。</td></tr>
<tr><td>实训成果</td><td colspan="4"></td></tr>
</table>

续表

	评价指标	自评	组内互评
实训过程评价	达成本次实训项目目标（50分）		
	着装符合课堂规范（5分）		
	遵守课堂纪律，做好安全防护，具备安全意识（5分）		
	掌握知识点，能对所学内容进行分析、总结（5分）		
	能有效利用资源查找信息，具备自主学习的能力（5分）		
	能独立思考，融会贯通，提出自己的见解（5分）		
	能创新性地解决问题（5分）		
	注重团队协作，同学间团结友爱，共同解决问题（5分）		
	认同所学专业的价值，对学习抱有热情，在学习中获得满足感、成就感（5分）		
	具备理论应用于实践的能力（10分）		
小组活动经验总结			
个人总结和反思			

实训任务二：思维力的有效提升——神奇谜案

（一）游戏目的

突破思维的自我设限，培养良好的逻辑思维能力和积极分析问题的能力。

（二）游戏时间

15～20分钟。

（三）游戏场地

室内、室外均可。

（四）游戏参与人数

30～50人，或者更多。

（五）游戏材料

纸和笔。

（六）游戏操作流程

1. 将全班学生按照8～10人为一组进行分组。

2. 教师先给出一个故事的简要主干或结果作为案情，10 分钟内，各组组员通过提出封闭性的问题来推断出案情的起因和经过，教师只能用“是”或“不是”来回答组员的提问，哪一组推断出来的案情起因和经过最合理，且用时最短，哪组获胜。

3. 案情：一个男人，在沙漠中躺着死了，身上没有穿任何衣服，周围没有任何可疑的痕迹。

4. 神奇谜案的起因和经过：一对夫妇乘坐热气球在一望无际的沙漠当中探险，不幸在途中热气球燃料不足，需要减轻热气球的重量，才有可能活下来。这对夫妇想尽办法，将一切可以扔的东西都全部扔掉，甚至包括衣服，但是这样仍不能从根本上解决问题。最后，丈夫为了他心爱的妻子能够生存下来，就舍弃了自己的生命，跳下热气球，在沙漠中死了。

（七）游戏注意事项

1. 虽然给出了谜案的起因和结果，但如果学生们有更合理的推理也是可以的。

2. 每个小组按照规则认真完成。

（八）游戏讨论

1. 你的小组是采取了什么样的方法或策略，通过这个活动，给你的日常生活带来什么启示与感想？

2. 当小组组员间意见不统一时，你们是如何解决的？

3. 旅客自行更换至其他座位，但该座位并非空位，遭到一名外籍旅客制止，双方在沟通中爆发口角并演变为互殴。作为机组人员，你将如何处理？

（九）实训评价表

表 5-2　实训报告与评价

<table>
<tr><td>实训属性</td><td colspan="4">综合应用实训</td></tr>
<tr><td>实训目的</td><td colspan="4">通过《神奇谜案》的项目游戏，提升团队成员对思维力的认知与理解，并更好地指导实践。</td></tr>
<tr><td rowspan="6">项目小组成员</td><td>姓名</td><td>班级</td><td>学号</td><td>责任分工</td></tr>
<tr><td></td><td></td><td></td><td></td></tr>
<tr><td></td><td></td><td></td><td></td></tr>
<tr><td></td><td></td><td></td><td></td></tr>
<tr><td></td><td></td><td></td><td></td></tr>
<tr><td></td><td></td><td></td><td></td></tr>
<tr><td>实训方式和步骤</td><td colspan="4">1. 结合上面的问题，以项目小组为单位开展讨论；
2. 各项目小组进行交流和互评；
3. 思考并总结，完成实训报告。</td></tr>
<tr><td>实训成果</td><td colspan="4"></td></tr>
<tr><td rowspan="11">实训过程评价</td><td colspan="2">评价指标</td><td>自评</td><td>组内互评</td></tr>
<tr><td colspan="2">达成本次实训项目目标（50 分）</td><td></td><td></td></tr>
<tr><td colspan="2">着装符合课堂规范（5 分）</td><td></td><td></td></tr>
<tr><td colspan="2">遵守课堂纪律，做好安全防护，具备安全意识（5 分）</td><td></td><td></td></tr>
<tr><td colspan="2">掌握知识点，能对所学内容进行分析、总结（5 分）</td><td></td><td></td></tr>
<tr><td colspan="2">能有效利用资源查找信息，具备自主学习的能力（5 分）</td><td></td><td></td></tr>
<tr><td colspan="2">能独立思考，融会贯通，提出自己的见解（5 分）</td><td></td><td></td></tr>
<tr><td colspan="2">能创新性地解决问题（5 分）</td><td></td><td></td></tr>
<tr><td colspan="2">注重团队协作，同学间团结友爱，共同解决问题（5 分）</td><td></td><td></td></tr>
<tr><td colspan="2">认同所学专业的价值，对学习抱有热情，在学习中获得满足感、成就感（5 分）</td><td></td><td></td></tr>
<tr><td colspan="2">具备理论应用于实践的能力（10 分）</td><td></td><td></td></tr>
<tr><td>小组活动
经验总结</td><td colspan="4"></td></tr>
<tr><td>个人总结和反思</td><td colspan="4"></td></tr>
</table>

五、拓展游戏

任务一　异想天开

（一）游戏目的

打破思维定式，提高大学生创新性思维力。

（二）游戏时间

10 分钟。

（三）游戏场地

室内为宜。

（四）游戏参与人数

30 ~ 50 人，或者更多。

（五）游戏材料

纸和笔，回形针若干。

（六）游戏操作流程

1. 将全班学生按照 8 ~ 10 人一组进行分组。
2. 给每个小组一枚回形针，让小组成员尽可能多地说出该回形针的用途，时间为 2 分钟。
3. 每组指定一个人负责统计其他小组成员描述的用途与数目。
4. 小组呈现的回形针用途多者获胜。

（七）游戏注意事项

1. 教师可引导学生进行天马行空式的思考，提示大家自由想象。
2. 其他组员尽量不要打断与批评。

（八）游戏交流与分享

1. 当你看到别的小组写出的回形针的用途更多时，你作何感想？
2. 当你因打断或批评其他组员的描述而少写了一些后，又有何感受？
3. 当你发现别人想到的，你也想到了但觉得不妥就没有写下来，你现在又有什么样的体会与感受？
4. 与小组讨论该如何提升思维力。

（九）游戏总结与点评

1. 这个活动就是在考察大家的发散思维的能力，同时也在努力打破你的思维定式或改变你的思维习惯。发散思维，又称辐射思维、放射思维、扩散思维或求异思维，是指大脑在思维时呈现的一种扩散状态的思维模式，它表现为思维视野广阔，思维呈现出多维发散状。如

“一题多解”“一事多写”“一物多用”等方式，培养发散思维能力。不少心理学家认为，发散思维是创造性思维的最主要的特点，是测定创造力的主要标志之一。

2. 发散性思维的好坏，标志着一个人智力水平的高低。因此，培养和锻炼自己的发散性思维的能力，就是提高自我智力的过程。

任务二　极速传球

（一）游戏目的

鼓励学生们积极思考，提升创新意识，提高集体思维能力；同时让大家体验与感受思维的变化带来的愉悦。

（二）游戏时间

10 ~ 15 分钟。

（三）游戏场地

室内、室外均可。

（四）游戏参与人数

30 ~ 50 人，或者更多。

（五）游戏材料

网球每组 1 个，计时器 1 个。

（六）游戏操作流程

1. 教师将全班学生按照 8 ~ 10 人一组进行分组。

2. 要求小球迅速经过每个组员的手掌心，传到最后一个组员手中时，此组员要立刻喊“到”，本次活动任务就算完成。同时，教师把本小组所用的时间写到黑板上。

3. 传球过程中，若出现漏传、掉球等违规现象，则本次任务的成绩（时间）记为“零”；而且每次都是一个小组进行活动任务，其他小组要背向活动小组。

4. 活动开始前，给每个小组 3 分钟时间进行商量探讨组员如何站队等等事宜。

5. 按照 2 所述的步骤，可再举行 2 ~ 4 次，每两次之间可给小组 2 分钟的商量讨论时间，随着小组组员创新意识的增强，寻求小组完成任务的最短时间，从而提升其思维能力。

6. 活动 3 ~ 4 次后，进行下一次时，其他小组组长可向前观看，然后回来与小组组员分享再进行新一轮的比赛并把成绩（时间）写到黑板上，最后计算每个小组的平均成绩（时间），用时最少者获胜。

（七）游戏注意事项

1. 各小组活动时，一定要在规则内进行。

2. 活动过程中，要注意安全。

3. 教师在活动过程中，可播放激励性的歌曲或音乐。

（八）游戏交流与分享

1. 刚开始，你一定会觉得这个比赛很简单，比赛后，你的第一感受是什么？
2. 多次比赛后，你发现几乎每个小组的成绩都在上升，为什么？
3. 比赛前的商量讨论阶段，你有什么体会？
4. 经过大家积极努力的思考，小组成绩一步一步上升，你有何感想？
5. 联系现实生活，你有什么体会与启发？

（九）游戏总结与点评

1. 这个比赛是在发挥集体的智慧与力量，哪个小组能集思广益，哪个小组的成绩进步就会比较明显；而且组员的感受也就更加深刻。这也提醒我们，要学会依靠集体、发掘集体智慧，实现进步的最大化。

2. 通过这个活动，我们可以发现每一次哪怕是一点点的创新就可以提升比赛的成绩（时间），这告诉我们生活中要积极培育创新意识，提升创新思维，进而在日后的学习、生活以及工作中才可能得心应手，不至于胸无点墨、手足无措。

六、主题演讲

（一）案例分享

真情服务，守匠出新——记上航劳模团队创新工作室

一代人有一代人的奋斗，一个时代有一个时代的担当。劳模是劳动者最崇高的荣誉，劳模精神是时代奋斗的底色，时代的发展需要源源不断地注入新血脉。让我们一起走进培养劳模型服务人才的摇篮——上航客舱服务部劳模团队创新工作室，感受传承的力量。

弘扬劳模精神，成立培养人才的摇篮

2012 年，上航客舱服务部为弘扬劳动模范的高尚品格和精神，加快培养高素质和高技能的专业人才，特成立吴尔愉劳模团队创新工作室，以全国劳模吴尔愉命名并领衔，由上航客舱服务部一批思想觉悟高、品德行为优、业务能力精的先进典型组成。多年来，劳模团队创新工作室，以“四精”服务为目标，以创新服务产品、提升运行品质、培育服务人才、扩大品牌影响为职能，充分发挥劳模典型在公司创新驱动、转型发展中的示范引领作用，打造公司创新研发服务产品的基地，培养劳模型服务人才的摇篮。

2022 年 7 月，王佳琳成为新一任负责人。王佳琳是上海航空的客舱经理，同时担任劳模团队创新工作室负责人。入职上航以来，已经安全飞行 21 年，曾被评为全国民航“五一巾帼标兵”、上海市优秀志愿者、上海市“三八红旗手”、上海市“五一劳动奖章”、上海市“质量工匠”和东航劳动模范等荣誉称号，并光荣当选中国共产党上海市第十二次代表大会代表。她始终秉承全国劳模吴尔愉的服务精神，用“四精服务”在航班中诠释着民航真情服务和东上航匠心品质。

创新管理制度，擦亮“金鹤”品牌

劳模团队创新工作室在推动航空服务创新的征程中，推出了全新的项目管理制度，充分运用好“金鹤”这一金字招牌，积极打造了一系列以“金鹤”为抬头的创新性项目。包括“金鹤共建”“蓝天党小组-金鹤主题航班”“金鹤讲堂”“金鹤课堂”“金鹤公益”“金鹤宣讲团”等。

其中，“金鹤”品牌文化宣讲团是部门2023年重点打造的一支强力宣传队伍，致力于发扬上航特色，释放海派文化积淀，拥抱高端化、国际化发展机遇，借助一段段真情讲述，唤醒上航人的共同记忆，将蓝天情怀，凝聚成前行的力量。“金鹤讲堂”项目，则更着力于成员在岗位之外的素养提升和思维创新。通过展开多种主题系列讲堂，提升成员的文化底蕴，潜移默化地提高整体服务水平。同时，通过金鹤课堂，不断加强其职业素养和职业形象，身体力行地打造优雅干练气质、展现上航客舱风采。

传承劳模精神，铸就品牌辉煌

劳模精神的传承，需要物质的载体；先进服务理念的深入，需要案例的支撑。《吴尔愉服务法》是中国民航业第一部以个人命名的服务法，是整个上航宝贵的历史精神财富，2023年，劳模团队创新工作室组织了《心服务，馨体验》一书的编写，融合了经典性与时代感，对《吴尔愉服务法》进行了传承与创新。该书由6名一线乘务人员组成的编写小组撰写，共完成了36篇共计约50000字的优秀服务案例及评析，并计划融入有声书、舞台剧等多种形式，将劳模精神、工匠精神广泛传播。

无论时代如何变迁，劳模精神永不变质。在未来，上航客舱服务部劳模团队创新工作室将继续大力弘扬劳模精神、劳动精神、工匠精神，发挥劳模示范引领作用，助力上航打造高素质服务型人才队伍。

（来源：民航资源网，2024-04-30）

（二）分组进行课程思政拓展训练，并填写以下实训报告

表5-3　课程思政训练报告与评价

<table>
<tr><td>实训属性</td><td colspan="3">主题演讲</td></tr>
<tr><td>实训目的</td><td colspan="3">阅读上述案例，通过小组课堂演讲的形式，进行课程思政浸润教育，培养民航强国事业接班人。</td></tr>
<tr><td rowspan="6">项目小组成员</td><td>姓名</td><td>班级</td><td>学号</td></tr>
<tr><td></td><td></td><td></td></tr>
<tr><td></td><td></td><td></td></tr>
<tr><td></td><td></td><td></td></tr>
<tr><td></td><td></td><td></td></tr>
<tr><td></td><td></td><td></td></tr>
<tr><td>实训方式和步骤</td><td colspan="3">1. 通过案例，挖掘与课程相关的课程思政资源；
2. 各项目小组进行案例演讲和互评；
3. 思考并总结，完成实训报告。</td></tr>
</table>

续表

<table>
<tr><td>实训成果</td><td colspan="3">通过该模块的学习，谈谈项目小组对所挖掘的课程思政资源的理解。</td></tr>
<tr><td rowspan="11">实训过程评价</td><td>评价指标</td><td>自评</td><td>组内互评</td></tr>
<tr><td>达成本次实训项目目标（30分）</td><td></td><td></td></tr>
<tr><td>演讲主题契合课程思政（10分）</td><td></td><td></td></tr>
<tr><td>演讲主题与行业相关，增强职业认同感（10分）</td><td></td><td></td></tr>
<tr><td>能完善自我，对自身成长起到正面激励作用（10分）</td><td></td><td></td></tr>
<tr><td>能健全道德素养，增强社会责任感，培养积极正面的人生观、世界观（10分）</td><td></td><td></td></tr>
<tr><td>能有效利用网络资源查找信息，具备自主学习的能力（5分）</td><td></td><td></td></tr>
<tr><td>能独立思考，融会贯通，提出自己的见解（5分）</td><td></td><td></td></tr>
<tr><td>能创新性地解决问题（5分）</td><td></td><td></td></tr>
<tr><td>注重团队协作，同学间团结友爱，共同解次问题（10分）</td><td></td><td></td></tr>
<tr><td>具备理论应用于实践的能力（5分）</td><td></td><td></td></tr>
<tr><td>小组总结</td><td colspan="3"></td></tr>
<tr><td>个人总结和反思</td><td colspan="3"></td></tr>
</table>

项目六　凝聚力的有效提升

一、案例分析

幸福北分暖暖“帮帮群”汇聚大爱满满正能量

东航北京分公司工会在分公司党委的坚强领导下，始终坚持以人民为中心的发展思想，于2018年开始组建“幸福北分帮帮群”，旨在多措并举为职工群众办好事、解难事，不断提升职工的幸福感、获得感、归属感。从最初的模式探索到如今的转型升级，群管理不断优化，群成员不断壮大，在答疑解惑、疫情防控、乡村振兴、市场营销等多领域发挥了积极的辐射带动效应，鼓励员工相互支持、共同进步，形成了一种团结互助、共克时艰的良好氛围。

全员促营销　共创“兴”业绩

“请问团体机票预订需要咨询哪位同事？”

“我在，我联系您，谢谢!”

看到这条信息后，市场销售部的同事立即联系了员工本人，经了解是需要预订团体机票，在经过沟通协调后完成了临时团体机票的预订，帮助团体顺利成行，实现了满足员工需求和航司营销的“双向奔赴”。市场销售部的同事表示“帮帮群”虽小但迸发出的能量是巨大的，这样双赢的成功事例数不胜数，在每一次沟通交流中都能感受到员工强烈的主人翁意识及对东航的热爱。“帮帮群”的设立打破了部门信息壁垒，也打破了传统模式下营销部门孤军奋战的局面，打开了全员营销的良好局面，每一名员工都是营销工作的触角，如同毛细血管般遍布企业的各个角落，不仅感知着市场的脉动，还通过自身的行动和影响力，整合内外部资源实现营销效果，为分公司的发展注入源源不断的新动力。

情暖空勤　排忧解难

“这是谁的车？麻烦挪一下，谢谢!”

“不好意思我今天有航班保障任务，可能得很晚回去再挪了”

“乘务长不要着急，您安心执行航班任务，我们来解决挪车事宜。”这是来自“帮帮群”的一段暖心对话，综管部负责人看到上述信息后，立即在群内回复，缓解空勤人员紧张的心情，同时沟通协调相关部门进行处理，让空勤人员在空中安心执行航班保障任务，地面人员为他们保驾护航。

每当遇到大风雨雪等极端天气，综合管理部都会第一时间在“帮帮群”发布安全提示，同时安排工作人员到停车场现场指导防汛工作，利用排水工具现场排水，积水较深的停车区域会联系车主进行挪车，还会为进入停车场取车员工提供鞋套服务。待极端天气过后会立即对停车场地进行路面平整修复，时时刻刻做好员工后勤保障工作。

关爱新员 答疑解惑

每年新员工入职，工会主席都会对新入职员工开展工会第一课培训，团委书记会与新入职员工开展座谈交流，在交流培训过程中会向他们介绍幸福北分“帮帮群”的进群路径，畅通需求反馈平台，大家在群内反映诉求，人力资源部、综合管理部等相关职能部门会第一时间为新入职员工提供专业的解答，有相关办理经验的员工也会进行经验分享，使新入职员工能够迅速解决入职后保险、养老等各类问题，加快融入幸福北分大家庭，增强职工队伍的凝聚力和向心力。

（来源：中国民航网，作者：李昀蔚，2024-09-09）

案例思考，“幸福北分帮帮群”为什么能得到员工的支持，获得成功？

____

____

____

二、自我测试

团队合作精神测试题：

以下 10 道题有 A、B、C 三个选项，被测试者仔细读题，结合本人实际情况和观点，选择最贴近自己意愿的选项。

（1）如果某位同事为方便自己去旅游而要求与你调换休息时间，在你还没有做决定如何度假的情况下，你是：

A. 马上应允

B. 告诉他你要回家请示夫人

C. 拒绝调换，推说自己已经参加旅游团了

（2）你如果在急匆匆地驾车去赴约途中看到你秘书的车出了故障，停在路边，你是：

A. 毫不犹豫地下车帮忙修车

B. 告诉他你有事，不能停下来帮他修车，但一定帮他找修理工

C. 装作没看见他，径直驶过去

（3）如果某位同事在你准备下班回家时，请求你留下来听他“倾吐苦水”，你是：

A. 立即同意

B. 劝他第二天再说

C. 以夫人生病为由拒绝他的请求

（4）如果某位同事因事要去医院探望夫人，要求你替他去接一位搭夜班机来的大人物，你是：

A. 立即同意

B. 找借口劝他另找他人帮忙

C. 以汽车坏了为由拒绝

（5）如果某位同事的儿子想选择与你同样的专业，请你为他做些求职指导，你是：

A. 立即同意

B. 答应他的请求，但同时声明你的意见可能已经过时，他最好再找些最新的资料做参考

C. 只答应谈几分钟

（6）你在某次会上发表的演讲很精彩，会后几位同事都向你索要讲话纲要，你是：

A. 同意并立即复印

B. 同意但并不十分重视

C. 同意但转眼就忘记

（7）如果你参加一个新技术培训班，学到了一些对许多同事都有益的知识，你是：

A. 返回后立即向大家宣布并分发参考资料

B. 只泛泛地介绍一下情况

C. 把这个课程贬得一钱不值，不泄露任何信息

（8）如果某位中学校长请你为即将毕业的学生，举办一次介绍公司情况的晚间讲座，而那天晚上恰好播放你“追踪”的电视连续剧的最后一集，你是：

A. 立即接受邀请

B. 同意去，但要求改期

C. 以有约在先为由拒绝邀请

（9）如果某位重要客户在周末下午 5:30 打来电话，说他们购买的设备出了故障，要求紧急更换零件，而主管人员及维修工程师均已下班，你是：

A. 亲自驾车去 30 公里以外的地方送货

B. 打电话给维修工程师，要求他立即处理此事

C. 告诉客户下周才能解决

（10）如果某位与你竞争最激烈的同事向你借一本经营管理畅销书，你是：

A. 立即借给他

B. 同意借给他，但声明此书无用

C. 告诉他书被遗忘在火车上了

结果分析：

全部回答“A”：你只能说是自以为极善良、极有爱心的人，但你要当心，千万别被低效率的人拖后腿，应该有自己的主见。

大部分回答“A”：很善于合作，但并非失去个性，认为礼尚往来是一种美德，在商业生活中亦不可或缺。

大部分回答“B”：以自我为中心的人，不愿意为自己找麻烦，不想让自己的生活规律.工作秩序受到任何干扰。

大部分回答“C”：是一个名副其实的孤家寡人，不善于同别人合作，几乎没有团队意识。

三、理论测验（判断题 10 题，每题 10 分，满分 100 分）

1. 群体的规模是群体凝聚力的影响因素之一。 （　　）

2. 凝聚力越高，生产效率一定越高。（　）
3. 凝聚力越高，生产效率有可能越低。（　）
4. “三个臭皮匠赛过诸葛亮”之说要求团队要共同奉献。（　）
5. 群体的环境不属于群体凝聚力的影响因素。（　）
6. 成员在群体中的地位属于影响群体凝聚力的个体因素。（　）
7. 成员对群体的依赖性属于影响群体凝聚力的个体因素。（　）
8. 泰戈尔曾经说过，“世界上最宽阔的是海洋，比海洋更宽阔的是天空，而比天空更宽阔的则是人的心灵”。（　）
9. 雨果说：“一朵鲜花打扮不出美丽的春天，一个人的力量总是有些单薄，只有协作才能够移山填海。”（　）
10. “三人行，必有我师焉”告诉我们团队是大于个人的。（　）

四、实训任务

实训任务一：凝聚力的有效提升——同心鼓

（一）游戏目的

1. 通过游戏，全体学生学会团结协作完成共同目标的能力。
2. 通过游戏，认识团队配合的重要性，提升团队凝聚力。
3. 通过游戏，领悟团队成员互相鼓励对完成任务的积极作用。

（二）游戏时间

60～90分钟。

（三）游戏场地

室外空旷场地。

（四）游戏参与人数

全班学生，平均一组10人以内。

（五）游戏材料

同心鼓设备多套、排球多个。

（六）游戏操作流程

1. 规定每组学员的最低纪录不应少于20个，一般颠球的数量和练习的时间分钟数相同，如练习20分钟要求不低于20个。
2. 球颠起的高度应高于鼓面15厘米，否则此球不计数；
3. 每人牵拉一根鼓上的绳子，如果人多绳少可以轮换，如果人少绳多可以让某些学生牵拉两根。

4. 学生颠球时必须握住把手。
5. 颠球开始后鼓不得触地，球飞离鼓面后，不得将鼓摔落在地上。
6. 颠球过程中注意安全，应听从教师指挥，教师喊停立即停止。
7. 如因场地原因停止，可根据情况决定是否累加。
8. 活动结束分享感受与体会。
9. 各组展示完后，教师进行依次点评。

（七）游戏注意事项

1. 所有的绳子都必须有学生牵拉，防止落在地上绊倒学员。
2. 开始游戏前，学生必须做足准备活动。
3. 重点检查场地上是否有石头、木棍等硬物。
4. 学生必须穿运动装、运动鞋参加活动。
5. 从颠起第一个球开始，如果球落在地上，要从 0 开始计数。

（八）游戏讨论

1.《同心鼓》游戏中是否有拔河的感觉？为什么？

____

____

____

____

2.《同心鼓》游戏中是否体现了凝聚力？具体体现在哪里？

____

____

____

____

3. 客舱内突然发生失火情况时，飞机机组人员如何做才能保障快速处置火情？

____

____

____

____

（九）实训评价表

表 6-1　实训报告与评价

<table>
<tr><td>实训属性</td><td colspan="4">综合应用游戏</td></tr>
<tr><td>实训目的</td><td colspan="4">通过《同心鼓》的项目游戏，提升团队成员对凝聚力的认知与理解，并更好地指导实践。</td></tr>
<tr><td rowspan="6">项目小组成员</td><td>姓名</td><td>班级</td><td>学号</td><td>责任分工</td></tr>
<tr><td></td><td></td><td></td><td></td></tr>
<tr><td></td><td></td><td></td><td></td></tr>
<tr><td></td><td></td><td></td><td></td></tr>
<tr><td></td><td></td><td></td><td></td></tr>
<tr><td></td><td></td><td></td><td></td></tr>
<tr><td>实训方式和步骤</td><td colspan="4">1. 结合上面的问题，以项目小组为单位开展讨论；
2. 各项目小组进行交流和互评；
3. 思考并总结，完成实训报告。</td></tr>
<tr><td>实训成果</td><td colspan="4"></td></tr>
<tr><td rowspan="11">实训过程评价</td><td colspan="2">评价指标</td><td>自评</td><td>组内互评</td></tr>
<tr><td colspan="2">达成本次实训项目目标（50 分）</td><td></td><td></td></tr>
<tr><td colspan="2">着装符合课堂规范（5 分）</td><td></td><td></td></tr>
<tr><td colspan="2">遵守课堂纪律，做好安全防护，具备安全意识（5 分）</td><td></td><td></td></tr>
<tr><td colspan="2">掌握知识点，能对所学内容进行分析、总结（5 分）</td><td></td><td></td></tr>
<tr><td colspan="2">能有效利用资源查找信息，具备自主学习的能力（5 分）</td><td></td><td></td></tr>
<tr><td colspan="2">能独立思考，融会贯通，提出自己的见解（5 分）</td><td></td><td></td></tr>
<tr><td colspan="2">能创新性地解决问题（5 分）</td><td></td><td></td></tr>
<tr><td colspan="2">注重团队协作，同学间团结友爱，共同解决问题（5 分）</td><td></td><td></td></tr>
<tr><td colspan="2">认同所学专业的价值，对学习抱有热情，在学习中获得满足感、成就感（5 分）</td><td></td><td></td></tr>
<tr><td colspan="2">具备理论应用于实践的能力（10 分）</td><td></td><td></td></tr>
<tr><td>小组活动
经验总结</td><td colspan="4"></td></tr>
<tr><td>个人总结和反思</td><td colspan="4"></td></tr>
</table>

实训任务二：凝聚力的有效提升——最强战队

（一）游戏目的

1. 通过游戏，让学生消除紧张、陌生感、相互之间的隔阂、尴尬。
2. 通过游戏，快速认识团队、融入团队、接受团队。
3. 通过游戏，让学生学会头脑风暴讨论，认识团队配合的重要性，提升团队凝聚力。

（二）游戏时间

45 分钟。

（三）游戏场地

室内、室外皆可。

（四）游戏参与人数

全班学生，平均一组 10 人以内。

（五）游戏材料

笔 1 对/人，A4 纸若干。

（六）游戏操作流程

1. 将全班同学进行分组，每组 8 ~ 10 人。
2. 让全班报数，相同数字的同学为一组
3. 小组自由讨论时间，40 分钟内，确定本组的队长、队名、队形、队徽、队歌。同时还需将队名、队徽写/画在 A4 纸上。
4. 讨论后，各组依次进行展示，要求队长对队名、队形、队徽进行解读，同时全队高声唱出队歌。
5. 活动结束分享感受与体会。
6. 各组展示完后，教师进行依次点评。

（七）游戏注意事项

1. 引导学生快速选出队长，并发挥对队长的领导作用，消除学生间的陌生感。
2. 队形展示时注意人身安全。
3. 教师应该注意讨论时间的把控。

（八）游戏讨论

1. 团队合作面对的困境有哪些？

____

____

2.“三人行必有我师焉”在《最强战队》游戏中有何体现？

3. 执行航班任务时，保证飞行安全是每一个飞机机组团队共同的责任与使命。请分析飞行机组与乘务机组有可能出现哪些小矛盾或者小摩擦？至少列举三个方面。

（九）实训评价表

表 6-2　综合应用游戏报告与评价

<table>
<tr><td>实训属性</td><td colspan="4">综合应用游戏</td></tr>
<tr><td>实训目的</td><td colspan="4">通过《最强战队》游戏，提升团队成员对凝聚力的认知与理解，并更好地指导实践。</td></tr>
<tr><td rowspan="6">项目小组成员</td><td>姓名</td><td>班级</td><td>学号</td><td>责任分工</td></tr>
<tr><td></td><td></td><td></td><td></td></tr>
<tr><td></td><td></td><td></td><td></td></tr>
<tr><td></td><td></td><td></td><td></td></tr>
<tr><td></td><td></td><td></td><td></td></tr>
<tr><td></td><td></td><td></td><td></td></tr>
<tr><td>实训方式和步骤</td><td colspan="4">1. 结合上面的问题，以项目小组为单位开展讨论；
2. 各项目小组进行交流和互评；
3. 思考并总结，完成实训报告。</td></tr>
<tr><td>实训成果</td><td colspan="4"></td></tr>
</table>

续表

	评价指标	自评	组内互评
实训过程评价	达成本次实训项目目标（50分）		
	着装符合课堂规范（5分）		
	遵守课堂纪律，做好安全防护，具备安全意识（5分）		
	掌握知识点，能对所学内容进行分析、总结（5分）		
	能有效利用资源查找信息，具备自主学习的能力（5分）		
	能独立思考，融会贯通，提出自己的见解（5分）		
	能创新性地解决问题（5分）		
	注重团队协作，同学间团结友爱，共同解决问题（5分）		
	认同所学专业的价值，对学习抱有热情，在学习中获得满足感、成就感（5分）		
	具备理论应用于实践的能力（10分）		
小组活动经验总结			
个人总结和反思			

五、拓展游戏

任务一　链接加速

（一）游戏目的

1. 通过游戏，培养学生团队合作能力。
2. 通过游戏，培养学生坚持到底，永不放弃的精神。
3. 通过游戏，让学生学会头脑风暴讨论，认识团队配合的重要性，提升团队凝聚力。

（二）游戏时间

40分钟。

（三）游戏场地

室外空旷场地。

（四）游戏参与人数

全班学生，平均一组6～8人，男女混搭最合适。

（五）游戏材料

口哨一个、红色塑料绳若干。

（六）游戏操作流程

1. 分组进行比赛，规定队形，后边同学的右（左）手抬起前边的人的右（左）腿，左（右）手搭在前边的人的左（右）肩形成小火车，最后一名同学也要单脚跳步前进，不能双脚着地。

2. 用红色塑料绳在场地上安排好起跑线和终点线，其距离为 20 ~ 40 米（来回）。

3. 游戏开始以哨声为令，各队从起跑线出发，跳步前进，最后一名同学到达终点后，迅速向后转，再次以跳步方式回到起点。

4. 游戏以最先到达起点的队伍为胜。按时间记名次。

5. 活动结束分享感受与体会。

6. 各组展示完后，教师进行依次点评。

（七）游戏注意事项

1. 游戏过程中队员必须跳步前进，队伍如有断裂必须重新组织好，并从起点重新开始游戏。

2. 开始游戏前，学生必须做足准备活动。

3. 学生必须穿运动装、运动鞋参加活动。

4. 比赛过程中，参赛队必须在规定的赛道进行比赛，不许乱道，犯规一次加时 5 秒，依次累加。

（八）游戏讨论

1. 通过团队配合，是否能体验凝聚力的强大、培养同学们的团结协作精神？

2. 游戏中需要有什么品质？

3. 队伍断裂是否对团队成绩有重大影响？

（九）游戏总结

1. 这个活动看似简单，实则困难，重点在团队凝聚力如何将队伍拧成一股绳。

2. 当身体达到极限，想放弃的时候，内心是什么感受？

3. 队伍的断裂如同团队的瓦解，充分理解团队凝聚力的重要性。

任务二　坐地起身

（一）游戏目的

1. 通过游戏，让学生们明白团队合作的重要性。

2. 通过游戏，让学生学会头脑风暴讨论，认识团队配合的重要性，提升团队凝聚力。

（二）游戏时间

40 分钟。

（三）游戏场地

室内外空旷场地。

（四）游戏参与人数

全班学生，分成四大组，平均一组 12 人，男女混搭最合适。

（五）游戏材料

口哨一个。

（六）游戏操作流程

1. 游戏开始计时以哨声为令。
2. 开始时以 5 个人为一组，围坐成一圈，背对背、手挽手地坐在地上；
3. 听到哨声后，在不使用手的情况下，依靠队员相互的背部支撑力量，撑地站起来。
4. 第一次 5 个人应该比较容易完成，这个游戏，参与的人数越多，完成的难度越大。完成后，增加人数到 8 人或者 10 人直至 12 人同时完成，根据游戏的时间，选择每次增加 1-2 名学生。
5. 失败了，可以重新开始，反复尝试，直到成功。
6. 活动结束分享感受与体会。
7. 各组展示完后，教师进行依次点评。

（七）游戏注意事项

1. 开始游戏前，学生必须做足准备活动。游戏进行时，教师应安排 4 名同学做好保护措施，以免损伤参与学生腰部。一般情况下，8 个人就很难完成了。
2. 学生必须穿运动装、运动鞋参加活动。
3. 比赛过程中，参与游戏学生的双手一定不能触地，同时不能松手。

（八）游戏讨论

1. 通过什么方式，团队才可以成功地站起来？
2. 个人站起来很容易，但是让 12 人的团队在特定场景下站起来具有挑战性，为什么？
3. 团队成员的手触地、松手对团队成绩是否重大影响？

（九）游戏总结

1. 当团队站不起来的时候，你的内心什么感受？
2. 屡败屡战，培养团队失败不气馁，总结经验重新来过，永不言败的精神。
3. 一个人的力量再大，也不可能带动整个队伍，而且，不依靠其他队员的支撑，在不使用双手的情况下，是不可能站起来的。只有靠队伍的整体凝聚力才足以支撑队伍站起来的力量。
4. 通过游戏可以考验一个团队能否默契地达到同时起同时坐的效果，由此检验这个团队是否有团队精神以及团队凝聚力的水平。

5. 在工作中，也应加强这种团队协作精神，不论职务高低，不论职位分别，一个团队需要尽心尽力配合协助，才能更好地做好工作，创造出意想不到的成绩。

六、主题演讲

（一）案例分享

提升客舱服务质量，做好业务“传帮带”，祥鹏航空乘务带飞教员的匠心传承！

“想要确保每一次飞行的服务品质，就需要在夯实自身业务技能的基础上，将每一次飞行都当成第一次飞行去认真对待。”祥鹏航空客舱管理部带飞教员来佳说道。

十七年的飞行生涯里，她不仅是一名忠于职守、爱岗敬业的蓝天摆渡人，更是一名诲人不倦、亦师亦友的带飞教员。作为一名优秀的带飞教员，当团队伙伴遇到航班上的问题时，来佳积极利用教员优势，针对组员特性提出独具特色的调整方案，帮助学员夯实服务技能、提升业务能力。她始终秉承着“多为学员着想”的理念，手把手地指导、心连心地辅助，使团队成员在一线工作上得心应手。

成为一名教员以来，来佳充分发挥教员作用，引领学员细致入微，根据不同学员的不同特点，提出个性化学习方案，因材施教，从不吝啬地把实践中的知识传授和分享给每一位学员。善教者使人继其志，曾有一位学员，在掌握灭火程序上总是不得要领，来佳便在课堂上经常鼓励他，找机会让他多练习，之后学员信心倍增，逐步掌握了灭火器的使用程序。

教诲如春风，是良师更是益友。王胤婷就是来佳众多优秀徒弟中的一员，“来佳老师就像一座灯塔，不仅在工作上指引我，而且更像是我的好朋友，一直陪伴我、鼓励我。”来佳时常教导王胤婷，从一座城市飞向另外一座城市执行飞行任务时，要做好周密的计划和充分的准备，以最饱满的状态投入到服务保障工作中，力求以高度的责任心与热情的服务保障旅客顺畅出行、舒心而归。

薪火相传，诲人不倦。如今，王胤婷也成为了祥鹏航空客舱管理部优秀的带飞教员，她将这些来自来佳老师的“大道理”，一遍又一遍地告诉新一代的学员。“我以来佳老师为榜样，将继续发扬她优秀的教学理念，像她当初教导我那般，为新一代的乘务员们传道授业解惑。”

做好业务“传帮带”，当好职业“领路人”。截至 2022 年 8 月，祥鹏航空累计培训、输送合格乘务员 2 000 余人，开展资质提升培训 1 200 余期，受训乘务员达 22 000 余人。

培养一名合格、优秀的乘务员，期间必然需要付出很多心血，而一批又一批的祥鹏教员从未畏难退缩。她们在工作中传道授业，树立榜样精神；在课堂上言传身教，为学员答疑解难；在客舱里以身作则，提升服务质量，充分发挥带飞教员作用，践行民航精神，激励了许许多多的新学员积极加入到民航服务建设的队伍中来，共同守护客舱安全。

（来源：民航资源网，2022-09-09，供稿：云南祥鹏航空有限责任公司）

（二）分组进行课程思政拓展训练，并填写以下实训报告

表 6-3　课程思政训练报告与评价

<table>
<tr><td>实训属性</td><td colspan="5">主题演讲</td></tr>
<tr><td>实训目的</td><td colspan="5">阅读上述案例，通过小组课堂演讲的形式，进行课程思政浸润教育，培养民航强国事业接班人。</td></tr>
<tr><td rowspan="6">项目小组成员</td><td>姓名</td><td colspan="2">班级</td><td colspan="2">学号</td></tr>
<tr><td></td><td colspan="2"></td><td colspan="2"></td></tr>
<tr><td></td><td colspan="2"></td><td colspan="2"></td></tr>
<tr><td></td><td colspan="2"></td><td colspan="2"></td></tr>
<tr><td></td><td colspan="2"></td><td colspan="2"></td></tr>
<tr><td></td><td colspan="2"></td><td colspan="2"></td></tr>
<tr><td>实训方式和步骤</td><td colspan="5">1. 通过案例，挖掘与课程相关的课程思政资源；
2. 各项目小组进行案例演讲和互评；
3. 思考并总结，完成实训报告。</td></tr>
<tr><td>实训成果</td><td colspan="5">通过该模块的学习，谈谈项目小组对所挖掘的课程思政资源的理解。</td></tr>
<tr><td rowspan="11">实训过程评价</td><td colspan="3">评价指标</td><td>自评</td><td>组内互评</td></tr>
<tr><td colspan="3">达成本次实训项目目标（30 分）</td><td></td><td></td></tr>
<tr><td colspan="3">演讲主题契合课程思政（10 分）</td><td></td><td></td></tr>
<tr><td colspan="3">演讲主题与行业相关，增强职业认同感（10 分）</td><td></td><td></td></tr>
<tr><td colspan="3">能完善自我，对自身成长起到正面激励作用（10 分）</td><td></td><td></td></tr>
<tr><td colspan="3">能健全道德素养，增强社会责任感，培养积极正面的人生观、世界观（10 分）</td><td></td><td></td></tr>
<tr><td colspan="3">能有效利用网络资源查找信息，具备自主学习的能力(5 分)</td><td></td><td></td></tr>
<tr><td colspan="3">能独立思考，融会贯通，提出自己的见解（5 分）</td><td></td><td></td></tr>
<tr><td colspan="3">能创新性地解决问题（5 分）</td><td></td><td></td></tr>
<tr><td colspan="3">注重团队协作，同学间团结友爱，共同解决问题（10 分）</td><td></td><td></td></tr>
<tr><td colspan="3">具备理论应用于实践的能力（5 分）</td><td></td><td></td></tr>
<tr><td>小组总结</td><td colspan="5"></td></tr>
<tr><td>个人总结和反思</td><td colspan="5"></td></tr>
</table>

项目七　应激力的有效提升

一、案例分析

万一发生空难了该怎么办？空难事故守则（节选）

大多数的空难都发生在飞机的起落或者降落的时候。例如 2005 年 8 月法国航空（AirFrance）358 号航班的乘务员就面临一场生死考验。当日该机在狂风暴雨中准备在多伦多皮尔逊国际机场（Lester B. Pearson International Airport）降落，因恶劣天气加上机组操作失误，飞机在降落后未能在跑道结束前减速停止，最后以每小时 148 公里的时速冲出跑道末端并起火燃烧。航空煤油的味道弥散在机舱内，如果没有人站出来维持秩序，狭窄的客舱过道马上就会演变成一场践踏事故。空乘员立刻启动紧急疏散程序，引导乘客从紧急滑梯下逃生。所幸所有乘客与机组人员都及时逃出，无人死亡。

运输安全委员会（Transportation Safety Board）在事后的调查报告中高度赞扬了乘务组在事故中的工作表现，他们在引导乘客安全撤离中起到了决定性的作用。法航 358 号航班成功的撤离与其快速的撤退速度有直接关系，机上人员仅耗时 90 秒就全部撤离。这次的演习训练由托马斯·克鲁派克（Tomas Chlupac）指导，他带领 11 名年轻的空乘来处理一系列模拟的灾难场景。在模拟器后方的控制室里库贝卡创设了一个场景，模拟器在强大的液压系统下开始工作，可以模拟飞机飞行期间的真实飞行状况，而他们也将接受无预兆式的紧急情况（Unprepared Emergency Situation）训练。对于他们来讲，接下来的每一秒都是在和时间赛跑。液压起重器摇晃着机身模拟飞机进行硬着陆，广播里传来“撤退”的声音，克鲁派克马上通知大家：解开安全带，不管其他东西。这家模拟器上的滑梯已准备就绪，为了尽量模拟真实情况，空乘们必须听到滑梯充气完的声音才能开始撤退。大家依次跳上滑梯，为了保证大家的安全，建议跳滑梯的时候双手交叉。克鲁派克站在舱门一再提醒大家动作要领，直到最后一个人顺利撤离，这种重复性命令可以帮助人们克服“消极恐慌（Negative Panic）”的心理现象。

研究资料的视频显示，在有些乘客僵坐的时候，其他人会一窝蜂地逃出飞机。英国民航局（UK Civil Aviation Authority）一项著名研究结果显示，绝望和嫉妒恐吓的情绪会瞬间扩散，即使在模拟的情况下也是如此。无序的撤退结果会大大影响撤退效率，所以撤离训练会让空乘们有效控制这种恐慌情绪的蔓延。通过扮演乘客，他们多少会感受到真正紧急情况时的恐怖场面，即使真的面临困境，他们也能做到心中有数。

（来源：中国民用航空网）

讨论任务：阅读案例后以小组为单位进行分享，空难发生时团队的哪些处置方式体现了应激力？

____

____

____

二、自我测试

你具有灵活应变能力吗？

在生活与工作中，良好的应变能力常常会化尴尬为友善，化干戈为玉帛。那么，你的应变能力如何呢？以下的问题有一定的代表性，通过对它们的判断，可以测出你对某些事情发生后的反应如何。

假如你得分高，很可能你有很强的应变能力，在关键时刻能泰然自若；反之，你可找出弱点在哪里，并及时纠正，以适应复杂而多变的未来生活。

1. 你是否具备一些急救知识？

2. 你是否见血就晕，一时不能恢复常态？

3. 你看护过病人吗？

4. 在街上遇到事故时，你的反应如何？

A. 退避三舍　B. 好奇走近围观　C. 看看自己能否助一臂之力

5. 你是事故的见证人，你能积极配合有关部门，陈述经过的情形吗？

6. 如有人衣服偶然着火，你会：

A. 拿水浇灭它　B. 替他把着火的衣服脱掉　C. 用毯子把他裹起来

7. 你是否有适量的运动？如户外运动、步行、种花、家务劳动及正常的娱乐活动。

8. 假如你遭到意外的打击，你会：

A. 头昏眼花，不过几秒钟后就会恢复　B. 不知所措，以致数分钟之久

C. 一段时间内都处于伤感、悲痛之中

9. 当他人叙述以往的经历或说笑话时，你记忆的速度是否与其他人相同或略胜一筹？

10. 你到一个陌生的地方，过后能否相当准确地叙述？

11. 你对陌生人的第一次印象是否较为准确？

12. 你是否有丰富的想象力？

13. 你对下列各项是否感到恐惧？

A. 老鼠、蛇　B. 黑暗和传说中的鬼怪　C. 大声尖叫

14. 有些人在遇到危急情况时，他们会很镇静，你可曾有过这种情况？

15. 如果有人在匆忙中告诉你一件事，你能：

A. 记住一部分　B. 忙乱之中，一点也记不清　C. 全记住

16. 假如你去补牙，你有痛感，你会：

A. 马上告诉医生　B. 忍着痛，希望快点补好

17. 你相信自己如果决意要得到一件东西，就一定能够得到吗？

18. 过马路时假如你被夹在车辆之中，你会：

A. 退回原处　B. 仍然跑过去　C. 站立不动

19. 你觉得很难使你的下属或比你年轻的人服从你吗？

20. 肉体上的痛和不舒服你能忍受吗？

21. 当你知道将要遭遇不愉快的事时，你会：

A. 自我进入恐怖状态　B. 相信事实并不会比预料的更糟糕

22. 如果有人给你介绍工作，你会选择：

A. 工资中等而不需负责的　　　B. 工资高但责任重的

23. 当你要做出一项决定时，你是：

A. 犹豫不决　　　B. 审慎但果断

24. 你对自己所做的一切肯负责任吗？

25. 假如你的朋友突然带来一个你最不喜欢的人到你家里，你会：

A. 表示惊奇　　　B. 暂时忍耐，以后再把实情告诉你朋友

C. 把你的感觉完全隐藏着

计分标准：

1、3、5、7、9、10、11、14、17、20、24 各题答案是肯定的，每题得 5 分。

2、12、19 各题的答案是否定的，每题得 5 分。

4、6 题的 C 和第 8 题的 A 回答是肯定的，每小题得 5 分。

13 题 A、B、C 三小题回答是否定的，每小题得 2 分。

15 题 C、16 题 B、18 题 C、21 题 B 和 22 题 B，你的回答如果是肯定的，每小题得 5 分。

第 23 题 B 和第 25 题 C，你的回答如果是肯定的，每小题得 10 分。

评分与分析：

假如你的得分在 75 分以上，那么你对应对突发事件很有把握，从不推卸责任，做事当机立断，从不拖延，而且你的自制力、勇气和机智都是超人的，你可以游刃有余地处理突发事件。

假如你的得分在 30 ~ 75 分，那么对于一般的突发事件，你都能灵活应对，并且神经系统的反应正常而平衡。

假如你的得分在 30 分以下，你必须留心自己，同时努力学习一点应变的常识。

经过测试后，如果你的应变能力非常低，也不必心灰意冷，可以试着从以下三个方面来提升你的应变能力：

（1）勇于面对突发事件，不能惊慌失措，要临危不惧，处乱不惊，顶住压力，同时冷静思考。

（2）迅速查明原因，准确弄清事件的来龙去脉，并想出解决办法。

（3）采取超常规程序和办法，根据情况决策，即使会有很大的风险性，也可能会化解问题。

二、理论测验（判断题 10 题，每题 10 分，满分 100 分）

1. 顺之则昌，逆之则亡，识时务者为俊杰（提倡顺变）。　（　）

2. 许多优秀的飞行员，在飞机起飞和降落的 5 ~ 6 分钟时间里，注意力的转移达到二百多次，任何一次转移不及时都会带来不堪设想的后果。这反映的是应激力中思维的灵活性。　（　）

3. 在危机没有发生之前就做好准备，在机会没有到来之前就做好准备指的是预变。　（　）

4. 思维的灵活性是懦弱的表现。　（　）

5. 思维方式守成是思维灵活性的大敌。　（　）

6. 应激力要有敏捷的反应、灵活的分析，在“应”之余，关键要付诸行动。　（　）

7. “钱包被盗”正确心态是“怎么倒霉的总是我”。（　）

8. 与旅客发生矛盾，可以把它看作进行自我心理锻炼的一个好机会，是把“突发事件”列为“小事”的一种表现。（　）

9. 改变不良习惯和惰性是通过心理素质提高应激能力。（　）

10. 荀子曾说“举措应变而不穷”是适时应变，学做识时务者。（　）

四、实训任务

实训任务一：脱口秀——即兴主题演讲

（一）游戏目的

1. 通过现场主题演讲的形式，训练学生们临场组织语言、思维应变的能力。
2. 通过训练，促进学生的知识积累。

（二）游戏时间

45 ~ 60 分钟。

（三）游戏场地

教室。

（四）游戏参与人数

全班学生共同参与。

（五）游戏材料

电脑一台、投影仪一部抽号软件一套（网络下载）。

（六）游戏操作流程

1. 主题演讲开始前 15 分钟，对全班同学进行主题演讲的要求进行讲解，并将各主题呈现在投影仪上。
2. 教师选派一名学生助手，作为计时裁判。
3. 全班同学按照学号顺序依次进行。
4. 题目定义为 10 种类型主题。
5. 参与训练的学生利用抽号软件，抽中数字的最后一位数即为几号题，并给予演讲者 1 分钟的准备时间。
6. 各训练同学的主题演讲时间控制在 3 分钟内，分别用 1 分钟讲述主题的表面意义，用 1 分钟讲述该主题的深层含义，再用 1 分钟对上一位同学的主题演讲进行评价。
7. 如果演讲结束而时间未到，请继续保留在讲台上，用剩余时间讲讲你的现在，讲讲你想象中的未来。
8. 活动结束分享感受与体会。
9. 所有人展示完后，教师进行依次对 10 个主题进行讲评。

（七）游戏注意事项

1. 主题演讲的同学必须脱稿进行。
2. 抽号只允许抽一次，不能重复。

（八）游戏讨论

1. 应激力的提升方式有哪些？

2.《即兴主题演讲》训练中是否体现了应激力？具体体现在哪里？

3. 作为一名乘务员，当飞机遇到特殊情况（气流颠簸等）时进行广播安全提醒时，是否是应激力的一种体现？具体体现在什么地方？

（九）实训评价表

表 7-1　实训报告与评价

<table>
<tr><td>实训属性</td><td colspan="4">综合应用训练</td></tr>
<tr><td>实训目的</td><td colspan="4">通过《即兴主题演讲》的项目训练，提升团队成员对应激力的认知与理解，并更好地指导实践。</td></tr>
<tr><td rowspan="6">项目小组成员</td><td>姓名</td><td>班级</td><td>学号</td><td>演讲主题</td></tr>
<tr><td></td><td></td><td></td><td></td></tr>
<tr><td></td><td></td><td></td><td></td></tr>
<tr><td></td><td></td><td></td><td></td></tr>
<tr><td></td><td></td><td></td><td></td></tr>
<tr><td></td><td></td><td></td><td></td></tr>
</table>

续表

<table>
<tr><td>实训方式和步骤</td><td colspan="3">1. 结合上面的问题，以项目小组为单位开展讨论；
2. 各项目小组进行交流和互评；
3. 思考并总结，完成实训报告。</td></tr>
<tr><td>实训成果</td><td colspan="3"></td></tr>
<tr><td rowspan="11">实训过程评价</td><td>评价指标</td><td>自评</td><td>组内互评</td></tr>
<tr><td>达成本次实训项目目标（50分）</td><td></td><td></td></tr>
<tr><td>着装符合课堂规范（5分）</td><td></td><td></td></tr>
<tr><td>遵守课堂纪律，做好安全防护，具备安全意识（5分）</td><td></td><td></td></tr>
<tr><td>掌握知识点，能对所学内容进行分析、总结（5分）</td><td></td><td></td></tr>
<tr><td>能有效利用资源查找信息，具备自主学习的能力（5分）</td><td></td><td></td></tr>
<tr><td>能独立思考，融会贯通，提出自己的见解（5分）</td><td></td><td></td></tr>
<tr><td>能创新性地解决问题（5分）</td><td></td><td></td></tr>
<tr><td>注重团队协作，同学间团结友爱，共同解决问题（5分）</td><td></td><td></td></tr>
<tr><td>认同所学专业的价值，对学习抱有热情，在学习中获得满足感、成就感（5分）</td><td></td><td></td></tr>
<tr><td>具备理论应用于实践的能力（10分）</td><td></td><td></td></tr>
<tr><td>小组活动
经验总结</td><td colspan="3"></td></tr>
<tr><td>个人总结和反思</td><td colspan="3"></td></tr>
</table>

实训任务二：沟通力的有效提升——解手结

（一）训练目的

1. 通过训练，让学生们在团队合作中发挥个人创造力，体现个人的临场应激力。
2. 通过训练，提高学生的应激力。

（二）训练时间

45分钟。

（三）训练场地

室内、外场地均可。

（四）训练参与人数

全班学生。

（五）训练材料

计时器一个、口哨一个。

（六）训练操作流程

1. 训练开始计以哨声为令，并计时。

2. 教师采用 1、2、3 报数形式进行随机分组，将全班平均分为三大组依次进行比拼，每组若干人。

3. 每组站成一个向心圈，然后先举起右手，握住对面另一同学的手；再举起左手，握住另外一个人的手，但是不能抓自己身边同学的手，也不能两只手抓一个同学的两只手。

4. 要求成员在不松手的情况下，想方设法把这个“手结”解开，并且三个小组之间进行竞争。

5. 告诉大家结一定可以解开，但答案会有两种。一种是一个大圈，另外一种是两个套着的环。

6. 活动结束分享感受与体会。

7. 各组展示完后，教师依次进行点评。

（七）训练注意事项

1. 如果训练过程中实在解不开，教师可允许小组学生决定相邻两只手断开一次，但再次进行时必须马上封闭。

2. 整个训练过程中要求成员注意安全，方法不当有可能发生扭伤手的情况，不可过分地推搡。

（八）训练讨论

1. 当解开了第一个结以后，你的想法是否发生了变化？

____

____

____

____

2. 应激力对完成《解手结》游戏有什么作用？

____

____

3. 在客舱服务中，当遇到复杂情况，一时没有解决办法时，如何应激迅速寻找新的途径？

（九）实训评价表

表 7-2　综合应用训练报告与评价

<table>
<tr><td>实训属性</td><td colspan="5">综合应用训练</td></tr>
<tr><td>实训目的</td><td colspan="5">通过《解手结》的项目训练，提升团队成员对应激力的认知与理解，并更好地指导实践。</td></tr>
<tr><td rowspan="6">项目小组成员</td><td>姓名</td><td>班级</td><td>学号</td><td colspan="2">责任分工</td></tr>
<tr><td></td><td></td><td></td><td colspan="2"></td></tr>
<tr><td></td><td></td><td></td><td colspan="2"></td></tr>
<tr><td></td><td></td><td></td><td colspan="2"></td></tr>
<tr><td></td><td></td><td></td><td colspan="2"></td></tr>
<tr><td></td><td></td><td></td><td colspan="2"></td></tr>
<tr><td>实训方式和步骤</td><td colspan="5">1. 结合上面的问题，以项目小组为单位开展讨论；
2. 各项目小组进行交流和互评；
3. 思考并总结，完成实训报告。</td></tr>
<tr><td>实训成果</td><td colspan="5"></td></tr>
<tr><td rowspan="7">实训过程评价</td><td colspan="3">评价指标</td><td>自评</td><td>组内互评</td></tr>
<tr><td colspan="3">达成本次实训项目目标（50 分）</td><td></td><td></td></tr>
<tr><td colspan="3">着装符合课堂规范（5 分）</td><td></td><td></td></tr>
<tr><td colspan="3">遵守课堂纪律，做好安全防护，具备安全意识（5 分）</td><td></td><td></td></tr>
<tr><td colspan="3">掌握知识点，能对所学内容进行分析、总结（5 分）</td><td></td><td></td></tr>
<tr><td colspan="3">能有效利用资源查找信息，具备自主学习的能力（5 分）</td><td></td><td></td></tr>
<tr><td colspan="3">能独立思考，融会贯通，提出自己的见解（5 分）</td><td></td><td></td></tr>
</table>

续表

	评价指标	自评	组内互评
实训过程评价	能创新性地解决问题（5 分）		
	注重团队协作，同学间团结友爱，共同解决问题（5 分）		
	认同所学专业的价值，对学习抱有热情，在学习中获得满足感、成就感（5 分）		
	具备理论应用于实践的能力（10 分）		
小组活动经验总结			
个人总结和反思			

五、拓展游戏

任务一　你划我猜

（一）训练目的

1. 通过训练，让学生们突破思维定式，打破常规思维的束缚。
2. 通过训练，提高学生的应激力。

（二）训练时间

30 分钟。

（三）训练场地

室内、外场地均可。

（四）训练参与人数

全班学生。

（五）训练材料

计时器一个、口哨一个、词语若干。

虎头蛇尾、牛刀小试、炸弹、瑜伽、狗咬吕洞宾、马后炮、变形金刚、夫妻肺片
小鲜肉、鼠目寸光、出租车、鸡飞蛋打、动物园、卫生间、猪八戒照镜子、烟雾探测器
折叠床、电风扇、白雪公主、南方航空、东方航空、厦门航空、海南航空、糖醋里脊
澳门航空、山东航空、九元航空、中国国际航空、香港航空、全日空航空、麻辣烫
玉树临风、妙趣横生、十全十美、口吐白沫、泰山北斗、一表人才、风度翩翩、马云
天之骄子、指鹿为马、飞扬跋扈、一见如故、斤斤计较、千里迢迢、一言难尽、特朗普

两情相悦、一见钟情、掌上明珠、惟妙惟肖、滥竽充数、想入非非、色胆包天、李白
虎视眈眈、八面玲珑、两面三刀、天马行空、火眼金睛、出水芙蓉、三头六臂、王者荣耀
狼吞虎咽、腾云驾雾、狼子野心、打草惊蛇、霸王别姬、鹤立鸡群、梨花带雨、水帘洞
冲锋陷阵、春宵时刻、浪子回头、花花公子、相见恨晚、人走茶凉、情不自禁、酸菜鱼
海阔天空、过关斩将、含情脉脉、喜结良缘、埃菲尔铁塔、黄果树瀑布、英雄纪念碑

（六）训练操作流程

1. 训练开始以哨声为令。

2. 教师选派一名学生助手，作为裁判。

3. 教师将全班平均分为两大组依次进行比拼。

4. 组内分为两人一组，自由组合，依次进行。每组最多只能竞猜两组词语，无论对错，竞猜完进入下一组。

5. 两人面对面站着，打印纸显示需要竞猜的词语，一人根据打印纸上的词语用手势做出动作，或者用其他句子来形容，另外一个看不到打印纸的人猜词语。

6. 从词语库中随机抽出词语，每次一组，在一分钟内猜对词语数量最多的获胜。

7. 活动结束分享感受与体会。

8. 各组展示完后，教师进行依次点评。

（七）训练注意事项

1. 负责比划的人不能说出包含所猜的词中的任何一个字（读音相同亦不可），不能说拼音或英文单词。

2. 非竞猜成员不能说话提醒。

3. 不能跳过词语。

（八）训练讨论

1. 当你看到词语又不能说出词语的时候，是什么感受？

2. 当你是竞猜的角色时，看不懂队友的比画时是什么感受？

3. 临时组成的团队，如何快速提升应激力？

（九）训练总结

1. 既考验了学生的知识面，又磨炼了学生的逻辑和自我认识能力。

2. 当习惯的语言表达被限制使用时，面对不太擅长的非语言符合，如身体语言，如何做到与队友的快速融合。

3. 肢体表达作为一种代替语言藉以表情达意的沟通方式，幽默形象的动作、天衣无缝的默契则是锻炼应激力的很好方式。

任务二　拍 3 令

（一）训练目的

1. 通过训练，让学生们明白如何做好看似简单的事情。

2. 通过训练，提高学生的应激力。

（二）训练时间

30 分钟。

（三）训练场地

室内、外场地均可。

（四）训练参与人数

全班学生。

（五）训练材料

口哨一个。

（六）训练操作流程

1. 训练开始以哨声为令。
2. 教师选派一名学生助手，作为裁判。
3. 教师组织全班同学站成一个大圆圈，指定某一位同学作为起点，从 1-99 开始顺序报数。
4. 当有人数到含有“3”的数字或“3”的倍数时，不许报数，双手拍一下，紧接着下一个人继续报数。
5. 如有报错的同学，请走出大圆圈，准备小节目。
6. 活动结束分享感受与体会。
7. 各组展示完后，教师进行依次点评。

（七）训练注意事项

任务参与的学生不能说话，反应时间最多不能超过 3 秒。

（八）训练讨论

1. 为什么很简单的算术题还是会有人出错？
2. 他人报错数的时候，你有什么感觉？
3. 你自己报错数的时候，你的感觉又是什么？
4. 你有哪些收获？

（九）训练总结

1. 当失败多次后，个人士气如何提升？
2. 此项目看似简单，但是却很容易出现失误，如果遇到困难或出现问题，很多人马上会找到别人的不足，却很少发现自己的问题。
3. 机会只属于那些时刻准备好的人，提醒学生们参与训练、参与工作中应迅速调整状态，全神贯注。

六、主题演讲

（一）案例分享

幸福航空空地高效配合，紧急救助机上患病旅客

2022 年 1 月 28 日，幸福航空 JR1502 长沙—西安航班上一名旅客突发意识不清、抽搐的情况，幸福航空空中、地面相关单位第一时间响应，及时寻找医生进行现场救治并做好西安机场医疗单位联系工作，最终帮助旅客缓解不适症状，平安抵达目的地。

28 日凌晨 0 时 15 分，幸福航空由长沙飞往西安的航班正处在下降阶段。此时客舱乘务员注意到 16 排 DEF 侧连续按下呼唤铃 3 次，乘务员察觉到可能出现了紧急情况，因此与当班安全员立刻上前了解情况。乘务员发现客舱 16 排一名旅客面色苍白，并伴有抽搐的状况，多次呼叫该名旅客但旅客意识不清、无法应答。乘务长立即通过机上广播在旅客中寻找医护人员，同时将情况报告给机长。随后，乘务长向机长申请将机上医护人员与该名旅客的邻座旅客进行位置调换，在保证飞行安全的前提下全力配合医护人员对旅客进行救治。而此时，幸福航空 AOC 于地面接到机组甚高频报告突发状况，随即联系西安咸阳国际机场在航班落地后为旅客提供医疗服务，并紧急协调合适的停机位，全力做好救治保障。

0 时 40 分，飞机滑行到指定停机位，比航班计划时间提前抵达西安咸阳机场，此时该名旅客意识已恢复，地面医务人员上前为其进行血压、心率等相关检查，均正常。机组人员及医护人员温馨提示该旅客注意休息并尽早去医院进行相关检查,旅客道谢后离开前往目的地。

机上突发状况时有发生，幸福航空一线工作人员均接受了专业的训练，有能力处置好各类突发状况，为旅客的生命安全保驾护航。幸福航空全体人员始终将践行民航“真情服务”及“三个敬畏”精神牢记在心，用实际行动诠释幸福人的责任与担当。

（来源：民航资源网，2022-01-29，供稿：幸福航空有限责任公司）

（二）分组进行课程思政拓展训练，并填写以下实训报告

表 7-3　课程思政训练报告与评价

实训属性	主题演讲		
实训目的	阅读上述案例，通过小组课堂演讲的形式，进行课程思政浸润教育，培养民航强国事业接班人。		
项目小组成员	姓名	班级	学号
实训方式和步骤	1. 通过案例，挖掘与课程相关的课程思政资源； 2. 各项目小组进行案例演讲和互评； 3. 思考并总结，完成实训报告。		

续表

<table>
<tr><td>实训成果</td><td colspan="3">通过该模块的学习，谈谈项目小组对所挖掘的课程思政资源的理解。</td></tr>
<tr><td rowspan="11">实训过程评价</td><td>评价指标</td><td>自评</td><td>组内互评</td></tr>
<tr><td>达成本次实训项目目标（30 分）</td><td></td><td></td></tr>
<tr><td>演讲主题契合课程思政（10 分）</td><td></td><td></td></tr>
<tr><td>演讲主题与行业相关，增强职业认同感（10 分）</td><td></td><td></td></tr>
<tr><td>能完善自我，对自身成长起到正面激励作用（10 分）</td><td></td><td></td></tr>
<tr><td>能健全道德素养，增强社会责任感，培养积极正面的人生观、世界观（10 分）</td><td></td><td></td></tr>
<tr><td>能有效利用网络资源查找信息，具备自主学习的能力（5 分）</td><td></td><td></td></tr>
<tr><td>能独立思考，融会贯通，提出自己的见解（5 分）</td><td></td><td></td></tr>
<tr><td>能创新性地解决问题（5 分）</td><td></td><td></td></tr>
<tr><td>注重团队协作，同学间团结友爱，共同解决问题（10 分）</td><td></td><td></td></tr>
<tr><td>具备理论应用于实践的能力（5 分）</td><td></td><td></td></tr>
<tr><td>小组总结</td><td colspan="3"></td></tr>
<tr><td>个人总结和反思</td><td colspan="3"></td></tr>
</table>

项目八　决断力的有效提升

一、案例分析

南航贵州分公司应对恶劣天气方案

1月23日，受“霸王”级强冷空气影响，贵阳、重庆、昆明降雪兵临城下。而作为处于西南地区“中间点”的贵阳龙洞堡机场，无疑又一次成为最佳备降机场。当日，随着多架航班的“密集造访”，南航贵州公司运行保障警报也全面拉起，一场看不见硝烟的“反击战”打响了。

重庆冰冻，贵航“补短”

汲取2008年贵阳凝冻的经验，南航贵州公司运行指挥部早早拉响警钟，双眼紧盯天气变化，除冰设备、值班及备份人员通知到位，预警信息秒传达，使得入冬以来航班保障的安排一直有序进行。然而23日重庆20年不遇的冰冻攻其不备，江北机场几乎进入瘫痪状态。贵州公司运行指挥部在观测到重庆的降雪后，在航行通告发布前，了解到机场停机位紧张及除冰能力及经验严重不足的情况，立即传达给总部与航班所属的郑州公司，及时控制早班CZ3642的起飞，避免航班起飞后无法接收的不安全因素，并迎来三亚公司、汕头公司飞往重庆的CZ6307和CZ3897航班备降，运指部积极与所属公司联系，采取改直、取消次日补班等“补短”措施，辅助协调起飞时间，积极承担备降航班的保障责任，预先降低安全风险。

昆明“徘徊”，贵航“长守”

昆明机场受降雪影响，因跑道除雪，两条跑道一直处于交互运行中，作为昆明航班主要备降场的贵阳时刻准备着，长水机场每小时仅接收12架次的流控，使得获取起飞时间、旅客保障、资源调度难上加难。CZ3423航班面临着天气适航性的考验，附带可能的超过12小时的流控，以及回程武汉机场关闭、机组执勤时间的多重限制。贵州公司运行指挥部与空管部门的不懈沟通，将延误缩短了十小时，在运行情况与各保障部门间、航班所属公司及机组间灵活传动，以积极主动的服务理念，为武汉公司提供各项支持，连续奋战数时，“长守”不懈，直到CZ3424顺利归鄂。

“腹背受敌”，贵航“力保”

在全城“喜堆雪人”的同时，贵州公司的运行保障承受着巨大挑战：一边是贵阳机场降雪未止，24日凌晨有降雪加大的可能，因运行间隙而导致道面积冰，本公司回程国际航班CZ650悬于一线，次日运力调配犯难；一边是因补班增加了24日1/3的早班航班量，恶劣天气对保障能力的阻碍使得设备可用性、资源调配进入紧张模式。针对这一“腹背受敌”的情况，贵州公司运指部在公司值班领导的领导下，全面统筹安排各部门值班人员提前到位，把握出港航班上客、除冰、排队的节奏，优先保障延误时间长、旅客情绪急躁、天气未解除预警的补班，帮助并“力保”南航所属公司航班恢复执行，同时将除机场天气不适航以外的航班出港延误均控制在 1 小时以内。

案例解读：南航贵州公司运指部奋战一线，发挥迅速决策、本地资源调用、多方联动的优势，以签派放行的决断力，达到无差错、无滞留、无恶延的实效，将全公司的运行安全、顺畅进行到底。这都体现了决断力是机场人员的重要能力之一。

（来源：民航资源网，2016-01-25，作者：万之睿）

讨论任务：阅读案例后请小组分享团队决断力对于案例事件的重要意义？具体体现？

二、自我测试

1. 今天是发薪水的日子，你去商场购物，想买一件过冬需要穿的羊毛大衣，但是由于冬装刚刚上市，目前的价格非常高。

如果你决定买大衣，你这个月的薪水是不够花的；这个时候，你看到商场的靴子正在打折搞促销，真的非常划算，而且买靴子的话，这个月的薪水还会有所结余。

你会怎么想？你会怎么做？

A. 自己添些钱把大衣买回来；

B. 买完靴子后，再去买些其他打折小东西；

C. 什么都不买，把这笔钱先存起来。

选择情况分析：

A. 你的总体决断力还是不错的，虽然你有时候也会三心二意、犹豫徘徊，可是你在关键时刻总能迅速做出比较正确的判断，这足够让很多人汗颜了；另外，你最大优点就是做了决定绝不再反悔；

B. 你是个做事没有主见的人，希望别人安排好一切，你喜欢按部就班的事情，善于顺着固定的步骤往下走；如果一件事情要求你独立完成，你拿不定主意，很难迅速作出决定；

C. 你的判断力超级强悍，你强悍的判断力有时候都已经让你显得有些莽撞；你的个性冲动率直，经常考虑不周全，常常后悔自己匆匆做的决定。

2. 别人送你了一束花，你会把它摆在家里的什么地方？

A. 大厅

B. 玄关

C. 卧室

D. 阳台

E. 书房

选择情况分析：

A. 你的判断力维持在中等以上的水准。虽然平常的你会表现得自信满满，不过一旦要为自己的命运做出选择时，可能就会变得犹豫不决，因为脑中常会浮现出“要是失败的话该如何”的想法，而让自己无法迅速做出判断。

B. 你的判断力与一般人比起来算是相当高。因此即使面临攸关自己命运前途的重大选择时刻，不仅不会因此感到恐慌，反而会将此种状况视为一种赌注，在第一时间迅速地下注。此外，你也拥有过人的胆识及判断力，所以总是能意气风发地掌控一切的情况。

C. 你的判断力属于最高级。再加上你凡事都很看得开的个性，所以不管任何时刻，应该都拥有正确的眼光做出最好的选择。所以不仅面临像命运决断力这样重大场合，就连一般状况也都能下正确的判断。因而朋友大多都信赖你，进而愿意将心中的苦恼对你倾诉。

D. 你的判断力其实非常强。能够清楚判断出所遇到的事情对错，并可以看穿对方的把戏。但你偶尔会被身边熟人怂恿而做出错误的决定，但最后都还是能被你的判断力给扭转局势。

E. 你虽然有时也会三心二意，可是总在重要关头做出正确决定。你最大的特色是做了决定不再反悔，而且最后结果都是让人满意的。

三、理论测验（判断题 10 题，每题 10 分，共 100 分）

1. 运筹帷幄，决胜千里指的是领导者培养决断能力的重要性。（ ）
2. 决断力是指领导者面对错综复杂的事物的判断能力和拍板能力，一般来说，决断力不是以前瞻力为基础的，这是因为决策要以预测为前提。（ ）
3. 决断力是针对战略实施中的各种问题和突发事件而进行快速和有效决策的能力。（ ）
4. 如果一个人缺乏决断力，表现在做事总是犹豫不决、习惯拖延、对事物缺乏理智的判断。（ ）
5. 犹豫不决会丧失机会，在未来也不会后悔自己没有做出行动。（ ）
6. 缺乏决断力还体现在对事物不能做出理智的分析、正确的判断。（ ）
7. 决断力与判断力是化解冲突的关键特征。（ ）
8. 航司管理部门可以不结合天气情况做出决断措施。（ ）
9. 科学决断是现代管理的核心，决断贯穿整个管理活动。（ ）
10. 飞机在遇到恶劣天气时，飞行员要根据空管部门指令，迅速做出处置措施。（ ）

四、实训任务

实训任务一：决断力的有效提升——穿越电网

（一）游戏目的

1. 确立方案，明确分工，有效的组织协调是团队成功的关键。
2. 有效地利用搭配资源，是团队成功的质量。
3. 相互协调和精心操作，才能保障计划的顺利实施。
4. 感受面对困难时，做出有效地决断，解决问题。
5. 摆正个人在团队中的位置（角色定位），是团队成功的基础。

（二）游戏时间

90 分钟。

（三）游戏场地

1. 开阔平整、无障碍物的草地；
2. 有对称固定点（如：两棵树）用来绑电网。

（四）游戏参与人数

全班同学，平均每组 8 ~ 10 人，男女混合搭配。

（五）游戏器材

电网、封网洞的小绳。

（六）游戏操作过程

1. 分组形式进行比赛，用时短而且不违反规定者为胜。

2. 在此过程中队员身体的任何部位都不允许碰网，否则洞口将被封闭，每一洞口只能用一人次。此项目强调整体协作与配合，资源的重要，好胜与莽撞都将遭遇淘汰，只有依靠团队的力量才能顺利完成任务。

3. 电网是无限延伸的，任何人只能从网洞中穿过。

4. 每个网孔只能用一次，不论是否通过用完即被封住。

5. 电网具有万伏高压可击穿任何物体，身体任何部位触网即宣布牺牲。

6. 项目进行中不可以说话。

7. 违反以上任意一条项目重新开始。

（七）操作注意事项

1. 保护好第一和最后一个通过的学生。
2. 保护垫子跟随被运送学生移动。
3. 老师站在人数少的一边，随时观察学生状态。
4. 在抬女生通过时面部朝上，以防止落地擦伤。

（八）游戏讨论

1. 决断力的原则有哪些？

____

____

____

____

2.《穿越电网》游戏中是否体现了决断力？具体体现在哪里？

3. 在处置“机闹”事件时，快速判断事情的发展趋势并给出合理处置意见的能力，体现了决断力的什么特点？

（九）实训评价表

表 8-1　实训报告与评价

<table>
<tr><td>实训属性</td><td colspan="4">综合应用游戏</td></tr>
<tr><td>实训目的</td><td colspan="4">通过《穿越电网》的项目游戏，提升团队成员对决断力的认知与理解，并更好地指导实践。</td></tr>
<tr><td rowspan="6">项目小组成员</td><td>姓名</td><td>班级</td><td>学号</td><td>责任分工</td></tr>
<tr><td></td><td></td><td></td><td></td></tr>
<tr><td></td><td></td><td></td><td></td></tr>
<tr><td></td><td></td><td></td><td></td></tr>
<tr><td></td><td></td><td></td><td></td></tr>
<tr><td></td><td></td><td></td><td></td></tr>
<tr><td>实训方式和步骤</td><td colspan="4">1. 结合上面的问题，以项目小组为单位开展讨论；
2. 各项目小组进行交流和互评；
3. 思考并总结，完成实训报告。</td></tr>
<tr><td>实训成果</td><td colspan="4"></td></tr>
</table>

续表

	评价指标	自评	组内互评
实训过程评价	达成本次实训项目目标（50分）		
	着装符合课堂规范（5分）		
	遵守课堂纪律，做好安全防护，具备安全意识（5分）		
	掌握知识点，能对所学内容进行分析、总结（5分）		
	能有效利用资源查找信息，具备自主学习的能力（5分）		
	能独立思考，融会贯通，提出自己的见解（5分）		
	能创新性地解决问题（5分）		
	注重团队协作，同学间团结友爱，共同解决问题（5分）		
	认同所学专业的价值，对学习抱有热情，在学习中获得满足感、成就感（5分）		
	具备理论应用于实践的能力（10分）		
小组活动经验总结			
个人总结和反思			

实训任务二：决断力的有效提升——雷区取水

（一）游戏目的

1. 加强学生之间的相互交流。学生通过共同讨论，认识共同决断的重要性。
2. 培养团队成员的合作意识，提高团队的整体能力。
3. 增进团队合作精神，使学生认识到协同合作在解决问题中的重要作用。

（二）游戏时间

45分钟。

（三）游戏场地

室外或室内空旷的地方。

（四）游戏参与人数

全班同学，平均每组6～8人，男女搭配。

（五）游戏器材

25米长的保护绳2根；15米长的尼龙绳1根；矿泉水5瓶或者5个纸杯；手套3双备用。

（六）游戏操作过程

1. 分组形式进行比赛，用时短而且不违反规定者为胜。

2. 在直径 5 米左右的雷区中有一杯水，小组需要在 40 分钟之内，把它取出。

3. 活动中任何人和物不得触及地雷，否则人触地雷后地雷爆炸放出毒气，每回都将造成一人变成哑人。

4. 我们可以利用仅有的 2 根绳索，在取水的过程中水滴不得溅落出来，否则将视为失败，如需重新开始将每人罚做俯卧撑 5 次。

5. 活动中注意安全，将身上不利于活动的佩饰摘除放在安全的地方。

6. 活动中出现危险动作，老师叫停时，活动须立即停止。

（七）游戏注意事项

1. 开始前检查场地是否有尖锐物体，确认保护绳安全保护。

2. 身上所带的所有硬质物品放在旁边安全的地方。

3. 使用编织绳时要检查它的牢固性。

4. 学生在拉绳时不要将绳缠在手上，如果实在无法坚持时应请求其他学生帮助或立即停止。

5. 不能将水喝进嘴里，不能触及杯中的水。

6. 女学生在网上取水时应将衣服扎入腰带，长发必须扎紧避免与绳交缠在一起。

（八）游戏讨论

1. 决断力的特点有哪些？

2.《雷区取水》游戏中是否体现了决断力？具体体现在哪里？

3. 在飞机飞行过程中，当面对旅客争吵情况发生时，影响客舱机组人员决断能力的因素有哪些？

（九）实训评价表

表 8-2 实训报告与评价

<table>
<tr><td>实训属性</td><td colspan="6">综合应用游戏</td></tr>
<tr><td>实训目的</td><td colspan="6">通过《雷区取水》的项目游戏，提升团队成员对决断力的认知与理解，并更好地指导实践。</td></tr>
<tr><td rowspan="6">项目小组成员</td><td>姓名</td><td>班级</td><td colspan="2">学号</td><td colspan="2">责任分工</td></tr>
<tr><td></td><td></td><td colspan="2"></td><td colspan="2"></td></tr>
<tr><td></td><td></td><td colspan="2"></td><td colspan="2"></td></tr>
<tr><td></td><td></td><td colspan="2"></td><td colspan="2"></td></tr>
<tr><td></td><td></td><td colspan="2"></td><td colspan="2"></td></tr>
<tr><td></td><td></td><td colspan="2"></td><td colspan="2"></td></tr>
<tr><td>实训方式和步骤</td><td colspan="6">1. 结合上面的问题，以项目小组为单位开展讨论；
2. 各项目小组进行交流和互评；
3. 思考并总结，完成实训报告。</td></tr>
<tr><td>实训成果</td><td colspan="6"></td></tr>
<tr><td rowspan="11">实训过程评价</td><td colspan="4">评价指标</td><td>自评</td><td>组内互评</td></tr>
<tr><td colspan="4">达成本次实训项目目标（50 分）</td><td></td><td></td></tr>
<tr><td colspan="4">着装符合课堂规范（5 分）</td><td></td><td></td></tr>
<tr><td colspan="4">遵守课堂纪律，做好安全防护，具备安全意识（5 分）</td><td></td><td></td></tr>
<tr><td colspan="4">掌握知识点，能对所学内容进行分析、总结（5 分）</td><td></td><td></td></tr>
<tr><td colspan="4">能有效利用资源查找信息，具备自主学习的能力（5 分）</td><td></td><td></td></tr>
<tr><td colspan="4">能独立思考，融会贯通，提出自己的见解（5 分）</td><td></td><td></td></tr>
<tr><td colspan="4">能创新性地解决问题（5 分）</td><td></td><td></td></tr>
<tr><td colspan="4">注重团队协作，同学间团结友爱，共同解决问题（5 分）</td><td></td><td></td></tr>
<tr><td colspan="4">认同所学专业的价值，对学习抱有热情，在学习中获得满足感、成就感（5 分）</td><td></td><td></td></tr>
<tr><td colspan="4">具备理论应用于实践的能力（10 分）</td><td></td><td></td></tr>
<tr><td>小组活动
经验总结</td><td colspan="6"></td></tr>
</table>

五、拓展游戏

任务一　发挥想象力

（一）游戏目的

1. 培养学生从多角度思考问题。
2. 培养学生面对问题时的决断能力。
3. 让整个团队参与到解决问题的游戏中来。

（二）游戏时间

45 分钟。

（三）游戏场地

室内或室外的空旷场地。

（四）游戏参与人数

全班学生。

（五）游戏器材

一块边长约 45 厘米的正方形木板；一卷胶带；一个气球（多准备几个备用）；一支做标记的笔；一张报纸。

（六）项目规则

1. 游戏开始之前，用两段大约长 30 厘米的胶带在木板上贴一个“十”字。
2. 选一位志愿者，让他利用现有的道具取回气球。
3.把气球吹起来。在气球上面写出“极其珍贵”或者“$$”等字样，将会营造出欢乐气氛；或者在气球里放一些硬糖块，作为志愿者取回气球的奖品（还能防止气球被风吹走）。
4. 把木板放在地上（贴胶带那面朝上），让所有队员都能看到。
5. 让志愿者站在“十”字中间，发给他报纸。把气球放在地上，距木板边缘 4 米远。
6. 要求志愿者 3 分钟之内取回气球，但不能离开“十”字。其余队员只能观看——不能提议志愿者该如何取回气球。
7. 3 分钟之后，如果那个志愿者还没有完成任务，询问其他队员该如何取回气球。
8. 引导大家就解决问题，协同工作和团队合作等问题展开讨论。

（七）注意事项

1. 游戏过程中要求学生注意安全，防止打闹。
2. 游戏过程中要求学生集中注意力，发挥想象力。
3. 引导学生开动脑筋，积极参与。

（八）游戏讨论

1. 你们在游戏过程中遇到了什么问题？
2. 如何对问题进行拆分的？
3. 每个人都做了什么？

（九）游戏总结

1. 多少人能找到解决问题的方法？
2. 有多少种方法可以解决问题？
3. 游戏中我们自己倾向于扮演什么角色？
4. 面对问题时，我们要通过集体讨论，迅速寻找解决问题的办法。

任务二　囊中取物

（一）游戏目的

1. 通过游戏，让学生体验解决问题的方法。

2. 通过游戏，学生之间面对同样一个问题所表现出来的态度，如何达成共识，并通力配合做出决断，从而解决问题。

（二）游戏时间

30 分钟。

（三）游戏场地

室内空旷场地。

（四）游戏参与人数

全班学生。

（五）游戏器材

有规律的一套玩具、眼罩。

（六）游戏操作过程

1. 老师用袋子装有规律的一套玩具、眼罩，而后发出游戏规则：

我有一套物品，我抽出了一个，而后给了你们一人一个，现在你们通过沟通猜出我拿走的物品的颜色和形状。全过程每人只能问一个问题“这是什么颜色，”我就会回答你，你手里拿着的物品什么颜色，但如果同时很多人问我就不会回答。全过程自己只能摸自己的物品，而不得摸其他人的物品。

2. 现在老师让每位学生都戴上眼罩。

（七）游戏注意事项

1. 游戏过程中要求学生注意安全。

2. 游戏过程要求学生提高注意力，同时眼罩要戴好。
3. 引导学生积极参与游戏。

（八）游戏讨论

1. 你的感觉如何，开始时你是不是认为这完全没有可能，后来又怎样呢？
2. 你认为在解决这一问题的过程中，最大的障碍是什么？
3. 你对执行过程中，大家的沟通表现作何评价？
4. 你认为还有什么值得改善的方法？

（九）游戏总结

1. 这项活动看似简单，实则困难，因为需要在戴眼罩的情况下完成任务。
2. 游戏过程中要注意力集中，同时积极参与。
3. 游戏过程中在讨论问题时，发挥团队的作用。
4. 针对问题要做出决断，有效解决问题。

六、主题演讲

（一）案例分享

践行“人民航空为人民”：上航航班紧急备降西安救治旅客

2023 年 7 月 24 日早间，上航 FM9220 由乌鲁木齐飞往上海虹桥的航班上，当飞机进入巡航后不久，驾驶舱内响起客舱打来电话，乘务长汇报说有后舱一名旅客突发腹部疼痛，情况比较突然，经询问得知是腹部急性病症，表示正在继续做好照顾和观察，会监控好体温，准备好急救物品和应急方案。驾驶舱内，机长立刻查看了当前的航路情况和飞机重量，吩咐机组提前做好返场或者备降相关准备。

10 点 52 分，得到乘务长汇报，病人疼痛加剧，情况紧急，希望能尽快落地治疗。机组在经过短暂查询和讨论后，本着对生命高度负责的态度，机长在综合考虑下决断前往西安备降，并对驾驶舱机组三人进行分工。驾驶舱内开始有条不紊忙碌起来，准备备降；客舱这边，乘务长立即启动机上紧急医疗处置程序，寻医广播等工作随即开展。公司地面签派在接到机长卫星电话后立刻组织公司地面各席位开展保障工作，与此同时，空管在机组报告情况后也是通力配合，指挥直飞，对本次航班进行重点保障。

11 点 06 分，此时各方都已通知到位，万米高空的紧急情况已经完全得到各方的关注和配合，驾驶舱、客舱、空管、地面签派、机场都开始紧张有序地进行着一场与针对病痛和生命救治的时间赛跑。

11 点 10 分，卫星电话再次响起，表示准备工作已经有序开展，备降西安已经协调好备降工作，请机长放心备降。在后续区调、进近和塔台都得到了最便捷高效的指挥。

12 点 49 分，飞机在西安咸阳机场平稳着陆，在脱离跑道后最近的机坪机位置，救护车就位，医务人员已经准备好担架、升降车在另一侧待命，机务保障和航油大哥也早已到位，为后续的起飞准备着。

12 点 52 分，乘务长报告机长舱门待命准备完毕，机长许可可以开门，病人被送进救护车，整个过程中，各岗位员工过硬的工作能力，各部门的通力合作，争分夺秒为旅客后续治疗争取了宝贵的时间。

此次备降体现了上海航空始终坚持“人民航空为人民”，各岗人员在岗尽职，时刻坚守民航初心，始终将保障旅客生命安全放在首位，以实际行动践行确保航空运输绝对安全，确保人民生命财产绝对安全的理念。

（来源：民航资源网，2023-07-25，作者：刘晓鹏）

（二）分组进行课程思政拓展训练，并填写以下实训报告

表 8-3　课程思政训练报告与评价

<table>
<tr><td>实训属性</td><td colspan="3">主题演讲</td></tr>
<tr><td>实训目的</td><td colspan="3">阅读上述案例，通过小组课堂演讲的形式，进行课程思政浸润教育，培养民航强国事业接班人。</td></tr>
<tr><td rowspan="6">项目小组成员</td><td>姓名</td><td>班级</td><td>学号</td></tr>
<tr><td></td><td></td><td></td></tr>
<tr><td></td><td></td><td></td></tr>
<tr><td></td><td></td><td></td></tr>
<tr><td></td><td></td><td></td></tr>
<tr><td></td><td></td><td></td></tr>
<tr><td>实训方式和步骤</td><td colspan="3">1. 通过案例，挖掘与课程相关的课程思政资源；
2. 各项目小组进行案例演讲和互评；
3. 思考并总结，完成实训报告。</td></tr>
<tr><td>实训成果</td><td colspan="3">通过该模块的学习，谈谈项目小组对所挖掘的课程思政资源的理解。</td></tr>
<tr><td rowspan="6">实训过程评价</td><td>评价指标</td><td>自评</td><td>组内互评</td></tr>
<tr><td>达成本次实训项目目标（30 分）</td><td></td><td></td></tr>
<tr><td>演讲主题契合课程思政（10 分）</td><td></td><td></td></tr>
<tr><td>演讲主题与行业相关，增强职业认同感（10 分）</td><td></td><td></td></tr>
<tr><td>能完善自我，对自身成长起到正面激励作用（10 分）</td><td></td><td></td></tr>
<tr><td>能健全道德素养，增强社会责任感，培养积极正面的人生观、世界观（10 分）</td><td></td><td></td></tr>
</table>

续表

<table>
<tr><td rowspan="6">实训过程评价</td><td>评价指标</td><td>自评</td><td>组内互评</td></tr>
<tr><td>能有效利用网络资源查找信息，具备自主学习的能力（5分）</td><td></td><td></td></tr>
<tr><td>能独立思考，融会贯通，提出自己的见解（5分）</td><td></td><td></td></tr>
<tr><td>能创新性地解决问题（5分）</td><td></td><td></td></tr>
<tr><td>注重团队协作，同学间团结友爱，共同解决问题（10分）</td><td></td><td></td></tr>
<tr><td>具备理论应用于实践的能力（5分）</td><td></td><td></td></tr>
<tr><td>小组总结</td><td colspan="3"></td></tr>
<tr><td>个人总结和反思</td><td colspan="3"></td></tr>
</table>

项目九　领导力的有效提升

一、案例分析

天航地服关怀残疾人士的社会责任

天津航空地面服务有限公司(以下简称“天航地服”)于2017年5月4日接到保障任务，天津残障人士无障碍旅行团一行14人将乘坐5月20日GS7929航班前往西安，其中有3个无自理能力旅客需要安排轮椅登机服务。天航地服秉承民航局坚持真情服务的号召，自接到此任务后立即安排并协调相关部门、周密部署，对该团出行给予高效、高品质的保障，确保该团顺利出行。

5月20日，残障团旅客陆续来到天津滨海国际机场，旅客服务部值班领导提前安排值机业务能力较强的员工保障特殊旅客。商务主管带头，由服务经验丰富的员工组成了专门的工作小组，为特殊旅客办理值机手续、行李托运及轮椅推送，提供无微不至、温情至暖的服务。

案例解读：天航地服在主管的带领下，经过一个多小时的团结协作，顺利完成了本次保障任务。充分展现地服人良好素质，体现天航地服关怀残疾人士的社会责任和主管的领导能力。

（案例来源：民航资源网，2017-05-22，作者：王海洋）

小任务：阅读案例后请小组分享团队领导能力对于案例事件的重要意义？具体体现？

____

____

____

____

二、自我测试

图9-1中共有几张脸？

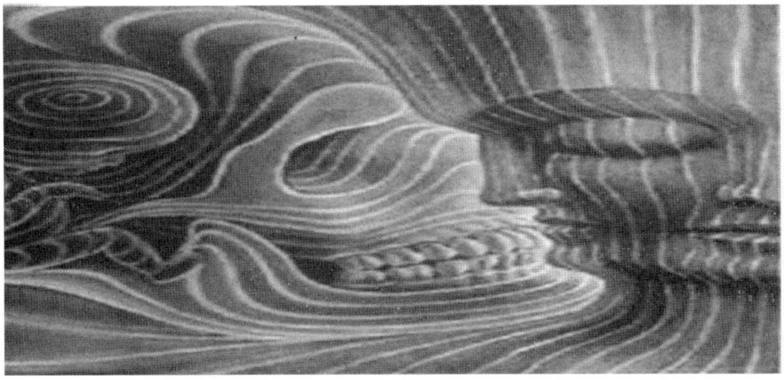

图9-1

结果解析：

两张脸：你具有杰出的判断能力，对事物偏向于详细的分析，属于“头脑清晰”的类型，同时，你因为具备综合性的判断能力和分析能力，所以具备了在某个组织和团队之中的管理能力，在研究、分析、组织等方面，你要充分发挥自己的优势。你的主要才能体现在缜密性和持续性上，由于具备较强的处理事务的能力，你将会获得他人的好评和尊重。

三张脸：你具有充分的领导素质，你有在群体之中不知不觉地成为众人推崇和请教的对象的经历。这是因为你具备领导者的潜力。在突发情况下，你不会失去判断力和勇气，因为会让周围与你接触的人产生信任感，具有较强的吸引力，越是给你重要的工作和任务，你越能够发挥实力。

四张脸：你不是一个倾向于计划为先的人，而是一个重在行动的人，你遇到事情，不会集中精力去挖空心思制定出五花八门的计划，自己所期待的是马上实行并得到相应的回报。若一个工作或者任务无法立竿见影地收获成果，你会比较急躁，你有强烈的锐气和闯劲，再艰难的任务，你只要做，就能不惜时间和精力地投入。你有业务推广的潜质，适应挑战性强的职业方向。

三、理论测验（判断题 10 题，每题 10 分，总分 100 分）

1. 运筹帷幄，决胜千里指的是领导者培养人事管理能力的重要性。（ ）
2. 模糊思维是指“利取最大，害取最小”。（ ）
3. “言必信、行必果”指的是领导者培养决断能力的重要性。（ ）
4. “兵熊熊一个，将熊熊一窝”指的是优秀领导者的重要。（ ）
5. 宏观政策是领导力阻力中的客观因素。（ ）
6. 工作态度是领导力阻力中的主观因素。（ ）
7. 领导力是一种合力，是指一个团队显示的整体能力。（ ）
8. 系统思维能力强的人往往是事业上的胜者。（ ）
9. 领导力就是领导者的能力，领导者能力大，领导力就强。（ ）
10. 古人云：“自古不谋万世者，不足谋一时；不谋全局者，不足谋一域。”这句话强调了大局观念的重要性。（ ）

四、实训任务

实训任务一：领导力的有效提升——七巧板

（一）游戏目的

1. 体验有效的沟通渠道和沟通方法，培养团队成员积极有效的沟通意识。
2. 培养团队中高效的资源配置方式。
3. 体会团队之间加强合作的重要性，合理处理竞争关系，实现良性循环。
4. 培养学生的领导能力。
5. 体会不同的领导风格对于团队完成任务的影响和重要作用。

（二）游戏时间

90 分钟。

（三）游戏场地

室内场地（教室）。

（四）游戏参与人数

全班学生，平均 7 ~ 8 人一组，男女混合。

（五）游戏材料

五套七巧板，一共五种颜色，每套七巧板里面必须是同色。记分板、记号笔。

（六）游戏操作过程

1. 培训准备

（1）每个组之间距离 1.5 米，实际上七个组为一个正六边形的六个顶点和一个中心点。

（2）五种颜色的七巧板，共 7×5=35 块。

（3）任务书一至七各一张，共 7 张。

（4）图一至图七各一张，共 7 张。

（5）按照记分表做好的大白纸一张或直接在白板上画好。

2. 项目布置

（1）把团队成员分为 7 个组。

（2）把 7 个组成员分别带到摆好的椅子坐好，宣布七组的编号。

（3）向所有成员宣布：这个项目叫“七巧板”。大家所坐的椅子是不得移动的。在项目进行过程中，所有人的身体不得离开你们坐的椅子。所有七巧板和任务书只能由第 7 组传递。你们的任务写在任务书上，完成任务，会有积分，全队在规定的 40 分钟内，总分达到 1000 分，团队才算项目成功。

（4）把混在一起的 35 块七巧板随机发给七组，每组 5 块。提醒学员在项目中使用七巧板时注意安全，只能手递手传递，严禁抛扔。

（5）然后将图一至图七按顺序发给 7 个组，最后将任务书一至七按顺序发给七组。

（6）向所有成员宣布：“现在项目 40 分钟计时开始，请大家遵守规则，注意安全。”

（七）游戏注意事项

1. 要求学员注意，不得移动椅子且身体不得离开所在的椅子。
2. 学员组好图形后，请确认图形，符合要求的，在记分表上记分。
3. 项目时间到 40 分钟时，结束项目，计算各组分数和团队总分。
4. 记分完毕，收回所有 35 块七巧板。
5. 游戏结束后，收回七张任务书和七张图。

（八）游戏讨论

1. 领导力的特征有哪些？

2.《七巧板》游戏中是否体现了领导力？具体体现在哪里？

3. 在你的认知中，客舱服务的领导者应该有哪些突出的表现？

（九）实训评价表

表 9-1　实训报告与评价

<table>
<tr><td>实训属性</td><td colspan="4">综合应用游戏</td></tr>
<tr><td>实训目的</td><td colspan="4">通过《七巧板》的项目游戏，提升团队成员对领导力的认知与理解，并更好地指导实践。</td></tr>
<tr><td rowspan="6">项目小组成员</td><td>姓名</td><td>班级</td><td>学号</td><td>责任分工</td></tr>
<tr><td></td><td></td><td></td><td></td></tr>
<tr><td></td><td></td><td></td><td></td></tr>
<tr><td></td><td></td><td></td><td></td></tr>
<tr><td></td><td></td><td></td><td></td></tr>
<tr><td></td><td></td><td></td><td></td></tr>
<tr><td>实训方式和步骤</td><td colspan="4">1. 结合上面的问题，以项目小组为单位开展讨论；
2. 各项目小组进行交流和互评；
3. 思考并总结，完成实训报告。</td></tr>
</table>

续表

实训成果			
实训过程评价	评价指标	自评	组内互评
	达成本次实训项目目标（50分）		
	着装符合课堂规范（5分）		
	遵守课堂纪律，做好安全防护，具备安全意识（5分）		
	掌握知识点，能对所学内容进行分析、总结（5分）		
	能有效利用资源查找信息，具备自主学习的能力（5分）		
	能独立思考，融会贯通，提出自己的见解（5分）		
	能创新性地解决问题（5分）		
	注重团队协作，同学间团结友爱，共同解决问题（5分）		
	认同所学专业的价值，对学习抱有热情，在学习中获得满足感、成就感（5分）		
	具备理论应用于实践的能力（10分）		
小组活动经验总结			
个人总结和反思			

实训任务二：领导力的有效提升——急速60秒

（一）游戏目的

1. 通过游戏，培养学生处理问题的应急能力。
2. 通过游戏，锻炼学生组织能力和领导能力。
3. 通过游戏，培养学生沟通能力和协调能力。

（二）游戏时间

45分钟。

（三）游戏场地

教室或室外空旷的场地。

（四）游戏参与人数

全班学生，平均每组 7 ~ 8 人，男女混合 。

（五）游戏材料

直径 4 米的绳圈、1 ~ 30 的数字信息卡片。

（六）游戏操作过程

1. 分组进行比赛，用时最少者为胜。

2. 教室内或室外空地有一固定不动绳圈，绳圈内有 1 到 30 的数字信息卡片，且卡片的正面朝下。

3. 每支队有五次进场的机会。每次进场时间为 60 秒。

4. 在 60 秒之内，把圈内数字信息卡片全部按照从小到大的顺序，准确无误地交给绳圈旁的培训师。

5. 绳圈内只能有一位同学并且只有这位同学才可以碰绳圈内的卡片。

（七）游戏注意事项：

1. 强调安全，要求学生认真听从老师的安排。

2. 每一组的时间严格控制在 60 秒，时间到，要求立即离开绳圈。

3. 信息卡片全部按照从小到大的顺序找出。

（八）游戏讨论

1. 领导型人才的表现有哪些？

2. 领导力对《急速 60 秒》游戏能发挥什么作用？

3. 客舱中，面对客舱突发情况时，假设你扮演乘务长的角色，你该怎么做？

（九）实训评价表

表 9-2　综合应用游戏报告与评价

<table>
<tr><td>实训属性</td><td colspan="4">综合应用游戏</td></tr>
<tr><td>实训目的</td><td colspan="4">通过《急速 60 秒》的项目游戏，提升团队成员对领导力的认知与理解，并更好地指导实践。</td></tr>
<tr><td rowspan="6">项目小组成员</td><td>姓名</td><td>班级</td><td>学号</td><td>责任分工</td></tr>
<tr><td></td><td></td><td></td><td></td></tr>
<tr><td></td><td></td><td></td><td></td></tr>
<tr><td></td><td></td><td></td><td></td></tr>
<tr><td></td><td></td><td></td><td></td></tr>
<tr><td></td><td></td><td></td><td></td></tr>
<tr><td>实训方式和步骤</td><td colspan="4">1. 结合上面的问题，以项目小组为单位开展讨论；
2. 各项目小组进行交流和互评；
3. 思考并总结，完成实训报告。</td></tr>
<tr><td>实训成果</td><td colspan="4"></td></tr>
<tr><td rowspan="11">实训过程评价</td><td colspan="2">评价指标</td><td>自评</td><td>组内互评</td></tr>
<tr><td colspan="2">达成本次实训项目目标（50 分）</td><td></td><td></td></tr>
<tr><td colspan="2">着装符合课堂规范（5 分）</td><td></td><td></td></tr>
<tr><td colspan="2">遵守课堂纪律，做好安全防护，具备安全意识（5 分）</td><td></td><td></td></tr>
<tr><td colspan="2">掌握知识点，能对所学内容进行分析、总结（5 分）</td><td></td><td></td></tr>
<tr><td colspan="2">能有效利用资源查找信息，具备自主学习的能力（5 分）</td><td></td><td></td></tr>
<tr><td colspan="2">能独立思考，融会贯通，提出自己的见解（5 分）</td><td></td><td></td></tr>
<tr><td colspan="2">能创新性地解决问题（5 分）</td><td></td><td></td></tr>
<tr><td colspan="2">注重团队协作，同学间团结友爱，共同解决问题（5 分）</td><td></td><td></td></tr>
<tr><td colspan="2">认同所学专业的价值，对学习抱有热情，在学习中获得满足感、成就感（5 分）</td><td></td><td></td></tr>
<tr><td colspan="2">具备理论应用于实践的能力（10 分）</td><td></td><td></td></tr>
<tr><td>小组活动
经验总结</td><td colspan="4"></td></tr>
<tr><td>个人总结和反思</td><td colspan="4"></td></tr>
</table>

五、拓展游戏

任务一　有轨电车

（一）游戏目标

1. 通过游戏，体验沟通协作，理解个人行为对整个团队的影响，个人要服从于团队。
2. 通过游戏，体验团队和谐的快乐。
3. 通过游戏，体验领导能力的重要。

（二）游戏时间

45 分钟。

（三）游戏场地

室外空旷场地（如：足球场）。

（四）游戏参与人数

全班学生，平均一组 7 ~ 8 人，男女混合。

（五）游戏材料

有轨电车木鞋（按队准备），口哨。

（六）游戏操作过程

1. 分组同时进行比赛，用时最少者为胜。

2. 在起点，要求通过 10 分钟练习，参加项目队员站在木鞋上，从起点（木鞋前端在起点线后）出发，在 10 分钟内前进到终点（以木鞋后端过线为完成）。前进途中，木鞋上任何队员身体任何部位都不可以接触地面，否则回到起点重新进行。

3. 增加规则：通过练习，重新规定排列顺序（木鞋上队员背对背站立的情况下），从起点 10 分钟内前进到终点端。

4. 增加规则：站在木鞋上所有队员，在不发出任何声音的情况下，从起点 10 分钟内前进到终点端视为完成。

5. 增加规则：要求木鞋上队员在完成行进任务的同时，一起整齐高喊队训 5 遍，唱队歌 2 遍；或者回答培训师问题。

6. 增加规则：在开始前，分头找队员谈话，告诉他们，队列中会有 2 个捣乱的，请注意。然后安排 2 名队员故意捣乱前进进程为目标。布置完后宣布开始。

7. 总结回顾：每一轮次中间组织学生讨论分享 5 分钟，最终讨论后选择代表总结发言，老师总结回顾。

（七）游戏注意事项

1. 第一名学生在失去重心时一定要扔掉手中的绳子。后边的学生失去重心时，要及时把手握的绳子向外侧扔开，同时人向板的外侧跳开。不要把脚踩在两块木板中间，不要推前面的学生。

2. 每组安排一名学生协助老师进行保护和监督。
3. 注意学生站立姿势，提示提绳子的方法，不准用脚缠在绳子上站立。
4. 宣布行进规则和口令规则，提示安全注意事项，听到口令，全体队员停止动作。
5. 老师站位要在第一个学员的侧前方 1.5 米处，随时准备在学员失重的时候过去托扶。
6. 地面要平整。

（八）游戏讨论

第一阶段：学生讨论分享（10 分钟），围绕实现目标任务的完成，分享团队内部沟通合作的历程，总结经验和教训，提出对工作生活中有影响和可以学习的地方。

第二阶段：老师回顾（30 分钟），围绕里程，阐述团队成形期特质，明确团队合作中沟通与合作的要求，体现目标意识和领导力的作用，加强执行力的提升。并在分享中，结合项目介绍，影响、阻碍组织发展进步的内部因素与外部因素。

（九）游戏总结

1. 这个活动看似简单，实则困难，重点在于组长发挥领导作用和团队的协作。
2. 当游戏过程中出现困难时，充分体现团队配合的重要性。
3. 当游戏过程中，不断增加规则时，内心是什么感受？

任务二　盲人方阵

（一）游戏目的

1. 通过游戏，培养团队成员的沟通意识。
2. 通过游戏，理解团队领导人及其领导风格对完成任务的影响和重要作用。
3. 通过游戏，培养团队决策能力。
4. 通过游戏，培养学生科学的思维方式。
5. 通过游戏，使学生理解角色定位及尽职尽责地完成本职工作的重要性。

（二）游戏时间

45 分钟。

（三）游戏场地

室外空旷场地（足球场）。

（四）游戏参与人数

全班学生，平均一组 7 ~ 8 人，男女混合。

（五）游戏材料

1. 12 米左右的绳子一条，并预先打结。
2. 每人一个眼罩。

（六）游戏操作流程

1. 分组进行比赛，用时最短而且阵型方正的为胜。

2. 这个项目的名称叫盲人方阵，也叫黑夜协作，它是一个以团队挑战为主的项目。为了真实地还原情境，所有人现在戴上一个眼罩，并确认完全不能看到亮光。

3. 在学生附近不超过 5 米的范围内有一堆（捆）绳子，在老师宣布项目开始后把它找到，并在 30 分钟内，把它围成一个最大的正方形，组好后，所有人相对均匀地分布在这个正方形的四条边上。

4. 学生所做的这个正方形是一件价格极高的产品，其他团队学生也做了同样的正方形，两队相互一起竞标，并以足够的理由证明其产品的优势。

5. 整个活动中任何人不得摘取眼罩，戴上眼罩后应将双手放置身前，不得背手行走，严禁蹲坐在地上。

6. 当确认提前完成后，将绳踩在脚下，并通知老师，得到准许后才可以按照老师的要求摘下眼罩。

（七）游戏注意事项

1. 提醒学生在摘眼罩时要按老师要求步骤先闭眼再摘眼罩，捂住眼睛再缓缓地睁开眼。
2. 提醒学生在戴眼罩前注意四周地形。

（八）游戏讨论

1. 学生回顾完成正方形的方法，怎样确认四边等长、四角为直角、对角线相等？

2. 毛遂自荐—展己之长：队长合理授权给“专家”，并维护“专家的领导”，确保任务的完成。

3. 在非正常的沟通状态下如何提高团队的工作效率？怎样用不擅长的沟通方式有效表达或者接受信？

4. 民主讨论与决策，个体决策与群体决策，非常状态下团队中正确的沟通及决策是如何产生的？

（九）游戏总结

1. 游戏过程中，团队协作的重要性。
2. 游戏过程中，遇到困难时，组长的领导能力作用。
3. 游戏过程中，戴着眼罩时，内心的感受是什么？

六、主题演讲

（一）案例分享

守护生命！海南航空紧急协助，旅客机上顺利分娩

2022 年 2 月 14 日晚，从三亚飞往成都的海南航空 HU7303 航班上一名女乘客突然羊水破裂即将分娩，海南航空乘务组紧急处理，用毛毯搭起“临时产房”，在全体机组人员和一名护士旅客的全力配合下，女乘客顺利生产，客舱内旅客们发出阵阵掌声，祝福小婴儿平安诞生。

当天 21:10，HU7303 航班准点从三亚起飞，飞机平飞不久，一名女乘客使用洗手间出来后，神色有些慌张，乘务员黄瑞婷发现后立即上前问询，得知该乘客即将生产，并提出协助需求。

情况紧急，乘务员黄瑞婷立即报告客舱经理和乘务长。乘务长王潇得知情况后果断安排旅客平躺在后舱连排座位上。客舱经理高璐立即向机长汇报客舱特情，然后通过广播寻找医生进行协助："各位旅客，现在飞机上有位旅客即将分娩，如果哪位旅客是医生或护理人员，请马上与乘务员联系，谢谢!"

"我是护士，可以帮忙生产!"一名女乘客从座位上急忙赶往后舱协助。

随后，乘务员利用毛毯遮挡住该区域，紧急搭建起了一个"临时产房"。乘务组迅速组建起"空中紧急助产小组"协助护士，一边提供毛毯、橡胶手套、急救箱及应急医疗箱等分娩备用工具，一边安抚产妇，缓解她的不适和焦虑。

22:21，"用力、吸气、再呼气……"在全体机组人员、护士及产妇的共同配合下，不到一个小时，这位伟大的母亲顺利诞下一名男婴，母子平安。

听到婴儿清脆悦耳的哭声，客舱内响起了阵阵掌声，旅客纷纷欢呼"生出来了！生出来了!"

"太感动了，第一次在飞机上见证了一位伟大的母亲和一个新生命的诞生！给飞机上的护士小姐姐和海航全体机组人员点赞，平凡而伟大！今天是个好日子!"

"特殊的情人节，在海航飞机上见证生命的诞生！在这种紧急情况下，所有的机组人员、那位白衣天使毫无顾虑地果断伸出援手，为小生命的诞生拼尽全力，这是真正的正能量啊!"

"最让人感动的是这位母亲痛得撕心裂肺，在机组人员、白衣天使的不断努力下，在大家不停的鼓励中顺利生下宝宝，当客舱里响起掌声的那一瞬间才真的懂得了生命的珍贵，恭喜这位伟大的母亲！也祝福这个幸运的宝宝!"旅客们纷纷将这个感人的瞬间记录了下来。

此时，海南航空签派控制中心已提前联系三亚分公司地面保障人员安排救护车第一时间赶往机场待命，参与现场保障。22:23，航班顺利返航三亚，三亚凤凰国际机场急救中心医护人员及时进入客舱对该母子进行紧急医学处置并护送二人搭乘救护车前往三亚市中心医院。

"这些特殊情况如何处理我们都是有预案的。"客舱经理高璐说，为了更好地处置机上分娩、机上急救等突发情况，在乘务员日常游戏中，海南航空除注重乘务专业知识技能的培养，同时也增加了对航空医学知识和特情处置方面的游戏。

为做好后续保障工作，海南航空三亚分公司相关领导及工作人员提前到达医院全程陪同协助旅客办理住院手续。因旅客刚生产完身体虚弱，身边没有家属及朋友陪同，海航现场工作人员担当起"家人"的职责，尽心尽力提供照顾。

海南航空温馨提示，由于飞机在高空飞行，高空空气中氧气相对减少，气压降低，对孕妇乘坐飞机有一定的限制条件。为了保障乘机人的出行安全，有身孕的乘客应按照航空公司相关乘机规定搭乘飞机。

作为中国民航业的一分子，海南航空始终以"党建为魂"的企业文化引领安全生产，深入践行"人民航空为人民"的行业宗旨，积极落实控股股东辽宁方大集团提出的"经营企业一定要对政府有利、对企业有利、对员工有利、对旅客有利"企业价值观，坚持安全第一、生命至上，凭借丰富、专业的机上应急处置经验，多次完成空中紧急救援工作，在每一个平安起落中践行"三个敬畏"，用实际行动和真情服务向社会传递爱与人文关怀，为生命接力架起空中桥梁。

（来源：民航资源网，2022-02-15）

（二）分组进行课程思政拓展训练，并填写以下实训报告

表 9-2　课程思政训练报告与评价

<table>
<tr><td>实训属性</td><td colspan="5">主题演讲</td></tr>
<tr><td>实训目的</td><td colspan="5">阅读上述案例，通过小组课堂演讲的形式，进行课程思政浸润教育，培养民航强国事业接班人。</td></tr>
<tr><td rowspan="6">项目小组成员</td><td>姓名</td><td>班级</td><td colspan="3">学号</td></tr>
<tr><td></td><td></td><td colspan="3"></td></tr>
<tr><td></td><td></td><td colspan="3"></td></tr>
<tr><td></td><td></td><td colspan="3"></td></tr>
<tr><td></td><td></td><td colspan="3"></td></tr>
<tr><td></td><td></td><td colspan="3"></td></tr>
<tr><td>实训方式和步骤</td><td colspan="5">1. 通过案例，挖掘与课程相关的课程思政资源；
2. 各项目小组进行案例演讲和互评；
3. 思考并总结，完成实训报告。</td></tr>
<tr><td>实训成果</td><td colspan="5">通过该模块的学习，谈谈项目小组对所挖掘的课程思政资源的理解。</td></tr>
<tr><td rowspan="11">实训过程评价</td><td colspan="3">评价指标</td><td>自评</td><td>组内互评</td></tr>
<tr><td colspan="3">达成本次实训项目目标（30 分）</td><td></td><td></td></tr>
<tr><td colspan="3">演讲主题契合课程思政（10 分）</td><td></td><td></td></tr>
<tr><td colspan="3">演讲主题与行业相关，增强职业认同感（10 分）</td><td></td><td></td></tr>
<tr><td colspan="3">能完善自我，对自身成长起到正面激励作用（10 分）</td><td></td><td></td></tr>
<tr><td colspan="3">能健全道德素养，增强社会责任感，培养积极正面的人生观、世界观（10 分）</td><td></td><td></td></tr>
<tr><td colspan="3">能有效利用网络资源查找信息，具备自主学习的能力(5 分)</td><td></td><td></td></tr>
<tr><td colspan="3">能独立思考，融会贯通，提出自己的见解（5 分）</td><td></td><td></td></tr>
<tr><td colspan="3">能创新性地解决问题（5 分）</td><td></td><td></td></tr>
<tr><td colspan="3">注重团队协作，同学间团结友爱，共同解决问题（10 分）</td><td></td><td></td></tr>
<tr><td colspan="3">具备理论应用于实践的能力（5 分）</td><td></td><td></td></tr>
<tr><td>小组总结</td><td colspan="3"></td><td></td><td></td></tr>
<tr><td>个人总结和反思</td><td colspan="3"></td><td></td><td></td></tr>
</table>

项目十　执行力的有效提升

一、案例分析

客机拆座椅，变身“拉货王”！（节选）

在政府的鼓励推动之下，同时也为了满足不断增长的航空货运需求，山航主动作为、寻求新的经济增长点，加紧布局“客改货”。2020年4月16日，山航在山东太古公司改装一架全货机，用于国际、国内货运，助力复工复产复市，践行企业社会责任。

16日上午，客机开始在山东太古公司进行改装，工期紧、任务重，工作人员需要在一天之内完成全部工作。

经过班前会明确分工与责任后，工作人员迅速投入工作，飞机进场、放油、消毒后，首先完成经济舱168个座椅的拆卸、抬出工作，随后用泡沫棉对飞机侧壁板做保护，更换指示标牌、清理机舱后，进行飞机称重。为避免风力影响磅秤读数的准确性，16日晚，飞机在机库内称重，同时要保证温度稳定以及飞机处于水平状态。一切准备就绪以后，用拖车将飞机牵引到按照飞机机轮的三点位置提前摆好的秤盘上，称重人员记录下3处秤盘显示的重量读数，从而汇总计算重量和重心。通过称重获得飞机整修后的基本重量平衡参数，运行控制、配载、货运等部门根据这些参数对飞机实行科学配平，安排旅客和货物的具体位置，以保证飞行安全，实现最大装载能力。

至此，飞机改装工作全部结束，改装后山航“客改货”飞机最大运载能力将达到20吨。时间紧、工期短，山航人再一次展现出了强大的执行力、紧密的团结性和令人称赞的“山航效率”。

（来源：民航资源网，2020-04-16）

小任务：阅读案例后请小组分享执行力对于案例事件的重要意义？具体体现？

____

____

____

二、自我测试

执行力测试：

1. 交给你一项任务时，你能否在规定的时间内完成呢？

A. 几乎无法完成　　B. 大多数会如期完成　　C. 一定会如期完成

2. 你曾经以“这不是我职责范围内的事”等理由来逃避工作任务吗？

A. 至少3次以上　　B. 仅有过一两次　　C. 从来没有过

3. 当你抓紧时间安排手头上的工作或任务时，突然有同事来找你帮忙，而你的时间也很急迫，你会怎么做呢？

A. 放下手头上的事来帮同事的忙　　B. 找个借口推辞掉

C. 先说明原因再拒绝，然后完成自己的工作

4. 当你接受一项工作或任务时，你习惯怎么做？

A. 先放着等会再做　　B. 立即着手去做

C. 先弄清楚预期的目标和交付的时间再着手去做

5. 当你在超市买东西正准备结账时，上司刚好打电话过来要你立即回公司一趟，你会怎么做？

A. 悠哉悠哉结完帐再去　　B. 结完帐匆匆赶回公司

C. 放下东西立即赶回公司

6. 一天上午经理要你打印一份文件，说下午开会时要用，你会怎么做？

A. 中午才打印　　B. 立即打印，并送呈给上司

C. 大致浏览下，确认无误后立即打印

7. 某天，你和上司一起去开会，即将轮到上司发言时，你发现演讲稿似乎少了一句，你会怎么做？

A. 觉得无所谓　　B. 和上司说一声，让他自己拿主意

C. 那笔写上去，并通知上司知道

8. 当上司询问你执行任务进度时，你通常会怎么回答？

A. 应该能完成，你放心　　B. 已经顺利完成了 2/3 了

C. 目前完成了 2/3 了，明天下午 6 点前全部完成

9. 身为团队的负责人，当团队成员意见发生分歧时，你会怎么做？

A. 不闻不问　　B. 责怪团队成员　　C. 找出原因，进行调解

10. 你所在的部门参加公司组织的体能训练时，每个人都发挥的很出色，但团体训练时却成绩平平，这样的情况说明了什么？

A. 评估方法不适当　　B. 每个团队的成员都很优秀　　C. 团队合作不协调

测试结果分下：

将你自己选项的得分加起来，评分方法为：选 A 得 1 分，选 B 得 2 分，选 C 得 3 分。测试结果如下：

得 10 ~ 17 分，说明：不改变态度，你的执行力是无法得到提升的。

在开始做计划之前想清楚这份计划是为谁而做，为什么目的而做，实现了这份计划，你将会获得什么？其中获得的利益又是否是你真正需求的？激发那些实现目标的欲望才能够真正改变态度。如果你只是想敷衍他人，甚至是敷衍自己，执行力仍旧会保持在很弱的程度上。

得 18 ~ 24 分，说明：缩小目标或许定的目标太过长远，太过宏伟。打心底就一直觉得这个目标很难被实现，实现目标的难度吓倒了你，从而没有力量去督促自己执行任务，或者你会认为目标这么大，今天开始和明天开始并没有什么不同，所以才会犯拖延的毛病。尝试着缩小目标，制定一些能够比较容易达成的小目标，执行力或许会得以提升。

得 25 ~ 30 分，说明：你知道自己应该做什么事，但却就是不肯着手去做，甚至放任自己浪费时间。想要提高执行力，要反复提醒自己应当做什么，比如要上床睡觉的时候告诉自己不要看手机，要睡觉；比如要开始工作的时候告诉自己，别再追剧，要做事。

三、理论测验（判断题 10 题，每题 10 分，总共 100 分）

1. 影响执行力的因素不包含制度因素。（　）

2. 执行力的感性解读——快、准、狠。首先是快，也就是执行的速度；其次是准，也就是执行的尺度；最后是狠，也就是执行的力度。（　）

3. 执行力包含完成任务的意愿、完成任务的能力、完成任务的程度。（　）

4. 影响执行力的因素包含制度因素。（　）

5. 执行力就是服从上级指令。（　）

6. 国有国法，家有家规指的是执行力必备要素中的承担责任。（　）

7. 上午刚刚说过政策，下午就变了，让员工无所适从，以至于最后导致其他很多真正好的制度、规定出台时也得不到有效执行。这指的是制度不合理对执行力的危害。（　）

8. 执行是组织所有成员的工作。（　）

9. “不以规矩，不能成方圆”指的是执行力必备要素中的爱岗敬业。（　）

10. 制度是执行力的灵魂。（　）

四、实训任务

实训任务一：执行力的有效提升——信任背摔

（一）游戏目的

1. 通过游戏，体会信任：信任同伴，信任集体，信任社会，你只有信任他人才能赢得他人的信任。

2. 通过游戏，体会责任：当你对他人、团队付出后，也会得到他人、团队的帮助与支持。

3. 通过游戏，建立换位思考的意识，站在对方的角度思考问题，架起相互之间理解的桥梁。

4. 通过游戏，身体接触，拉近队员之间的距离，实现情感沟通。

5. 通过游戏，培养每个成员的执行能力。

（二）游戏时间

45 分钟。

（三）游戏场地

专业的背摔台或者同等高度的高台。

（四）游戏参与人数

全班学生，平均每组 12 人，以男生为主。

（五）游戏材料

1 米长的束手绳子。

（六）游戏操作过程

1. 前排同学伸直胳膊，掌心朝外，双手交叉，十指交叉握紧，从胸前翻出，注意双手紧贴胸口，两臂肘弯出向里收紧。

2. 后排同学距前排同学一步之遥，成弓步站立，两手向前平伸，手心向前，指尖向外，胳膊肘弯曲，准备做保护动作；前排同学准备好之后身体向后倒下用手接住，腿脚不动，后排同学用手接住；反复练习几次后，互换角色，再练习几次。

3. 倒下同学的动作：伸直胳膊，掌心朝外，双手交叉，十指交叉握紧，从胸前翻出；注意双手紧贴胸口，两臂肘弯出向里收紧，教练用扁带将同学的手捆绑，头向下勾，腰挺直，两脚并拢，大腿不要发力登板，不要抬小腿，笔直倒下。

4. 沟通：倒的过程中，台上的人和下面的保护组成员有一个如下对话：

“5、4、3、2、1”：

“准备好了吗？”

“准备好了。”

“我来了！”

“来吧！”

1、2、3，倒。

5. 放人方式：当接住倒下的同学时，前排的同学往下放下队友的脚，后排的同学托背向前，使同学直立起来。

（七）游戏注意事项

1. 此拓展游戏项目中有身体接触，所以必须要求所有同学要取出身上所有的尖锐物品放在储物箱里，包括戒指、眼镜、手机、手表、手链、耳钉、发卡、帽子、打火机等。

2. 接人的动作要领：同侧脚伸出，弓步、脚弓相对，膝盖内侧紧贴。腰挺直，双手掌心朝上，手背贴在对面同学的肩膀上，胳膊肘弯曲，有一点缓冲，注意放手臂的时候不能两臂同放内侧或同放外侧，要一内一外交叉来放。

（八）游戏讨论

1. 什么是执行力？

____

____

____

____

2.《信任背摔》游戏中是否体现了执行力？具体体现在哪里？

____

____

3. 在客舱服务过程中，哪些方面体现了客舱机组人员执行力？

（九）实训评价表

表 10-1　实训报告与评价

<table>
<tr><td>实训属性</td><td colspan="4">综合应用游戏</td></tr>
<tr><td>实训目的</td><td colspan="4">通过《信任背摔》的项目游戏，提升团队成员对执行力的认知与理解，并更好地指导实践。</td></tr>
<tr><td rowspan="6">项目小组成员</td><td>姓名</td><td>班级</td><td>学号</td><td>责任分工</td></tr>
<tr><td></td><td></td><td></td><td></td></tr>
<tr><td></td><td></td><td></td><td></td></tr>
<tr><td></td><td></td><td></td><td></td></tr>
<tr><td></td><td></td><td></td><td></td></tr>
<tr><td></td><td></td><td></td><td></td></tr>
<tr><td>实训方式和步骤</td><td colspan="4">1. 结合上面的问题，以项目小组为单位开展讨论；
2. 各项目小组进行交流和互评；
3. 思考并总结，完成实训报告。</td></tr>
<tr><td>实训成果</td><td colspan="4"></td></tr>
<tr><td rowspan="7">实训过程评价</td><td colspan="2">评价指标</td><td>自评</td><td>组内互评</td></tr>
<tr><td colspan="2">达成本次实训项目目标（50 分）</td><td></td><td></td></tr>
<tr><td colspan="2">着装符合课堂规范（5 分）</td><td></td><td></td></tr>
<tr><td colspan="2">遵守课堂纪律，做好安全防护，具备安全意识（5 分）</td><td></td><td></td></tr>
<tr><td colspan="2">掌握知识点，能对所学内容进行分析、总结（5 分）</td><td></td><td></td></tr>
<tr><td colspan="2">能有效利用资源查找信息，具备自主学习的能力（5 分）</td><td></td><td></td></tr>
<tr><td colspan="2">能独立思考，融会贯通，提出自己的见解（5 分）</td><td></td><td></td></tr>
</table>

续表

	评价指标	自评	组内互评
实训过程评价	能创新性地解决问题（5 分）		
	注重团队协作，同学间团结友爱，共同解决问题（5 分）		
	认同所学专业的价值，对学习抱有热情，在学习中获得满足感、成就感（5 分）		
	具备理论应用于实践的能力（10 分）		
小组活动经验总结			
个人总结和反思			

实训任务二：执行力的有效提升——南水北调

（一）游戏目的

1. 学习如何进行有效的沟通。
2. 了解在此次团队行动中，领导者的作用力体现在哪些方面。
3. 学习个人如何在团队中找好位置、发挥优势。
4. 提高队员在工作中相互配合、相互协作的能力。
5. 确立方案，明确分工，有效地组织协调和执行是团队成功的关键。

（二）游戏时间

45 分钟。

（三）游戏场地

室外空旷地方（足球场或篮球场）。

（四）游戏参与人数

全班学生，平均每组 15 人，男女混合，不少于 2 组。

（五）游戏材料

U 型 PVC 水管、水桶若干、水杯若干。

（六）游戏操作过程

1. 分组进行比赛，遵守规则，运水多者为胜。

2. 每个学生手拿U型PVC水管并连接起来形成水槽状，水将在槽管里流动。

3. 学生手中的竹竿接力输送水，团队成员不断连接竹竿，循环接力直至将水送至老师要求的位置。

4. 每一人拿一支PVC管，在起点负责倒水的人可以不用拿管。（注：负责指挥的人也可以不拿）

（七）游戏注意事项

1. 不能用手堵住管的两边。
2. 不可以整个小组的人一起移动。
3. 不能动终点的桶（一旦犯规，之前完成的成绩作废）。
4. 倒水的伙伴不可以离开起点线。
5. 游戏过程中注意安全。

（八）游戏讨论

1. 执行力的特点有哪些？

____

____

____

____

2.《南水北调》游戏中是否体现了执行力？具体体现在哪里？

____

____

____

____

3. 影响客舱机组人员发挥执行力的因素有哪些？

____

____

____

____

（九）实训评价表

表 10-2 实训报告与评价

<table>
<tr><td>实训属性</td><td colspan="4">综合应用游戏</td></tr>
<tr><td>实训目的</td><td colspan="4">通过《南水北调》的项目游戏，提升团队成员对执行力的认知与理解，并更好地指导实践。</td></tr>
<tr><td rowspan="6">项目小组成员</td><td>姓名</td><td>班级</td><td>学号</td><td>责任分工</td></tr>
<tr><td></td><td></td><td></td><td></td></tr>
<tr><td></td><td></td><td></td><td></td></tr>
<tr><td></td><td></td><td></td><td></td></tr>
<tr><td></td><td></td><td></td><td></td></tr>
<tr><td></td><td></td><td></td><td></td></tr>
<tr><td>实训方式和步骤</td><td colspan="4">1. 结合上面的问题，以项目小组为单位开展讨论；
2. 各项目小组进行交流和互评；
3. 思考并总结，完成实训报告。</td></tr>
<tr><td>实训成果</td><td colspan="4"></td></tr>
<tr><td rowspan="11">实训过程评价</td><td colspan="2">评价指标</td><td>自评</td><td>组内互评</td></tr>
<tr><td colspan="2">达成本次实训项目目标（50 分）</td><td></td><td></td></tr>
<tr><td colspan="2">着装符合课堂规范（5 分）</td><td></td><td></td></tr>
<tr><td colspan="2">遵守课堂纪律，做好安全防护，具备安全意识（5 分）</td><td></td><td></td></tr>
<tr><td colspan="2">掌握知识点，能对所学内容进行分析、总结（5 分）</td><td></td><td></td></tr>
<tr><td colspan="2">能有效利用资源查找信息，具备自主学习的能力（5 分）</td><td></td><td></td></tr>
<tr><td colspan="2">能独立思考，融会贯通，提出自己的见解（5 分）</td><td></td><td></td></tr>
<tr><td colspan="2">能创新性地解决问题（5 分）</td><td></td><td></td></tr>
<tr><td colspan="2">注重团队协作，同学间团结友爱，共同解决问题（5 分）</td><td></td><td></td></tr>
<tr><td colspan="2">认同所学专业的价值，对学习抱有热情，在学习中获得满足感、成就感（5 分）</td><td></td><td></td></tr>
<tr><td colspan="2">具备理论应用于实践的能力（10 分）</td><td></td><td></td></tr>
<tr><td>小组活动
经验总结</td><td colspan="4"></td></tr>
</table>

五、拓展游戏

任务一　不倒森林

（一）游戏目的

1. 建立团队成员之间相互信任的基础。
2. 细节决定成败，心态也是如此。
3. 小游戏、大道理在这个活动中体现得尤为突出。
4. 向自我发起挑战，提高心理素质，战胜恐惧。
5. 活动中，体会执行力的重要作用。

（二）游戏时间

45 分钟。

（三）游戏场地

室外空旷场地（足球场或篮球场）。

（四）游戏参与人数

全班学生，平均每组 10 人，男女混合。

（五）游戏材料

约 1.5 米长杆子若干，视人数而定。

（六）游戏操作过程

1. 小组围成一个圈，相邻的两个人间隔 1 米，每人手里一根杆子，约 1.5 米。
2. 让杆子直立后用右手掌心按住杆子的上面，左手放在背后，保持杆子直立，在喊“换”时，后面的人要扶住前一个人松开的杆子。
3. 整个团体要保证所有的杆子都不倒。在单位时间内，移动的次数多者胜出。

（七）游戏注意事项

1. 保持杆子直立，不允许用手抓，也不允许身体其他部位接触杆子。
2. 宣布开始前，双脚开立，不允许移动，开始后大家按自己相同的口令，在保证自己直立杆子不倒的前提下，迅速移动步伐将右手掌心按到相邻的同伴的杆子上，保持杆子不倒。
3. 每次有一根杆子倒就算失败，必须再连续换位十个才算成功。

（八）游戏讨论

1. 如何建立团队成员之间相互信任的基础？
2. 成败如何体现在细节中？
3. 活动中，执行力的重要作用如何体现？

（九）游戏总结

1. 使学员强烈意识到协作对团队目标实现的重要意义。
2. 检验或暴露自己在活动过程中的心态问题。
3. 集中焦点、注意前方和关心后方。
4. 在接到任务后，体会执行力的重要意义。

任务二　神笔马良

（一）游戏目的

1. 培养学生学会不盲目指挥和行动，服从管理，提高执行力，避免造成工作效率低下。
2. 培养学生感受团队配合协作的气氛，加强学生间的沟通和交流。
3. 体验团队计划能力、执行能力、应变能力，加强团队沟通能力。

（二）游戏时间

45 分钟。

（三）游戏场地

室内或室外空旷场地。

（四）游戏参与人数

全班学生，平均每组 10 ~ 12 人，男女混合。

（五）游戏材料

一支粗大毛笔、绳子若干、白纸若干。

（六）游戏操作过程

1. 老师先将学生分成 12 人左右的小组，选出组长。
2. 在地上放一张一平米大的白纸，在大毛笔上绑上十二根绳子。
3. 所有组员拉绳子的末端，不得接触毛笔，按照老师的要求完成指定的任务，最快完成的小组获胜，老师也可以根据字的美观度来打分。
4. 游戏分三轮进行，第一轮随便学生写字，第二轮写规定的字，第三轮写规定的字体。

（七）游戏注意事项

1. 游戏过程中，注意安全。
2. 学生必须要遵守规则，积极参与活动。
3. 比赛过程中，学生必须拉绳子的末端。

（八）游戏讨论

1. 游戏成功或失败的原因？
2. 怎样才能实现有效沟通，并迅速形成有效决议？

4. 在此次团队行动中，领导者的作用力体现在哪些方面？

5. 活动过程中，体会执行力的意义。

（九）分享要点总结

1. 一个团队，必须要有一个有力的领导者。古语有云：“射人先射马，擒贼先擒王”，一个缺乏领导者的团队就是一盘散沙。

2. 必须要有方法。完成一件事情有很多途径，但是要想做好事情就需要我们找到好的方法。假如我们没有用折叠的方法来规范布局，写出来字有可能会偏离中心点，效果就不会太好。

3. 做事情要细心。“细节决定成败”是很有道理的，之所以我们没得第一，并非我们写得不好，而是内容不完整，细心度不够。

4. 团队的力量是无穷的。这个拓展项目的每一步都是集中了团队所有人的智慧，我想如果让一个人单独去做（前提是在规则之内），恐怕无论如何都很难完成。

5. 团队执行力的重要性。有领导者、有队员，有计划、有方法，此时需要全体成员具有较强的执行力，方可取得最后的成功。

六、主题演讲

（一）案例分享

瑞雪纷飞兆新年　凝心聚力护安全——深航西安分公司航线维修分部春运保障纪实

2024 年春运伊始，同期又受到雨雪降温天气影响，在西安运力增加、各项生产任务增重的情况下全力做好航空安全工作、尽心尽力严把安全关成为西安分公司航线维修分部首要任务。

航线维修分部针对春运期间航班运行状况及寒冷雨雪天气，在春运开始前制定春运保障方案，建立应急处置预案，成立 AOG（指飞机在地面维修期间的停飞状态）支援备份小组，为充分做好春运保障做好准备。

2 月的西安，天降鹅毛大雪，航后飞机需要进行排故，航线维修分部立即按照预定流程成立专项排故小组开展排故工作。漫天大雪中分部维修人员无畏严寒风雪通宵会战，仔细完成检查、测试、量线等故障隔离工作，不放过任何细节，最终找到故障原因，更换相关部件完成排故；过站飞机突发故障，当班带班主管沉着冷静，在保证正常航班维修保障工作的同时，立即执行应急预案，及时报告故障信息，分部第一时间组织人员开展排故，并组织 AOG 支援小组成员赶往机场支援，通过共同努力和高效的执行力，准确判断故障，完成故障件更换，各项工作有条不紊，确保每一个环节严格落实到位，以实际行动确保航空运行安全。

深航西安分公司航线维修分部全体维修人员无畏严寒坚守岗位，用实际行动为出行的人们保驾护航，为春运归家的人们送上来自民航人最温暖的祝福。

（案例来源民航资源网，2024-02-19，供稿：深圳航空有限责任公司）

（二）分组进行课程思政拓展训练，并填写以下实训报告

表 10-3　课程思政拓展训练报告与评价

<table>
<tr><td>实训属性</td><td colspan="3">主题演讲</td></tr>
<tr><td>实训目的</td><td colspan="3">阅读上述案例，通过小组课堂演讲的形式，进行课程思政浸润教育，培养民航强国事业接班人。</td></tr>
<tr><td rowspan="6">项目小组成员</td><td>姓名</td><td>班级</td><td>学号</td></tr>
<tr><td></td><td></td><td></td></tr>
<tr><td></td><td></td><td></td></tr>
<tr><td></td><td></td><td></td></tr>
<tr><td></td><td></td><td></td></tr>
<tr><td></td><td></td><td></td></tr>
<tr><td>实训方式和步骤</td><td colspan="3">1. 通过案例，挖掘与课程相关的课程思政资源；
2. 各项目小组进行案例演讲和互评；
3. 思考并总结，完成实训报告。</td></tr>
<tr><td>实训成果</td><td colspan="3">通过该模块的学习，谈谈项目小组对所挖掘的课程思政资源的理解。</td></tr>
<tr><td rowspan="11">实训过程评价</td><td>评价指标</td><td>自评</td><td>组内互评</td></tr>
<tr><td>达成本次实训项目目标（30 分）</td><td></td><td></td></tr>
<tr><td>演讲主题契合课程思政（10 分）</td><td></td><td></td></tr>
<tr><td>演讲主题与行业相关，增强职业认同感（10 分）</td><td></td><td></td></tr>
<tr><td>能完善自我，对自身成长起到正面激励作用（10 分）</td><td></td><td></td></tr>
<tr><td>能健全道德素养，增强社会责任感，培养积极正面的人生观、世界观（10 分）</td><td></td><td></td></tr>
<tr><td>能有效利用网络资源查找信息，具备自主学习的能力（5 分）</td><td></td><td></td></tr>
<tr><td>能独立思考，融会贯通，提出自己的见解（5 分）</td><td></td><td></td></tr>
<tr><td>能创新性地解决问题（5 分）</td><td></td><td></td></tr>
<tr><td>注重团队协作，同学间团结友爱，共同解决问题（10 分）</td><td></td><td></td></tr>
<tr><td>具备理论应用于实践的能力（5 分）</td><td></td><td></td></tr>
<tr><td>小组总结</td><td colspan="3"></td></tr>
<tr><td>个人总结和反思</td><td colspan="3"></td></tr>
</table>

项目十一　意志力的有效提升

一、案例分析

东航江西分公司熊海文：退伍不褪色 立足岗位建新功

民航资源网 2022 年 08 月 01 日消息：熊海文，中共党员，1996 年至 1999 年曾在陆军某部队、通信（电台报务）服兵役，三年的军队生涯磨炼他吃苦耐劳、永不放弃的军人精神，曾经获得一次优秀士兵和嘉奖荣誉，这是他一生值得骄傲的历程。

自从 2013 年加入东航江西分公司，他在公司先后从事过站坪装卸搬运工、司机、监装监卸岗位工作，这一干就是九年，在此期间他任劳任怨，保留军人优良的作风，永远都是干活最积极的那一个，不怕脏、不怕累，在本职岗位上默默诠释自己的初心。

作为一名监装监卸人员，工作场所都是在机坪，风吹日晒和雨淋对于熊海文来说都是家常便饭。目前正值复工达产期间，航班量快速恢复，同时叠加了疫情和高温炎热，这更是一种全新的挑战，“烤”验着他的意志力。在超过 50 度的机坪，工作不到一小时，身上的衣服就会因为汗水黏在身上，豆大的汗珠从他的脸颊滑过，但他却没有一句抱怨。他常说：“作为退伍军人，穿上军装是百折不饶的子弟兵，脱下军装，仍是一个兵，要有着像铁一样斗志，组织哪里需要，就去往哪里。”也正是因为他在岗位上的认真踏实，严谨认真，获得过部门“安全标兵”的称号。

年轻时候，熊海文把青春奉献给了军旅身涯，部队的严谨，高强度的训练磨炼了他的意志；现在作为一名民航员工，他始终奋斗在最前沿，坚持通过学习提升自己的业务水平，日常工作中严格遵守作业流程，盯紧监装监卸工作的各个环节，在平凡的岗位上，用自己的热情和汗水，助推分公司的安全运行。

讨论任务：请小组分析案例中熊海文的意志力主要表现在哪些方面？意志力在工作生活中的重要性。

二、自我测试

请阅读下面二十道题，根据自身实际情况，读后选择一种答案。

1. 我很喜欢长跑、远途旅行、爬山等体育运动，并不是因为我的身体条件适合这些项目，而是因为它们能使我更有毅力。

A. 很同意　B. 比较同意　C. 可否之间　D. 不大同意　E. 不同意

2. 我给自己制订的计划常常因为主观原因不能如期完成。

A. 这种情况很多　B. 较多　C. 不多不少　D. 较少　E. 没有

3. 如果没有特殊情况，我能每天按时起床，不睡懒觉。

A. 很同意　B. 较同意　C. 无所谓　D. 不大同意　E. 不同意

4. 制订的计划应有一定的灵活性，如果完成计划有困难，随时可以改变或撤销它。

A. 很同意　B. 较同意　C. 无所谓　D. 不大同意　E. 不同意

5. 在学习和娱乐发生冲突的时候，哪怕这种娱乐很有吸引力，我也会马上决定去学习。

A. 经常如此　B. 较经常　C. 时有时无　D. 较少如此　E. 绝不如此

6. 学习或工作中遇到困难的时候，最好的办法是立即向师长、同事、同学求援。

A. 很同意　B. 较同意　C. 无所谓　D. 不大同意　E. 不同意

（7）在练长跑中遇到生理反应，跑不动时，我常咬紧牙关，坚持到底。

A. 经常如此　B. 较常如此　C. 时有时无　D. 较少如此　E. 绝不如此

8. 我常因读一本引人入胜的小说而不能按时睡觉。

A. 经常有　B. 较多　C. 时有时无　D. 较少　E. 没有

9. 我在做一件应该做的事之前，常能想到做与不做的好坏结果，带有目的地去做。

A. 经常如此　B. 较常如此　C. 时有时无　D. 较少如此　E. 绝不如此

10. 如果对一件事不感兴趣，那么不管它是什么事，我的积极性都不高

A. 经常如此　B. 较常如此　C. 时有时无　D. 较少如此　E. 绝不如此

11. 当我同时面临一件该做的事和一件不该做却吸引着我的事时，我常常经过激烈斗争，使前者占上风。

A. 是　B. 有时是　C. 是与非之间　D. 很少这样　E. 不是

12. 有时我躺在床上下决心第二天要干一件重要事情，例如突击学一下外语，但到第二天这种劲头又消失了。

A. 常有　B. 较常有　C. 时有时无　D. 较少　E. 没有

13. 我能长时间做一件重要但枯燥无味的事情。

A. 常有　B. 有时是　C. 是与非之间　D. 很少这样　E. 不是

14 生活中遇到复杂情况时，我常常优柔寡断，举棋不定。

A. 常有　B. 有时有　C. 时有时无　D. 很少有　E. 没有

15. 做一件事之前，我首先想的是它的重要性，其次才想它是否使我感兴趣。

A. 是　B. 有时是　C. 是与非之间　D. 很少这样　E. 不是

16. 我遇到困难情况时，常常希望别人帮我拿主意。

A. 是　B. 有时是　C. 是与非之间　D. 很少这样　E. 不是

17. 我决定做一件事时，常常说干就干，决不拖延或让它落空。

A. 是　B. 有时是　C. 是与非之间　D. 很少这样　E. 不是

18. 在和别人争吵时，虽然明知自己不对，我却忍不住说一些过头话，甚至骂他几句。

A. 时常有　B. 有时有　C. 时有时无　D. 很少有　E. 没有

19. 我希望做一个坚强而有毅力的人，因为我深信“有志者事竟成”。

A. 是　B. 有时是　C. 是与非之间　D. 很少是　E. 不是

20. 我相信机遇，好多事实证明，机遇的作用有时大大超过人的努力。

A. 是　B. 有时是　C. 是与非之间　D. 很少是　E. 不是

结果分析：

单序号题答案：A（5 分）；B（4 分）；C（3 分）；D（2 分）；E（1 分）。

双序号题答案：A（1 分）；B（2 分）；C（3 分）；D（4 分）；E（5 分）。

81—100 分，意志很坚强；

61—80 分，意志较坚强；

4l—60 分，意志一般；

21—40 分，意志较薄弱；

0—20 分，意志很薄弱。

三、理论测验（判断题 10 题，每题 10 分，总共 100 分）

1. 意志力是可以通过后天训练增强的能力。（　）
2. 意志力强的人总是能够坚持完成所有任务。（　）
3. 意志力与个人的性格特征无关。（　）
4. 民航飞行员比客舱乘务员更需要强大的意志力。（　）
5. 意志力差的人无法从事民航行业的工作。（　）
6. 意志力可以帮助客舱乘务员更好地应对紧急情况。（　）
7. 意志力是天生就有的，无法通过后天改变。（　）
8. 意志力越强的人，其创造力就越强。（　）
9 意志力可以帮助飞行员在面对复杂天气条件时做出更好的决策。（　）
10. 意志力可以替代技能和知识在民航行业中的作用。（　）

四、实训任务

实训任务一　意志力的有效提升——摸石过河

（一）游戏目的

1. 通过游戏，体会长距离比赛保持平衡与速度，对体能、意志的挑战性。
2. 在最短时间内迅速找到适合自身特点的方法，并不断提高速度和效率。
3. 从其他组的队员身上学到更好的方法并应用于自身，很好地提升意志力与学习力。

（二）游戏时间

30 分钟左右。

（三）游戏场地

平整而宽阔的场地。

（四）游戏参与人数

全班学生，分成 2～4 组。

（五）游戏材料

每组需要 3～6 块加密 EVA 材质的砖块。

（六）游戏操作流程

1. 起点与终点距离 10 米，采用迎面接力赛办法，以时间计成绩。

2. 每个队员手持三块砖块，放在起点线后沿，听到裁判员发出“各就位”口令时，运动员两脚站立在砖块上。

3. 当裁判员下达“开始”口令时，队员即可启动。

4. 提起左脚（左右脚可以自定），用手拿起原左脚踩踏的一块“砖块”并放置前方（距离自定），左脚踏上前方砖块。

5. 提起右脚，用手拿起原右脚踩踏的一块“砖块”并放置前方（距离自定），右脚踏上前方砖块。

6. 这样依次前进，直至最后一块砖块越过终点线为止。

7. 同伴接到砖块后，用同样的方法返回起点；用时最少的组获胜。

（七）游戏注意事项

比赛过程中，身体任何部位不得直接触碰除砖块以外的支撑物，未到达终点之前肢体任何部位触地者，总时间加上 3 秒/次，累计超过两次以上者，从该参赛者起点的位置重新出发。

（八）游戏讨论

1. 如何培养和提升意志力？

2. 最快完成组的经验是什么？最慢完成组的教训是什么？

3. 增强意志力的关键是什么？请用两个词进行概括。

（九）实训评价表：

表 11-1　综合应用训练报告与评价

<table>
<tr><td>实训属性</td><td colspan="4">综合应用训练</td></tr>
<tr><td>实训目的</td><td colspan="4">通过《模石过河》的项目游戏，提升团队成员对意志力的认知与理解，并更好地指导实践。</td></tr>
<tr><td rowspan="6">项目小组成员</td><td>姓名</td><td>班级</td><td>学号</td><td>责任分工</td></tr>
<tr><td></td><td></td><td></td><td></td></tr>
<tr><td></td><td></td><td></td><td></td></tr>
<tr><td></td><td></td><td></td><td></td></tr>
<tr><td></td><td></td><td></td><td></td></tr>
<tr><td></td><td></td><td></td><td></td></tr>
<tr><td>实训方式和步骤</td><td colspan="4">1. 结合上面的问题，以项目小组为单位开展讨论；
2. 各项目小组进行交流和互评；
3. 思考并总结，完成实训报告。</td></tr>
<tr><td>实训成果</td><td colspan="4"></td></tr>
<tr><td rowspan="8">实训过程评价</td><td colspan="2">评价指标</td><td>自评</td><td>组内互评</td></tr>
<tr><td colspan="2">达成本次实训项目目标（50 分）</td><td></td><td></td></tr>
<tr><td colspan="2">着装符合课堂规范（5 分）</td><td></td><td></td></tr>
<tr><td colspan="2">遵守课堂纪律，做好安全防护，具备安全意识（5 分）</td><td></td><td></td></tr>
<tr><td colspan="2">掌握知识点，能对所学内容进行分析、总结（5 分）</td><td></td><td></td></tr>
<tr><td colspan="2">能有效利用资源查找信息，具备自主学习的能力（5 分）</td><td></td><td></td></tr>
<tr><td colspan="2">能独立思考，融会贯通，提出自己的见解（5 分）</td><td></td><td></td></tr>
<tr><td colspan="2">能创新性地解决问题（5 分）</td><td></td><td></td></tr>
</table>

续表

<table>
<tr><td rowspan="4">实训过程评价</td><td>评价指标</td><td>自评</td><td>组内互评</td></tr>
<tr><td>注重团队协作，同学间团结友爱，共同解决问题（5 分）</td><td></td><td></td></tr>
<tr><td>认同所学专业的价值，对学习抱有热情，在学习中获得满足感、成就感（5 分）</td><td></td><td></td></tr>
<tr><td>具备理论应用于实践的能力（10 分）</td><td></td><td></td></tr>
<tr><td>小组活动
经验总结</td><td colspan="3"></td></tr>
<tr><td>个人总结和反思</td><td colspan="3"></td></tr>
</table>

实训任务二　意志力的有效提升——盲人足球赛

（一）游戏目的

1. 通过游戏，培养了团队的意志力，建立小组成员间的相互信任。
2. 通过游戏，促进沟通与交流，团队内部的关系更加融洽。
3. 通过游戏，培养团队合作精神，团队凝聚力进一步增强。

（二）游戏时间

30 分钟。

（三）游戏场地

宽阔平整的场地，足球场最佳。

（四）游戏参与人数

20 人左右。

（五）游戏材料

两个或以上的足球（要用含气量不足的足球，这样每踢一下，球不会滚得太远）；口哨 1 把；两种颜色的眼罩若干。

（六）游戏操作流程

1. 留出 2～3 个人做监护员。监护员的任务是负责安全问题，同时兼任边裁。把其他的队员带到场地中间，把他们分成 2 个人数相同的小组。注意，要求每个小组的总人数为偶数。
2. 每个队员在自己的小组内找一个搭档。
3. 根据眼罩的颜色给两个小组命名。如果你买的是黄色和绿色的眼罩，那么把一个队称为黄队，另一个队称为绿队。把黄色的眼罩发给黄队，绿色的眼罩发给绿队。确保每对搭档拿到一块眼罩。每对搭档中只有一个人戴眼罩，另一个人不戴。

4. 告诉大家：“我们即将进行一场别开生面的足球赛。每对搭档中，只有被蒙上眼睛的队员才可以踢球，他的搭档负责告诉他向什么方向走、做什么。”

5. 详细解释游戏规则。要求那些被蒙上了眼睛的队员保持类似于汽车保险杠的姿势——弯曲双肘，手掌向外，手的高度与脸齐平。在发生意外碰撞时，这种姿势有助于避免或减轻对身体上半部的伤害。负责指挥的队员不允许触碰自己的搭档，只能通过语言表达指令。这场球赛中没有守门员，每个队踢进对方球门一个球得一分。教师是这场比赛的裁判。任何一队进球后，都要把球拿回场地中间，重新开始比赛。如果球被踢出界了，裁判将负责将球带回场地。比赛一共进行 10 分钟，中间休息，交换场地。

6. 宣布完游戏规则之后，让两个小组用投掷硬币的方法选择场地。场地定好后，把两个球放在场地中间。然后吹哨，开始游戏。用两个球意味着比赛中每个队一个球，各自为多得分而奋斗。

7. 在中场休息的时候，可以让每队搭档交换角色，即蒙上负责指挥的那个队员的眼睛，让原来被蒙着眼睛的队员指挥。

8. 在参加人数较多的情况下，可以考虑用 3 ~ 4 个球。

（七）游戏注意事项

1. 不允许把球踢向空中，在任何时候，球都只能在地面上滚动。如果某个队员踢了高球，裁判会暂停比赛，并把该队员罚下场休息一段时间。

2. 进球后，中场开球，重新开始比赛。

3. 戴眼罩的同学必须听从队友指挥，不允许鲁莽冲撞。

（八）游戏讨论

1. 哪些因素有助于比赛最终取得胜利？

____

____

____

____

2. 游戏过程中最大的困难是什么？如何克服这些困难？

____

____

____

____

3. 当你因为飞机延误，旅客抱怨等压力较大的时候，是什么样的力量让你坚持下来的？

____

____

____

____

（九）实训评价表

表 11-2　综合应用训练报告与评价

<table>
<tr><td>实训属性</td><td colspan="4">综合应用训练</td></tr>
<tr><td>实训目的</td><td colspan="4">通过《盲人足球赛》的项目训练，提升团队成员对意志力的认知与理解，并更好地指导实践。</td></tr>
<tr><td rowspan="6">项目小组成员</td><td>姓名</td><td>班级</td><td>学号</td><td>责任分工</td></tr>
<tr><td></td><td></td><td></td><td></td></tr>
<tr><td></td><td></td><td></td><td></td></tr>
<tr><td></td><td></td><td></td><td></td></tr>
<tr><td></td><td></td><td></td><td></td></tr>
<tr><td></td><td></td><td></td><td></td></tr>
<tr><td>实训方式和步骤</td><td colspan="4">1. 结合上面的问题，以项目小组为单位开展讨论；
2. 各项目小组进行交流和互评；
3. 思考并总结，完成实训报告。</td></tr>
<tr><td>实训成果</td><td colspan="4"></td></tr>
<tr><td rowspan="9">实训过程评价</td><td colspan="2">评价指标</td><td>自评</td><td>组内互评</td></tr>
<tr><td colspan="2">达成本次实训项目目标（50 分）</td><td></td><td></td></tr>
<tr><td colspan="2">着装符合课堂规范（5 分）</td><td></td><td></td></tr>
<tr><td colspan="2">遵守课堂纪律，做好安全防护，具备安全意识（5 分）</td><td></td><td></td></tr>
<tr><td colspan="2">掌握知识点，能对所学内容进行分析、总结（5 分）</td><td></td><td></td></tr>
<tr><td colspan="2">能有效利用资源查找信息，具备自主学习的能力（5 分）</td><td></td><td></td></tr>
<tr><td colspan="2">能独立思考，融会贯通，提出自己的见解（5 分）</td><td></td><td></td></tr>
<tr><td colspan="2">能创新性地解决问题（5 分）</td><td></td><td></td></tr>
<tr><td colspan="2">注重团队协作，同学间团结友爱，共同解决问题（5 分）</td><td></td><td></td></tr>
</table>

续表

	评价指标	自评	组内互评
实训过程评价	认同所学专业的价值，对学习抱有热情，在学习中获得满足感、成就感（5分）		
	具备理论应用于实践的能力（10分）		
小组活动经验总结			
个人总结和反思			

五、拓展游戏

任务一　法柜奇兵

（一）游戏目的

1. 让所有成员都积极参与，磨炼意志，共同迎接挑战。
2. 建立小组成员间的相互信任。
3. 让队员们能够自然地进行身体接触和配合，消除害羞和忸怩的心理。
4. 积极地沟通和协作，在有限的时间内完成看似不可能的任务。

（二）游戏时间

90分钟。

（三）游戏场地

户外，有两棵间距在5米左右的大树或可以直立的杆子。

（四）游戏参与人数

全班学生，人数较多时，需要将队员划分成若干个由10~16个人组成的小组。

（五）游戏材料

每个小组需要1根约6米长的绳子。选取两棵相距约5米，直径在150毫米左右的大树（或相同间隔距离的可以直立的杆子）；海绵垫一块；如果准备了橡胶蜘蛛的话，把它吊在绳子中间，用以烘托游戏气氛。

（六）游戏操作流程

1. 致游戏开场白，开场白示例如下：

看过《法柜奇兵》这部电影的人一定会记得其中魔窟历险这场戏，魔窟中遍布绊网。一旦有人不小心碰到了绊网，毒箭就会从四面八方射出来。这里我们要进行一次类似的冒险。请把系在两树之间的绳子想象成魔窟中的绊网，你们整个小组都要从绳子上面过去，而且绝对不能碰到绳子。如果有人碰到了绳子，整个小组都会被毒箭射死。重申一下，游戏成功的条件是从绳子上面过，而且不能碰绳子。祝你们好运！

2. 如果有人在游戏过程中碰到了绳子，整个小组都必须重新开始。

（七）游戏注意事项

1. 所有成员从绳子上面通过而且不能触碰绳子，绳子必须拉紧。
2. 如果需要抬起同伴，必须轻举轻放。
3. 不能助跑起跳，不能从高处突然跳下。

（八）游戏交流与分享

1. 各个小组的“战况”如何？
2. 当面对这根绳子时，我们的第一感觉是什么？对通过的信心如何？
3. 你们在游戏过程中碰到了什么问题？怎样分析问题的？
4. 每个人的任务是什么？
5. 整个小组的运作是否高效？为什么？
6. 你们遇到了什么困难？是如何克服这些困难的？
7. 哪些因素有助于成功地完成游戏？哪些因素会干扰任务完成？

（九）游戏总结与点评

1. 培养共同挑战困难的团队协作精神。
2. 建立团队成员间的相互信任和互相支持。
3. 打破团队成员间的身体行为坚冰，能够很好地利用自身的身体进行合作。
4. 积极地沟通和协作，在有限的时间内完成看似不可能的任务。
5. 细节决定成败，尽量减少各种不利因素，在完成任务中要细心、耐心。

任务二　最强大脑

（一）游戏目的

1. 通过游戏，让学生进一步认识到意志力的重要性，培养自身意志，激发潜力。
2. 通过游戏，让学生体会抗干扰能力是培养良好意志力的重要基础。
3. 考查学生面对多个任务的处理与解决能力。

（二）游戏时间

20 分钟。

（三）游戏场地

室内。

（四）游戏参与人数

20 人左右。

（五）游戏材料

纸笔（每人均有）、10 只纸杯（每个上面写有 1 个数字，分别为 1——10）、桌子（1 张）

（六）游戏操作流程

1. 打乱纸杯顺序，以品字形结构将纸杯在桌子上搭起来（最下面四个，第二层三个，第三层两个，最上层一个）。

2. 给所有学生 10 秒钟时间记忆纸杯顺序（要求不允许使用纸笔等任何工具）。

3. 10 秒钟后教师迅速收起纸杯。

（1）教师开始向学生提问，要求所有学生将答案写在纸上，问题如下：

235+476=？（711）

1046+308=？（1354）

2 的十次方=？（1024）

中国跨经度最大的省份：？（内蒙古自治区）

中国历史上唯一的女皇：？（武则天）……

（2）让学生写出刚才纸杯的摆放顺序。

（3）查看结果，分别让记忆最完整的同学和记忆最不完整的同学分享感想。

（七）游戏注意事项

1. 严格控制时间，尤其是记忆杯子顺序的时间，杯子摆放时要迅速。

2. 只允许用视觉记忆，不允许做记录。

3. 可能出现记忆情况普遍良好或记忆情况普遍较差的情况，没有使大家体会到抗干扰力在意志力中发挥的重要作用。因此，需要教师在具体游戏过程中灵活掌控现场情况，通过提问、引导等方式保持游戏主题的正常进行。

（八）游戏交流与分享

1. 你们在游戏过程中碰到了什么情况？怎样应对的？

2. 什么因素导致你的记忆出现了问题？

3. 你对自己的抗干扰能力是如何评价的？为什么？

4. 你有什么经验要和大家分享？你是如何保持坚定意志，抵抗干扰的？

（九）游戏总结与点评

意志力是人自觉地确定目的，并支配行动去克服困难从而实现预定目标的心理过程，包括自觉性、果断性、自制性和坚韧性。意志力是人特有的心理现象，也是人的意识能动性的表现。成功从控制自身行为开始，我们大学生更应该培养自己的意志力，凭此克服学习生活中的困难，成为一个坚忍不拔的人，变得更加成熟，以便将来更好地走向社会。人生但凡能做成大事者，除去自身具有的雄才大略和远见卓识的特性外，还有就是内在修炼的恒心与毅力。心无旁骛、意志坚定、目标如一、不改初心、排斥万难与干扰，方可成就大事和伟业。如果一个人没有明确的远大目标和长远的人生规划，他的所有行为便会没有方向和动力源，只能在漫无目的的生活中浪费和消耗着属于自己的宝贵时间和储蓄的精力，丧失对远大目标的执着追求，因此也就失去了对人生幸福真谛的理解和体验。

六、主题演讲

（一）案例分享

深圳航空南宁分公司的双飞家庭（节选）

民航资源网2024年02月22日消息：今年春运曾被中央气象台预测为2008年以来最复杂的春运天气，多地遭受大雾、大风、低温、雨雪、冰冻天气，这对民航人来说无疑是个艰巨的挑战。一场冻雨，冻得住道路，冻不住人心，在深航南宁分公司，有好几个“双飞”家庭，他们共同携手，在春运期间温暖回家路。

全家户外活动是最幸福的时刻

李智浩是一名机长，也是南宁飞行部副经理，爱人杨璐源是一名经验丰富的乘务长。民航人习惯把夫妻双方都是空勤人员的家庭称为“双飞”家庭，他们也是众多双飞家庭中的一员。他们一个负责安全、一个负责客舱服务，两人于2011年组成幸福家庭，一起飞过13个春运。对于安全，李智浩尽职尽责，积极报名执飞各类包机任务；对于服务，杨璐源有着她丰富的客舱经验及深刻的理解，她的一篇《延误时不躲旅客》，曾发表在2013年8月9日人民日报上。他们将爱化作对飞行事业的全力支持，默默践行着蓝天使命、服务担当的民航精神。对于他们来说，休息时全家一起的户外活动是最幸福的时刻。

让我们同甘共苦，一起前行

庞剑是一名机长、丁云鹤是一名乘务长，两人于2017年组成幸福家庭，一起飞过了7个春运。丁云鹤说，能够平安顺利的把辛苦了一年的大家送回家乡与家人团聚，我们感到很荣幸，让我们有一种在平凡中做不平凡的事情的感慨。每一次平安落地，都是给旅客以及旅客的家人们最好的交代。每次落地与旅客道别时，见到旅客回家开心的面庞，都会让我们觉得自己这一年意义非凡。无论多晚回家，他们家的门厅都会留有一盏灯，照亮开门后的家，照进心里。“感谢彼此对家庭无微不至的照顾与包容，让我们同甘共苦，一起前行。”

点滴的细节都是我们爱的体现

朱腾是一名飞行副驾驶、谢颖映是一名高级乘务员，两人于2019年组建了幸福的家庭，一起飞过了5个春运。以往的春运，看着归家心切的旅客，脸上充满了对团圆的期待，他们夫妻俩会有一丝落寞感涌上心头。今年的春运，天气比以往更加多变，运行环境也比以往更加复杂，航班大面积延误、甚至取消，这给他们带来了更大的挑战。他们说：奇怪的是，我们没有了那一丝落寞感，更多的是变成了使命感。我想，我应该是变得成熟化、职业化了。这个春运，我希望尽自己的努力让远方的游子能安全到家。希望大家平安顺遂。

“感谢另一半的支持，寂静黎明中起床时的小声跺步，披星戴月回家开门时为你留下的一盏灯，都是我们爱的体现。”

“唯有矢志不渝，笃行不怠，方能不负时代。”

聚少离多是民航职业的特点，民航人任劳任怨、工作负责，将成千上万的旅客安全舒适的送达目的地，民航安全平稳运行的背后，是一群像他们一样的民航人在默默的付出。希望大家多一份耐心和理解。不管遇到什么困难都能平安度过，开开心心回家过年。同时也为每一位坚守岗位的民航人点赞。

（来源：民航资源网，2024-02-22，供稿：深圳航空有限责任公司）

（二）分组进行课程思政拓展训练，并填写以下实训报告

表 11-3　课程思政训练报告与评价

实训属性	主题演讲		
实训目的	阅读上述案例，通过小组课堂演讲的形式，进行课程思政浸润教育，培养民航强国事业接班人。		
项目小组成员	姓名	班级	学号
实训方式和步骤	1. 通过案例，挖掘与课程相关的课程思政资源； 2. 各项目小组进行案例演讲和互评； 3. 思考并总结，完成实训报告。		
实训成果	通过该模块的学习，谈谈项目小组对所挖掘的课程思政资源的理解。		
实训过程评价	评价指标	自评	组内互评
	达成本次实训项目目标（30 分）		
	演讲主题契合课程思政（10 分）		
	演讲主题与行业相关，增强职业认同感（10 分）		
	能完善自我，对自身成长起到正面激励作用（10 分）		
	能健全道德素养，增强社会责任感，培养积极正面的人生观、世界观（10 分）		

续表

	评价指标	自评	组内互评
实训过程评价	能有效利用网络资源查找信息，具备自主学习的能力（5分）		
	能独立思考，融会贯通，提出自己的见解（5分）		
	能创新性地解决问题（5分）		
	注重团队协作，同学间团结友爱，共同解决问题（10分）		
	具备理论应用于实践的能力（5分）		
小组总结			
个人总结和反思			

项目十二　学习力的有效提升

一、案例分析

灭火瓶当氧气瓶

民航华北地区管理局安全监察部门到某航空公司飞机上进行出港前的安全检查，现场提出一个考题，空中飞行突然有位乘客不舒服需要吸氧，要求乘务组中的一位乘务员马上从离乘客最近的地方取来氧气瓶给乘客用氧。乘务员迅速从后舱壁板处取出氧气瓶，等她准备打开使用时，发现没有氧气面罩，没有供氧阀门。在场的监察员们全乐了，原来这位乘务员取来的不是氧气瓶而是水灭火瓶。“你是经过培训的吗？你的培训合格了吗？培训期间有实操训练吗？”这一连串的问题使这位刚上岗飞行的乘务学员满脸通红。当然这次检查被监察部门给出了不合格项，要求航空公司必须在规定时间内整改。

通过这次检查，该航空公司对所有乘务员进行了客舱应急设备使用的全面复习和检查，不仅提高了乘务员的业务知识，对客舱安全管理也起到了保障作用。

（来源：《民航客舱安全管理》，梁秀荣主编，中国民航出版社）

讨论任务：请小组分析出现案例中情况的根本原因是什么？学习力在工作生活中的重要性有哪些？

____

____

____

____

二、自我测试

学习力的测试主要从学习动机和学习类型两个方面进行

（一）学习动机

如表 12-1 所示。

表 12-1　学习动机测评表

学习动机	定义	个人特点	与他人互动时的表现
人际驱动	为了处理复杂棘手的人际关系而产生的学习动力	自我认知，组织意识	同理心
变化驱动	为了适应新的环境或推动变革而产生的学习动力	灵活性、适应性、心态开放	包容多样性

续表

学习动机	定义	个人特点	与他人互动时的表现
兴趣驱动	好奇心驱动下的学习	好奇心、想象力	工作的乐趣
结果驱动	为了完成工作或生活目标而学习	影响力、成就导向	激励团队，设定挑战性目标
思维驱动	需要了解事物之间的联系，为此而主动学习	创造力、系统思维、反思	激发愿景，团队协作

以下 12 个问题帮助对学习动机做出定性的判断。

1. 能够从容面对复杂局面，深入探究问题根源，并建立不同事物之间的联系；
2. 擅长借鉴不同领域的经验和做法，并应用到实际工作中；
3. 敢于否定过去成功的经验，大胆质疑，并能站在对手的立场思考；
4. 能够准确认识到自己的优缺点，并愿意接受他人的意见和建议；
5. 善于根据沟通对象的不同，调整自己的沟通方式，包括语气、沟通材料等；
6. 能够准确理解沟通对象所要表达的真正想法；
7. 具有开拓精神，不满足于现状，愿意尝试挑战性的目标；
8. 能够以开放的心态看待新思路和新观点；
9. 博览群书，好奇心强；
10. 面对变革的压力不轻易放弃和妥协；
11. 充满激情，善于激励团队；
12. 能够灵活应变，根据实际情况做出调整，以保证最终结果的实现。

（二）学习类型

如图 12-1 所示。

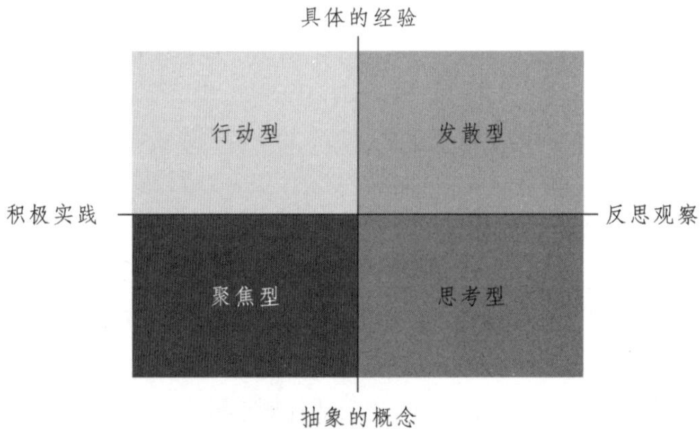

图 12-1　学习类型四象限示意图

1. 行动型：这类人习惯于从手头的经验中学习。一个好的行动型学习者将是一个推动者。他会制订好行动计划，并按照计划一步步推进下去。但有时候因为过于结果导向而忽略了达到目标的手段的逻辑性。

2. 聚焦型：这类人善于找到理论和实践中的平衡点。拥有这一类型学习风格的学习者往往是一个好的决策者，他能够快速地在复杂的信息和数据中分析出关键因素，并指出问题解决的方向，开始行动。

3. 发散型：这类人擅长于从不同的角度考虑问题。解决问题的方式通常是通过观察而不是行动。这类学习者通常有很好的想象力，能够从很多角度提出设想和建议，是一个好的创新者。

4. 思考型：这类人善于把大量的信息加工后提炼出合理的逻辑框架，甚至是新的观点或理论，是一个典型的分析者。这种学习者常常能够找到事情背后的逻辑关系，在此基础之上再做出准确的判断，但有时候因为思考过多而推迟了决策时间，影响工作效率。

三、理论测验（判断题 10 题，每题 10 分）

1. 学习力只与个人的智力水平有关，与努力程度无关。（　）
2. 在民航行业中，学习力对机组成员来说并不重要。（　）
3. 学习力是可以通过后天努力培养的。（　）
4. 学习力强的人总是能够迅速掌握新的知识和技能。（　）
5. 民航行业中的学习力只包括专业知识的学习。（　）
6. 学习力是固定的，不会随着时间和经验的变化而改变。（　）
7. 学习力强的机组成员在紧急情况下更容易做出正确的决策。（　）
8. 学习力只与个人的职业发展有关，与团队合作无关。（　）
9. 学习力是保障民航运行安全的重要因素之一。（　）
10. 学习力只能通过正规的教育和培训来获得。（　）

四、实训任务

实训任务一　学习力的有效提升——电波的速度

（一）游戏目的

1. 促使参加者不断适应和调整学习的方式方法，提高学习与沟通的效率。

2. 增强小组凝聚力，进一步拉近团队成员的距离，提高团队合作的默契与效率，促进信息传播的顺畅。

3. 激励小组挑战自我、超越自我。

（二）游戏时间

10 分钟。

（三）游戏场地

宽阔平整的场地，能够容纳所有参加者围成一个圈。

（四）游戏参与人数

全班学生，人数越多越好。

（五）游戏材料

秒表。

（六）游戏操作流程

1. 让所有队员手拉手站成一圈。

2. 随意在圈中选出一个人，让他用自己的左手捏一下相邻同伴的右手。问第二个人是否感受到了队友传递过来的捏手信号，这里我们把它称为“电波”。告诉大家收到“电波”后要迅速把电波传递给下一个队友，也就是要快速地捏一下下一位队友的手。这样一直继续下去，直到“电波”返回起点。

3. 告诉大家你将用秒表记录“电波”跑一圈所需要的时间。然后大喊：“游戏开始!”，并开始计时。

4. 告诉大家“电波”传递一圈所用的时间，鼓励一下大家，然后让大家重新再做一次电波传递，希望这次传递能更快一些。

5. 让队员们重复做几次电波传递，记录下每次传递所用的时间。

6. 等大家都熟练起来之后，变更“电波”的传递方向，使电波由原来的沿顺时针方向传递变为沿逆时针方向传递。

7. “电波”沿着新方向被传递几次之后，再一次让队员们逆转“电波”的方向，同时让队员们闭上眼睛或是背向圆心站立。

8. 在游戏快要结束的时候，为了使游戏更加有趣，悄悄告诉第一个人同时向两个方向传递“电波”，而且不要声张，看看这样会带来什么样有趣的效果。

（七）游戏注意事项

在传递电波的过程中，不许说话，也可以用其他的方式传递电波，比如轻轻敲打同伴或是吹口哨。

（八）游戏讨论

1. 影响学习力的因素有哪些？

____

____

____

____

2. “电波的速度”游戏中是否体现了学习力？具体体现在哪里？

____

____

3. 航空公司是如何加强对机组人员学习力培养的？

（九）实训评价表

表 12-2　综合应用训练报告与评价

<table>
<tr><td>实训属性</td><td colspan="4">综合应用训练</td></tr>
<tr><td>实训目的</td><td colspan="4">通过《电波的速度》的项目游戏，提升团队成员对学习力的认知与理解，并更好地指导实践。</td></tr>
<tr><td rowspan="6">项目小组成员</td><td>姓名</td><td>班级</td><td>学号</td><td>责任分工</td></tr>
<tr><td></td><td></td><td></td><td></td></tr>
<tr><td></td><td></td><td></td><td></td></tr>
<tr><td></td><td></td><td></td><td></td></tr>
<tr><td></td><td></td><td></td><td></td></tr>
<tr><td></td><td></td><td></td><td></td></tr>
<tr><td>实训方式和步骤</td><td colspan="4">1. 结合上面的问题，以项目小组为单位开展讨论；
2. 各项目小组进行交流和互评；
3. 思考并总结，完成实训报告。</td></tr>
<tr><td>实训成果</td><td colspan="4"></td></tr>
<tr><td rowspan="6">实训过程评价</td><td colspan="2">评价指标</td><td>自评</td><td>组内互评</td></tr>
<tr><td colspan="2">达成本次实训项目目标（50 分）</td><td></td><td></td></tr>
<tr><td colspan="2">着装符合课堂规范（5 分）</td><td></td><td></td></tr>
<tr><td colspan="2">遵守课堂纪律，做好安全防护，具备安全意识（5 分）</td><td></td><td></td></tr>
<tr><td colspan="2">掌握知识点，能对所学内容进行分析、总结（5 分）</td><td></td><td></td></tr>
<tr><td colspan="2">能有效利用资源查找信息，具备自主学习的能力（5 分）</td><td></td><td></td></tr>
</table>

续表

	评价指标	自评	组内互评
实训过程评价	能独立思考，融会贯通，提出自己的见解（5分）		
	能创新性地解决问题（5分）		
	注重团队协作，同学间团结友爱，共同解决问题（5分）		
	认同所学专业的价值，对学习抱有热情，在学习中获得满足感、成就感（5分）		
	具备理论应用于实践的能力（10分）		
小组活动经验总结			
个人总结和反思			

实训任务二　学习力的有效提升——直呼其名

（一）游戏目的

1. 通过游戏，让刚刚组建的团队迅速熟悉，并消除成员之间的隔阂，为接下来的顺畅沟通与交流创造良好的条件。

2. 提升团队成员对规则的学习与应用的能力，能够不断适应场上的新变化，迅速做出有效的应对，尤其是随着游戏难度不断加大，能够敏锐发现规律并积极主动调整策略，实现学习能力的有效提升，创造更好的效果和局面。

（二）游戏时间

10 ~ 15 分钟。

（三）游戏场地

宽阔平整的场地，能够容纳所有人围成一个圈。

（四）游戏参与人数

不限，人数较多时，需要将队员划分成若干个由 15 ~ 20 个人组成的小组。

（五）游戏材料

根据分组情况，每个小组需要准备三个网球，或是三个比较软的小球。

（六）游戏操作流程

1. 队员们以小组为单位站成一圈，每人相距约一臂长，教师也参与其中。

2. 告诉小组游戏将从教师手里开始。教师大喊出自己的名字，然后将手中的球传给自己左边的队友。接到传球的队友也要如法炮制，喊出自己的名字，然后把球传给自己左边的人。这样一直继续下去，直到球又重新回到教师的手中。

3. 教师重新拿到球后，告诉大家现在我们要改变游戏规则了。现在接到球的队员必须要喊出另一个队员的名字，然后把球扔给该队员。

4. 几分钟后，队员们就会记住大多数队友的名字，这时，再加一只球进来，让两个球同时被扔来扔去，游戏规则不变。

5. 在游戏接近尾声的时候，再把第三只球加进来，其主要目的是让游戏更加热闹有趣。

6. 游戏结束后，在解散小组之前，邀请一个志愿者，让他在小组内走一圈，报出每个人的名字。

（七）游戏注意事项

注意扔球的时候不可用力过猛，教师最初的扔球应当是一个较慢的高球，为后续的扔球手法树立典范。

（八）游戏讨论

1. 你记住了多少个人的名字？印象最深的是谁的名字？为什么会有这么深的印象？

2. 游戏过程中最大的困难是什么？如何克服这些困难？

3. 在旅客登机的过程中，你是怎样记住多少人，如何快速地记住各种类型旅客的数量？

（九）实训评价表

表 12-3　综合应用训练报告与评价

<table>
<tr><td>实训属性</td><td colspan="4">综合应用训练</td></tr>
<tr><td>实训目的</td><td colspan="4">通过《直呼其名》的项目训练，提升团队成员对学习力的认知与理解，并更好地指导实践。</td></tr>
<tr><td rowspan="6">项目小组成员</td><td>姓名</td><td>班级</td><td>学号</td><td>责任分工</td></tr>
<tr><td></td><td></td><td></td><td></td></tr>
<tr><td></td><td></td><td></td><td></td></tr>
<tr><td></td><td></td><td></td><td></td></tr>
<tr><td></td><td></td><td></td><td></td></tr>
<tr><td></td><td></td><td></td><td></td></tr>
<tr><td>实训方式和步骤</td><td colspan="4">1. 结合上面的问题，以项目小组为单位开展讨论；
2. 各项目小组进行交流和互评；
3. 思考并总结，完成实训报告。</td></tr>
<tr><td>实训成果</td><td colspan="4"></td></tr>
<tr><td rowspan="11">实训过程评价</td><td colspan="2">评价指标</td><td>自评</td><td>组内互评</td></tr>
<tr><td colspan="2">达成本次实训项目目标（50 分）</td><td></td><td></td></tr>
<tr><td colspan="2">着装符合课堂规范（5 分）</td><td></td><td></td></tr>
<tr><td colspan="2">遵守课堂纪律，做好安全防护，具备安全意识（5 分）</td><td></td><td></td></tr>
<tr><td colspan="2">掌握知识点，能对所学内容进行分析、总结（5 分）</td><td></td><td></td></tr>
<tr><td colspan="2">能有效利用资源查找信息，具备自主学习的能力（5 分）</td><td></td><td></td></tr>
<tr><td colspan="2">能独立思考，融会贯通，提出自己的见解（5 分）</td><td></td><td></td></tr>
<tr><td colspan="2">能创新性地解决问题（5 分）</td><td></td><td></td></tr>
<tr><td colspan="2">注重团队协作，同学间团结友爱，共同解决问题（5 分）</td><td></td><td></td></tr>
<tr><td colspan="2">认同所学专业的价值，对学习抱有热情，在学习中获得满足感、成就感（5 分）</td><td></td><td></td></tr>
<tr><td colspan="2">具备理论应用于实践的能力（10 分）</td><td></td><td></td></tr>
<tr><td>小组活动
经验总结</td><td colspan="4"></td></tr>
<tr><td>个人总结和反思</td><td colspan="4"></td></tr>
</table>

五、拓展游戏

任务一　战俘

（一）游戏目的

1. 通过加强逻辑思维游戏，提升团队的学习力。
2. 展示以小组为单位解决问题的好处，展示集体智慧的力量。
3. 通过游戏培养学习力、团队精神和沟通能力。

（二）游戏时间

20 ~ 30 分钟。

（三）游戏场地

一堵砖墙（隔板）或是一棵大树（用来把一名队员和其他三名队员隔开）。

（四）游戏参与人数

全班学生，人数较多时，需要将队员划分成若干个由 4 个人组成的小组。

（五）游戏材料

1. 两顶红帽子，分别装在两个不透明的厚纸袋子里。
2. 两顶蓝帽子，分别装在两个不透明的厚纸袋子里。

（六）游戏操作流程

1. 把四顶帽子分别放入 4 个纸袋子里，注意放的过程不要让队员们看见。在袋子上做好标记，以保证在发帽子时，给 1 号战俘一顶红帽子，2 号战俘一顶蓝帽子，3 号战俘一顶红帽子，4 号战俘一顶蓝帽子。

2. 告诉队员他们需要一起来解决一道难题。

3. 邀请 4 个志愿者充当战俘。给每个志愿者一个装有帽子的纸袋子，告诉他们得到命令之后才能打开纸袋子，不得擅自开启。

4. 让 4 个志愿者面朝同一方向，排成 1 列纵队站好。1 号战俘站在砖墙或大树的后面，将被戴上一顶红帽子；2 号战俘站在砖墙或大树的另一侧，将被戴上一顶蓝帽子；3 号战俘站在 2 号战俘的后面，将被戴上一顶红帽子；4 号战俘站在 3 号战俘的后面，将被戴上一顶蓝帽子。四个志愿者站好后，告诉他们在任何情况下都不许说话和回头。

5. 所有小组组建完毕、就位之后，给站好的 4 个“战俘”作游戏开场白，开场白如下：

请你们把自己想象成战俘集中营里的战俘。集中营的司令让你们四个人站成一排，并给每人戴一顶帽子。他不许你们移动、回头和说话。如果有人胆敢回头或说话，就会立刻被枪决。现在。请你们闭上眼睛，把帽子从袋子里拿出来，戴在头上。在这个过程中，任何人都不许看自己的帽子。司令让你们猜出自己所戴帽子的颜色，如果你们 4 个人中有人能说对自己所戴帽子的颜色，你们 4 个人都会被释放。但是，如果第一个答案是错误的，你们都会被枪决。显然，第一个答案将决定你们的命运。一个重要的已知条件是4项帽子中两顶是红的，两顶是蓝的。

6. 有必要的话，重述一遍游戏开场白，以确保4个人都明确了问题和游戏规则。然后，对他们说："从现在开始，你们说出的第一句话将会决定你们的生死。祝你们好运!"

7. 把其他小组带到这4个人听力所及的范围之外，问他们哪个战俘可能猜出自己帽子的颜色？为什么？

8. 可以让多个小组同时做这个游戏。

（七）游戏注意事项

1. 让其他队员每四个人组成一个小组，并告诉他们保持沉默，仔细听；
2. 四个志愿者在任何情况下都不许说话和回头；
3. 志愿者没有得到命令之前不能打开纸袋子，不得擅自开启。

（八）游戏交流与分享

1. 你们在游戏过程中碰到了什么问题？怎样分析问题答案的？每个人都做了什么？
2. 这个游戏揭示了什么道理？
3. 如何将这个游戏和我们的实际学习和工作联系起来？

（九）游戏总结与点评

这是一个团队合作与思维训练相结合的游戏，只有第三个战俘可以猜出自己所戴帽子的颜色。因为他可以看到自己前面的人（也就是2号战俘）戴着蓝帽子，他可以据此这样推理：如果他自己也戴着一顶蓝帽子的话，4号战俘就会看到两顶蓝帽子，那么4号战俘就可以知道自己戴的是红帽子；但是4号战俘没有说话，这说明4号战俘一定是看到了一顶蓝帽子和一顶红帽子。而自己已经看到了一顶蓝帽子，那么自己的帽子一定是红色的。

任务二　啄木鸟行动

（一）游戏目的

1. 通过游戏，让学生进一步认识到团队合作可以提高效率，改变思维方式可以产生质的飞跃。
2. 通过游戏，分析输赢原因，激发学生"积极学习、不断改进"的主动性与创造性。
3. 通过游戏，培养学生在竞争中保持合作，高效提升学习力。

（二）游戏时间

30分钟。

（三）游戏场地

室外。

（四）游戏参与人数

24人左右。

（五）游戏材料

橡皮筋若干，吸管（各种形状，每人一个）。

（六）游戏操作流程

1. 全体学生分成 2 组，每组 12 人；

2. 每个学生领到一根塑料吸管，把吸管衔在嘴里，双手放在背后，扮演成啄木鸟的形象，用三根橡皮筋作为“虫子”，口衔吸管传递“虫子”，给每组 5 分钟时间进行练习；

3. 每个小组的 12 名成员分为 6 人对 6 人，相距 15 米迎面接力传递，只能用吸管来传递，不能使用手，用时最少的组获胜；

4. 第一轮游戏结束后，各组进行总结交流，5 分钟后开始第二轮游戏。

（七）游戏注意事项

1. 提供的吸管可以多种规格，不同长度，但要保证每组之间的规格、数量相同。

2. 如果在比赛过程中出现橡皮筋掉落的情况的话，一定要在原地由本人捡起后重新开始。

3. 在不违背游戏规则的基础上，默认具有创造性的方法。

（八）游戏交流与分

1. 你们在游戏过程中碰到了什么情况？怎样应对的？

2. 从第一轮游戏中，你们发现了自己的方法和效率有哪些不足？而其他组的优点和经验是什么？

3. 在第二轮游戏中，你们做了哪些改进？收到了什么效果？

4. 你是如何理解学习力在工作生活中的重要作用的？

（九）游戏总结与点评

同一个比赛中，使用道具吸管的使用就大有不同，有的组使用直管，有的使用弯管，有的使用长管，有的使用短管，通过实际的操作，才会发现各自的弊端，以及在啄木鸟行动中更适合的是什么方式，不断地激发学生“再来一遍，可以做得更好的”主动性，最终取得满意的结果。只有更好地合作与协调，才能将事情更好地完成。无论遇见怎样的事情都要镇静，冷静地去思考完成，遇到事情如果成为无头苍蝇只会让状况变得更加糟糕。欲速则不达，心里越想着将虫子快点传递给对方，越是慌乱，传递的过程会越慢。看到别的同学在游戏和学习的过程中不断冒出的思想火花，我们总是在惊叹之余生发出一丝惆怅：难道我真的比别人笨吗？其实你并不比别人笨！你所需要做的，不过是将沉睡的大脑唤醒而已。要知道，提高学习力的关键，是要提高想象力和创造力。很多时候，我们看到一个物体的某种作用，却很难看出它还有其他的作用，思路没打开，所以，也就限制了我们的创造力。学习力是一种引导、保持、拓展学习的本领和力量，是获取和整合知识并把知识资源转化为知识资本的本领和力量。

六、主题演讲

（一）案例分享

山航空保支队：多维度管理打造一流空保队伍（节选）

民航空防安全事关国家安全、国家战略，是航空安全工作的重要组成部分，空中执勤执法及反恐处突工作标准及要求日趋严肃、严谨、严格。在当前形势下如何管理一支素质高、业务能力强的空保队伍是提高空防安全的关键点。山东航空空保支队在多个维度开展管理，不断创新管理模式，致力于打造一支素质高、业务能力强、充满战斗力的民航空保队伍。

苦练基本功，强化空中安保能力

在安全员日常培训管理方面，近年来山航始终紧扣民航局“抓基层、打基础、苦练基本功”三基建设工作总体部署，提出了将“稳步提升空中安全保卫队伍整体素质”作为训练体系构建的核心目标。围绕这一核心工作目标，逐步形成了以航空安全员成长路径为中心，涵盖 3 条教学成长路线、4 项考评维度、5 个航空安全员等级的培训培养体系。达到了补齐短板、夯实基础、历练精兵、缩小差距的目标，努力朝着职业化队伍建设的目标稳步迈进。如何让“苦练基本功”在航空安全员日常训练中真正落地是训练管理工作的难点和痛点，“要想真正达到效果就必须敢于刀口向内，直击问题的根源和触动真正的利益核心。”丛东洋说。早在 2015 年，他们就正式启动了航空安全员等级建设与岗位价值匹配的改革工作，建立了一套以航空安全员职业成长路径为主线，涵盖基础体能、安保理论、航空英语、应急处突、安全绩效业绩五个维度的岗位价值评价指标体系，丰富和健全了 5 个等级的岗位价值评价标准。“整个体系的设计侧重于航空安全员的岗位价值及胜任能力，通过多维度的考评机制、能上能下的优选聘用机制、系统化的资质有效管控机制、正向负向奖惩机制的同步运行，扭转了以往安全员评价偏体能、晋升机制‘大锅饭’、激励机制兑现少等惰性局面。”丛东洋说。职业化的教员队伍是确保教学培养体系运行的关键。为此，山航空保支队推出了教员业务横向晋级、纵向职业晋档的职业发展路径，成立了非行政管理化的教学评价委员会，以 2 年为一个周期实施人才盘点。将教员队伍细分四个方向，全面覆盖教员资质匹配政策，建立教学课程编制管理制度，完善能上能下的优选机制，着力提升产、学、研全链条整体质量和水平。截至今年 9 月初，山航空保支队已在 3 个层级 4 个方向储备的教学人才 85 人，占支队实力人数的 1/10。

“事前”“事中”“事后”全流程管理模式

“事前做足功课”“事中监管控制”“事后总结提高”是山航空保支队对空中执勤工作的全流程管理模式，“民航空防安全事关国家安全、国家战略，是航空安全工作的重要组成部分，如何规范空中执勤工作，真抓实干，励志进取一直是我们管理的重心。”生产指挥单元经理陈磊说。为积极推进全员执勤能力提升，除了体能科目外，山航空保支队将安保理论、航空英语、应急处突等科目引入岗位价值基础评价指标。截至今年 9 月，山航空保支队基础体能训练达标率达到 98%，平均分优秀水平以上的占比 45%，体能总体平均分达到良好以上；业务理论平均分达到历史最高水平；2017 年推出的桌面演练考核与支队的应急处突考核实现全面对接，年度内即实现全面覆盖，总体平均分达到良好以上。在当前的空防安全形势下，山航空保支队紧跟行业需求，开创机上反恐研究先河，深入研究如何应对针对民航客机实施的恐怖犯罪行为，主持编写了《机上反恐战术战法》和《机上反恐实战技能应用教程》等专业的机上反恐教材，目前均已由中国民航出版社出版。“机上反恐不同于地面反恐，机上反恐专业性强、危险性大、操作要求高、战术应用较为灵活。”陈磊告诉笔者，这两册书的出版，对增强空警安全员克敌制胜的本领，提高反恐处突的综合能力具有较好的指导作用。2016 年，山航空保支队在打好队伍体能技能训练基础上，大胆尝试，勇于创新，组建了一支能够应对复杂局面、快速反应、英勇无畏的机上反恐特战队，代号“凌云”。这支队伍不仅在综合格斗、巴西柔术和擒敌技能等方面得到了正规、专业的训练，更重要的是通过实战对抗锻炼了他们不怕挨打、不怕牺牲、英勇无畏、永不言败的心理素质。以凌云特战队训练方法为试点，丰富了队伍日常训练体系，拓宽了队伍训练思路，以点带面逐步提升了整个队伍的实战能力，提高了队员反恐处突的必胜信心。

（来源：民航资源网，2018-10-24，作者：白新鑫）

（二）分组进行课程思政拓展训练，并填写以下实训报告

表 12-4 课程思政训练报告与评价

<table>
<tr><td>实训属性</td><td colspan="3">主题演讲</td></tr>
<tr><td>实训目的</td><td colspan="3">阅读上述案例，通过小组课堂演讲的形式，进行课程思政浸润教育，培养民航强国事业接班人。</td></tr>
<tr><td rowspan="6">项目小组成员</td><td>姓名</td><td>班级</td><td>学号</td></tr>
<tr><td></td><td></td><td></td></tr>
<tr><td></td><td></td><td></td></tr>
<tr><td></td><td></td><td></td></tr>
<tr><td></td><td></td><td></td></tr>
<tr><td></td><td></td><td></td></tr>
<tr><td>实训方式和步骤</td><td colspan="3">1. 通过案例，挖掘与课程相关的课程思政资源；
2. 各项目小组进行案例演讲和互评；
3. 思考并总结，完成实训报告。</td></tr>
<tr><td>实训成果</td><td colspan="3">通过该模块的学习，谈谈项目小组对所挖掘的课程思政资源的理解。</td></tr>
</table>

续表

	评价指标	自评	组内互评
实训过程评价	达成本次实训项目目标（30 分）		
	演讲主题契合课程思政（10 分）		
	演讲主题与行业相关，增强职业认同感（10 分）		
	能完善自我，对自身成长起到正面激励作用（10 分）		
	能健全道德素养，增强社会责任感，培养积极正面的人生观、世界观（10 分）		
	能有效利用网络资源查找信息，具备自主学习的能力（5 分）		
	能独立思考，融会贯通，提出自己的见解（5 分）		
	能创新性地解决问题（5 分）		
	注重团队协作，同学间团结友爱，共同解决问题（10 分）		
	具备理论应用于实践的能力（5 分）		
小组总结			
个人总结和反思			

项目十三　创新力的有效提升

一、案例分析

开心难忘的生日礼物

某国内航班上，由于天气原因造成大面积较长时间延误，乘务员了解到航班上有一位乘客陈女士生日，而当天航班由于天气原因延误了几个小时，航班落地将会过凌晨，陈女士也来不及回家和家人一起过生日了，心情有些失落。乘务长得知这个情况，与乘务员一起商量凝聚智慧，利用头等舱及普通舱果仁、水果、小蛋糕、饮料、卡片等，还有乘务员绘画唱歌的才能，准备给陈女士一个生日惊喜。在有限资源里大家完成了：① 一个很漂亮心形水果果仁蛋糕。② 一张写了小诗和祝福话语，手绘了漂亮图案的小卡片。③ 果汁软饮调配出颜色很漂亮的无酒精鸡尾酒。④ 乘务员主持及唱生日歌。陈女士度过了一个开心难忘的生日。航班的乘客也感受到乘务员的用心和生日的喜悦气氛。

（案例由某航空公司在职资深乘务员提供）

讨论任务：请小组分享创新力对于案件所述事件的重要意义。

____

____

____

____

二、自我测试

1. 提示语：被测试者结合本人实际情况和观点，忠实而又迅速地回答“是”或“否”。

（1）我的兴趣总比别人的发生得慢？

（2）我有相当的审美能力？

（3）有时候我对事情过于热心？

（4）我喜欢客观而又有理性的人？

（5）“天才”与成功无关？

（6）我喜欢有强烈个性的人？

（7）我很注重别人对我的看法和议论？

（8）我喜欢一个人独自深思熟虑？

（9）我从不害怕时间紧促，困难重重？

（10）我很讲究自信？

（11）我认为既然提出问题，也就要彻底解决？

（12）对我来说，作家使用华丽词藻只是为了自我表现？
（13）我尊重现实，不去想那些预言中的事情？
（14）我喜欢埋头苦干的人？
（15）我喜欢收藏家的性格？
（16）我的意见常常令人厌恶？
（17）无聊之时正是我某个主意产生之时？
（18）我坚决反对无的放矢？
（19）我的工作不带有任何的私欲？
（20）我常常在生活中碰到一些不能单纯以是或否来判断的问题？
（21）挫折和不幸并不会使我对热衷的工作有所放弃？
（22）一旦责任在肩，我会排除困难完成？
（23）我知道保持内心镇静是关键的一步？
（24）幻想常给我提出许多新问题、新计划？
（25）我只是提出新建议而不去说服别人接受我的新建议？

结果分析：普林斯顿人才开发公司认为，答完这 25 道题，如果答“是”的有 20 道题，那么被测试者是个富有创造力的人。大约只有 0.7%的人能达到这个水平。

2. 物品的非传统用途。

请问“曲别针”的有多少种用途？

答案：这个测试从几个方面考查你思维的广度：

流畅度——你能想出多少种用法。

原创性——你能想出多么异乎寻常的用法（比如“重启路由器”就比“把纸夹在一起”更不寻常）。

灵活性——你的答案涉及了多少领域（袖扣和耳环都是饰品，他们属于同一领域）。

详细程度——你的回答有多少细节(“避免耳机线纠缠起来”比“书签”有更多细节描述）。

三、理论测验（判断题 10 题，每题 10 分，总共 100 分）

1. 理论创新是对原有理论的否定、突破、变异，是在寻找新的观点、学说和心得体系。（　）

2. 当今各类组织呈现出扁平化、小型化、弹性化、柔性化、网络化、哑铃化、倒金字塔化等格局，出现了可塑性组织、变色龙组织、虚拟组织、学习型组织以及内部市场、战略联盟、无边界组织等形式。这属于管理创新。（　）

3. 创新的破坏性源于风险性。（　）

4. 壶水滚沸使瓦特发明了蒸汽机，苹果落地使牛顿创立了“万有引力”说，带细齿的野草划破了鲁班的手指使他发明了锯，无不证明了有超前的创新思维在创新中的重要作用。（　）

5. 索尼公司创始人盛田昭夫就认为，最好的创新来自于一个看上去像撞车比赛的过程。这指的是创新特点中的风险性。（　）

6. 任何创新都有不确定性。（　）

7. 创造能力是创新力的核心。（　）

8. 管理学大师彼得·德鲁克的名言“真正持久的优势就是明白怎样去学习，怎样使得自己的企业能够学习得比对手快”，是说明分析能力的重要性。（　）

9. 创新没有破坏性。（　）

10. 良好的内部竞争是一个团队追求完美的开端。（　）

四、实训任务

实训任务一：创新力的有效提升——龙行虎步

（一）游戏目的

1. 通过游戏，让学生尽可能开阔思维，充分发挥想象力，完成任务。
2. 通过游戏，使学生能结合自己的特点，找到与他人不同，便是产生创意的关键。
3. 通过游戏，发挥团队的合作，集体的智慧，提升团队创新力。

（二）游戏时间

30 分钟。

（三）游戏场地

较为开阔的室外场地。

（四）游戏参与人数

全班同学，分为 2 组进行。

（五）游戏材料

无须任何道具。

（六）游戏操作流程

1. 所有人分成两组，在场地上排成两列站立，两组相隔大约 5 米。
2. 按照同一方向的顺序，两组成员逐个轮流交替上场，从两组中间的地带走过。
3. 要求后面的学员不得与前面走的学员动作一样，否则必须重新回到队列中。
4. 前一学员约走出 10 米远后，下一位成员出发，如果轮到的学员超过 10 秒还没有出发，则让对方组先走。
5. 最先走完所有组员的组胜利。

（七）游戏注意事项

1. 两组以排头学员进行“剪刀石头布”来确认哪队先进行。
2. 对于一些痕迹不严重的模仿，可以算作过关。

（八）游戏讨论

1. 创新的内容有哪些？

2.《龙行虎步》游戏中是否体现了创新力？具体体现在哪里？

3. 如果你是一名乘务人员，在提高旅客服务质量方面还有哪些创新？

（九）实训评价表

表 13-1　实训报告与评价

<table>
<tr><td>实训属性</td><td colspan="4">综合应用训练</td></tr>
<tr><td>实训目的</td><td colspan="4">通过《龙行虎步》的项目训练，提升团队成员对创新力的认知与理解，并更好地指导实践。</td></tr>
<tr><td rowspan="6">项目小组成员</td><td>姓名</td><td>班级</td><td>学号</td><td>责任分工</td></tr>
<tr><td></td><td></td><td></td><td></td></tr>
<tr><td></td><td></td><td></td><td></td></tr>
<tr><td></td><td></td><td></td><td></td></tr>
<tr><td></td><td></td><td></td><td></td></tr>
<tr><td></td><td></td><td></td><td></td></tr>
<tr><td>实训方式和步骤</td><td colspan="4">1. 结合上面的问题，以项目小组为单位开展讨论；
2. 各项目小组进行交流和互评；
3. 思考并总结，完成实训报告。</td></tr>
</table>

续表

实训成果			
实训过程评价	评价指标	自评	组内互评
	达成本次实训项目目标（50 分）		
	着装符合课堂规范（5 分）		
	遵守课堂纪律，做好安全防护，具备安全意识（5 分）		
	掌握知识点，能对所学内容进行分析、总结（5 分）		
	能有效利用资源查找信息，具备自主学习的能力（5 分）		
	能独立思考，融会贯通，提出自己的见解（5 分）		
	能创新性地解决问题（5 分）		
	注重团队协作，同学间团结友爱，共同解决问题（5 分）		
	认同所学专业的价值，对学习抱有热情，在学习中获得满足感、成就感（5 分）		
	具备理论应用于实践的能力（10 分）		
小组活动经验总结			
个人总结和反思			

实训任务二：创新力的有效提升——无限创意

（一）游戏目的

1. 通过游戏，激发学生们积极思考，发挥创新能力，产生更多的创意。
2. 通过游戏，培养学生团队合作的习惯，互相取长补短，帮助团队决策。
3. 通过游戏，让学生们明确“细节决定成败”的道理，更加关注事物的每一个细小的环节。

（二）游戏时间

60 分钟。

（三）游戏场地

可以适当隔开的教室。

（四）游戏参与人数

全班同学，每 15 人为一组。

（五）游戏材料

每组 50 张 A4 规格的白纸、一盒彩笔、一把剪刀。

（六）游戏操作流程

1. 将所有学员分成 15 人一组。
2. 为各组指定一个活动地点，最好能够保证各小组之间不能互相交流。
3. 发给每个组 50 张白纸、一盒彩笔，告知这是可以利用的材料，另外发给每组一把剪刀作为工具。
4. 游戏开始以后，要监督各小组进行游戏，严禁各小组互相抄袭和交流。
5. 各小组完成创造之后，集中进行展示，各小组派出一名代表为大家讲解本组的创意和实施过程。
6. 最后进行公开评分，公布最佳创意小组名单，可以不止一名。

（七）游戏注意事项

1. 要求各小组在 60 分钟内用所分到的材料造就一座景观或者组成一幅图画。
2. 景观评比以宏大、巧妙、结实为标准，图画以意境和画面复杂度为标准。
3. 最后公开评分，评出最佳创意小组。

（八）游戏讨论

1. 创新的特点有哪些？

____

____

____

____

2. 游戏过程中，有哪些好的创意？哪些创意可以运用到现实中？

____

____

____

____

3. 作为一名乘务员，在进行创新旅客服务时，最重要的是什么？

____

____

（九）实训评价表

表 13-2　综合应用训练报告与评价

<table>
<tr><td>实训属性</td><td colspan="4">综合应用训练</td></tr>
<tr><td>实训目的</td><td colspan="4">通过《无限创意》的项目训练，提升团队成员对创新力的认知与理解，并更好地指导实践。</td></tr>
<tr><td rowspan="6">项目小组成员</td><td>姓名</td><td>班级</td><td>学号</td><td>责任分工</td></tr>
<tr><td></td><td></td><td></td><td></td></tr>
<tr><td></td><td></td><td></td><td></td></tr>
<tr><td></td><td></td><td></td><td></td></tr>
<tr><td></td><td></td><td></td><td></td></tr>
<tr><td></td><td></td><td></td><td></td></tr>
<tr><td>实训方式和步骤</td><td colspan="4">1. 结合上面的问题，以项目小组为单位开展讨论；
2. 各项目小组进行交流和互评；
3. 思考并总结，完成实训报告。</td></tr>
<tr><td>实训成果</td><td colspan="4"></td></tr>
<tr><td rowspan="11">实训过程评价</td><td colspan="2">评价指标</td><td>自评</td><td>组内互评</td></tr>
<tr><td colspan="2">达成本次实训项目目标（50 分）</td><td></td><td></td></tr>
<tr><td colspan="2">着装符合课堂规范（5 分）</td><td></td><td></td></tr>
<tr><td colspan="2">遵守课堂纪律，做好安全防护，具备安全意识（5 分）</td><td></td><td></td></tr>
<tr><td colspan="2">掌握知识点，能对所学内容进行分析、总结（5 分）</td><td></td><td></td></tr>
<tr><td colspan="2">能有效利用资源查找信息，具备自主学习的能力（5 分）</td><td></td><td></td></tr>
<tr><td colspan="2">能独立思考，融会贯通，提出自己的见解（5 分）</td><td></td><td></td></tr>
<tr><td colspan="2">能创新性地解决问题（5 分）</td><td></td><td></td></tr>
<tr><td colspan="2">注重团队协作，同学间团结友爱，共同解决问题（5 分）</td><td></td><td></td></tr>
<tr><td colspan="2">认同所学专业的价值，对学习抱有热情，在学习中获得满足感、成就感（5 分）</td><td></td><td></td></tr>
<tr><td colspan="2">具备理论应用于实践的能力（10 分）</td><td></td><td></td></tr>
<tr><td>小组活动
经验总结</td><td colspan="4"></td></tr>
<tr><td>个人总结和反思</td><td colspan="4"></td></tr>
</table>

五、拓展游戏

任务一　跨越激流

（一）游戏目的

1. 通过训练，培养学生学会转换思维思考问题的能力。
2. 通过训练，培养学生们的团队合作，创新思维，解决问题的能力。

（二）游戏时间

60 分钟。

（三）游戏场地

较为开阔的室外场地，清除地面上的危险物。

（四）游戏参与人数

全班学生，若人员超过 20 人，可适当分组。

（五）游戏材料

高跷一副、2 米绳 4 条、3 米绳 4 条、10 米绳 1 条。

（六）游戏操作流程

1. 准备好高跷一副、2 米绳 4 条、3 米绳 4 条、10 米绳 1 条。
2. 在场地上画好起点线和终点线，相距大约 30 米。
3. 将道具发给学员，并将学员全部带到起点，宣布游戏任务。

（1）我们现在将要通过这一条宽约 30 米的“河流”，“河流”深度超过 2 米。
（2）经过测试，人站在高跷上可以安全通过河流。
（3）要求所有学员 30 分钟内通过河流。

4. 在游戏进行过程中，要注意给踩高跷的学员提供安全保护。

（七）游戏注意事项

1. 突破固有思维，转变思考方向。
2. 团队合作与资源利用。

（八）游戏讨论

1. 本游戏任务的难点在哪？团队是如何解决的？
2. 有没有需要团队成员牺牲自我的环节，为什么要出现这样的环节？
3. 在处理问题时，有时候转换思路可以带来什么影响？

（九）游戏总结

1. 这是一个设置了障碍的游戏，如果学员们只在高跷上考虑问题，永远也无法完成任务。

其实只需要转变一下思路，从绳子上着手，就可以想到，9 条绳子加起来刚好 30 米，可以连接起来作为传递高跷的工具。

2. 在某些情况下，团队会以牺牲部分学员的方式来完成游戏，看到这种情况不必制止，但在游戏之后的总结中，必须将此提出作为重点进行讨论，针对解决问题的方式，进行深刻反思。

3. 大多数情况下，解决问题的办法不止一个，我们要学会从多种角度思考，此路不通，便选择其他道路，方能找到最佳的解决办法。这种创新思维应该贯穿于我们的工作和生活中。

任务二　智慧钥匙

（一）游戏目的

1. 通过训练，使学生明白当我们面对压力的时候，保持进取心和积极的心态，不断地尝试可以激发创新意识。

2. 通过训练，培养学生的沟通能力和团队合作能力，充分发挥团队的智慧。

3. 通过训练，培养学生的团队创新力。

（二）游戏时间

60 分钟。

（三）游戏地点

较为开阔的场地。

（四）游戏参与人数

全班学生，选出 2 名志愿者。

（五）游戏材料

一把椅子，一把扫帚或一把地拖（头部可以拆卸，且手柄直径略大于钥匙环的直径），一串钥匙（钥匙环大小与道具合适，不能串在扫帚柄上，但可以串在其连接螺钉上），一根约 20 米长的绳子，其他无关的道具若干。

（六）游戏操作流程

1. 从学员中选出 2 名志愿者，为了游戏顺利进行，可以考虑选择性格更加乐观的学员。

2. 要求这 2 名志愿者离开活动场地，使之处于一种与现场完全隔离的状态。

3. 组织其他学员布置现场：

（1）将一把椅子放在开阔场地的中心位置，同时将一串带有合适大小的钥匙环的钥匙放在椅子上；

（2）用一根大约 20 米的绳子以椅子为圆心围成一个圆圈，绳圈的直径以不超过 5 米为宜。

4. 宣布在现场的所有学员的任务是：当发现志愿者的行为明显不妥时，要求其寻找其他的解决办法。在要求志愿者放弃原有的方法的过程中，不得采取辱骂的语言，但可以采用一些激将或者尖利的语言。

5. 如果志愿者采用一些方法解决了问题，所有学员都要对他表示祝贺，同时说明那种办法并不是大家所需要的。将一切复原之后，让志愿者再进行尝试。

6. 一直到志愿者采取了大家所期望的方法，即将拖把头或者扫帚头拧下来，用带有较细螺钉的一端将钥匙挑出来。

7. 当所有学员明白任务之后，让第一名志愿者开始进行任务：他可以使用一把地拖或者一把扫帚作为工具，要将椅子上的钥匙取到手，过程中，志愿者不能进入绳子所围成的圆圈之中。

8. 第一名志愿者完成任务之后，重新摆好道具，让第二名志愿者开始任务，他可以使用的道具除了第一名志愿者可选的所有道具，还包括一些其他道具，比如花瓶、饼干、书这些看起来无关紧要的道具。

9. 同样，第二名志愿者也必须一直进行到大家所期望的方法为止。

10. 引导所有学员对过程中出现的一些情况进行讨论。

11. 2 名志愿者要用不同的方法完成任务。

（七）游戏注意事项

1. 要求志愿者用大家预想的方法，使用道具将直径不大于 5 米的绳圈中心的钥匙环取到手。

2. 2 名志愿者要有不同的方法完成任务。

（八）游戏讨论

1. 作为志愿者的学员在整个过程中的感受如何？如果没有坚持下去，结果与现在的差距有多大？

2. 当第二名志愿者拥有比第一名志愿者更多的道具时，对任务的完成是更加困难了还是更加容易了？什么原因导致这种情况？

3. 虽然遭遇失败，但从大家的反馈中可以得知有更好的办法，这种较为明确的目标对于志愿者萌生更多的创意有哪些方面的影响？

（九）游戏总结

1. 本游戏不仅对志愿者具有挑战性，同时对于一直拒斥志愿者创意的其他学员也具有挑战性。其他学员相当于现实中一些服务或者产品的使用者，他们不断表现出不满意固然可以给志愿者一定压力，督促其不断完善方法，但是一旦压力超过了志愿者所能够承受的范围，则可能适得其反。这也是为什么选择比较乐观的志愿者有助于任务的完成。

2. 第二名志愿者虽然拥有更多的道具资源，但因为其中有很多都是无效资源，所以实施起来也许不如第一名志愿者有效率。现实中也是如此，如果我们不能对拥有的资源与我们的目标的关系有清醒的认识，反而可能会因为资源过多造成新的困扰。

3. 两名志愿者在正常情况下都会面临多次失败，但只要不放弃，他们就会从更加广阔的角度来思考解决方案。这同样给予我们现实意义的启示，有时候的不成功，可能只是因为思考问题的角度不对而已，一旦换一个角度，便可能“柳暗花明又一村”的新境界。

六、主题演讲

（一）案例分享

你为乘客弯下了腰，但我们是你的支撑

在首都航空南宁飞往西安的JD5680航班上，有一位女性老年旅客称因刚做完手术，不能正常就坐，需要提供客舱一侧整排座位平躺。从旅客安全角度出发，为避免旅途空中颠簸等突发情况带来的安全风险，经机组与公司综合评估，该名旅客不适宜乘机，需要终止其行程。

在乘务长和地面人员与该名旅客沟通过程中，旅客情绪开始激动，向乘务员杨志强扔外套及拐杖。杨志强随即捡起外套和拐杖，尝试与其再好好沟通说明情况。但该旅客情绪激动，言行激烈，并提出由乘务员背她下飞机的要求。乘客的激动情绪和蛮横态度引起了周围其他旅客的不满。

“在那一刻，我的内心非常矛盾。因为我不是专业医护人士，也怕处理不好会对旅客造成二次伤害。”杨志强说，于是再次和旅客沟通，但该旅客依旧坚持，“为了避免事态升级，也为了争取航班尽快起飞，保障机上广大旅客的权益，虽然旁边很多乘客喊不要背，但我还是弯腰蹲下去，将旅客背起，协助其下了飞机。”

杨志强就当时事件经过细节及内心感想分享时表示：“我没想到当天航班上这个小小的举动获得了现场旅客的一致赞扬，更没有想到各方媒体会对此高度关注，因为一直以来，我都认为践行‘三个敬畏’和真情服务是我们乘务员应该做的，在任何时候保持良好冷静的心态、真诚地对待旅客就是我的本职工作！我相信我们乘务组所做的只是海航每天航班起落中一段寻常的缩影，我也相信每位海航人、首航人遇到这样的事情都会义无反顾地和我做一样的选择。未来我也会一如既往在平凡的岗位上尽职履责，让所有的旅客感受到海航人、首航人的真诚与真情。”

（来源：民航资源网，2021-05-18）

（二）分组进行课程思政拓展训练，并填写以下实训报告

表13-3　课程思政训练报告与评价

<table>
<tr><td>实训属性</td><td colspan="3">主题演讲</td></tr>
<tr><td>实训目的</td><td colspan="3">阅读上述案例，通过小组课堂演讲的形式，进行课程思政浸润教育，培养民航强国事业接班人。</td></tr>
<tr><td rowspan="6">项目小组成员</td><td>姓名</td><td>班级</td><td>学号</td></tr>
<tr><td></td><td></td><td></td></tr>
<tr><td></td><td></td><td></td></tr>
<tr><td></td><td></td><td></td></tr>
<tr><td></td><td></td><td></td></tr>
<tr><td></td><td></td><td></td></tr>
</table>

续表

<table>
<tr><td>实训方式和步骤</td><td colspan="3">1. 通过案例，挖掘与课程相关的课程思政资源；
2. 各项目小组进行案例演讲和互评；
3. 思考并总结，完成实训报告。</td></tr>
<tr><td>实训成果</td><td colspan="3">通过该模块的学习，谈谈项目小组对所挖掘的课程思政资源的理解。</td></tr>
<tr><td rowspan="11">实训过程评价</td><td>评价指标</td><td>自评</td><td>组内互评</td></tr>
<tr><td>达成本次实训项目目标（30分）</td><td></td><td></td></tr>
<tr><td>演讲主题契合课程思政（10分）</td><td></td><td></td></tr>
<tr><td>演讲主题与行业相关，增强职业认同感（10分）</td><td></td><td></td></tr>
<tr><td>能完善自我，对自身成长起到正面激励作用（10分）</td><td></td><td></td></tr>
<tr><td>能健全道德素养，增强社会责任感，培养积极正面的人生观、世界观（10分）</td><td></td><td></td></tr>
<tr><td>能有效利用网络资源查找信息，具备自主学习的能力（5分）</td><td></td><td></td></tr>
<tr><td>能独立思考，融会贯通，提出自己的见解（5分）</td><td></td><td></td></tr>
<tr><td>能创新性地解决问题（5分）</td><td></td><td></td></tr>
<tr><td>注重团队协作，同学间团结友爱，共同解决问题（10分）</td><td></td><td></td></tr>
<tr><td>具备理论应用于实践的能力（5分）</td><td></td><td></td></tr>
<tr><td>小组总结</td><td colspan="3"></td></tr>
<tr><td>个人总结和反思</td><td colspan="3"></td></tr>
</table>